KB153380

문덕 지음

# MD VO CA 33000 단어장

지수

# 문 덕

재미있고 알찬 어휘 전문 강사로서 40만명 이상의 학생을 가르쳐온 문덕 선생은 서울대 영문과를 졸업하였고 고려대, 성균관대, 중앙대 등에서 강의했으며, 김영 대학 편입학원과 위드유 편입학원에서 강의를 해오고 있다.

EBS라디오 최초로 어휘학습 전문 프로그램인 〈문덕의 어휘 대첩〉을 2년 동안 진행하면서 그의 어휘에 대한 열정과 연구를 널리 전파해왔으며, EBS TV와 재능 방송 등에서도 수많은 어휘 강의를 진행해 왔다.

온라인 교육 업체인 www.ybmsisa.com과 www.ebslang.co.kr 에서도 최고의 강의로 그명성을 떨치고 있다.

저서로서는 어휘분야 최고의 베스트셀러 〈MD VOCA 33,000〉을 비롯하여 수능 어휘교재 분야에서 돌풍을 일으키고 있는 〈고필히 영단어〉, 〈MD 중 의 영단어〉, 종합 베스트 셀러의 반열에 오르며 일본, 중국, 대만까지 수출된 〈웃지마! 나 영단어책이야! 1,2〉가 있으며, 이외에도 독창적 아이디어와 구성으로 많은 독자들의 사랑을 받는 다수의 교재들을 집필하였다.

# MD VOCA 33000 단어장

최신 개정판 3쇄 2024년 04월 22일

저자_문 덕

발행인_문 덕

인쇄·제본_(주)창미디어

발행처_도서출판 지수

주소_서울시 마포구 토정로 222(한국 출판 콘텐츠 센타 417호)

전화_02-717-6010(대표)

팩스 : 02-717-6012

http://www.moonduk.com(mp3 파일 무료 다운로드)

Phone 82-2-717-6010 Fax 82-2-717-6012

독자들의 사랑을 받고 있는 『MD voca의 포켓북 형태의 단어장』입니다. MD본서에서 필수어휘, 중요빈출어휘, 중요빈출숙어를 요약 정리한 내용으로 이루어져 있으므로 편입, 공무원, TEPS, TOEFL, TOEIC 등의 최 빈출단어들도 한 단어도 버릴게 없는 그야말로 핵심단어들만 모아 놓은 것입니다. 하지만 본서의 상세한 내용 중에서 일부분을 요약 정리한 것이기에 학습하는데 정확한 목표와 방법론을 가지고 접근하는 것이 좋겠습니다.

단어장의 용도는 크게 두 가지로 요약될 수 있습니다.

첫 번째는 본서를 공부하기 전의 예습기능을 한다는 것입니다. 본서에는 동의어, 동의어보감, 뉘앙스, 문제 등 체계적이고도 방대한 어휘 정보가 들어있기 때문에 실력이 다소 모자라는 학생들이 책의 두께와 내용에 간혹 부담을 느끼는 경우가 있습니다. 이럴 경우 단어장으로 미리 공부를 한 번 하신다음에 본서를 만난다면 훨씬 자연스럽게 MD정복을 할 수가 있을 것입니다.

두 번째는 복습 기능입니다. 본서를 충실히 공부하는 중이거나 또는 이미 공부를 마친 학생들도 이 단어장을 이용하면 효율적이고 간편한 복습이 가능할 것입니다. 단어장 또한 본서처럼 45강으로 나뉘어 있고 MP3 또한 필수어휘와 빈출어휘로 구분되어 있으므로 같이 활용하다면 더욱 큰 효과를 보실 수 있으리라 믿습니다.

항상 휴대하면서 친구처럼 가까이한다면 MD정복의 좋은 길잡이가 되어줄 것입니다. MD단어장이 여러분의 영어 경쟁력을 키우는데 크나큰 밑거름이 되리라 확신하면 여러분의 건투를 빕니다.

2021. 문덕

# CONTENTS

## PART 1 주요접두어편(Major Prefixes)

## PART 2 기타접두어편(Other Prefixes)

# PART ❶

## 주요 접두어편
## MAJOR PREFIXES

# ab-

우선순위
PRE
VIEW

Date :

| ★★★★☆ | 16. | abstruse | □ □ □ |

| ★★★☆☆ | 04. | abhor | □ □ □ |
| | 06. | abolish | □ □ □ |
| | 09. | abortion | □ □ □ |
| | 11. | abrogate | □ □ □ |
| | 12. | abrupt | □ □ □ |

| ★★☆☆☆ | 03. | aberrant | □ □ □ |
| | 14. | absolve | □ □ □ |
| | 18. | avert | □ □ □ |

| ★☆☆☆☆ | 01. | abdicate | □ □ □ |
| | 02. | abduct | □ □ □ |
| | 05. | abject | □ □ □ |
| | 07. | abominate | □ □ □ |
| | 08. | aboriginal | □ □ □ |
| | 10. | abrasive | □ □ □ |
| | 13. | abscond | □ □ □ |
| | 15. | abstain | □ □ □ |
| | 17. | allay | □ □ □ |

### 01 **abdicate**
[ǽbdəkeit]
★☆☆☆☆

ab(away) +
dict(say) ·
'말을 하고 멀리가다
에서 유래

**v** (주로 고유권 · 책임 등을) **퇴위하다, 포기하다**
- **abdicate** (from) the throne 왕좌에서 물러나다
- **abdicate** one's responsibility for ~에 대한 자신의 책임을 포기하다

### 02 **abduct**
[æbdʌ́kt]
★☆☆☆☆

ab(away) +
duct(lead) ·
'멀리 끌고 가다
에서 유래

**vt** (특히 여성을) **유괴하다**
- **abduct** a girl for ransom 몸값을 받아 내려고 소녀를 납치하다

### 03 **aberrant**
[əbérənt]
★★☆☆☆

ab(away) +
err/error(wander) ·
'정상(으로부터) 멀리 벗어
난'에서 유래

**a** 정도를 벗어난, 변태적인
- **aberrant** behavior under the influence of drugs
  마약으로 인한 변태적 행동

### 04 **abhor**
[æbhɔ́ːr]
★★★☆☆

ab(from) +
hor(shudder) ·
'몸서리치며 멀리하다'
에서 유래

**vt** 〈진행형은 불가〉 (매우) **혐오하다**
- **abhor** cruelty to animals 동물에 대한 잔혹 행위를 혐오하다

### 05 **abject**
[ǽbdʒekt]
★☆☆☆☆

ab(away) +
ject(throw) ·
'(상태에 따위가) 멀리 던져진'
에서 유래

**a** 1 (상태가) 비참한  2 (사람이) 비굴한, 비열한
- live in **abject** poverty 극빈 상태에 살다
- an **abject** apology 비굴한 사과

### 06 **abolish**
[əbɑ́liʃ]
★★★☆☆

ab(away) +
ol(grow) ·
'오랫동안 자라온 것을
멀리하다'에서 유래

**vt** (특히 오래된 제도나 관습 따위를) **폐지하다, 없애다**
- **abolish** slavery[poverty] 노예 제도[가난]를 없애다

### 07 **abominate**
[əbɑ́məneit]
★☆☆☆☆

ab(away) +
omen(omen) ·
'불길한 징조를 느끼고
멀리하다'에서 유래

**vt** 〈진행형 불가〉 (매우) **혐오하다, 증오하다**
- **abominate** unfairness in an umpire 심판의 불공정성을 혐오하다

### 08 **aboriginal**
[æbərídʒənl]
★☆☆☆☆

ab(from) +
origin(arise) ·
'발생 당시부터 존재한'
에서 유래

**a** 원시의, 토착의
- an **aboriginal** civilization[inhabitant] 토착 문명[거주민]

### 09 **abortion**
[əbɔ́ːrʃən]
★★★☆☆

ab(away) +
ort(arise) ·
'발생하는 것을 멀리함'
에서 유래

**n** 낙태
- have an **abortion** 낙태하다

## 10 **abrasive**
[əbréisiv]
★☆☆☆☆

ab(away) +
ras<rad(scrape) →
'떨어지도록 문지르는'
에서 유래

**a** 1 닳게 하는, 연마용의 2 (목소리 · 성격이) 거친, 거슬리는
- an **abrasive** tool 연마 용구
- in an **abrasive** voice 귀에 거슬리는 목소리로

**n** 연마제
- Sandpaper and grinder are **abrasives**.
  사포와 숫돌은 연마 용구들이다.

0
1

## 11 **abrogate**
[ǽbrəgeit]
★★★☆☆

ab(away) +
rog<ask) →
'멀리할 것을 요구하다'
에서 유래

**vt** (권위 있는 조치를 통해) 폐지하다
- **abrogate** a treaty 조약을 철폐하다

## 12 **abrupt**
[əbrʌ́pt]
★★★☆☆

ab(away) +
rup(break) →
'깨뜨리고 터져 나오는'
에서 유래

**a** 1 돌연한, 갑작스러운 2 (행동 · 성격 등이) 퉁명스러운
- an **abrupt** change of policy 돌연한 정책 전환
- an **abrupt** manner 퉁명스러운 태도

## 13 **abscond**
[æbskánd]
★☆☆☆☆

abs<ab(away) +
cond (hide) →
'멀리 가서 숨다'에서 유래

**vi** (특히 처벌을 피해) 달아나다
- **abscond** with public money 공금을 가지고 달아나다

## 14 **absolve**
[æbzálv]
★★☆☆☆

ab(from) +
solve 풀다/풀다 →
'…로부터 떨어지도
록 해결하다'에서 유래

**vt** 1 (책임 등을) 면제하다 2 용서하다, 사면하다
- **absolve** a person from a duty 남의 의무를 면제하다
- be **absolved** of one's sin 자신의 죄를 용서받다

## 15 **abstain**
[æbstéin]
★☆☆☆☆

abs<ab(away) +
tain(hold) →
'어떤 것으로부터 거리를 유
지하다'에서 유래

**vi** 1 삼가다, 절제하다 2 (고의로) 기권하다
- **abstain** from drinking 술을 절제하다
- **abstain** from voting 투표를 기권하다

## 16 **abstruse**
[æbstrú:s]
★★★★☆

abs<ab(away) +
trus(thrust) →
'멀리 밀
어부친'에서 유래

**a** 심오한, 난해한
- an **abstruse** theory[creed] 심오한 이론[교리]

## 17 **allay**
[əléi]
★☆☆☆☆

al<ab(away) +
lay 놓다 →
'떨어뜨려 놓다'
에서 유래

**vt** (공포 · 고통 따위를) 가라앉히다, 경감시키다
- **allay** the public's fears 대중의 공포를 가라앉히다

18 **avert**
[əvə́ːrt]
★★☆☆☆

a<ab(from) +
vert(turn) ·
'다른 쪽으로 돌리다'
에서 유래

**vt** 1 (불행한 일을) 피하다, 막다
2 (얼굴 · 생각 등을) 돌리다

- **avert** accident by quick thinking 재빨리 생각하여 사고를 피하다
- **avert** one's eyes from the terrible sight
  끔찍한 광경으로부터 자신의 눈을 돌리다

---

▶ 중요빈출어휘

001 **acknowledge**
[æknάlidʒ]
★☆☆☆☆

know (알다) ·
'알게 된 것을 인정하다'
에서 유래

**v** (주로 고유권 · 책임 등을) 인정하다

- **acknowledge** that its policy had failed
  정책이 실패했다는 것을 인정하다

---

002 **acme**
[ǽkmi]
★★☆☆☆

ac (sharp 날카로운) ·
'날카로운 꼭대기' 에서 유래

**n** 절정

- make one's **acme** as an actor 배우로서의 절정에 도달하다

---

003 **acrid**
[ǽkrid]
★☆☆☆☆

ac (sharp 날카로운) ·
'냄새가 코를 날카롭게 찌르
는' 에서 유래

**a** (냄새 등이) 콕 쏘는

- the **acrid** odor of burnt gunpowder 타버린 화약의 역한 냄새

---

004 **acrimonious**
[ækrəmóuniəs]
★★★★☆

ac (sharp 날카로운) ·
'언행이 날카로워 신랄한'
에서 유래

**a** 신랄한

- an **acrimonious** remark 신랄한 말

---

005 **acumen**
[əkjúːmən]
★☆☆☆☆

ac (sharp 날카로운) ·
'날카롭고 예리함' 에서 유래

**n** (관찰력 등의) 날카로움

- business **acumen** 사업적 감각

---

006 **aftermath**
[ǽftərmæθ]
★★★★★

after ~다음에 +
math<me(mowing 풀 베기)
· '추수한 후의 결과' 에서 유래

**n** 결과, 여파

- the **aftermath** of war 전쟁의 여파

---

007 **agenda**
[ədʒéndə]
★★☆☆☆

ag (act 행동하다) ·
'회의에서 해야 할 것'
에서 유래

**n** 의제

- the next item on the **agenda** 의제의 다음 항목

---

008 **agile**
[ǽdʒəl]
★★★★☆

ag (act 행동하다) ·
'행동을 민첩하게 하는' 에서
유래

**a** 민첩한

- an **agile** squirrel 날렵한 다람쥐

---

009 **agitate**
[ǽdʒiteit]
★★★☆☆

ag (act 행동하다) ·
'행동으로 사람들을 자극시
키다' 에서 유래

**v** 자극하다, 동요하게 하다

- **agitate** the angry mob 성난 폭도들을 자극하다

**010 alacrity**
[əlǽkrəti]
★★☆☆☆

alacrit (lively 원기왕성한) → '활발한 성향'에서 유래

**n 민활함**
- They accepted our offer with **alacrity**.
  그들은 우리의 제안을 선선히 받아들였다.

---

**011 alienate**
[éiljəneit]
★★★☆☆☆

alien (other 다른) → '자신과 다르다고 멀리하다'에서 유래

**v 소외하다**
- be **alienated** from society 사회로부터 소외당하다

---

**012 altercation**
[ɔːltərkéiʃən]
★★★★☆

alterca (dispute with another 다른 사람과 싸우다) → '다른 사람과 말싸움하다'에서 유래

**n 말다툼**
- have an **altercation** 언쟁을 벌이다

---

**013 altruistic**
[æltruːístik]
★★★★★

altru (others 다른 사람들) → '자신보다 다른 사람을 배려하는'에서 유래

**a 이타적인**
- the **altruistic** philanthropist 이타적인 박애주의자

---

**014 amalgamate**
[əmǽlgəmeit]
★★☆☆☆

amalgam 수은과의 합금 → '서로 다른 것을 합치다'에서 유래

**v 결합[합병]하다**
- **amalgamate** two companies 두 회사를 합병하다

---

**015 amenity**
[əménəti]
★★★☆☆

amen (pleasant 기분 좋은) → '사람을 기분 좋게 하는 예의 범절'에서 유래

**n <pl.> 예의; 쾌적, 편의 시설**
- the social **amenities** 사교상의 예의

---

**016 amiable**
[éimiəbl]
★★★★☆

am (love 사랑) → '사랑스러우며 상냥한'에서 유래

**a 상냥한**
- an **amiable** disposition 상냥한 성격

---

**017 amicable**
[ǽmikəbl]
★★★☆☆

am (love 사랑) → '사랑스럽게 우호적으로 대하는'에서 유래

**a 우호적인**
- **amicable** relationship 우호 관계

---

**018 ample**
[ǽmpl]
★★☆☆☆

ampl (contain 담고 있다) → '담을 수 있을 만큼 충분한'에서 유래

**a (남을 만큼) 충분한**
- **ample** evidence 충분한 증거

---

**019 animated**
[ǽnəmeitid]
★☆☆☆☆

anima (life 생명) → '생명력 있게 활발한'에서 유래

**a 활기찬, 활발한**
- an **animated** discussion 활발한 토론

---

**020 animosity**
[ǽnəmásəti]
★☆☆☆☆

animos (mind 마음) → '적대심을 가지고 있는 마음'에서 유래

**n <pl.> 적의**
- **animosities** between classes 계급 간의 적대심

# break

- **break away** / 도망가다, 탈옥하다 break prison
- **break down** / 고장 나다 be out of order ; 파괴하다 destroy ; 분석하다, 분류하다 analyze
- **break even** / 득실이 없게 되다, 본전치기이다
- **break in** / 침입하다; 말참견하다 cut in, interfere in ; 길들이다 tame
- **break off** / 중단하다, 멈추다
- **break out** / (전쟁 따위가) 일어나다, 돌발하다 bust out, forth
- **break the back of** / (일의) 고비를 넘기다, 어려운 부분을 끝내다 finish the major or worst part of
- **break ground** / 시작하다, 착공하다, 착수하다 start
- **break the ice** / (딱딱한) 분위기를 깨다
- **break up** / 해체하다 be organize ; 헤어지다 break off ; 끝내다 stop, complete ; 완전히 부수다 be up
- **break with** / ~와 단절하다, 버리다 abandon
- **Break a leg!** / 행운을 빌어! good luck!
- **break one's neck(back)** / 몹시 노력하다 make a great effort
- **break the news** / 중요한 소식을 전하다

# call

- **call at** (a place) / (장소를) ~를 방문하다
- **call down** / 꾸짖다 scold, call on the carpet, chide
- **call for** / 요구하다 require, demand
- **call forth** / 야기 시키다 cause, arouse
- **call off** / 취소하다 cancel, retract, withdraw
- **call on** (someone) / (사람을) 방문하다 drop by, stop by
- **call something in question** / ~를 의심하다 doubt
- **call sb names** / 비난하다, 욕하다 abuse
- **call someone to account** / 책임을 추궁하다, 책망하다 rebuke
- **call someone on the carpet** / ~을 호출하여 문책하다
- **call a spade a spade** / 사실대로 말하다 be outspoken, speak out
- **call it a day** / 하루 일을 마치다

로 보는
PRE
view

Date :

# ad-

0
2

| ★★★★☆ | 01. | abandon | □ □ □ |
| | 16. | acquiesce | □ □ □ |
| | 17. | acquit | □ □ □ |

| ★★★☆☆ | 10. | acclaim | □ □ □ |

| ★★☆☆☆ | 04. | abbreviate | □ □ □ |

| ★☆☆☆☆ | 03. | abate | □ □ □ |
| | 05. | abet | □ □ □ |
| | 06. | abridge | □ □ □ |
| | 07. | accede | □ □ □ |
| | 08. | accelerate | □ □ □ |
| | 12. | accomplice | □ □ □ |
| | 14. | accretion | □ □ □ |
| | 15. | accumulate | □ □ □ |

| ☆☆☆☆☆ | 02. | abase | □ □ □ |
| | 09. | accessory | □ □ □ |
| | 11. | acclivity | □ □ □ |
| | 13. | accost | □ □ □ |

### 01 **abandon**
[əbǽndən]
★★★★☆

ab<ad(to) +
bandon(control) →
'~에게 지배권을 넘겨주다'
에서 유래

**vt** 1 (계획 · 희망 등을) 단념[포기]하다 2 (사람 · 물건 등을) 버리다
- **abandon** all hope of finding the child  아이 찾기를 포기하다
- **abandon** one's wife and children  자신의 아내와 아이들을 버리다

---

### 02 **abase**
[əbéis]
☆☆☆☆☆

a<ad(to) +
base(lower) →
'~의 품위를 떨어뜨리다'
에서 유래

**vt** (지위 · 평판 등을) 떨어뜨리다, 비하하다
- Don't excessively **abase** yourself.
  당신 자신을 너무 비하하지 마세요.

---

### 03 **abate**
[əbéit]
★☆☆☆☆

a<ad(intensive) +
bat(beat) →
'자꾸 때려서 약화시키다'
에서 유래

**v** (수량 · 고통 따위를) 줄이다, 완화하다
- **abate** the pain  고통을 완화하다

---

### 04 **abbreviate**
[əbríːvieit]
★★☆☆☆

ab<ad(to) +
brev(short) →
'짧게 하다'에서 유래

**vt** (특히 글자를) 생략[축약]하다
- **abbreviate** Doctor to Dr.  Doctor를 Dr.로 축약하다

---

### 05 **abet**
[əbét]
★☆☆☆☆

a<ad(to) +
bet(bait) →
'미끼로 유인하다'
에서 유래

**vt** (주로 나쁜 일을) 부추기다, 선동하다
- **abet** a crime  범죄를 부추기다

---

### 06 **abridge**
[əbrídʒ]
★☆☆☆☆

a<ad(to) +
+bri<brev(short) →
'짧게 하다'에서 유래

**vt** 요약[단축]하다
- the **abridged** version of "War and Peace"
  "전쟁과 평화"의 요약판

---

### 07 **accede**
[æksíːd]
★☆☆☆☆

ac<ad(to) +
ced(go) →
'~에 자신의 마음이 움직여 가다'
에서 유래

**vi** 1 (제안 · 요구에) 응하다, 동의하다
2 (직위 · 관직에) 취임하다
- **accede to** a person's request  남의 요구에 응하다
- **accede to** the throne  즉위하다

---

### 08 **accelerate**
[ækséləreit]
★☆☆☆☆

ac<ad(to) +
celer(swift) →
'빨라지게 하다'
에서 유래

**v** 촉진하다, 가속[빠르게]하다
- **accelerate** a person's recovery from illness
  병으로부터 사람의 회복을 빠르게 하다

## 09 accessory
[æksésəri]
☆☆☆☆☆

ac<ad(to) +
cess<ced(go) →
'중심이 되는 것에 첨가된 것'
에서 유래

**n** 1 〈보통 pl.〉 **부품, 액세서리** 2 《법》 **종범**
- a dress with matching **accessories** 액세서리들과 어울리는 옷
- **accessory** before the fact 사전 종범 : 범죄를 선동 교사한 자
- **accessory** after the fact 사후 종범 : 범인을 은닉 시켜준 자

**a** 1 **보조[부속]적인** 2 《법》 **종범의**
- **accessory** sounds in music 음악의 부속음
- He was made **accessory** to the crime.
  그는 그 범죄의 종범으로 몰렸다.

0
2

## 10 acclaim
[əkléim]
★★★☆☆

ac<ad(toward) +
claim(cry) →
'~를 향해 소리치다'
에서 유래

**v** **~에게 갈채를 보내다, 환호하며 맞이하다**
- **acclaim** the winner of marathon
  마라톤 우승자를 환호하며 맞이하다

**n** **환호, 갈채**
- welcome with great **acclaim** 대단한 환호로 맞이하다

## 11 acclivity
[əklívəti]
☆☆☆☆☆

ac<ad(toward) +
cliv(slope) →
'위로 기울어진 경사'
에서 유래

**n** **오르막길**
- the **acclivity** of the ground 땅의 오르막 경사

## 12 accomplice
[əkámplis]
★☆☆☆☆

ac<ad(to) +
com<con(together) +
plic(fold) →
'나쁜 일에 함께 끼어듦'
에서 유래

**n** **공범자**
- an **accomplice** of robbery 강도의 공범자

## 13 accost
[əkɔ́ːst]
☆☆☆☆☆

ac<ad(to) +
cost(side) →
'모르는 사람의 옆으로 다가
가다'에서 유래

**vt** **~에게 (다가가) 말을 걸다**
- A stranger **accosted** him, asking for directions.
  낯선 사람이 길을 물어보면서 그에게 다가가 말을 걸었다.

## 14 accretion
[əkríːʃən]
★☆☆☆☆

ac<ad(to) +
cret<cres(grow) →
'~에 붙어 자람'에서 유래

**n** **(자연적 또는 부착에 의한) 성장, 증가(물)**
- the **accretion** of earth on the shore 해변 위의 흙더미

## 15 accumulate
[əkjúːmjuleit]
★☆☆☆☆

ac<ad(to) +
cumul(heap up) →
'쌓아 올리다'
에서 유래

**v** **(특히 오랜 기간에 걸쳐) 모으다, 축적하다**
- **accumulate** a fortune by hard work
  열심히 일해서 재산을 모으다

16 **acquiesce**
[ækwiés]
★★★★☆

ac<ad(to) +
quie(quiet) + ·
'조용히 인정하다'
에서 유래

**vi** 묵인하다, (마지 못해) 따르다

* **acquiesce** in a person's opinion 남의 의견에 따르다

---

17 **acquit**
[əkwít]
★★★★☆

ac<ad(to) +
quit(free) + ·
'자유롭게 해주다'
에서 유래

**vt** 1 (죄인을) 석방하다, ~를 무죄로 하다
2 ≪재귀용법≫ 행동[처신]하다

* **acquit** a person of murder 살인 혐의에 대해 ~를 무죄로 하다
* **acquit** oneself well[badly] 훌륭하게[잘못] 처신하다

---

021 **annals**
[ǽnlz]
★☆☆☆☆

ann (year 년) + ·
'역사적 사건을 연대순으로
적은 기록'에서 유래

**n** 연대기

• the **annals** of British politics 영국 정치의 연대기

---

022 **aperture**
[ǽpərtʃər]
★☆☆☆☆

apertura (opening 구멍)
에서 유래

**n** 틈, 구멍

• open the **aperture** of a camera 카메라의 조리개를 열다

---

023 **aptitude**
[ǽptətjuːd]
★★☆☆☆

apt 적당한 + ·
'어떤 일을 하기에 적당한 소
질이나 적성'에서 유래

**n** 소질, 적성

• **aptitude** test 적성 검사

---

024 **arable**
[ǽrəbl]
★★★☆☆

ara (plow 경작하다) + ·
'경작할 수 있는'에서 유래

**a** 경작에 적합한

• **arable** land 경작지

---

025 **arduous**
[áːrdʒuəs]
★★★★☆

ard (difficult 어려운) + ·
'어렵고 힘든'에서 유래

**a** 힘든 ; 끈기있는, 근면한

• an **arduous** lesson 힘겨운 레슨

---

026 **arid**
[ǽrid]
★★★★☆

arid<as (burn 불타다) + ·
'불에 탈 듯 건조한'에서 유래

**a** 건조한

• Desert lands are **arid**. 사막 땅은 건조하다.

---

027 **armistice**
[áːrməstis]
★★☆☆☆

arm (weapon 무기) +
stice (stop 멈추다) + ·
'무기 드는 것을 멈추는 휴전'
에서 유래

**n** 휴전, 정전

• end with an **armistice**, not a peace treaty
평화 조약이 아닌 휴전 협정으로 끝나다

028 **artifice**
[ɑ́ːrtəfis]
★☆☆☆☆

art (skill 기술) +
fice (make 만들다) ·
'꾸며서 만들어 내는 기술'
에서 유래

**n** **속임수**
- an **artifice** to gain sympathy  동정을 얻기 위한 속임수

---

029 **artisan**
[ɑ́ːrtizən]
★☆☆☆☆

art (skill 기술) →
'기술을 가진 사람'
에서 유래

**n** **기능공**
- **artisans** who are necessary to the development of a culture
  문화 발전에 필요한 기능공

---

030 **ascetic**
[əsétik]
★☆☆☆☆

ascetic<asketic (train 훈련하
다) · '엄격히 스스로 훈련하
는' 에서 유래

**a** **금욕주의의**
- an **ascetic** life in a cloister  수도원의 금욕주의적 삶

---

031 **astral**
[ǽstrəl]
☆☆☆☆☆

astr (star 별) ·
'별과 연관된' 에서 유래

**a** **별의**
- many **astral** bodies revealed in the telescope
  망원경에 나타난 많은 별무리

---

032 **astronaut**
[ǽstrənɔːt]
★★☆☆☆

astr (star 별) +
naut (추진하는 사람) →
'별을 향해 추진하는 사람'
에서 유래

**n** **우주 비행사**
- **Astronauts** have walked on the moon.
  우주 비행사들이 달 표면을 걸었다.

---

033 **astute**
[əstjúːt]
★★☆☆☆

astu (cunning 교활한) →
'교활하고 빈틈이 없는' 에서
유래

**a** **(사람 · 판단 · 행위 등이) 예리한, 빈틈없는**
- an **astute** observer  빈틈없는 관찰자

---

034 **atone**
[ətóun]
★☆☆☆☆

aton (reconcile 조화시키다)
· '서로의 입장을 조화시켜
보상하다' 에서 유래

**v** **(죄 · 과실 등을) 속죄하다, 보상하다**
- **atone** for a fault  과실을 보상하다

---

035 **atrocious**
[ətróuʃəs]
★★★☆☆

atroc(cruel 잔인한) →
'잔인하도록 극악무도한'
에서 유래

**a** **극악한**
- an **atrocious** crime  극악한 범죄

---

036 **audacity**
[ɔːdǽsəti]
★★★☆☆

aud (bold 용감한) →
'용감한 사람이 지닌 대담성'
에서 유래

**n** **(행동 · 언행 등의) 대담(성)**
- the acrobat's **audacity**  곡예사의 대담성

---

037 **augment**
[ɔːgmént]
★★★☆☆

aug (increase 증가시키다)

**v** **증가시키다[하다]**
- **augment** one's income  수입을 늘리다

---

038 **auspicious**
[ɔːspíʃəs]
★★★★☆

ausp (omen 징조) →
'좋은 일이 있을 징조인' 에서
유래

**a** **길조의**
- an **auspicious** moment to set sail  돛을 올리기에 알맞은 때

## austerity
[ɔːstérəti]
★ ☆ ☆ ☆ ☆

ater (harsh 가혹한) +
'거칠고 엄격한' 에서 늦게

**n** <pl.> 엄격(함)

- the **austerity** and dignity of the court  법원의 엄격함과 위엄

---

## authenticate
[ɔːθéntəkeit]
★ ★ ★ ★ ☆

authen (genuine 진짜의) +
'진짜임을 증명하다' 에서 유
래

**v** 진짜임을 증명하다

- **authenticate** the original Van Gogh painting
  반 고흐의 원작 그림이 진짜임을 증명하다

---

▶ **중요빈출숙어**

# come

- **come about** / 일어나다, 발생하다
  take place, happen, come to pass

- **come across** / 우연히 마주치다 encounter, meet with, chance
  upon, hit upon, bump into, run into, fall in with

- **come around to** / ~로 생각을 바꾸다

- **come by** / 얻다, 획득하다 obtain, acquire

- **come down to** / 요컨대[결국] ~이 되다 be reduced to

- **come down with** / 질병에 걸리다 contract

- **come home to** / 가슴에 사무치다, 큰 감동을 주다
  deeply impress

- **come into** / ~에 들어가다 enter ; ~을 상속하다 inherit, come in for

- **come natural to** / ~에게 아주 쉽다, 수월하다

- **come of** / ~ 출신이다 descend from ; ~의 결과이다 result from

- **come off** / 떨어져 나가다 fall off ; 성공하다 succeed

- **come on** / (배우가) 등장하다, 나타나다

- **come to** / ~에 떠오르다 take place, occur ;
  (의식을) 회복하다 recover

- **come to an end** / 끝나다 stop, finish, halt, break off

- **come to light** / 나타나다, 드러나다 be revealed

- **come to nothing** / 무위로 끝나다, 수포로 돌아가다
  fail, be useless, go for nothing, get nowhere

- **come to pass** / (사건이) 일어나다 occur, happen

- **come to terms with** / 타협하다 compromise ;
  굴복하다 succumb, yield to

- **come up against** / (곤란, 반대)에 직면하다
  be in danger, be in Dutch, face, confront

- **come up with** / ~를 따라잡다 walk up to ; 생각해내다
  ; 제안하다 suggest, bring up

- **come upon** / 뜻밖에 만나다 run into, run across, encounter

- **when it comes to** / ~에 대하여 말하자면 as for

- **come from nowhere** / 갑자기 유명해지다
  come out of nowhere

- **come into being** / 태어나다, 발생하다 come into existence

- **come into effect** / 효력을 나타내다, 실시되다, 발효하다

- **come into one's own** / 자기역량을 충분히 발휘하다
  show one's ability

- **come to blows** / 주먹질하다 hit each other

- **come to the fore** / 표면화되다, 세상의 주목을 끌다
  come to the surface

- **come to the point** / 말이 요점에 맞다
  be definite in telling something

- **come under fire** / 집중 포화를 받다, 비난받다

# ad-

Date :

| | | |
|---|---|---|
| ★ ★ ★ ★ ★ | 21. adjacent | □ □ □ |
| ★ ★ ★ ☆ ☆ | 18. addict | □ □ □ |
| | 19. adept | □ □ □ |
| | 32. advent | □ □ □ |
| ★ ★ ☆ ☆ ☆ | 30. adulterate | □ □ □ |
| | 34. adverse | □ □ □ |
| ★ ☆ ☆ ☆ ☆ | 20. adhere | □ □ □ |
| | 22. adjourn | □ □ □ |
| | 23. adjunct | □ □ □ |
| | 24. administer | □ □ □ |
| | 25. admonish | □ □ □ |
| | 26. adopt | □ □ □ |
| | 27. adore | □ □ □ |
| | 28. adorn | □ □ □ |
| | 29. adroit | □ □ □ |
| | 33. adventitious | □ □ □ |
| ☆ ☆ ☆ ☆ ☆ | 31. adumbrate | □ □ □ |

## 18 **addict**
[ədíkt]
★★★☆☆

ad(to) +
dic(say) ·
'~에 대해 자꾸자꾸 말하다'
에서 유래

**vt** 《수동태 또는 재귀용법》 ~에 빠지다[탐닉하다]
- He is **addicted** to alcohol. 그는 알콜에 중독되어 있다.

**n** [ǽdikt] 중독자, 탐닉자
- a drug **addict** 약물 중독자

## 19 **adept**
[ədépt]
★★★☆☆

ad(intensive) +
ept(grasp) ·
'어떤 분야를 완전히 잡아서 이
해한'에서 유래

**a** 숙련된, 능숙한
- **adept** at making up excuses 변명을 만들어 내는 데 능숙한

**n** [ǽdept] 전문가, 달인
- an **adept** in carpentry 목수일의 달인

## 20 **adhere**
[ədhíər]
★☆☆☆☆

ad(to) +
her(stick) ·
'~ 에 달라 붙다'에서 유래

**vi** 1 들러붙다, 부착하다   2 (신념 따위를) 고수[신봉]하다
- Mud **adheres to** your shoes. 진흙이 네 신발에 달라 붙는다.
- **adhere to** one's political party 자신의 정당을 고수하다

## 21 **adjacent**
[ədʒéisnt]
★★★★★

ad(to) +
jac<ject(throw) →
'가까이 던져진'에서 유래

**a** 근접[인접]한
- the house **adjacent to** ours 우리집과 인접한 집

## 22 **adjourn**
[ədʒə́ːrn]
★☆☆☆☆

ad(to) +
journ<diurnum(day) →
'날짜를 뒤로 늦추다'
에서 유래

**v** 1 (회의 · 재판 등을 잠시) 휴회[중단]하다, 연기하다
2 (휴식을 위해) 자리를 옮기다
- **adjourn** the court for two hours 두 시간 동안 휴정하다
- **adjourn** to the sitting room 응접실로 자리를 옮기다

## 23 **adjunct**
[ǽdʒʌŋkt]
★☆☆☆☆

ad(to) +
junc(join) →
'~에 결합되어 있는 것'
에서 유래

**n** 1 부가[부수]물   2 《문법》 부가사, 꾸며주는 말
- A spare tire is an important **adjunct** to a car.
  스페어 타이어는 자동차의 중요한 부가물이다.
- In "They arrived on Sunday" 'on Sunday' is an **adjunct**.
  "그들은 일요일에 도착했다"에서 '일요일에'는 부가사이다.

## 24 **administer**
[ədmínistər]
★☆☆☆☆

ad(to) +
minister(serve) →
'임무에 충실히 봉사하다'
에서 유래

**vt** 1 관리[통치]하다
2 (약 등을) 주다, 투약하다
- **administer** the company's finances 회사 재정을 관리하다
- **administer** sedative to a person ~에게 안정제를 투약하다

**vi** 도움이 되다, 기여하다
- **administer** to a person's comfort 남의 편안함에 도움이 되다

## 25 admonish
[ædmániʃ]
★ ☆ ☆ ☆ ☆

ad(to) +
mon(advise) →
'~에게 충고하다'에서 유래

**vt** 1 훈계하다, 충고하다
2 (위험 따위를) 경고하다, 주의시키다

- **admonish** somebody not to drive so fast
  그렇게 빨리 차를 몰지 말라고 충고하다
- **admonish** somebody of impending danger
  임박한 위험에 대해 경고하다

## 26 adopt
[ədápt]
★ ☆ ☆ ☆ ☆

ad(to) +
opt(선택하다) →
'선택하다'에서 유래

**vt** 1 채택[채용]하다
2 (아이를) 양자[양녀]로 삼다

- **adopt** new production methods  새로운 생산 방식을 채택하다
- **adopt** a homeless orphan  집없는 고아를 양자로 삼다

## 27 adore
[ədɔ́ːr]
★ ☆ ☆ ☆ ☆

ad(to) +
or(speak) →
'우러러 말하다'에서 유래

**vt** 1 (마음 속 깊이) 존경[사모]하다
2 매우 좋아하다

- **adore** one's parents  자신의 부모님을 존경하다
- **adore** going to the movies  영화 보러 가는 것을 매우 좋아하다

## 28 adorn
[ədɔ́ːrn]
★ ☆ ☆ ☆ ☆

ad(to) +
orn(deck) →
'~에 장식하다'에서 유래

**vt** 꾸미다, 장식하다

- **adorn** one's hair with flowers  꽃으로 자신의 머리를 꾸미다

## 29 adroit
[ədrɔ́it]
★ ☆ ☆ ☆ ☆

a<ad(to) +
droit(right) →
'일처리가 제대로인'
에서 유래

**a** 능숙한, 재치있는

- **adroit** handling of the delicate situation
  미묘한 상황에서의 재치있는 처리

## 30 adulterate
[ədʌ́ltəreit]
★ ★ ☆ ☆ ☆

ad(to) +
ulter<alter(other) →
'~에 다른 물질을 집어 넣다'
에서 유래

**vt** (불순물 따위를) 섞다, (섞어) 질을 떨어뜨리다

- **adulterate** milk with water  우유에 물을 타다

**a** (불순물이) 섞인, 품질이 나쁜

- sell the **adulterate** honey 불순물[설탕]이 섞인 꿀을 팔다

## 31 adumbrate
[ædʌ́mbreit]
☆ ☆ ☆ ☆ ☆

ad(upon) +
umbra(shade) →
'그림자를 슬쩍 비춰주다'
에서 유래

**vt** 1 어렴풋이 나타내다
2 (부분적으로) 어둡게[그늘지게] 하다

- This clue **adumbrates** who the criminal is.
  이 단서는 누가 범인인지를 어렴풋이 나타내 주고 있다.
- The clouds **adumbrate** the moon.  구름은 달을 어둡게 한다.

0
3

32 **advent**
[ǽdvent]
★★★☆☆

ad(to) +
ven(come) ·
'다가옴'에서 유래

**n** 1 (중요한 사건 · 시대의) **도래**
2 (A-) **그리스도의 재림**

- the **advent** of new era  새 시대의 도래
- the Second **Advent**  예수의 재림

---

33 **adventitious**
[ædvəntíʃəs]
★☆☆☆☆

ad(to) +
ven(come) →
'밖에서 안으로 새로 온'
에서 유래

**a** **우발적인, 우연한**

- the **adventitious** meeting with one's friend
  친구와의 우연한 만남

---

34 **adverse**
[ædvə́ːrs]
★★☆☆☆

ad(to) +
vers<vert(turn) ··
'바람이 부는 쪽으로 방향을
돌리는'에서 유래

**a** 1 (방향이) **반대의, 역의**
2 (상황이) **불리한**

- **adverse** winds  역풍
- **adverse** weather condition  불리한 기상 조건

---

## ▶ 중요빈출어휘

041 **avarice**
[ǽvəris]
★☆☆☆☆

avar (greedy 탐욕스러운) →
'탐욕스러운 마음'에서 유래

**n** (돈 · 재산 등에 대한) **탐욕**

- King Midas's **avarice**  마이다스왕의 탐욕

---

042 **avid**
[ǽvid]
★★★☆☆

av (craving 열망하는) ··
'열망하여 바라는'에서 유래

**a** **탐내는; 열렬한**

- an **avid** reader  열렬한 독자

---

043 **awe**
[ɔː]
★☆☆☆☆

aw (afraid 두려워하는) →
'두려워하는 마음'에서 유래

**n** (위엄에 눌린) **경외(敬畏)**

- with **awe** at the scene of the Grand Canyon
  그랜드 캐넌의 광경에 경외감을 갖고

---

044 **baffle**
[bǽfl]
★★☆☆☆

baf (ridicule 비웃다) →
'비웃어 당황하게 하다'
에서 유래

**v** **당황하게 하다**

- The sudden question **baffled** me.
  갑작스런 질문에 당황했다.

---

045 **balmy**
[báːmi]
☆☆☆☆☆

balm 향기 · '향기로 가득한'
에서 유래

**a** **온화한; 향기로운**

- a **balmy** summer evening  상쾌한 여름 저녁

---

046 **banal**
[bənǽl]
★★★☆☆

ban (commonplace 평범한)
→ '너무나 평범하여 진부한'
에서 유래

**a** **진부한**

- **banal** remarks  진부한 말

**047 baneful**
[béinfəl]
★★☆☆☆

ban (wound 상처) → '상처를 낼 정도로 해로운' 에서 유래

**a** 해로운, 유독한
- **baneful** influences 해로운 영향

---

**048 banish**
[bǽniʃ]
★★☆☆☆

ban (prohibition 금지) → '금지하여 쫓아내다' 에서 유래

**v** 추방하다
- England once **banished** many criminals to Australia.
  영국은 한때 많은 죄인들을 호주로 추방했다.

---

**049 banter**
[bǽntər]
☆☆☆☆☆

uncertain origin

**n** (가벼운) 희롱, 농담 **v** 희롱하다, 놀리다
- exchange friendly **banter** with the customers
  고객들과 정감 어린 농담을 주고받다

---

**050 beatific**
[bi:ətífik]
★☆☆☆☆

beat (blessed 축복받은) → '행복에 넘치도록 축복받은' 에서 유래

**a** 행복에 넘친
- a **beatific** smile 행복에 넘친 미소

---

**051 bedrock**
[bédrak]
★☆☆☆☆

bed 바닥 + rock (stone 돌) → '바닥에 깔린 주춧돌처럼 확실한 근본' 에서 유래

**n** 근본, 근본 원리
- Honesty is the **bedrock** of any healthy relationship.
  모든 건강한 관계의 기반은 정직이다.

---

**052 bellicose**
[bélikous]
★★★★☆

bell (war 전쟁) → '전쟁을 좋아하는' 에서 유래

**a** 호전적인
- **bellicose** disposition 호전적인 기질

---

**053 bicker**
[bíkər]
★☆☆☆☆

bick (attak 공격하다) → '말로 공격하다' 에서 유래

**v** 말다툼하다
- They always **bicker** constantly.
  그들은 언제나 끊임없이 말다툼 한다.

---

**054 bigotry**
[bígətri]
★☆☆☆☆

got(adherent 신봉자) → '신봉하는 것만을 고집하는 편협함' 에서 유래

**n** 편협[완고](함)
- the **bigotry** and narrow views 편협하고 옹졸한 견해

---

**055 bizarre**
[bizáːr]
★★★☆☆

bizar (strange 이상한)

**a** (외관·양식·성질 등이) 이상[기괴]한
- a **bizarre** appearance[behavior] 이상한 모습[행동]

---

**056 bland**
[blænd]
★☆☆☆☆

bland (smooth 부드러운)

**a** (태도·약품 등이) 부드러운 ; (음식이) 맛없는
- use a **bland** ointment for the sunburn
  햇볕에 탄 곳에 부드러운 연고를 바르다

---

**057 blandish**
[blǽndiʃ]
★☆☆☆☆

bland (smooth 부드러운) → '부드러운 말로 기분 좋게 하다' 에서 유래

**v** 부추기다, 아첨하다
- **blandish** him out of his black mood
  화를 풀어주려고 그에게 아양을 떨다

## 058 **blaspheme**
[blæsfíːm]
★☆☆☆☆

blasphem (speak evil 비방하다) · '신성한 것에 대해 나쁘게 말하다'에서 유래

**v** (신성한 것을) **모독하다**
- **blaspheme** the name of God 신의 이름을 모독하다

## 059 **blatant**
[bléitənt]
★★★☆☆

blat (bellow 고함치나) · '고함치며 말 할 정도로 명백한'에서 유래

**a** 뻔한, 명백한 ; 뻔뻔스러운
- a **blatant** lie 뻔한 거짓말

## 060 **bleak**
[bliːk]
★☆☆☆☆

bleak<bhel (창백한) · '창백해질 만큼 쓸쓸하고 황량한'에서 유래

**a** 적막한, 쓸쓸한 ; 바람이 몰아치는, 황량한
- a **bleak** winter's day 황량한 어느 겨울날

---

▶ **중요빈출숙어**

# get(1)

- **get a grip on** / 이해하다 understand, make out, get a fix on
- **get across** / 설명하다, 이해시키다 make clear, put across
- **get ahead** / 출세하다 succeed
- **get along** / 살아가다 lead a life, manage
- **get along with** / ~와 잘 지내다 get on with
- **get an upper hand** / 보다 유리하다 have an advantage over
- **get around** / (법 등의) 빠져나갈 구멍을 찾다, 우회하다 avoid
- **get away with** / ~에 대해 처벌 받지 않다 go unpunished for
- **get carried away** / 매료되다 get fascinated ; 몹시 흥분하다, 화를 내다 get angry
- **get cold feet** / 겁먹다 become timid
- **get down to** / 시작하다 start
- **get even with** / 보복하다 retaliate, get back at[on]
- **get hold of** / 파악하다 understand ; 연락이 되다 contact
- **get in the way** / 방해가 되다 interfere
- **get in touch with** / ~와 연락하다, 접촉하다 contact, keep in touch with
- **get off** / 내리다 ; 퇴근하다 ; 이륙하다
- **get off the ground** / 이륙하다 take off ; (일이) 잘 시작되다 get started
- **get on sb's nerves** / 신경을 건드리다 irritate, offend, annoy

- **get on with** / (일 따위를) 계속하다 ; 사이좋게 지내다 be on good terms with, get along with
- **get out of hand** / 통제를 벗어나다 get out of control, become uncontrollable
- **get out of the way** / 방해하지 않다
- **get over** / 극복하다 ; 회복하다 recover, get well
- **get rid of** / ~을 없애다 clear off, take away
- **get a head start** / 먼저 출발하다 start earlier
- **get in someone's hair** / 괴롭히다 bother, worry, annoy
- **get[put, set] one's back up** / ~를 화나게 하다 enrage, provoke
- **get one's prescription filled** / 처방전대로 약을 조제해 받다

---

24

# ad-

| ★ ★ ★ ★ ★ | 43. | aggravate | ☐ ☐ ☐ |
| | 47. | alleviate | ☐ ☐ ☐ |
| ★ ★ ★ ★ ☆ | 41. | affluent | ☐ ☐ ☐ |
| ★ ★ ★ ☆ ☆ | 48. | allocate | ☐ ☐ ☐ |
| ★ ★ ☆ ☆ ☆ | 36. | advocate | ☐ ☐ ☐ |
| | 37. | affable | ☐ ☐ ☐ |
| | 51. | allure | ☐ ☐ ☐ |
| ★ ☆ ☆ ☆ ☆ | 35. | advert | ☐ ☐ ☐ |
| | 39. | affiliate | ☐ ☐ ☐ |
| | 40. | affinity | ☐ ☐ ☐ |
| | 42. | affront | ☐ ☐ ☐ |
| | 44. | aggregate | ☐ ☐ ☐ |
| | 45. | aggressive | ☐ ☐ ☐ |
| | 46. | aggrieve | ☐ ☐ ☐ |
| | 50. | allude | ☐ ☐ ☐ |
| | 53. | ameliorate | ☐ ☐ ☐ |
| | 54. | amenable | ☐ ☐ ☐ |
| ☆ ☆ ☆ ☆ ☆ | 38. | affiance | ☐ ☐ ☐ |
| | 49. | alloy | ☐ ☐ ☐ |
| | 52. | alluvial | ☐ ☐ ☐ |

---

35 **advert**
[ædvə́:rt]
★☆☆☆☆

ad(to) +
vert(turn)
'~에 주의 · 관심을 돌리다'
에서 유래

**vi** 1 언급하다 2 주목하다

- **advert** to the need for caution 조심할 필요성에 대해 언급하다
- **advert** to a person's opinion 남의 의견에 주목하다

---

36 **advocate**
[ǽdvəkeit]
★★☆☆☆

ad(to) +
voc(speak)
'~을 위해 말하다'에서 유래

**vt** (공개적으로) 지지[옹호]하다

- **advocate** a reduction in military spending
  군비 지출의 절감을 옹호하다

**n** 1 [ǽdvəkət] 지지자, 주창자 2 변호사

- a strong **advocate** of economy reform 경제 개혁에 대한 강력한 주창자
- an unsurpassed **advocate** 탁월한 변호사

---

37 **affable**
[ǽfəbl]
★★☆☆☆

af<ad(to) +
fa(speak) →
'말 붙이기 쉬운'에서 유래

**a** 상냥한, 붙임성 있는

- a beautiful and **affable** woman 예쁘고 상냥한 여자

---

38 **affiance**
[əfáiəns]
☆☆☆☆☆

af<ad(to) +
fia(fid(trust) →
'~에게 믿음을 주다'
에서 유래

**vt** <수동형 · 재귀적> ~을 약혼시키다

- **affiance** oneself to[be affianced to] somebody ~와 약혼하다

**n** 약혼

- **Affiance** made, my happiness begun. 약혼을 하고, 나의 행복이 시작되었다.

---

39 **affiliate**
[əfílieit]
★☆☆☆☆

af<ad(to) +
fil(son) →
'아들로 받아들이다'
에서 유래

**vt** 1 가입시키다 2 (더 큰 단체나 회사에) 합병시키다

- **affiliate** a person with[to] a club 남을 클럽에 회원으로 가입시키다
- **affiliate** small companies 작은 회사들을 합병하다

**n** 회원, 가맹 단체, 계열 회사

- an **affiliate** of the national automobile association.
  전국 자동차 연합의 가맹 단체

---

40 **affinity**
[əfínəti]
★☆☆☆☆

af<ad(to) +
fin(end) →
'끝이 서로 가까움'
에서 유래

**n** 1 유사성 2 (강한) 호감, 애정

- an **affinity** between Swedes and Norwegians
  스웨덴과 노르웨이 사람들 사이의 유사성
- feel a strong **affinity** for[to] a person 남에게 강한 호감을 느끼다

---

41 **affluent**
[ǽfluənt]
★★★★☆

af<ad(to) +
flu(flow) →
'흘러 넘치는'에서 유래

**a** 풍요[부유]한

- an **affluent** society 풍요로운 사회

---

---

42 **affront**
[əfrʌ́nt]
★☆☆☆☆

af<ad(to) +
front 앞 · ·
'~의 앞[면전]에서 면박을 주다'에서 유래

**vt** (맞대놓고) 모욕[창피]을 주다

- feel deeply **affronted** by superior airs
  거만한 태도에 심한 모욕을 느끼다

**n** (의도적이고 공공연한) 모욕

- offer an **affront** to a person. 남에게 모욕을 주다

---

43 **aggravate**
[ǽgrəveit]
★★★★★

ag<ad(on) +
grav(heavy) → ·
'~위에 무거운 것을 올려 놓다'에서 유래

**vt** 1 (어려운 상황을 더욱) 악화[가중]시키다 2 화나게 하다

- **aggravate** one's illness 자신의 병을 악화시키다
- The whispering in class **aggravates** our teacher.
  수업 중에 소곤대는 것은 선생님을 화나게 한다.

0
4

---

44 **aggregate**
[ǽgrigeit]
★☆☆☆☆

ag<ad(to) +
greg(flock) →
'떼지어 모이다'에서 유래

**v** 1 모으[이]다 2 합계가 ~이 되다

- **aggregate** rare records 희귀한 음반들을 모으다
- The money collected will **aggregate** $1,000.
  모인 돈의 총합은 1,000달러가 될 것이다.

**n** 1 [- gət] 합계, 총액 2 집합(체)

- in the **aggregate** 합계해서; 대체로
- an **aggregate** of sugar crystals 설탕 결정체들의 집합체

**a** 합계의, 총합의

- the **aggregate** earnings 총 소득

---

45 **aggressive**
[əgrésiv]
★☆☆☆☆

ag<ad(to) +
gress(walk) → ·
'힘차게 걸어가는'에서 유래

**a** 1 공격[호전]적인 2 적극[정력]적인

- a **aggressive** manner 공격적인 태도
- make an **aggressive** campaign 적극적인 캠페인을 벌이다

---

46 **aggrieve**
[əgríːv]
★☆☆☆☆

ag<ad(on) +
grieve 슬프게 하다 → ·
'~를 슬프게 하다'에서 유래

**vt** 1 <보통 수동태> ~에게 고통을 주다, 괴롭히다
2 ~의 감정을 상하게 하다, 화나게 하다

- be **aggrieved** by the tyranny of the atrocious king
  그 잔학한 왕의 폭정으로 인해 고통을받다.
- be **aggrieved** at the insult from one's friend
  친구의 모욕에 화나다

---

47 **alleviate**
[əlíːvieit]
★★★★★

al<ad(to) +
levi(light) →
'가볍게 하다'에서 유래

**vt** (고통을) 경감[완화]시키다

- **alleviate** the symptoms 증상을 완화시키다

## 48 **allocate**
[ǽləkeit]
★★★☆☆

ad<ad(to) + loc(place) ·
'여러 사람에게 각자의 몫을 놓다'에서 유래

**vt** 1 할당[배분]하다 2 충당[마련]하다

- **allocate** accommodation to each of the refugees
  난민들 각자에게 잠잘 곳을 할당하다
- **allocate** millions of dollars for cancer research
  암 연구를 위해 수백만 달러를 충당하다

---

## 49 **alloy**
[ǽlɔi]
☆☆☆☆☆

ad<ad(to) + loy<lig(bind) ·
'하나로 묶음'에서 유래

**n** 합금 · an **alloy** of copper and zinc 구리와 아연의 합금

**vt** 1 (금속을) 섞다, 합금하다 2 (가치 · 질을) 떨어뜨리다

- **alloy** gold with silver 금을 은과 섞다
- **alloy** oneself by doing abject behavior
  비굴한 행동을 함으로써 자신의 가치를 떨어뜨리다

---

## 50 **allude**
[əlúːd]
★☆☆☆☆

ad<ad(to) + lud(play) ·
'~에 대해 장난치듯 이야기 하다'에서 유래

**vi** (간접적으로) 언급하다, (넌지시) 암시하다

- **allude to** major problems in the computer system
  컴퓨터 시스템의 주요한 문제점들을 넌지시 말하다

---

## 51 **allure**
[əlúər]
★★☆☆☆

ad<ad(to) + lure 미끼 ·
'그럴듯한 가짜 미끼를 주다' 에서 유래

**vt** (강하게) 유혹[매혹]하다

- be **allured** by promises of easy wealth
  쉽게 돈을 벌 수 있다는 약속에 유혹되다

**n** 유혹, 매력

- the **allure** of the sea 바다의 매력

---

## 52 **alluvial**
[əlúːviəl]
☆☆☆☆☆

ad<ad(to) + luv<lav(wash) ·
'(흙이) 물에 씻겨져 조금씩 쌓인'에서 유래

**a** 충적의

- an **alluvial** plain 충적 평원

---

## 53 **ameliorate**
[əmíːljəreit]
★☆☆☆☆

a<ad(to) + melior(better) ·
'이전보다 더 나아지게 하다' 에서 유래

**v** 개선[향상]시키다, 좋아지다

- **ameliorate** living conditions 생활 조건들을 개선시키다

---

## 54 **amenable**
[əmíːnəbl]
★☆☆☆☆

a<ad(to) + men(lead) ·
'이끄는 대로 가는' 에서 유래

**a** 1 유순한, 기꺼이 따르는
2 (법 · 의무 등을) 따라야[지켜야] 할
3 평가[시험]할 수 있는

- be **amenable** to a person's advice 남의 충고에 기꺼이 따르다
- People living in a country are **amenable** to its law.
  한 국가에 사는 사람들은 그 나라의 법을 따라야 한다
- data **amenable** to scientific analysis 과학적인 분석을 할 수 있는 데이

**061 bliss**
[blis]
★☆☆☆☆

blis (joy 기쁨) →
'기쁨이 가득한 행복'
에서 유래

**n** (더 없는) 행복, 황홀
- domestic **bliss** 가정의 행복

---

**062 blithe**
[blaið]
★★★☆☆

blith (joy 기쁨) →
'기쁘고 즐거운'에서 유래

**a** 《시어》 즐거운; 명랑한
- **blithe** voice 명랑한 목소리

---

**063 blossom**
[blásəm]
★★☆☆☆

blo (bloom 꽃피다) →
'꽃이 피다'에서 유래

**v** (과일 나무의) 꽃이 피다 ; 번영하다
- Her musical talent **blossomed** early.
  그녀의 음악적 재능은 일찍이 꽃을 피웠다.

---

**064 blunder**
[blʌ́ndər]
★★★★★

blund (blind 눈 먼) →
'못 보고 실수를 하다'
에서 유래

**n** **v** (큰) 실수(를 저지르다)
- a grave **blunder** in translation 번역상의 중대한 실수

0
4

---

**065 blunt**
[blʌnt]
★★☆☆☆

blunt<blind (dark 어두운) →
'어두운 곳에 있는 것처럼 둔
한'에서 유래

**a** 무뚝뚝한, 퉁명스러운; 둔감한, 어리석은;
무딘, 날 없는
- His **blunt** and tactless reply caused resentment.
  그의 퉁명스럽고 재치 없는 대답은 화나게 했다.

---

**066 blurred**
[bləːrd]
★☆☆☆☆

blur<blere (watery 물의) →
'물을 탄 듯이 흐린'
에서 유래

**a** 흐린, 불분명한
- the **blurred** boundaries between broadcasting and
  telecommunications 방송과 통신 사이의 모호한 경계

---

**067 bogus**
[bóugəs]
★☆☆☆☆

bogus (counterfeit
apparatus 가짜 장치)

**a** 가짜의
- **bogus** money 위조 지폐

---

**068 boisterous**
[bɔ́istərəs]
★☆☆☆☆

boister (rough 거친) →
'거칠고 시끄러운'에서 유래

**a** 사나운; 명랑하고 떠들썩한
- a **boisterous** party 떠들썩한 파티

---

**069 bolster**
[bóulstər]
★★★☆☆

bol (swell 부풀리다) →
'장점만을 부풀려 지지하다'
에서 유래

**v** 받치다, 지지하다
- **bolster** up the weaker 약자를 지지하다

---

**070 bombastic**
[bambǽstik]
★☆☆☆☆

bombas (silk 실크) →
'최고급 실크라고 과장하는'
에서 유래

**a** 과장된
- a **bombastic** manner of the orator
  연사의 과장된 태도

**071 bountiful**
[báuntifəl]
★☆☆☆☆

boun (good 좋은) →
'인심이 후해 좋은' 에서 유래

**a** (물건 등을) 아까워 하지 않는, 후한
- distribute gifts in a **bountiful** manner
  아까워 하지 않는 태도로 선물을 나누어 주다

---

**072 brag**
[bræg]
★★☆☆☆

brag (the best 최고) →
'최고로 생각하여 자랑하다'
에서 유래

**v** 자랑하다
- It is nothing to **brag** about. 그것은 자랑할 일이 못 된다.

---

**073 bravado**
[brəvá:dou]
★☆☆☆☆

brav(brave 용감한) →
'용감한 것을 넘어서는 허세'
에서 유래

**n** <pl.-(e)s> 허세
- the **bravado** of the upstart  그 벼락부자의 허세

---

**074 brawl**
[brɔ:l]
★★★☆☆

brawl<braulen (cry out 외치
다) →
'시끄럽게 외치며 싸우는 것'
에서 유래

**n** 말다툼
- continue **brawl** over history  역사에 관해 분쟁을 계속하다

---

**075 brazen**
[bréizn]
★☆☆☆☆

braz (brass 놋쇠) →
'얼굴에 철판을 두른 듯이 오
만한' 에서 유래

**a** 오만한
- a **brazen** attitude  오만한 태도

---

**076 breach**
[bri:tʃ]
★★☆☆☆

breac (break 깨뜨리다) →
'정해진 규칙을 깨뜨리는 위
반' 에서 유래

**n** 어김, 위반
- a **breach** of contract  계약 위반

---

**077 brevity**
[brévəti]
★★★☆☆

brev<brevis (short 짧은) →
'짧고 간결함' 에서 유래

**n** 간결함
- **Brevity** is the soul of wit. 간결함은 재치의 생명이다.

---

**078 brisk**
[brisk]
★★☆☆☆

brisk<brusque (lively 활발한)
→ '생기 있게 활발하고 기운
찬' 에서 유래

**a** 활발한
- a **brisk** walk in the park  공원에서의 활기찬 걸음걸이

---

**079 bristle**
[brísl]
★☆☆☆☆

brist (point 뾰족한 끝) →
'머리 끝이 곤두설 만큼 격분
하다' 에서 유래

**v** 격분하다; <털이> 곤두서다
- **bristle** with anger  화가 나서 털이 곤두서다

---

**080 brittle**
[brítl]
★★★★☆

brittle<britel (break to pieces
산산조각 나다) →
'산산조각 나기 쉬운' 에서 유
래

**a** 깨지기 쉬운
- Her nails became **brittle**. 그녀의 손톱은 쉽게 부러졌다.

# get(2)

- **get somewhere** / 성공하다, 효과가 있다 succeed, make good
- **get the ax** / 해고당하다 get dismissed, get sacked, get a pink slip
- **get the better of** / 극복하다, 이기다 beat, defeat, win over
- **get the edge on** / ～보다 우세하다 beat, have the upper hand
- **get the hang of** / 요령을 터득하다 get the knack of, learn the ropes
- **get the picture** / 상황을 이해하다 get it right, get the point
- **get through** / 이해시키다; 극복하다; 끝내다
- **get through with** / ～을 끝내다 finish, complete, go through with
- **get to** / ～에 도착하다 come to, reach ; 착수하다 embark on, set to work, get down to
- **get wind of** / 소문을 알아내다, 눈치 채다 get a hint, scent
- **get starry-eyed** / 몽환적이 되다
- **get to first base** / 다소 진전하다 have any success ; 순조롭게 출발하다

# give

- **give ~ a hand** / 도와주다 help ; 박수치다 applaud
- **give a ride** / ～을 차로 태워주다 give a lift
- **give someone a wide berth** / 피하다, 멀리하다 avoid, keep away from
- **give away** / 누설하다, 폭로하다 reveal, disclose ; (공짜로) 주다
- **give in** / 제출하다 hand in, submit, turn in ; 항복하다 surrender, yield to
- **give off** / (냄새, 연기 따위를) 내다, 발하다 emit, radiate
- **give out** / 배포하다, 분배하다 distribute, hand out ; 힘이 다 빠지다 be exhausted
- **give rise to** / 야기하다, 유발하다 cause, bring about
- **give up** / 단념하다, 포기하다 abandon
- **give vent to** / 표출하다, 나타내다 express
- **give way** / 무너지다 collapse ; 양보하다, 굴복하다 yield
- **give a ring** / 전화하다 give a buzz, call up
- **give a shit about** / ～에 대해 신경 쓰다 care about, show an interest in
- **give evidence** / 증언하다 testify
- **give the cold shoulder to** / 냉대하다 be hard upon

# ad-

★ ★ ★ ★ ★   62.   **appease**      □ □ □

67.   **apprehend**      □ □ □

70.   **appropriate**      □ □ □

---

★ ★ ★ ★ ☆   60.   **apparel**      □ □ □

---

★ ★ ★ ☆ ☆   73.   **arbitrary**      □ □ □

---

★ ★ ☆ ☆ ☆   66.   **appraise**      □ □ □

---

★ ☆ ☆ ☆ ☆   55.   **annex**      □ □ □

56.   **annihilate**      □ □ □

57.   **aplomb**      □ □ □

58.   **appal(l)**      □ □ □

59.   **apparatus**      □ □ □

64.   **applaud**      □ □ □

65.   **apposite**      □ □ □

68.   **apprentice**      □ □ □

69.   **apprise**      □ □ □

70.   **approbation**      □ □ □

72.   **approximate**      □ □ □

---

☆ ☆ ☆ ☆ ☆   61.   **apparition**      □ □ □

63.   **append**      □ □ □

---

## 55 **annex**

[ənéks]

★☆☆☆☆

an<ad(to) +
nex<nect (bind)
[작은 것(것)을] 하나로 묶어
버리다'에서 유래

**vt** 1 부가[추가]하다 2 (영토 · 토지 따위를) **합병하다**

- **annex** a clause to a contract 계약에 어떤 조항을 추가하다
- The United States **annexed** Texas in 1845.
  1845년 미국은 텍사스주를 합병했다.

**n** [ǽneks] 부가물, 부속 건물

- an **annex** to the school 학교에 딸린 부속 건물

---

## 56 **annihilate**

[ənáiəleit]

★☆☆☆☆

a<ad(to) +
nihil(nothing)
아무 것도 없도록 만들어버
리다'에서 유래

**vt** 1 (완전히) **파괴하다, 전멸시키다** 2 (법령 따위를) **폐지하다**

- An avalanche **annihilated** the village.
  눈사태가 그 마을을 완전히 파괴했다.
- **annihilate** a restriction law 규제 법령을 폐지하다

---

## 57 **aplomb**

[əplám]

★☆☆☆☆

a<ad(to) +
plomb(lead)
'마치 납처럼 지긋이 무거움'
에서 유래

**n** (어려운 상황에서의) **침착, 평정**

- conduct oneself with great **aplomb** 매우 침착하게 행동하다

---

## 58 **appal(l)**

[əpɔ́:l]

★☆☆☆☆

ap<ad(to) +
pal(pale)
'얼굴이 창백하게 변하도록
만들다'에서 유래

**vt** 소름끼치게[섬뜩하게] 하다

- The prospect of another war **appalled** us.
  또 다른 전쟁의 전망이 우리를 소름끼치게 했다.

---

## 59 **apparatus**

[æpərǽtəs]

★☆☆☆☆

ap<ad(to) +
para(make ready)
'~에 쓸 수 있도록 준비해 둔
것'에서 유래

**n** 1 (특정한 목적의) **기구, 장치** 2 (정치) **조직**

- a heating **apparatus** 난방 장치
- the government's **apparatus** for settling industrial disputes
  산업 분쟁을 해결하기 위한 정부 기구

---

## 60 **apparel**

[əpǽrəl]

★★★★☆

ap<ad(to) +
par(make ready)
'남에게 잘 보이기 위해 준비
함'에서 유래

**n** 옷, 복장 • women's ready-to-wear **apparel** 여성용 기성복

**v** (옷을 차려) **입히다**

- He was **appareled** like a prince. 그는 왕자처럼 차려 입고 있었다.

---

## 61 **apparition**

[æpəríʃən]

☆☆☆☆☆

ap<ad(to) +
par(come into sight)
'갑자기 나타나 보이는 것'
에서 유래

**n** 환영, 유령

- see the **apparition** of one's dead wife 자신의 죽은 아내의 환영을
  보다

---

## 62 **appease**

[əpí:z]

★★★★★

ap<ad(to) +
peas<pax(peace)
'평화롭게 하다'에서 유래

**vt** (욕구 · 슬픔 따위를) **달래다, 진정시키다**

- **appease** one's curiosity[hunger] 자신의 호기심[허기]을 채우다

63 **append**
[əpénd]
☆☆☆☆☆

ap<ad(on) +
pend(hang) ·
'~에 덧붙여 매달다
에서 유래

**vt** (말 · 글을) 덧붙이다, 추가하다
- **append** notes to a book  책에 주석을 부가하다

---

64 **applaud**
[əplɔ́ːd]
★☆☆☆☆

ap<ad(to) +
plaud(clap) ·
'~를 향해 손뼉을 치다
에서 유래

**v** 1 박수갈채[환호]하다
2 칭찬하다
- **applaud** an actor[speech]  배우[연설]에 박수갈채를 보내다
- **applaud** one's decision[honesty]  ~의 결정[정직함]을 칭찬하다

---

65 **apposite**
[ǽpəzit]
★☆☆☆☆

ap<ad(near) +
pos(place) ·
'가까이에 위치해 있는'
에서 유래

**a** 적합[적절]한
- an **apposite** statement to the situation  그 상황에 적절한 말

---

66 **appraise**
[əpréiz]
★★☆☆☆

ap<ad(to) +
prais(price) ·
'가격을 매기다'에서 유래

**vt** 평가하다
- **appraise** property for taxation  과세를 위해 재산을 평가하다

---

67 **apprehend**
[æprihénd]
★★★★★

ap<ad(upon) +
prehen(seize) ·
'붙잡다'에서 유래

**vt** 1 붙잡다, 체포하다  2 염려[걱정]하다  3 감잡다, 이해하다
- **apprehend** the atrocious criminal  흉악범을 체포하다
- **apprehend** a global oil crisis  세계적인 석유 위기를 우려하다
- readily **apprehend** the meaning of  ~의 뜻을 쉽게 이해하다

---

68 **apprentice**
[əpréntis]
★☆☆☆☆

ap<ad(upon) +
pren(seize) ·
'(예술 · 기술 등을) 배우려고
꽉 붙잡는 사람'에서 유래

**n** 도제, 견습[수습]생
- The company is taking on four **apprentices**.
  그 회사는 네 명의 수습사원들을 고용하고 있다.

---

69 **apprise**
[əpráiz]
★☆☆☆☆

ap<ad(upon)+
pris<prehens(seize) ·
'~에게 어떤 일을 파악하게
하다'에서 유래

**vt** ~에게 알리다, 통지하다
- **apprise** him of our arrival  그에게 우리의 도착을 알리다

---

70 **approbation**
[æprəbéiʃən]
★☆☆☆☆

ap<ad(to) +
prob(prove) ·
'어떤 것의 좋음을 입증하는
것'에서 유래

**n** (공식적인) 승인, 인가
- win the **approbation** of congress  의회의 승인을 얻다

05

71 **appropriate**
[əpróuprieit]
★★★★★

ap<ad (to) +
propri(one's own) +
'자신의 것으로 하다'
에서 유래

**vt** 1 (허가 없이) **사유화하다** 2 (특정한 목적에) **충당[마련]하다**

- **appropriate** others' belongings 다른 사람들의 소유물을 사유화하다
- **appropriate** additional funds for school aid
  학교 지원을 위한 추가 자금 을 마련하다

**a** [- riət] 적당[적절]한

- music **appropriate** to the occasion 그 경우에 적당한 음악

---

72 **approximate**
[əpráksəmeit]
★☆☆☆☆

ap<ad (to) +
proxiMate 가까운 +
'~에 가까워지다'에서 유래

**v** 가까워지다, 근접하다

- The crowd **approximated** a thousand people.
  군중이 천 명에 가까웠다.

**a** [- mət] 근사치의, 대략적인

- the **approximate** value 대략적인 가격

---

73 **arbitrary**
[ά:rbətreri]
★★★☆☆

ap<ad (to) +
bit<baet (go) +
'자기가 가고 싶은 데로만 가
는'에서 유래

**a** 1 제멋대로인, 변덕스러운 2 전제적인

- make **arbitrary** decisions or rules 제멋대로 결정하거나 규칙을 만들다
- an **arbitrary** ruler 전제적인 통치자

---

081 **brochure**
[brouʃúər]
★★☆☆☆

broch (stitch 꿰매다) +
'종이를 꿰매어 만든 소책자'
에서 유래

**n** 소책자

- the **brochure** on farming 농업에 관한 소책자

---

082 **browse**
[brauz]
★☆☆☆☆

browse<brouzer (feed on
buds 새순을 먹다) +
'새 것을 사려고 이것저것 구
경하다'에서 유래

**v** (상품 따위를) 이것 저것 구경하다

- She spent the afternoon **browsing** in the bookstore.
  그녀는 서점을 구경하면서 오후를 보냈다.

---

083 **bruise**
[bru:z]
★★☆☆☆

bruise<brusier (break 깨뜨리
다) +
'때려서 멍들게 하다'
에서 유래

**n** 타박상 **v** 타박상을 입(히)다, 멍들게 하다

- The **bruise** on my leg turned black and blue.
  내 다리에 든 멍은 검고 푸르게 변했다.

---

084 **brusque**
**/ brusk**
[brʌsk]
★☆☆☆☆

brus (brush 솔) +
'뻣뻣한 솔처럼 무뚝뚝한'
에서 유래

**a** (말 · 행동 등이) 무뚝뚝한

- **brusque** reply 무뚝뚝한 대답

---

085 **bucolic**
[bju:kálik]
★☆☆☆☆

bu<bous (cow 소) +
colic<colere (inhabit 살다) +
'소가 살고 있는'에서 유래

**a** 목가적인

- a typically **bucolic** scene 전형적인 목가적 풍경

086 **bully**
[búli]
★★☆☆☆

bull 황소 → '황소처럼 들이받아 괴롭히다'에서 유래

**v** 괴롭히다 **n** 괴롭히는 사람

- retaliate for **bullying** by senior colleagues
  선배들의 괴롭힘에 대해 복수하다

---

087 **burgeon**
[bə́ːrdʒən]
★★★☆☆

burgeon<borjon (bud 눈) → '눈 봉우리가 싹트다'에서 유래

**v** 싹트다

- a **burgeoning** market 성장하고 있는 시장

---

088 **bustle**
[bʌ́sl]
★★☆☆☆

bustle<bersten (burst 터프리다) → '폭탄이 터져 사람들이 분주히 움직이다'에서 유래

**v** 분주히 움직이다

- The children **bustled** to get ready for the party.
  아이들은 파티 준비를 위해 분주히 움직였다.

---

089 **buttress**
[bʌ́tris]
★★★☆☆

butt (thrust 밀치다) → '밀치지 못하도록 지지하다'에서 유래

**n** 지지(물) **v** 지지하다

- the **buttresses** of our society 우리 사회를 지탱시켜 주는 것들

0
5

---

090 **buxom**
[bʌ́ksəm]
★☆☆☆☆

bu(bend 구부리다) → '몸이 유연하고 건강한'에서 유래

**a** (여자가) 풍만한, 건강하고 쾌활한

- a **buxom** nurse 풍만한 간호사

---

091 **cabal**
[kəbǽl]
★☆☆☆☆

cabal (society 모임)에서 유래

**n** (특히 정치적인) 비밀 결사; 음모

- a **cabal** of the NeoNazis 신 나치주의자들의 비밀집단

---

092 **cadaverous**
[kədǽvərəs]
★☆☆☆☆

cad (fall 쓰러지다) → '곧 쓰러질 듯 창백한'에서 유래

**a** 시체 같은 ; 창백한

- **cadaverous** cheeks 창백한 볼

---

093 **cajole**
[kədʒóul]
★☆☆☆☆

caj (cage 새장) → 새를 새장에 넣듯, 사람을 감언으로 속여 어떤 상황에 밀어넣다'에서 유래

**v** 감언으로 속이다

- **cajole** one's friend 자신의 친구를 속이다

---

094 **caliber**
[kǽləbər]
★★★☆☆

calib<squalib (mold for casting 주물용 거푸집) → '거푸집으로 만든 총의 구경'에서 유래

**n** (총포의) 구경; 능력

- a man of an excellent **caliber** 뛰어난 능력을 가진 사람

---

095 **callous**
[kǽləs]
★★★☆☆

call (hard skin 딱딱한 피부) → '피부가 굳어 무감각한'에서 유래

**a** (피부 등이) 굳어진 ; 무감각한

- a **callous** man to the suffering of others
  다른 사람들의 고통에 무감각한 사람

---

096 **callow**
[kǽlou]
★☆☆☆☆

cal (bare 벌거벗은) → '벌거벗은 아기처럼 경험이 없는'에서 유래

**a** 경험이 없는

- a **callow** youth 아무것도 모르는 젊은이

| 097 | **calumny**<br>[kǽləmni]<br>★☆☆☆☆ | calum (slander 비방하다) | **n** 비방<br>• heap all sorts of **calumnies** upon a person<br>  남에게 온갖 비방을 퍼붓다 |

| 098 | **cando(u)r**<br>[kǽndər]<br>★★★☆☆ | cand (be white 희다) ·<br>'속이 하얗게 솔직함'<br>에서 유래 | **n** 솔직<br>• the **candor** and simplicity of a speech 솔직하고 간명한 연설 |

| 099 | **canvass**<br>[kǽnvəs]<br>★☆☆☆☆ | canv (examine 검토하다) ·<br>'검토하고 조사하다'<br>에서 유래 | **v** 선거 운동하다; 자세히 조사하다; 토론하다<br>• **canvass** for a candidate 후보자를 위해 선거 운동하다 |

| 100 | **capacious**<br>[kəpéiʃəs]<br>★★☆☆☆ | cap (take 잡다) ·<br>'많이 잡아 넣을 수 있는'<br>에서 유래 | **a** 많이 들어가는<br>• a **capacious** suitcase 많이 들어가는 여행가방 |

## ▶ 중요빈출숙어

# go

- **go(run) awry** / 실패하다 fail, blunder
- **go by** / 지나가다 pass by; ~에 따라 행동하다, 의지하다 follow, act upon
- **go down** / 내려가다; 기록되다 be recorded
- **go down with** / 병에 걸리다 come down with
- **go Dutch** / (비용을) 각자 부담하다 go fifty-fifty, split the bill, halve
- **go for** / ~에 들어맞다 be applicable to; 단호히 목적을 추구하다
- **go in for** / 참가하다 take part in; 종사하다
- **go into** / 조사하다 investigate
- **go off** / 폭발하다, 흥분하다 explode, blow up, detonate; 떠나가다, 달아나다 run away; 악화되다, 상하다 become worse, become rotten; 자명 종이 울리다
- **go on strike** / 파업하다 walk out
- **go out of** / 나가다, 그만두다 give up
- **go out of business** / 폐업하다, 파산하다 go bankrupt
- **go out of one's way** / 각별히 노력하다 make a special effort
- **go out with** / ~와 교제하다 have a date with, go steady with
- **go over** / 세밀히 조사하다 examine carefully; 복습하다 review
- **go through** / (고난, 경험 등을) 경험하다 undergo, experience;

  (법안 따위가 의회를) 통과하다

- **go through with** / ~을 끝내다 complete, finish up
- **go up** / (물건 값 등이) 오르다 rise, be raised, increase
- **go with** / ~와 동행하다 accompany;

  ~와 어울리다, 조화되다 match, go well with

- **go without** / ~없이 지내다 do without, manage without, dispense with
- **go against the grain of** / ~의 성질에 맞지 않다 contradict
- **go back on one's word** / (약속 등을) 어기다, 취소하다

  break one's word

- **go from rags to riches** / 벼락부자 되다 get rich very

  quickly

- **go into bankruptcy** / 파산하다 go bankrupt
- **go off the deep end** / 자제력을 잃다 lose one's self

  restraint, fly off the handle

- **go out of fashion** / 유행이 지나다 be out of season
- **go through the motions** / 마지못해 시늉만 해 보이다

  play without effort

- **go through the roof** / (가격, 판매가) 최고에 달하다; 벌컥 화

  를 내다 hit the ceiling

# ad-

| ★ ★ ★ ★ ★ | 85. | assiduous | □ □ □ |
| --- | --- | --- | --- |

| ★ ★ ★ ★ ☆ | 76. | arrogant | □ □ □ |
| --- | --- | --- | --- |
| | 92. | attribute | □ □ □ |

| ★ ★ ★ ☆ ☆ | 80. | aspire | □ □ □ |
| --- | --- | --- | --- |
| | 82. | assault | □ □ □ |

| ★ ★ ☆ ☆ ☆ | 78. | ascribe | □ □ □ |
| --- | --- | --- | --- |
| | 81. | assail | □ □ □ |
| | 87. | assuage | □ □ □ |
| | 89. | attest | □ □ □ |

| ★ ☆ ☆ ☆ ☆ | 74. | arbitrate | □ □ □ |
| --- | --- | --- | --- |
| | 75. | array | □ □ □ |
| | 79. | asperse | □ □ □ |
| | 84. | asset | □ □ □ |
| | 86. | assimilate | □ □ □ |
| | 88. | astound | □ □ □ |
| | 90. | attire | □ □ □ |
| | 91. | attorney | □ □ □ |
| | 93. | avenge | □ □ □ |
| | 94. | avenue | □ □ □ |

| ☆ ☆ ☆ ☆ ☆ | 77. | ascertain | □ □ □ |
| --- | --- | --- | --- |
| | 83. | assent | □ □ □ |
| | 95. | avow | □ □ □ |
| | 96. | famish | □ □ □ |

## 74 **arbitrate**
[á:rbətreit]
★☆☆☆☆

ar<ad (to) +
bit<baet (go) ·
'다투는 사람들 곁에 다가가
다'에서 유래

**v** (분쟁 따위를) **중재[조정]하다**

- **arbitrate** the dispute between the management and unions
  경영자측과 노동조합 사이의 분쟁을 조정하다

---

## 75 **array**
[əréi]
★☆☆☆☆

ar<ad (to) +
ray<rei (order) ·
'정돈시키다'에서 유래

**vt** 1 (특히 군대를) **정렬시키다**
2 (옷을) **잘 차려 입히다, 치장하다**

- **array** troops for the battles  전투를 위해 병력을 정렬시키다
- **array** oneself in beautiful clothesd  잘 차려 입다

**n** 1 (군대의) **대형, 배치**
2 **옷, 의상**

- troops lined up in battle **array**  전투대형으로 정렬된 군대
- bride **array**  신부 의상

---

## 76 **arrogant**
[ǽrəgənt]
★★★★☆

ar<ad (to) +
rog (ask) ·
'남의 것을 강제로 요구하는'
에서 유래

**a** **거만[오만]한**

- **arrogant** behavior[claims]  거만한 행동[요구]

---

## 77 **ascertain**
[æsərtéin]
☆☆☆☆☆

as<ad (to) +
certain 확실한 ·
'확실히 하다'에서 유래

**vt** **확인하다, 알아내다**

- **ascertain** the facts about the crime  범죄 사실을 확인하다

---

## 78 **ascribe**
[əskráib]
★★☆☆☆

a<ad (to) +
scrib (write) ·
'어떤 결과에 대해 ~의 이름
을 쓰다'에서 유래

**vt** (결과 · 작품 따위를) **~의 탓[것]으로 생각하다[돌리다]**

- **ascribe** one's success to good luck
  성공을 행운의 덕으로 생각하다

---

## 79 **asperse**
[əspə́:rs]
★☆☆☆☆

a<ad (on) +
sper (sprinkle) ·
'나쁜 말들을 물을 뿌리듯 퍼
붓다'에서 유래

**vt** **악담을 퍼붓다, 중상[비방]하다**

- **asperse** a person with bitter reproaches
  남에게 신랄한 비난의 말을 퍼붓다

---

## 80 **aspire**
[əspáiər]
★★★☆☆

a<ad (toward) +
spire (breathe) ·
'~를 향해 가쁘게 숨을 쉬다'
에서 유래

**vi** **야망을 품다, 열망하다**

- **aspire** to the leader of the party  정당의 총재에 대한 야망을 품다

81 **assail**
[əséil]
★★☆☆☆

as<ad (at)+
sail<sali (leap) …
'~를 향해 막 뛰어 덤벼들다'
에서 유래

**vt** 1 공격[습격]하다
2 (의심 · 공포 따위가) 둘러싸다, 괴롭히다
- The enemy **assailed** our fort. 적이 우리의 요새를 공격했다.
- be **assailed** by doubts[worries] 의심[걱정]에 둘러싸이다

---

82 **assault**
[əsɔ́:lt]
★★★☆☆

as<ad (to) +
saul<sali (leap) …
'펄쩍 뛰어들다'에서 유래

**n** (갑작스러운) 맹공 • **make an assault on** ~을 맹공하다
**v** ~에게 폭행[공격]을 가하다
- **assault** a woman 강간하다

---

83 **assent**
[əsént]
☆☆☆☆☆

as<ad (along with) +
sent (feel) …
'~와 같은 감정을 느끼다'
에서 유래

**vi** 동의[찬성]하다
- **assent** to the committee's proposals 위원회의 제안들에 동의하다
**n** 동의, 찬성
- give one's **assent** to the plan 그 계획에 대해 동의하다

0
6

---

84 **asset**
[ǽset]
★☆☆☆☆

as<ad (to) +
set<satis (enough) …
'살아가기에 충분한[유용한]
것'에서 유래

**n** 1 가치있는 것, 이점 2 (회사 · 개인의) 자산, 재산
- **be an asset to** ~에게 도움이 되다
- liquid[fixed] **asset** 유동[고정] 자산

---

85 **assiduous**
[əsídʒuəs]
★★★★★

as<ad (at) +
sid<sed (sit) …
'~에 꾸준히 앉아있는'
에서 유래

**a** 근면한, (주도) 면밀한
- his **assiduous** attention to detail 세부 사항에 대한 그의 면밀한 주의

---

86 **assimilate**
[əsíməleit]
★☆☆☆☆

as<ad (to) +
simil<simul (imitate) …
'진짜처럼 모방하다'
에서 유래

**v** 1 동화하다[되다] 2 (음식물을) 소화하다 3 (완전히) 이해하다
- **assimilate** easily into the new community
새로운 공동체에 쉽게 동화되다
- We **appropriate** our food slowly. 우리는 음식물을 천천히 소화시킨다.
- She **assimilated** my meaning at once. 그녀는 즉시 내 말뜻을 이해했다.

---

87 **assuage**
[əswéidʒ]
★★☆☆☆

as<ad (to)+
sua<suavis (sweet) …
'(쓴 것을) 달게 만들다'
에서 유래

**vt** (고통 · 욕구 따위를) 덜어주다, 가라앉히다
- **assuage** one's thirst 갈증을 덜다

---

88 **astound**
[əstáund]
★☆☆☆☆

as<ad (to) +
tound (thunder) …
'천둥 소리에 깜짝 놀라다'
에서 유래

**vt** <보통 수동형> 깜짝 놀라게 하다
- We were **astounded** by his success. 우리는 그의 성공에 깜짝 놀랐다.

---

89 **attest**
[ətést]
★★☆☆☆

at<ad (to) +
test (witness) ·
'목격한 대로 말하다'
에서 유래

**v** 1 입증[증명]하다  2 증언하다
- His ability was **attested** to by his rapid promotion.
  그의 능력은 그의 빠른 승진으로 증명되었다.
- **attest** on behalf of the accused  피고인을 위해 증언하다

---

90 **attire**
[ətáiər]
★☆☆☆☆

at<ad (to) +
tire (order) ·
'순서대로 맞춰 입다'
에서 유래

**vt** <수동형 · 재귀용법> (옷을 차려) 입히다
- **be attired in** one's academic robes  자신의 학위복을 차려입다

**n** 옷, 의상 · The queen wore rich **attire** to her coronation.
  그 여왕은 자신의 대관식에 화려한 의상을 입었다.

---

91 **attorney**
[ətə́:rni]
★☆☆☆☆

at<ad (to) +
torn (turn) ·
'대신 일을 수행하도록 임명
된 사람'에서 유래

**n** 1 <법> 대리인  2 <미> 변호사
- power of **attorney**  대리권; 위임장
- **attorney** general  법무장관

---

92 **attribute**
[ətríbjuːt]
★★★★☆

at<ad (to) +
tribu (assign) ·
'어떤 결과의 원인을 –에 돌
리다'에서 유래

**vt** (결과 · 작품 따위를) ~의 탓[것]으로 생각하다[돌리다]
- This play is **attributed to** Shakespeare
  이 희곡은 셰익스피어의 것으로 생각된다.

**n** [ǽtribjuːt] 속성, 특징
- Patience is an **attribute** of a good teacher.
  인내는 훌륭한 선생님의 특징이다.

---

93 **avenge**
[əvéndʒ]
★☆☆☆☆

a<ad (to)+
veng (punish) ·
'잘못에 대해 반드시 벌을 주
다'에서 유래

**vt** 보복[복수]하다
- They **avenged** themselves on their enemy.
  그들의 적에게 복수했다.

---

94 **avenue**
[ǽvənjuː]
★☆☆☆☆

a<ad (to) +
ven (come) ·
'오고 가는 길'에서 유래

**n** 1 대로, ~가(街)  2 <영> 가로수길  3 (접근) 수단, 방법
- the Fifth **Avenue** of New York  뉴욕 5번가
- walk down the **avenue**  가로수길을 산책하다
- an **avenue** to success  성공으로 향하는 수단

---

95 **avow**
[əváu]
☆☆☆☆☆

a<ad (to) +
vow 맹세하다 ·
'진실이라는 것을 맹세하다'
에서 유래

**vt** 공언[인정]하다
- **avow** one's guilt[fault]  자신의 죄를[잘못을] 인정하다

---

96 **famish**
[fǽmiʃ]
☆☆☆☆☆

<ad (to) +
fam<fames (hunger) ·
'굶주리게 하다'에서 유래
<ad가 사라진 형태>

**vt** <보통 수동형> ~을 굶주리게 하다
- be **famished** to death  굶어 죽다

---

---

101 **capitulate**
[kəpítʃuleit]
★☆☆☆☆

cap (head 머리) →
'머리를 굽혀 항복하다'
에서 유래

**ν** 항복하다
- warn to **capitulate** or face annihilation
  항복하지 않으면 전멸 당할 것이라고 경고하다

---

102 **caprice**
[kəpríːs]
★★★★★

capro (goat 염소) →
'염소처럼 갑자기 움직이는
모습'에서 유래

**n** 변덕
- Her refusal to go is a mere **caprice**.
  그녀가 가고 싶지 않다고 한 것은 변덕에 불과하다.

---

103 **capsize**
[kǽpsaiz]
★☆☆☆☆

cap (head 머리) →
'머리부터 거꾸로 가라앉다'
에서 유래

**ν** 뒤집(히)다
- A strong wind **capsized** the boat. 강풍으로 보트가 뒤집혔다

---

104 **caption**
[kǽpʃən]
★☆☆☆☆

cap (take 잡다) →
'시선을 잡는 제목'에서 유래

**n** (신문 · 논설 등의) 표제, 제목
- put a **caption** on an article 기사에 표제를 달다

---

105 **captious**
[kǽpʃəs]
★☆☆☆☆

captio<capere (catch 잡다) →
'흠을 잡기 좋아하는'에서 유
래

**a** 흠[트집]잡는
- the most **captious** critic 가장 흠잡기 좋아하는 비평가

---

106 **cardinal**
[káːrdənl]
★☆☆☆☆

cardin 경첩 →
'문의 경첩처럼 중요한'에서 유
래

**a** 주요한 ; 진홍색의
- a matter of **cardinal** importance 극히 중요한 문제

---

107 **caricature**
[kǽrikətʃər]
★☆☆☆☆

caricat<caricare (exaggerate
과장하다) → '과장하여 풍자
하는 그림'에서 유래

**n** 풍자 만화
- make a **caricature** of a politician 정치인을 풍자하여 나타내다

---

108 **carnage**
[káːrnidʒ]
★☆☆☆☆

carn (flesh 살) → '여기저기
살[시체]이 놓여 있음'에서 유
래

**n** (전쟁터 등에서의) (대)학살
- the **carnage** that was caused by the atomic warfare
  핵전쟁으로 인한 대학살

---

109 **carnivorous**
[kaːrnívərəs]
★★★☆☆

carn (flesh 살) + vor (eat 먹
다) →
'동물의 살을 먹는 육식성의'
에서 유래

**a** 육식성의
- **carnivorous** animals 육식 동물

---

110 **carping**
[káːrpiŋ]
★☆☆☆☆

carp<carpere (slander 비방하
다) →
'비방하며 흠 잡는'에서 유래

**a** 흠[트집]잡는
- have a **carping** tongue 트집을 잘 잡다

---

111 **carrion**
[kǽriən]
★☆☆☆☆

car (flesh 살) →
'짐승이 죽어 생긴 고기(살코
기)'에서 유래

**n** 죽은 짐승의 고기, 썩은 고기
- Some crows feed on **carrion**.
  어떤 까마귀들은 죽은 짐승의 고기를 먹고 산다.

0
6

112 **cascade**
[kæskéid]
☆☆☆☆☆

cas<cad (fall 떨어지다) →
'높은 곳에서 물이 떨어지는
폭포'에서 유래

**n** **v** (작은) **폭포(처럼 떨어지다)**
- appreciate the beauty of many **cascades**
  여러 폭포의 아름다움을 감상하다

---

113 **castigate**
[kǽstəgeit]
★☆☆☆☆

casti (pure 순수한) + gate (do
하다) → '꾸짖어 누군가를 순
수하게 하다'에서 유래

**vt** **징계하다; 혹평하다**
- **castigate** oneself for being so stupid
  자신이 어리석었던 것을 크게 자책하다

---

114 **casualty**
[kǽʒuəlti]
★☆☆☆☆

cas<cad (fall 쓰러지다) →
'쓰러진 사상자'에서 유래

**n** <pl.> **사상자**
- heavy **casualties** 많은 사상자

---

115 **cathartic**
[kəθáːrtik]
☆☆☆☆☆

cathar<katharsis (cleansing
깨끗이 함) →
'깨끗이 하여 정화하는'에서
유래

**a** **정화의**
- a **cathartic** experience 속을 후련하게 하는 경험

---

116 **caustic**
[kɔ́ːstik]
★☆☆☆☆

caustic<kaustos
(combustible 타기 쉬운) →
'타기 쉽고 썩기 쉬운'
에서 유래

**a** **부식성의; 신랄한**
- **caustic** comments 신랄한 논평

---

117 **cede**
[siːd]
★☆☆☆☆

ced<ked (yield 항복하다) →
'항복하여 권리를 양도하다'
에서 유래

**v** (권리 · 영토 등을) **양도하다**
- **cede** territory to a neighboring state 옆 국가에 영토를 양도하다

---

118 **celestial**
[səléstʃəl]
★☆☆☆☆

cel (heaven 하늘) →
'하늘에 관한'에서 유래

**a** **하늘의**
- a **celestial** map 천체도

---

119 **censor**
[sénsər]
★☆☆☆☆

cens (judge 판단하다) →
'도덕적으로 판단하여 검열
하다'에서 유래

**v** (출판물 · 영화 등을) **검열하다**
**n** **검열관**
- **censor** an article heavily 기사를 심하게 검열하다

---

120 **censure**
[sénʃər]
★★☆☆☆

cens (judge 판단하다) →
'잘못이라 판단하여 비난하
다'에서 유래

**n** **v** **비난(하다)**
- **censure** an ill-advised act 분별없는 행동을 비난하다

# have(1)

- **have ~ at one's finger(s') ends** /~에 정통하다 have ~ at one's fingertips
- **have ~ off** /~에는 쉬다 take off ; 흉내 내다 imitate
- **have a ball** /즐거운 한때를 보내다 have a good time
- **have a big mouth** /말이 많다, 허풍을 떨다 be big-mouthed
- **have a bone to pick with** /따질 일이 있다
- **have a crush on** /~에게 반하다 fall in love with, fall for
- **have a go at** /~을 시도해보다 try
- **have a hard time (in) ~ing** /~하는데 어려움을 겪다 have difficulty (in) ~ing
- **have a negative opinion of** /~에 반대하다 disapprove of
- **have a voice in** /~에 발언권(투표권)이 있다
- **have a word with** /(개인적으로) 대화하다 converse with, have a talk with
- **have an ax to grind** /딴 속셈이 있다 have hidden intention
- **have an effect on** /영향을 미치다 affect, have an influence[impact] on, tell on
- **have an eye for** /~에 대한 안목이 있다 be a judge of
- **have done with** /~을 끝내다 finish
- **have ~ in mind** /~을 계획하고 있다 plan
- **have it in for** /~에 대한 앙심을 품다 have a grudge against
- **have it out (with)** /거리낌 없이 토론하다. (남과) 결판을 내다 bring it to the open
- **have no idea[notion] of** /~을 전혀 모르다. ~을 알지 못하다 know nothing of
- **have no inkling of** /전혀 모르다 don't know at all
- **have a bee in one's bonnet** /뭔가를 골똘히 생각하다 have a fixed idea about, be obsessed
- **have a chip on one's shoulder** /불만을 가지다, 시비조이다 be quarrelsome
- **have[pull, make, wear] a long face** /우울한 얼굴을 하다
- **have a person in** /~를 초대하다. 맞아들이다
- **have a stroke** /뇌출혈로 쓰러지다. 뇌졸중에 걸리다 have a fit of apoplexy
- **have an ear to the ground** /여론에 귀를 기울이다. 주변의 동향에 귀를 기울이다 listen carefully
- **have an itching palm** /욕심이 많다. 뇌물을 좋아하다
- **have ants in one's pants** /하고 싶어 좀이 쑤시다. 불안해서 안절부절 못하다
- **have butterflies in one's stomach** /걱정으로 두근거리다. 속이 조마조마하다
  feel nervous, have ants in one's pants
- **have cold feet** /두려워하다: 주눅 들다

45

우선순위
로 보는
PRE
view

# an-, a-, anti-

Date :

| ★★★★☆ | 08. | anonymous | □ □ □ |
|---|---|---|---|
| ★★★☆☆ | 06. | anecdote | □ □ □ |
| | 09. | apathy | □ □ □ |
| | 04. | antipathy | □ □ □ |
| ★★☆☆☆ | 01. | adamant | □ □ □ |
| | 11. | atheist | □ □ □ |
| | 02. | akin | □ □ □ |
| | 03. | aloof | □ □ □ |
| | 04. | amaze | □ □ □ |
| ★☆☆☆☆ | 02. | agnostic | □ □ □ |
| | 03. | amnesty | □ □ □ |
| | 04. | amorphous | □ □ □ |
| | 05. | anarchy | □ □ □ |
| | 07. | anomalous | □ □ □ |
| | 12. | atrophy | □ □ □ |
| | 13. | atypical | □ □ □ |
| | 05. | askance | □ □ □ |
| | 06. | astray | □ □ □ |
| | 07. | awry | □ □ □ |
| | 01. | antagonist | □ □ □ |
| | 02. | antibiotic | □ □ □ |
| | 03. | antidote | □ □ □ |
| | 05. | antiseptic | □ □ □ |
| ☆☆☆☆☆ | 10. | aseptic | □ □ □ |
| | 01. | aghast | □ □ □ |

01 **adamant**
[ǽdəmənt]
★★☆☆☆

a<an(not) + daman(conquer) · '어떤 것에도 결코 정복되지 않는'에서 유래

**a** (의지가) 더없이 굳은[단호한]
- **adamant** in refusing the requests 요구들을 거절하는 데 단호한

---

02 **agnostic**
[ægnástik]
★☆☆☆☆

a<an(not) + gno(know) ·· '(신의 존재를) 모르는 사람'에서 유래

**n** **a** 불가지론자(의)
- an **agnostic** indifferent to religion 종교에 무관심한 불가지론자

---

03 **amnesty**
[ǽmnəsti]
★☆☆☆☆

a<an(not) + mnes(remember) · '과거의 죄를 기억하지 않음'에서 유래

**n** 사면, 은사
- grant an **amnesty** to criminals 죄인들에게 은사를 내리다

---

04 **amorphous**
[əmɔ́ːrfəs]
★☆☆☆☆

a<an(without) + morph(shape) · '모양이 없는'에서 유래

**a** 무정형의
- an **amorphous** mass of iron 무정형의 쇳덩어리

---

05 **anarchy**
[ǽnərki]
★☆☆☆☆

an(without) + arch(ruler) · '통치자가 없는 상태'에서 유래

**n** 무정부 상태
- be in a state of **anarchy** 무정부 상태에 있다

---

06 **anecdote**
[ǽnikdout]
★★★☆☆

an(not) + ec<ex(out) + do<didon(give) · '밖으로 드러내지 않은 이야기'에서 유래

**n** 일화
- many **anecdotes** about Lincoln 링컨에 대한 많은 일화

---

07 **anomalous**
[ənámələs]
★☆☆☆☆

an(not) + omol<homos(same) · '정상과 같지 않은'에서 유래

**a** 이례[예외]적인
- in an **anomalous** situation 이례적인 상황에서

---

08 **anonymous**
[ənánəməs]
★★★★☆

an(without) + onym(name) · '이름이 없는'에서 유래

**a** 익명[가명]의
- threats in an **anonymous** letter 익명의 편지 속의 협박

---

09 **apathy**
[ǽpəθi]
★★★☆☆

a<an(without) + path(feeling) · '느낌이 없음'에서 유래

**n** 냉담, 무관심
- the citizens' **apathy** to the government 정부에 대한 시민들의 무관심

## 10 aseptic
[əséptik]
☆☆☆☆☆

a<an(without) +
septic 부패시키는 →
'부패시키는 균이 없는'
에서 유래

**a** 무균의, 방부성의

- Surgical instruments are made **aseptic** by boiling them.
  수술 기구들은 끓임으로써 무균 상태가 된다.

## 11 atheist
[éiθiist]
★★☆☆☆

a<an(without) +
the(god) →
'신이 없다고 믿는 사람'
에서 유래

**n** 무신론자

- He is a confirmed **atheist**. 그는 확고한 무신론자이다.

## 12 atrophy
[ǽtrəfi]
★☆☆☆☆

a<an(without) +
troph(nourishment) →
'영양분이 없음'에서 유래

**n** (영양 장애에 의한) 발육 불능, 감퇴

- **atrophy** of the muscles in the legs 다리 근육의 발육 불능

**v** 위축[약화]시키다

- The disease **atrophied** her body. 병이 그녀의 몸을 약화시켰다.

## 13 atypical
[eitípikəl]
★☆☆☆☆

a<an(not) +
typical 전형적인 →
'전형적이지 않은'에서 유래

**a** 비정형[불규칙]의

- an **atypical** reaction in very sensitive patients
  매우 민감한 환자들의 불규칙적인 반응

## 01 aghast
[əgǽst]
☆☆☆☆☆

a(to) +
ghast(terrify) →
'무서워서 놀란 상태인'
에서 유래

**a** <서술 용법> (두려움이나 공포 때문에 놀라서) 어안이 벙벙한

- be **aghast** to hear the news 그 소식을 듣고 어안이 벙벙하다

## 02 akin
[əkín]
★★☆☆☆

a(to) +
kin 친척 →
'친척의'에서 유래

**a** 1 <서술 용법> 친척의 2 유사한

- He is near **akin** to me. 그는 나와 근친이다.
- A buffalo is **akin** to an ox. 들소는 황소와 비슷하다.

## 03 aloof
[əlú:f]
★★☆☆☆

a(to) +
loof(windward) →
'바람을 옆으로 받아 코스에
서 벗어나서'에서 유래

**ad** 떨어져서, 멀어져서

- keep oneself **aloof** from a dispute 논쟁에 가담하지 않고 있다

**a** 내성적인

- her rather **aloof** character 그녀의 다소 내성적인 성격

## 04 amaze
[əméiz]
★★☆☆☆

a(intensive) +
masian(confuse) →
'마음 상태가 마구 뒤섞이게
하다'에서 유래

**vt** ~를 놀라게 하다

- I was **amazed** at his courage. 그의 용기에 놀랐다.

## 05 **askance**
[əskǽns]
★☆☆☆☆

a(on) +
skance(obliquely)
'비스듬하게 보는'에서 유래

**ad a** 1 비스듬히, 곁눈질로
2 의심스런 눈으로

● look **askance** at him  그를 의심스런 눈초리로 보다

## 06 **astray**
[əstréi]
★☆☆☆☆

a(to) +
stray 길을 잃다
'길을 잃다'에서 유래

**ad a** 잘못된 길에 빠져

● lead a person **astray**  남을 타락하게 하다

## 07 **awry**
[ərái]
★☆☆☆☆

a(to) +
wry 구부러진
'구부러져 있는 상태인'
에서 유래

**ad a** 1 구부러져, 비틀려서  2 (계획 따위가) 잘못되어

● glance **awry**  곁눈질로 보다
● Our plans went **awry**.  우리의 계획은 실패했다.

## 01 **antagonist**
[æntǽgənist]
★☆☆☆☆

anti(against) +
agon(struggle)
'반대로 싸우는 사람'
에서 유래

**n** 적대자, 반대자

● overwhelm one's **antagonist**  상대를 꺾다

## 02 **antibiotic**
[æntibaiátik]
★☆☆☆☆

anti(against) +
bio(life)
'살아 있는 것에 저항하는
것'에서 유래

**n** 항생제

● a course of **antibiotics** to clear an infection
감염을 막기 위한 항생제 치료 과정

## 03 **antidote**
[ǽntidout]
★☆☆☆☆

anti(against) +
dot(give)
'반대로 작용하도록 해주는
것'에서 유래

**n** 해독제

● an **antidote** to the nation's economic troubles
그 나라의 경제난에 대한 해독제

## 04 **antipathy**
[æntípəθi]
★★★☆☆

anti(against) +
path(feel)
'반대의 감정을 느낌'
에서 유래

**n** 혐오, 반감

● the president's **antipathy** towards trade unions
무역 동맹에 대한 대통령의 반감

## 05 **antiseptic**
[æntəséptik]
★☆☆☆☆

anti(against) +
sept(putrefy)
'부패되는 것을 방지하는'
에서 유래

**n a** 방부제(의)

● put an **antiseptic** in the bread  빵 안에 방부제를 넣다

50

**121 census**
[sénsəs]
★☆☆☆☆

cens (value 평가하다) →
'인구[국세]를 평가하는 것'
에서 유래

**n** 인구 조사
- conduct the **census** every five years
  5년마다 인구조사를 실시하다

**122 cessation**
[seséiʃən]
★☆☆☆☆

cess (cease 중지하다) →
'중지하는 것' 에서 유래

**n** 정지
- a total **cessation** of hostilities 적대행위의 전면적 중지

**123 chagrin**
[ʃəgrín]
★★★☆☆

chag (sorrow 슬픔) →
'슬프고 원통하게 하다'
에서 유래

**v** 분하게[원통하게] 만들다
**n** 분함, 원통함
- be **chagrined** at one's failure 실패한 것을 원통해 하다

**124 chaotic**
[keiátik]
★☆☆☆☆

cha (gape 입 벌리다) →
'태초의 혼돈 속의 텅빈 공허'
에서 유래

**a** 혼돈된
- **chaotic** traffic conditions 무질서한 교통 상황

**125 charlatan**
[ʃáːrlətn]
★☆☆☆☆

charlat (quack 돌팔이) →
'실력 없이 아는 체하는 돌팔
이 같은 사람' 에서 유래

**n** 아는 체하는 사람
- This advertisement is the work of a **charlatan**.
  이 광고는 사기꾼이 만든 것이다.

**126 chary**
[tʃéəri]
☆☆☆☆☆

chary<charag(care 걱정) →
'문제를 일으킬까 걱정하여
조심하는' 에서 유래

**a** 조심하는
- be **chary** of strangers 낯선 사람에 대해 조심스러워하다

**127 chasm**
[kǽzm]
★☆☆☆☆

cha (gape 입 벌리다) →
'물체가 입 벌리고 있는 것 같
은 틈' 에서 유래

**n** (지면·암석·의견 등의) (갈라진) 틈
- the bottom of the **chasm** 밑바닥의 갈라진 틈

**128 chaste**
[tʃeist]
★☆☆☆☆

chaste<cast (pure 깨끗한) →
'깨끗하고 정숙한' 에서 유래

**a** 정숙한
- **chaste** and decorous dress 정숙하고 예의 바른 복장

**129 chasten**
[tʃéisn]
★☆☆☆☆

chast (punish 벌하다) →
'벌하여 바로잡다'에서 유래

**v** 벌하다, 단련시키다; 지나치지 않게 하다
- a man **chastened** by suffering 고난으로 단련된 사람

**130 chastise**
[tʃæstáiz]
★☆☆☆☆

chast (punish 벌하다) →
'벌하여 바로잡다' 에서 유래

**v** 벌하다; 몹시 비난하다
- the right to **chastise** their own children
  자기 자식들을 꾸짖을 권리

131 **chicanery**
[ʃikéinəri]
★☆☆☆☆

chican (deceive 속이다) +
'기만하기 위해 쓰는 속임수'
에서 유래

**n** 속임수
- guilty of **chicanery** in freeing one's client
  고객의 석방을 위해 속임수를 쓴 죄

---

132 **chide**
[tʃaid]
★☆☆☆☆

chid (scold 꾸짖다)

**v** 꾸짖다
- **chide** Junior for his lying   거짓말을 한 Junior를 꾸짖다

---

133 **choleric**
[kálərik]
★★☆☆☆

chol (bile 화)

**a** 화를 잘 내는
- a **choleric** nature   화를 잘 내는 성질

---

134 **chronic**
[kránik]
★★★☆☆

chron (time 시간) +
'오랜 시간 지속되거나 자주
일어나는'에서 유래

**a** (병이) 만성인 ; 상습적인
- a **chronic** disease[criminal]   만성병[상습범]

---

135 **chubby**
[tʃʌ́bi]
★★☆☆☆

chub 잉어 + +
'잉어처럼 살이 올라 토실토
실한'에서 유래

**a** 토실토실 살찐, 통통한
- Most babies have **chubby** cheeks.
  대부분의 아기들은 통통한 볼을 갖고 있다.

---

136 **citadel**
[sítədl]
☆☆☆☆☆

cita(city 도시) +
'도시를 지키는 성'에서 유래

**n** (시 · 시민을 지키는) 성
- the **citadel** overlooking the city   시를 내려다보고 있는 성

---

137 **cite**
[sait]
★☆☆☆☆

cit(arouse 일깨우다) +
'사람을 일깨우기 위하여 인
용하다'에서 유래

**v** 인용[인증]하다
- **cite** passages in the Bible   성경 구절들을 인용하다

---

138 **clairvoyant**
[klɛərvɔ́iənt]
☆☆☆☆☆

clair (clear 명백한) +
'명백하게 볼 수 있는 능력을
가진'에서 유래

**a** 통찰력이 있는
- the old man's **clairvoyant** warning   그 노인의 통찰력 있는 경고

---

139 **clamber**
[klǽmbər]
☆☆☆☆☆

clam (climb 기어오르다)

**v** (손 · 발로) 기어오르다
- **clamber** over the wall   벽을 기어오르다

---

140 **clamorous**
[klǽmərəs]
★★☆☆☆

clamor 함성, 외글거림 +
'함성소리로 시끄러운'
에서 유래

**a** 시끄러운, 소란스러운
- The candidate reacted with a **clamorous** condemnation
  of the opponents.
  후보자는 상대 후보에 대한 떠들썩한 비난으로 대응했다.

# have(2)

- **have one's hands full** / 몹시 바쁘다
- **have recourse to** / ~에 의지하다 resort to , 도움을 청하다
- **have something to do with** / ~와 관계가 있다 be concerned with, bear on
- **have something up one's sleeve** / 적당한 때를 위해 비밀로 하다
- **have the blues** / 우울하다 be gloomy
- **have the edge on someone** / ~를 능가하다 be better than someone
- **have the guts** / 용기가 있다 have the nerve
- **have the nerve to do** / 뻔뻔스럽게도 ~하다 be impudent enough to R
- **have the upper hand** / ~ 보다 유리하다 prevail, 우위를 점하다
- **have words with** / ~와 말다툼하다 dispute with
- **have yet to** / 아직 ~하지 못하다
- **have one's head in the cloud** / 몽상에 잠겨있다. 비현실적이다 be daydreaming, be unreal
- **have one's feet on the ground** / 현실적이다. 분별력이 있다
- **have one's heart in one's mouth** / 몹시 걱정하다, 불안해하다 be on edge[pins and needles]
- **have the card stacked against** / ~에게 매우 불리한 입장이다

# hold

- **hold back** / 저지하다, 억제하다 control, restrain ; 보류하다, 감추다 withhold, hide
- **hold down** / 억제하다, 진압하다 suppress
- **hold good** / 유효하다 remain valid, be effective
- **hold one's breath** / 숨을 참다 keep one's breath
- **hold one's tongue** / 말을 참다 bite one's tongue
- **hold out** / 주다, 제공하다 offer ; 버티다, 저항하다 resist
- **hold over** / 연기하다 postpone, defer ; 유임되다 remain in office
- **hold up** / 유지하다, 지지하다 uphold, buttress ; 멈추다, 연기하다 delay ; 강도질하다 rob wayfarers, mug
- **hold water** / 이치에 맞다 be logical, make sense

# be-, bene-

| | | | |
|---|---|---|---|
| ★★★★☆ | 05. | benign | ☐ ☐ ☐ |
| ★★★☆☆ | 16. | besiege | ☐ ☐ ☐ |
| | 02. | benefactor | ☐ ☐ ☐ |
| | 04. | benevolent | ☐ ☐ ☐ |
| ★★☆☆☆ | 08. | belittle | ☐ ☐ ☐ |
| ★☆☆☆☆ | 02. | beget | ☐ ☐ ☐ |
| | 03. | beguile | ☐ ☐ ☐ |
| | 04. | behold | ☐ ☐ ☐ |
| | 06. | belated | ☐ ☐ ☐ |
| | 07. | belie | ☐ ☐ ☐ |
| | 10. | bemuse | ☐ ☐ ☐ |
| | 11. | bequeath | ☐ ☐ ☐ |
| | 12. | berate | ☐ ☐ ☐ |
| | 13. | bereave | ☐ ☐ ☐ |
| | 14. | beseech | ☐ ☐ ☐ |
| | 15. | beset | ☐ ☐ ☐ |
| | 01. | benediction | ☐ ☐ ☐ |
| | 03. | beneficent | ☐ ☐ ☐ |
| | 06. | bounteous | ☐ ☐ ☐ |
| ☆☆☆☆☆ | 01. | befall | ☐ ☐ ☐ |
| | 05. | belabor | ☐ ☐ ☐ |
| | 09. | bemoan | ☐ ☐ ☐ |
| | 17. | bethink | ☐ ☐ ☐ |
| | 18. | betroth | ☐ ☐ ☐ |
| | 19. | bewail | ☐ ☐ ☐ |
| | 20. | bewitch | ☐ ☐ ☐ |

## 01 **befall**
[bifɔ́:l]
☆☆☆☆☆

be(do) +
fall 떨어지다 →
'어떤 일이 누구에게 떨어지다' 에서 유래

**v** (~의 신상에) **일어나다, 생기다**
- A similar occurrence **befell** him. 비슷한 일이 그에게도 일어났다.

## 02 **beget**
[bigét]
★☆☆☆☆

be(do) +
get 얻다 →
'얻다'에서 유래

**vt** 1 (아버지가 자식을) **얻다, 낳다** 2 (결과로서) **초래하다**
- He **begot** two sons and three daughters.
  그는 두 명의 아들과 세 명의 딸을 얻었다.
- Hunger **begets** crime. 배고픔은 범죄를 낳는다.

## 03 **beguile**
[bigáil]
★☆☆☆☆

be(do) +
guile 기만 →
'남을 기만하다'에서 유래

**vt** 1 **속이다, 속여 빼앗다** 2 **즐겁게 하다**
- be **beguiled** by his flattery into trusting him
  그의 아첨에 속아서 그를 믿어 버리다
- The old sailor **beguiled** the boys with stories about his life at sea.
  그 나이 많은 선원은 바다에서 지낸 그의 인생에 대한 이야기들로 소년들을 기쁘게 해 주었다.

## 04 **behold**
[bihóuld]
★☆☆☆☆

be(do) +
hold 계속 유지하다 →
'관심을 가지고 계속해서 보다' 에서 유래

**vt** ~**을 보다**
- got up early to **behold** the sunrise
  해돋이를 보기 위해 일찍 일어나다

## 05 **belabor**
[biléibər]
☆☆☆☆☆

be(do) +
labor 힘든 일 →
'힘든 일을 하다'에서 유래

**vt** **세게 치다, 때리다**
- **belabor** the tired horse with stick
  막대기로 지친 말을 세게 치다

## 06 **belated**
[biléitid]
★☆☆☆☆

be(do) +
late 늦은 →
'(정해진 시간보다) 늦은' 에서 유래

**a** 1 (때) **늦은** 2 **시대에 뒤진**
- **belated** birthday greetings 때늦은 생일 축하 인사
- a **belated** view of world economy 세계 경제에 대한 시대에 뒤진 견해

## 07 **belie**
[bilái]
★☆☆☆☆

be(do) +
lie 거짓말 →
'거짓말하다'에서 유래

**vt** 1 **거짓[잘못] 전하다** 2 (기대 · 약속 따위에) **어긋나다**
- The newspaper **belied** the facts of the event.
  그 신문은 그 사건의 진실을 잘못 전했다.
- The poor sales of the product **belied** our high hopes.
  그 상품의 판매 부진은 우리의 기대에 어긋났다.

## 08 **belittle**
[bilítl]
★★☆☆☆

be(make) +
little 작은 →
'작게 만들다'에서 유래

**vt** (남을) **과소평가하다, 경시하다**
- **belittle** the explorer's great discoveries
  그 탐험가의 위대한 발견을 과소평가하다

## 09 **bemoan**
[bimóun]
☆☆☆☆☆

be(do) +
moan 슬퍼하다→
'슬퍼하다'에서 유래

**v** 슬퍼[애도]하다
- **bemoan** one's bitter fate 자신의 쓰라린 운명을 슬퍼하다

## 10 **bemuse**
[bimjúːz]
★☆☆☆☆

be(make) +
muse 명상하다 →
'당황하여 명상하게 만들다'
에서 유래

**vt** 멍하게[어리둥절하게] 하다
- turn **bemused** eyes toward a person
  얼굴을 멍하니 쳐다보다

## 11 **bequeath**
[bikwíːð]
★☆☆☆☆

be(do)+
queath(say) →
'(재산에 관한 유언을) 말하
다'에서 유래

**vt** (동산·재산 등을) 물려주다, 유증하다
- His father **bequeathed** him a fortune.
  그의 아버지는 그에게 큰 재산을 물려주었다.

## 12 **berate**
[biréit]
★☆☆☆☆

be(do)+
rate 꾸짖다 →
'~의 잘못을 따끔하게 야단
치다'에서 유래

**vt** 호되게 꾸짖다[야단치다]
- **berated** the boys for teasing one's cat
  자신의 고양이를 괴롭힌 아이들을 호되게 야단치다

## 13 **bereave**
[biríːv]
★☆☆☆☆

be(do) +
reave 빼앗다 →
'~에게서 중요한 것[사람]을
빼앗다'에서 유래

**vt** 1 (죽음이 가족을) 빼앗다, 잃게 하다
2 (희망 등을) 빼앗다
- a husband **bereaved** of his wife 아내를 잃은 남편
- the victim **bereft** of all hope 모든 희망을 잃은 조난자

## 14 **beseech**
[bisíːtʃ]
★☆☆☆☆

be(do) +
seech(seek) →
'(진심으로)원하는 것을 얻으
려고 하다'에서 유래

**vt** 간절히 원하다[요청하다]
- I **beseech** you to forgive him.
  그를 용서해 주시기를 당신께 간절히 원합니다.

## 15 **beset**
[bisét]
★☆☆☆☆

be(do) +
set 배치하다 →
'(군대를) 정연히 배치하다'
에서 유래

**vt** 1 에워싸다, 포위(공격)하다
2 (어려움 따위가) 따르다, 괴롭히다
- be **beset** by the crowd 군중에 의해 에워싸이다
- The plan was **beset** with difficulties from the beginning.
  그 계획은 초기 단계에서부터 어려움이 따랐다.

## 16 **besiege**
[bisíːdʒ]
★★★☆☆

be(do) +
siege 포위하다 →
'(공격을 목적으로) 포위하
다'에서 유래

**vt** 1 ~을 포위(공격)하다
2 (요구·질문 따위를) 퍼붓다, 괴롭히다
- the Greeks **besieging** the city of Troy
  트로이 시를 포위하고 있는 그리스군
- **besiege** a person with questions
  남에게 갖가지 질문 공세를 퍼붓다

17 **bethink**
[biθíŋk]
☆ ☆ ☆ ☆ ☆

be(do) +
think 생각하다 →
'~에 대하여 곰곰이 생각하
다'에서 유래

**vt** <재귀적> 숙고하다, ~을 생각해내다

- **bethink oneself of** the need to study
  공부의 필요성에 대하여 숙고하다

18 **betroth**
[bitróuð]
☆ ☆ ☆ ☆ ☆

be(do) +
troth(truth) →
'사랑의 진실을 약속하다'
에서 유래

**vt** 약혼시키다

- **betroth** one's daughter to a rich man
  자신의 딸을 어느 부유한 남자와 약혼시키다

19 **bewail**
[biwéil]
☆ ☆ ☆ ☆ ☆

be(do) +
wail 소리내어 울다 →
'큰 슬픔에 젖어 소리내어 울
다'에서 유래

**v** 몹시 슬퍼하다, 통곡하다

- a girl **bewailing** the loss of her doll
  자신의 인형을 잃어버려 울고 있는 소녀

20 **bewitch**
[biwítʃ]
☆ ☆ ☆ ☆ ☆

be(do) +
witch 마녀 →
'마녀가 사람에게 마법을 걸
다'에서 유래

**vt** 1 ~에게 마법을 걸다  2 ~을 매혹시키다

- The wicked fairy **bewitched** the princess.
  그 사악한 요정은 공주에게 마법을 걸었다.

- **bewitch** a person with one's beauty
  자신의 아름다움으로 남을 매혹시키다

01 **benediction**
[benədíkʃən]
★ ☆ ☆ ☆ ☆

bene(good) +
dict(speak) →
'좋은 말'에서 유래

**n** (예배 · 의식 등의) 기도, 축복

- the **benediction** at the end of the marriage ceremony
  결혼식 끝에 하는 축복의 기도

02 **benefactor**
[bénəfæktər]
★ ★ ★ ☆ ☆

bene(good) +
fac(do) →
'좋은 일을 하는 사람'
에서 유래

**n** 자선가, 후원자

- become a **benefactor** of an orphanage
  고아원의 후원자가 되다

03 **beneficent**
[bənéfəsənt]
★ ☆ ☆ ☆ ☆

bene(good) +
fic<fac(do) →
'좋은 일을 하는'에서 유래

**a** 선행을 베푸는, 자비로운

- give **beneficent** acts to the poor
  가난한 사람들에게 선행을 베풀다

04 **benevolent**
[bənévələnt]
★ ★ ★ ☆ ☆

bene(good) +
vol(will) →
'좋은 의지를 지닌'에서 유래

**a** 자비로운, 인정 많은

- Giving money to help the Red Cross is a **benevolent** act.
  적십자를 돕기 위해 돈을 기부하는 것은 자비로운 행동이다.

## 05 benign

[bináin]

★ ★ ★ ★ ☆

beni‹bene(good) +
gn‹gen(birth) →
'좋은 천성을 가지고 태어난'
에서 유래

**a** 1 **상냥한, 온화한** 2 (상황이) **유리한, 양호한**

- The **benign** old lady had a warm smile.
  그 친절한 노부인은 따뜻한 미소를 지니고 있었다.
- be born under a **benign** planet 좋은 운수를 타고나다

---

## 06 bounteous

[báuntiəs]

★ ☆ ☆ ☆ ☆

boun‹bonus(good) →
'(수량이) 충분한'에서 유래

**a** **후한, 풍부한**

- give **bounteous** gifts to the poor
  가난한 사람들에게 후한 선물을 주다

---

141 **clandestine**
[klændéstin]
★★★☆☆

clan (secret 비밀의)

**a** 비밀의
- **clandestine** dealings  비밀 거래

---

142 **cleave**
[kli:v]
☆☆☆☆☆

cleav (cut 자르다)

**v** 쪼개다; 달라붙다
- **cleave** a tree in two  나무를 둘로 쪼개다

---

143 **clemency**
[klémənsi]
★☆☆☆☆

clemen (merciful 자비로운) →
'자비롭고 관대함'에서 유래

**n** (성격·성질 등의) 관대(함)
- an appeal for **clemency**  관대함에 대한 호소

---

144 **cliché**
[kli:ʃéi]
★☆☆☆☆

clich (overused 틀에 박힌) →
'틀에 박힌 상투어구'에서 유래

**n** (진부한) 상투 어구
- compositions marred by use of **cliche**
  상투 어구 사용으로 망친 작문

---

145 **clientele**
[klaiəntél]
★☆☆☆☆

client<clentem (follower 따르는 사람) →'충고를 따르는 사람'에서 유래

**n** <집합적> 소송의뢰인, 고객, 단골 손님
- a lawyer's **clientele**  변호사의 소송 의뢰인

---

146 **climax**
[kláimæks]
★☆☆☆☆

clim (slope 경사지다) →
'경사진 곳의 가장 높은 곳'에서 유래

**n** 절정
- The opera reaches its **climax** in the third act.
  그 오페라는 3막에서 절정에 달한다.

---

147 **clique**
[kli:k]
☆☆☆☆☆

cliq (make a noise 시끄럽게 굴다) →'집단을 시끄럽게 만드는 파벌'에서 유래

**n** (배타적인) 파벌
- an academical **clique**  학벌

---

148 **clog**
[klɑg]
★☆☆☆☆

clog (lump of wood 나무 덩어리) →'통로를 막는 나무 덩어리'에서 유래

**v** 움직임을 방해하다 ; 막히게 하다   **n** 방해물
- Grease **clogged** the drain.  기름이 하수구를 막히게 했다.

---

149 **cloister**
[klɔ́istər]
☆☆☆☆☆

clois (close 닫다) →
'닫힌 곳에서 하는 수도원 생활'에서 유래

**n** 수도원 (생활)   **v** 은둔하다
- the nuns living in the cloister **cloister**
  수도원에서 살고 있는 수녀들

---

150 **clone**
[kloun]
★★☆☆☆

clone<klon (작은 나뭇가지) →
'가지에서 가지가 생겨나는 것처럼 복제하다'에서 유래

**v** 복제하다
**n** 클론, 복제 인간, 복제품
- **clone** a human embryo  인간 배아를 복제하다

---

151 **coax**
[kouks]
★★☆☆☆

coax<cokes (바보) →
'바보로 만들어 구슬리다'에서 유래

**v** 감언으로 ~하게 하다
- He **coaxed** his friend to go clubbing with him.
  그는 친구를 꼬드겨 같이 클럽에 갔다.

---

---

**152 colossal**
[kəlásəl]
★★★☆☆

colos (gigantic 거대한)

**a 거대한**
• a **colossal** statue  거대한 동상

---

**153 coma**
[kóumə]
★☆☆☆☆

coma<koma<deep sleep (깊은 잠) → '깊이 잠든 상태'에서 유래

**n 혼수 상태**
• He went into a **coma** 1 year ago.
그는 1년 전에 혼수 상태에 빠졌다.

---

**154 comely**
[kʌmli]
★☆☆☆☆

comely<cymlic (lovely 사랑스러운) → '사랑스럽게 아름다운'에서 유래

**a (용모가) 아름다운**
• A **comely** face is a silent recommendation.
고운 얼굴은 말없는 추천장이다.

---

**155 corollary**
[kɔ́:rəleri]
★★☆☆☆

corollary<corollarium(consequence 결과)

**n 결론, 결과**
• Destruction and suffering are **corollaries** of war.
파괴와 고통은 전쟁의 결과이다.

---

**156 corpulent**
[kɔ́:rpjulənt]
★★☆☆☆

corp (body 몸) → '몸이 뚱뚱한'에서 유래

**a 뚱뚱한**
• the **corpulent** man resolving to reduce
체중을 줄이려고 결심한 뚱뚱한 남자

---

**157 covetous**
[kʌ́vitəs]
★☆☆☆☆

covet (cupidity 욕망) → '욕망을 절제하지 못해 탐욕스러운'에서 유래

**a 탐욕스러운; 열망하는**
• a **covetous** man of successe  성공에 대한 욕구가 강한 사람

---

**158 coy**
[kɔi]
☆☆☆☆☆

coy (quiet 조용한) → '성격이 조용하고 수줍어하는'에서 유래

**a (특히 소녀가) 수줍어하는**
• a **coy** smile  수줍어하는 미소

---

**159 crash**
[kræʃ]
★★☆☆☆

crash 광 소리 → '쾅하고 박살나다'에서 유래

**n 굉음; (비행기) 추락; 충돌, 파괴**
• There was a **crash** of two cars at the corner.
모퉁이에서 자동차 두 대의 충돌사고가 있었다.

---

**160 craven**
[kréivn]
★☆☆☆☆

craven<cravanter (fall down 넘어지다) → '넘어지는 것을 겁내 하는'에서 유래

**a 겁 많은, 비겁한**
• cry **craven**  졌다고 외치다[항복하다]

---

08

# keep

- **keep ~ company** / ~와 동행하다 go along with, accompany
- **keep abreast of[with]** / ~와 보조를 맞추다 go hand in hand with
- **keep close tabs on** / 감시하다, 주의하다 keep an eye on, watch closely, see to
- **keep good time** / 시간이 잘 맞다 keep correct time
- **keep in mind** / 기억하다, 명심하다 remember
- **keep in touch** / 접촉하다, 연락하고 지내다 continue in communication
- **keep someone posted** / ~에게 정보를 알리다 keep someone informed
- **keep track of** / 기록하다, 추적하다 go after, track (down)
- **keep up** / 지탱하다, 유지하다 continue, keep on, maintain, preserve
- **keep up with** / 따라가다, 뒤지지 않다 keep abreast of
- **keep a straight face** / 웃음을 참다 refrain from smiling, suppress one's laughter
- **keep body and soul together** / 근근이 살아가다
- **keep one's fingers crossed** / 행운을 빌다 hope for good luck
- **keep one's head above water** / 빚지지 않고 있다 keep afloat

# look

- **look after** / 유의하다, 돌보다 take care of, attend to
- **look down on** / 경시하다 despise, think little of, be in contempt of
- **look for** / 찾다 search for, seek
- **look forward to ~ing** / ~을 기대하다 anticipate, expect
- **look into** / 조사하다 investigate, see into
- **look like** / ~를 닮다 resemble, take after
- **look on A as B** / A를 B로 간주하다 regard A as B, think of A as B, see A as B
- **look out** / 주의하다, 경계하다 keep watch, be on the alert
- **look over** / 훑어보다, 조사하다 examine, look into; 눈감아주다, 간과하다 overlook, pass by
- **look to** / ~에게 바라다, ~에 기대하다
- **look up** / (사전에서) 찾다 search for~ in a dictionary
- **look up to** / 존경하다 respect, admire

# circum-, com-

우선순위
로 보는
PRE
VIEW

Date :

★★★★☆ | 06. | circumvent | □ □ □
| 09. | collaborate | □ □ □

★★★☆☆ | 02. | circumference | □ □ □
| 06. | cognition | □ □ □
| 08. | coincide | □ □ □
| 10. | collapse | □ □ □
| 14. | collide | □ □ □
| 20. | commence | □ □ □

★★☆☆☆ | 03. | cogent | □ □ □

★☆☆☆☆ | 01. | circuit | □ □ □
| 03. | circumlocution | □ □ □
| 04. | circumscribe | □ □ □
| 05. | circumspect | □ □ □
| 01. | coalition | □ □ □
| 02. | coerce | □ □ □
| 07. | cohere | □ □ □
| 13. | colleague | □ □ □
| 15. | colloquial | □ □ □
| 17. | combustion | □ □ □
| 21. | commend | □ □ □
| 22. | commensurate | □ □ □
| 23. | commiserate | □ □ □
| 24. | commodious | □ □ □

☆☆☆☆☆ | 04. | cogitate | □ □ □
| 05. | cognate | □ □ □
| 11. | collate | □ □ □
| 12. | collateral | □ □ □
| 16. | collude | □ □ □
| 18. | commandeer | □ □ □
| 19. | commemorate | □ □ □

01 **circuit**
[sə́ːrkit]
★☆☆☆☆

circu<circum(around) + it(go) →
'둥글게 돎'에서 유래

**n** 1 회전, 순회 2 《전기》 배선, 회로 3 (스포츠의) 연맹, 리그
- run three **circuits** of the track 트랙을 세바퀴 돌다
- a **circuit** diagram 전기 배선도
- a baseball **circuit** 야구 연맹

02 **circumference**
[sərkámfərəns]
★★★☆☆

circum(around) + fer(carry) →
'주위를 전부 도는 곡선'에서 유래

**n** 원주, 둘레
- a point on the **circumference** 원주 위의 한 점

03 **circumlocution**
[səːrkəmloukjúːʃən]
★☆☆☆☆

circum(around) + locu<loqu(speak) →
'둘러서 말하는 것'에서 유래

**n** 넌지시 둘러 말하기, 완곡어법
- without **circumlocution** 단도직입적으로

04 **circumscribe**
[sə́ːrkəmskraib]
★☆☆☆☆

circum(around) + scrib(write) →
'둘레에 선을 긋다'에서 유래

**vt** 1 ~의 둘레에 선을 긋다 2 ~을 속박하다, 제한하다
- **circumscribe** one's signature by a line 서명의 둘레를 선으로 두르
- **circumscribe** a person's movement within narrow bounds 사람의 활동을 좁게 제한하다

05 **circumspect**
[sə́ːrkəmspekt]
★☆☆☆☆

circum(around) + spec(look) →
'사방을 모두 둘러 보는'에서 유래

**a** 조심성 있는, 신중한
- a **circumspect** action 신중한 행동

06 **circumvent**
[səːrkəmlvént]
★★★★☆

circum(around) + ven(come) →
'주변으로 (피해) 가다'에서 유래

**vt** (교묘히) 피하다, 함정에 빠뜨리다
- open an office abroad in order to **circumvent** the tax law 세법을 피하기 위해 해외에 사무소를 열다

01 **coalition**
[kouəlíʃən]
★☆☆☆☆

co<com(together) + ali<ales(grow) →
'(합의자) 함께 자람'에서 유래

**n** (특히 정당의 일시적인) 연합, 제휴
- form a **coalition** government 연립 정부를 구성하다

02 **coerce**
[kouə́ːrs]
★☆☆☆☆

co<com(together) + erc<arc(restrain) →
'이런 저런 이유들로 제한하다'에서 유래

**vt** 1 강제로 ~하게 하다, 강요하다 2 억제[진압]하다
- be **coerced** into making a confession 강제로 자백하게 되다
- The unruly crowd have to be **coerced**. 날뛰는 군중은 진압되어야 한다.

### 03 **cogent**
[kóudʒənt]
★★☆☆☆

co<com(together) + g<ag(to) → '함께 어떤 일을 하자고 하는'에서 유래

**a** 설득력 있는

- **cogent** argument in favor of the proposal
  그 제안에 찬성하는 설득력 있는 논거

---

### 04 **cogitate**
[kádʒətèit]
☆☆☆☆☆

co<com(intensive) + git<agit(drive) → '하나의 생각을 계속 밀어 부치다'에서 유래

**v** 곰곰이 생각하다, 숙고하다

- **cogitate on[about]** a problem 한 문제를 곰곰이 생각하다

---

### 05 **cognate**
[kágneit]
☆☆☆☆☆

co<com(together) + gn<gen(born) → '같이 태어난'에서 유래

**a** 조상이 같은, 동족[계]의

- Dutch, and German are **cognate** languages.
  네덜란드어와 독어는 동계 언어들이다.

**n** 1 같은 혈족, 친족 2 동계 언어

- Cousins and uncles are **cognate**.
  사촌들과 삼촌들은 친족들이다.
- 'Wasser' and 'water' are **cognates**.
  'Wasser'와 'water'는 동계 언어이다.

---

### 06 **cognition**
[kagníʃən]
★★★☆☆

co<com(intensive) + gn<gno(know) → '잘 알고 있음'에서 유래

**n** 인식, 인식된 것

- in full **cognition** of the facts
  그 사실들을 완전히 인식하여

---

### 07 **cohere**
[kouhíər]
★☆☆☆☆

co<com(together) + her(cling) → '서로 붙다'에서 유래

**vi** 1 (서로) 붙다, 응집하다
2 (이야기 · 문제 등이) 일관성[조리]있다

- make two surfaces **cohere** 두 물체를 붙이다
- an argument that simply fails to **cohere** 전혀 일관성이 없는 논거

---

### 08 **coincide**
[kouinsáid]
★★★☆☆

co<com(together) + in(upon) + cid(fall) → '같이 ~위로 떨어지다'에서 유래

**vi** 1 동시에 일어나다[발생하다] 2 (의견 · 성질 따위가) 일치하다

- The two events **coincided** with each other.
  그 두 사건은 동시에 일어났다.
- Her opinion **coincides** with mine.
  그녀의 의견은 나의 의견과 일치한다.

---

### 09 **collaborate**
[kəlǽbəreit]
★★★★☆

col<com(together) + labor 일하다 → '함께 일하다'에서 유래

**vi** 1 (특별한 목적을 위해) 공동으로 일[연구]하다
2 (적에게) 협력[제휴]하다

- **collaborate** in writing a book 공동으로 저작하다
- **collaborate** with the enemy 적에게 협조하다

09

## 10 **collapse**
[kəlǽps]
★★★☆☆

col<com(completely) + lap(fall) → '완전히 다 떨어지다' 에서 유래

**v** 1 (건물 · 가격 등이) **무너지다, 붕괴[폭락]하다**

2 (계획 · 희망 따위가) **실패[좌절]하다** 3 **접(히)다**

- The roof **collapsed** as a result of the fire.
  화재의 결과로 그 지붕은 무너져 내렸다.
- The negotiation **collapsed** after several meetings.
  그 협상은 몇 차례 회합 후에 결렬되었다.
- chairs that **collapse** for storage 보관시 접히는 의자

**n** 1 **붕괴, 폭락** 2 **실패, 좌절** 3 (정신 · 육체적인) **쇠약**

- the **collapse** of the bridge 다리의 붕괴
- the **collapse** of the economy meetings. 경제의 실패
- suffer from a nervous **collapse** 신경 쇠약을 앓다

## 11 **collate**
[kəléit]
☆☆☆☆☆

col<com(together) + lat(bring) → '두 개를 함께 가져와서 보다' 에서 유래

**vt** 1 **대조하다**

2 **페이지[순서]를 맞추다**

- **collate** two ancient manuscripts 두 개의 고문서를 대조하다

## 12 **collateral**
[kəlǽtərəl]
☆☆☆☆☆

col<com(together) + later(side) → '어떤 것과 함께 옆에 있는' 에서 유래

**a** 1 **부수[간접]적인** 2 **방계(傍系)의**

- a **collateral** aim of the government's industrial strategy
  정부 산업 정책의 간접적인 목적
- Cousins are **collateral** relatives. 사촌들은 방계 친척이다.

**n** <경제> **담보(물)**

- offer one's house as a **collateral** for the loan 대출금에 대한 담보로 자신의 집을 제공하다

## 13 **colleague**
[káli:g]
★☆☆☆☆

col<com(together) + leag<leg(choose) → '자기와 함께 선택된 사람' 에서 유래

**n** (직업상의) **동료**

- May I introduce one of my **colleagues** at the bank?
  은행에 있는 내 직장 동료들 중 한 명을 소개할까요?

## 14 **collide**
[kəláid]
★★★☆☆

col<com(together) + lid<laed(strike) → '서로 맞부딪치다' 에서 유래

**vi** 1 **충돌하다** 2 (의견 따위가) **일치하지 않다, 상충되다**

- The two cars **collided with** each other.
  그 두 대의 자동차는 서로 충돌했다.
- **collide with** someone over the matter
  그 문제에 대해 ~와 의견이 일치하지 않다

## 15 **colloquial**
[kəlóukwiəl]
★☆☆☆☆

col<com(together) + loqui(speak) → '함께 이야기하는'에서 유래

**a** **일상 회화의, 구어(체)의**

- a **colloquial** expression 구어체 표현

## 16 collude
[kəlúːd]
☆☆☆☆☆

col<com(together) + lud(play) → '다른 사람과 함께 행동하다' 에서 유래

**vi** <법> 공모[결탁]하다
- **collude** with the terrorists 테러분자들과 결탁하다

## 17 combustion
[kəmbʌ́stʃən]
★☆☆☆☆

com(completely) + bu(burn) → '완전히 태워버림' 에서 유래

**n** 연소
- attain a complete **combustion** 완전 연소하다

## 18 commandeer
[kəməndíər]
☆☆☆☆☆

com(intensive) + mand(commit) → '전적으로 (군부의) 결정에 맡기다'에서 유래

**vt** (개인 재산을) 징발하다
- **commandeer** a taxicab to chase the criminal
  범인을 추적하기 위해 택시를 징발하다

## 19 commemorate
[kəméməreit]
☆☆☆☆☆

com(together) + memor(memory) → '함께 기억하다'에서 유래

**vt** (특히 의식을 통해) 기념하다
- **commemorate** the 400th anniversary of the birth of Shakespeare 셰익스피어 탄생 400주년을 추모하다

## 20 commence
[kəméns]
★★★☆☆

com(intensive) + men<initiar(initiate) → '시작하다'에서 유래

**v** 1 시작[개시]하다

2 <영> 학위를 받다
- **commence** a lawsuit 소송을 시작[제기]하다
- **commence** a M.B.A. 경영학 석사 학위를 받다

## 21 commend
[kəménd]
★☆☆☆☆

com(intensive) + mend<mand(commit) → '믿고 맡기다'에서 유래

**v** 1 칭찬하다 2 (특히 자기 자신을) 맡기다, 위탁하다
- be **commended** for one's good conduct
  자신의 선행에 대해 칭찬받다
- **commend** one's soul to God
  신에게 자신의 영혼을 맡기다[안심하고 죽다]

## 22 commensurate
[kəménsərət]
★☆☆☆☆

com(together) + mens(measure) → '치수가 같은'에서 유래

**a** 1 같은 크기의 2 ~에 상응하는, 적당한
- They are **commensurate** in size. 그것들은 같은 크기이다.
- The pay should be **commensurate** with the work.
  봉급은 일과 상응해야 한다.

## 23 commiserate
[kəmízəreit]
★☆☆☆☆

com(together) + miser(pity) → '함께 동정하다'에서 유래

**vi** (심각하지 않은 것에) 동정하다, 가엾게 여기다
- **commiserate** about the problems of old age
  노인 문제들에 대하여 가엾게 여기다

0
9

24 **commodious**
[kəmóudiəs]
★☆☆☆☆

com(together) + mod<modus(measure) → '크기가 여러 사람용인' 에서 유래

**a** (방 따위가) 널찍한
- a **commodious** house[room] 널찍한 집[방]

---

▶ **중요빈출어휘**

---

161 **credence**
[kríːdns]
★☆☆☆☆

cred (believe 믿다)

**n** 믿음
- a story beyond **credence** 믿을 수 없는 이야기

---

162 **credulous**
[krédʒuləs]
★★★☆☆

cred (believe 믿다) → '무엇이든지 쉽게 믿는' 에서 유래

**a** 쉽게 믿는
- coax much money from a **credulous** public
  쉽게 믿는 대중들로부터 많은 돈을 빼앗다

---

163 **creed**
[kriːd]
★☆☆☆☆

cred (believe 믿다) → '굳게 믿고 지키려 하는 신조' 에서 유래

**n** 신조
- follow one's **creed** with 100 percent consistency
  끝까지 자기 신조를 지키다

---

164 **cripple**
[krípl]
★★☆☆☆

cripple<crypel (다리가 부자유한 사람) → '수족이 부자유한 사람' 에서 유래

**n** 신체 장애자
**v** 불구가 되게 하다
- He is **crippled** with arthritis. 그는 관절염으로 다리를 전다.

---

165 **criterion**
[kraitíəriən]
★★★☆☆

crit (judge 판단하다) → '판단하는 기준' 에서 유래

**n** 표준, 기준
- fail to meet the **criterion** established by government
  정부가 세운 기준에 못 미치다

---

166 **cryptic**
[kríptik]
★★★☆☆

cryp (hide 숨다) → '비밀리에 숨기는' 에서 유래

**a** 숨은, 비밀의
- a **cryptic** message 비밀 메시지

---

167 **cue**
[kjuː]
★★☆☆☆

cue<quando (언제) → '감독이 큐 사인을 보내는 것과 같은 신호' 에서 유래

**n** 신호, 암시, 단서; 변발
- During the rehearsal the director **cued** the actors.
  리허설 동안 감독은 배우들에게 신호를 보냈다.

---

168 **culminate**
[kʌ́lməneit]
★☆☆☆☆

culmin (peak 꼭대기) → '꼭대기에 이르다' 에서 유래

**v** 절정에 이르다
- **culminate** in amount 최고량에 달하다

---

169 **culpable**
[kʌ́lpəbl]
★★★☆☆

culp (blame 비난하다)

**a** 비난할 만한
- corrupt politicians to be **culpable**
  비난 받아야 하는 부패한 정치인들

| 170 | **cupidity**<br>[kjuːpídəti]<br>☆☆☆☆☆ | cupid (desire 욕망) →<br>'욕망이 지나친 탐욕' 에서 유래 | **n** 탐욕<br>• the **cupidity** of the conquerors 정복자들의 탐욕 |

| 171 | **curator**<br>[kjuəréitər]<br>★★☆☆☆ | curator<curare (care 보살피다) →<br>'보살피는 사람' 에서 유래 | **n** (박물관, 도서관 등의) 관리자<br>• The museum is seeking an assistant **curator**.<br>그 박물관은 부 관장을 구하고 있다. |

| 172 | **curb**<br>[kəːrb]<br>★★★☆☆ | curb<ker (bend 구부리다) →<br>'좋지 않은 감정을 억제하다'<br>에서 유래 | **v** 억제하다 **n** 재갈, 고삐; 억제, 구속; 장외시장<br>• Put a **curb** on your temper. 네 성질을 좀 죽여. |

| 173 | **cursory**<br>[kə́ːrsəri]<br>★☆☆☆☆ | curs (run 달리다) →<br>'달리며 보듯 대충의' 에서 유래 | **a** 대충의<br>• a **cursory** reading of the letter 편지를 대충 읽음 |

| 174 | **curtail**<br>[kəːrtéil]<br>★★★☆☆ | tail (cut 자르다) →<br>'내용을 줄이고 비용을 삭감하다' 에서 유래 | **v** 줄이다<br>• **curtail** use of vital commodities 생필품의 사용을 줄이다 |

| 175 | **cutting-<br>edge**<br>[kʌ́tiŋ-édʒ]<br>★☆☆☆☆ | cutting (예리한) +<br>edge (날) →<br>'날이 예리하게 서있는' 에서 유래 | **a** 최선두의, 최첨단의<br>• an efficient system supported by **cutting-edge** technology<br>첨단 기술의 지원을 받고 있는 효율적인 시스템 |

| 176 | **cynical**<br>[sínikəl]<br>★☆☆☆☆ | cyn (dog 개) →<br>'견(犬)유학파와 같은' 에서 유래 | **a** 냉소적인<br>• a **cynical** man not believing in anything<br>어떤 것도 믿지 않는 냉소적인 사람 |

| 177 | **dally**<br>[dǽli]<br>★☆☆☆☆ | dally<dalier (amuse oneself 즐거워하다) →<br>'즐거워하며 시간을 낭비하다'에서 유래 | **v** 가지고 놀다 ; 꾸물거리다<br>• **dally** away the time 시간을 낭비하다 |

| 178 | **dampen**<br>[dǽmpən]<br>★★☆☆☆ | damp (습기 있는, 축축한) →<br>'습기 찬 것처럼 축축하게 만들다, 기를 꺾다' 에서 유래 | **v** 축축하게 하다; (남의) 기를 꺾다<br>• The sad news **dampened** our spirits.<br>슬픈 소식이 우리의 기를 꺾었다. |

| 179 | **dastard**<br>[dǽstərd]<br>★☆☆☆☆ | das (tired 지친) →<br>'지쳐 도망가는 비겁한 사람'<br>에서 유래 | **n** 비겁한[비열한] 사람<br>• This sneak attack is an act of a **dastard**.<br>이 기습 공격은 비열한 자의 소행이다. |

| 180 | **dauntless**<br>[dɔ́ːntlis]<br>★☆☆☆☆ | daunt<donter (fear 두려움) +<br>less (~없는) →<br>'두려워하지 않는' 에서 유래 | **a** 겁을 모르는, 불굴의<br>• the **dauntless** soldier 겁을 모르는 병사 |

# make(1)

- **make a difference** / 중요하다 count, matter
- **make a fuss** / 야단법석을 떨다
- **make a point** / 주장하다 suggest ; 습관으로 하다 make it a rule
- **make allowances for** / 참작하다, 고려하다 take account of, allow for, consider
- **make away with** / ~을 가지고 가버리다 make off with ; ~을 멸망시키다 ruin
- **make believe** / ~인 체하다 pretend, feign, put on
- **make (both) ends meet** / 빚지지 않고 살다, 수지를 맞추다 make the accounts balance
- **make do with** / 임시변통하다 manage with, extemporize
- **make for** / ~로 향하다 head for ; 공헌하다 contribute to
- **make good** / 이행하다 fulfill, carry out ; 벌충하다 make up, make amends ; 성공하다 succeed
- **make good use of** / ~을 잘 이용하다 utilize well
- **make great efforts** / 대단히 노력하다 strive hard
- **make it** / 해내다, 성공하다 accomplish, achieve ; (장소에) 닿다, 도착하다 get to, arrive
- **make it up** / 화해하다 be reconciled ; **보충하다** compensate
- **make light of** / ~을 경시하다 make little of, belittle
- **make no difference** / 중요하지 않다 be of no importance
- **make off** / 급히 떠나다, 도망치다 flee, run away
- **make oneself at home** / 마음을 편안히 하다 feel comfortable
- **make one's way** / 나아가다, 성공하다 progress, make something of oneself
- **make oneself understood** / 남에게 자기의 생각을 이해시키다 put across
- **make out** / 작성하다 write out ; 이해하다 understand ; ~인체하다 pretend
- **make a clean breast of** / 몽땅 털어놓다 confess
- **make a face** / 얼굴을 찌푸리다 grimace, pull faces
- **make a killing** / 떼돈을 벌다 make big money
- **make a scene** / 소란을 피우다, 야단법석을 떨다 make a fuss, raise a commotion
- **make good time** / 일 속도가 빠르다
- **make head or tail of** / (부정문) 이해하다 , 분간하다 understand, comprehend
- **make one's mouth water** / 군침 돌게 만들다
- **make one's presence felt** / 자신의 존재감을 보여주다

우선순위

# com-

Date :

| ★ ★ ★ ★ ☆ | 37. | compliment | □ □ □ |
| | 39. | comprehend | □ □ □ |

| ★ ★ ★ ☆ ☆ | 26. | commotion | □ □ □ |
| | 28. | compassion | □ □ □ |
| | 29. | compatible | □ □ □ |
| | 30. | compensate | □ □ □ |
| | 32. | complacent | □ □ □ |
| | 36. | complicate | □ □ □ |

| ★ ★ ☆ ☆ ☆ | 38. | component | □ □ □ |

| ★ ☆ ☆ ☆ ☆ | 25. | commonplace | □ □ □ |
| | 27. | compact | □ □ □ |
| | 31. | compile | □ □ □ |
| | 34. | complement | □ □ □ |
| | 42. | compunction | □ □ □ |

| ☆ ☆ ☆ ☆ ☆ | 33. | complaisant | □ □ □ |
| | 35. | complexion | □ □ □ |
| | 40. | compress | □ □ □ |
| | 41. | comprise | □ □ □ |

1
0

25 **commonplace**
[kámənpleis]
★☆☆☆☆

common 평범한 +
place 장소 →
'평범한 장소에서 찾을 수 있
는'에서 유래

**a** 흔한, 평범[진부]한
- a **commonplace** remark[story] 평범한 말[이야기]

**n** 평범한[일상적인] 말
- exchange a few **commonplaces** 몇 마디 일상적인 말들을 주고 받다

---

26 **commotion**
[kəmóuʃən]
★★★☆☆

com(together) +
mot(move) →
'함께 움직임'에서 유래

**n** 소요, 소동
- make much **commotion** 큰 소동을 피우다

---

27 **compact**
[kámpækt]
★☆☆☆☆

com(together) +
pact(fasten) →
'하나로 죄여 놓음'
에서 유래

**n** 계약, 협정
- **compact** between parties[countries]
  정당 간의 계약[국가 간의 협정]

---

28 **compassion**
[kəmpǽʃən]
★★★☆☆

com(together) +
pass(suffer) →
'(남의 고통을) 함께 겪음'
에서 유래

**n** 연민, 동정
- feel great **compassion** for the orphans
  고아들에 대하여 커다란 연민을 느끼다

---

29 **compatible**
[kəmpǽtəbl]
★★★☆☆

com(together) +
pat(feel) →
'함께 느낄 수 있는'
에서 유래

**a** 1 양립할 수 있는, 조화되는
2 《컴퓨터》 함께 사용할 수 있는, 호환되는
- **compatible** blood group 양립할 수 있는 혈액형군
- Is this software **compatible** with Apple Macintosh?
  이 소프트웨어는 애플 맥킨토시(컴퓨터)와 호환되나요?

---

30 **compensate**
[kámpənseit]
★★★☆☆

com(together) +
pens(pay) →
'갚아 주다'에서 유래

**v** 1 보상하다 2 보충[상쇄]하다
- **compensate** a person for loss 남에게 손해에 대하여 보상하다
- Skill sometimes **compensates** for lack of strength.
  기술은 종종 힘의 부족을 보충한다.

---

31 **compile**
[kəmpáil]
★☆☆☆☆

com(together) +
pil(press) →
'자료를 함께 쌓다'에서 유래

**vt** (자료를) 모으다, (책을) 편찬[편집]하다
- **compile** an encyclopedia 백과사전을 편찬하다

---

32 **complacent**
[kəmpléisnt]
★★★☆☆

com(intensive) +
plac(please) →
'완전히 즐거워하는'
에서 유래

**a** (특히 자기의 우월성에) 만족해하는, 자기 만족의
- the winner's **complacent** smile 승리자의 만족해하는 미소

## 33 complaisant
[kəmpléizənt]
☆☆☆☆☆

com(intensive) + pla<plac(please) → '남을 매우 기분 좋게 하는'에서 유래

**a** (성품이) 고분고분한, (태도가) 공손한
- the wife **complaisant** to her husband's will
  남편의 뜻에 고분고분한 아내

## 34 complement
[kámpləmənt]
★☆☆☆☆

com(intensive) + ple(fill) → '부족한 것을 채움'에서 유래

**n** 1 보충[보완]물 2 전량, 전인원 3 《문법》 보어
- Philosophy is a good **complement** of scientific studies.
  철학은 과학적 연구에 대한 훌륭한 보완 학문이다.
- The English department has its full **complement** of teachers.
  영어과는 필요한 선생님들의 모든 인원을 보유하고 있다.
- In "The man is good", "good" is a **complement**.
  "그 남자는 훌륭하다"에서," 훌륭한"은 보어이다.

**vt** 보충[보완]하다
- This wine **complements** the food perfectly.
  이 와인은 그 음식을 완벽하게 보완한다.

## 35 complexion
[kəmplékʃən]
☆☆☆☆☆

com(together) + plex<plect(twine) → '많은 표정들이 함께 뒤얽힘'에서 유래

**n** 1 안색, 용모 2 (사태의) 형세, 양상
- a healthy[pale] **complexion** 건강한 혈색[창백한 안색]
- a new **complexion** of the war 전쟁의 새로운 양상

## 36 complicate
[kámpləkeit]
★★★☆☆

com(together) + plic(fold) → '함께 안으로 접다'에서 유래

**vt** 1 복잡하게 하다 2 (특히 병을) 악화시키다
- Too many rules **complicate** a game.
  너무 많은 규칙들은 게임을 복잡하게 한다.
- a serious disease **complicated** by an additional bacterial infection 추가적인 박테리아 감염에 의해 악화된 심각한 병

## 37 compliment
[kámpləmənt]
★★★★☆

com(intensive) + ple(fill) → '(칭찬으로) 부족한 부분을 채워줌'에서 유래

**n** 1 칭찬, 찬사 2 <pl.> 인사말, 안부
- make[pay] a **compliment** 칭찬하다
- with the **compliments** of a friend 친구의 안부 인사와 함께

**vt** 1 [-ment] 칭찬하다, 찬사를 보내다 2 증정하다
- **compliment** the winner of the contest 그 경연 대회의 우승자에게 찬사를 보내다
- **compliment** a person with a book 남에게 책을 선사하다

## 38 component
[kəmpóunənt]
★★☆☆☆

com(together) + pon(put) → '함께 놓아 둔 것'에서 유래

**n** 성분, 구성요소
- the **components** of a record player 레코드 플레이어의 부품

## 39 comprehend
[kɑmprihénd]
★★★★☆

com(intensive) + prehen(seize) → '어떤 사물을 완전히 붙잡다'에서 유래

**vt** 1 **이해[파악]하다** 2 **포함[포괄]하다**

- do not **comprehend** the book's full meaning
  책의 완전한 의미를 이해하지 못하다
- His report of the accident **comprehended** all the facts.
  그 사고에 대한 그의 보고서는 모든 사실들을 포함했다.

---

## 40 compress
[kəmprés]
☆☆☆☆☆

com(together) + press 누르다 → '함께 누르다; 압축하다'에서 유래

**vt** 1 **압축하다** 2 (말 · 생각 따위를) **요약하다**

- **compress** an old car[gas] 낡은 차[가스]를 압축하다
- **compress** one's report into three pages 자신의 보고서를 세 페이지로 요약하다

**n** [kámpres] **압박 붕대**

- apply a cold **compress** to one's sprained ankle 삔 발에 차가운 압박 붕대를 대다

---

## 41 comprise
[kəmpráiz]
☆☆☆☆☆

com(together) + pri<prehend(seize) → '함께 붙잡다'에서 유래

**vt** 1 **포함[포괄]하다** 2 <주로 수동태> **~을 구성하다**

- The United States **comprises** 50 states. 미합중국은 50주를 포함한다.
- The committee is **comprised of** five members. 그 위원회는 다섯 명으로 구성된다.

---

## 42 compunction
[kəmpʌ́ŋkʃən]
★☆☆☆☆

com(intensive) + punc<pung(prick) → '마음이 막 찔림'에서 유래

**n** **양심의 가책**

- have a **compunction** about telling a lie
  거짓말한 것에 대해서 양심의 가책을 갖다

181 **dawdle**
[dɔ́:dl]
★☆☆☆☆

dawdle<daddle (walk unsteadily 비칠비칠 걷다) → '비칠비칠 걸으며 시간을 실없이 보내다'에서 유래

**v 빈둥빈둥 시간을 보내다**
- **dawdle** over a cup of coffee  커피를 마시며 꾸물거리다

---

182 **deadlock**
[dédlɑk]
★★★★★

dead (absolute 완전한) + lock (fastening 잠금) → '문이 완전히 잠겨있는 교착상태'에서 유래

**n 교착상태**
- reach a **deadlock** in the dispute over higher wages
  더 높은 임금에 대한 논쟁이 교착상태에 있다

---

183 **dearth**
[də:rθ]
★★★☆☆

dear (precious 소중한) → '부족하여 소중함'에서 유래

**n 부족**
- a **dearth** of food  식량 부족

---

184 **decimate**
[désəmeit]
★☆☆☆☆

decim<decem (ten 열) → '열명 중 한명을 죽여 사람들을 살상하다'에서 유래

**v 대량으로 죽이다, 격감시키다**
- War **decimated** the tribe.  전쟁은 그 부족의 많은 사람을 죽였다.

---

185 **decorous**
[dékərəs]
★☆☆☆☆

decorus (proper 적당한) → '행동이 적합하고 예의바른'에서 유래

**a 품위있는, 예의바른**
- keep a **decorous** bearing  예의바른 태도를 유지하다

---

186 **deft**
[deft]
★★☆☆☆

deft<gadaban(be fit 알맞다) → '주어진 일에 알맞게 기술이 능숙한'에서 유래

**a 능숙한**
- The fingers of a surgeon must be **deft**.
  외과 의사의 손가락은 능숙해야 한다.

---

187 **deleterious**
[delətíəriəs]
★★★☆☆

delet (injure 상처입히다) → '상처 입힐 만큼 유해한'에서 유래

**a 유해한**
- the **deleterious** effects of smoking  흡연의 유해한 영향

---

188 **delve**
[delv]
★★★☆☆

delve<delfan (dig 파다) → '어떤 주제에 대해 파고들어 탐구하다'에서 유래

**v 깊이 파고들다, 탐구하다**
- Don't **delve** into death too much.
  죽음에 대해 깊이 파고들지 마라.

---

189 **dermatologist**
[də:rmətá);ədʒist]
★★☆☆☆

dermato 피부의 +logist 학자 · '피부를 연구하고 치료하는 전문의'에서 유래

**n 피부과 전문의**
- During treatment, **dermatologist** applied a cream all over my face.
  치료를 받는 동안 피부과 전문의가 얼굴 전체에 크림을 발랐다.

---

190 **despotism**
[déspətìzm]
★☆☆☆☆

despot (master 주인) → '주인임을 내세워 독단으로 행하는 독재정치'에서 유래

**n 독재정치**
- rebel against the **despotism** of the king
  왕의 전제 정치에 반항하다

1 0

75

| 191 | **dexterous**<br>[dékstərəs]<br>★☆☆☆☆ | dexter (skillful 솜씨 좋은) | **a** 솜씨 있는; 민첩한<br>• be **dexterous** in playing a keyboard  키보드 연주에 능하다 |

| 192 | **dictum**<br>[díktəm]<br>★☆☆☆☆ | dict (say 말하다) →<br>'현인이 말한 격언'에서 유래 | **n** (권위 있는) 선언; 격언<br>• I wish to pass on an old **dictum**.  오래된 속담을 하나 말씀 드릴게요. |

| 193 | **dilettante**<br>[dilətá:nt]<br>★☆☆☆☆ | dilet (delight 기쁨) →<br>'기쁨을 갖고 즐기며 예술을<br>하는 아마추어'에서 유래 | **n** 아마추어 예술[평론]가<br>• pursue the arts as a **dilettante**  아마추어로서 예술을 추구하다 |

| 194 | **din**<br>[din]<br>★★☆☆☆ | din<dyne(소음) →<br>'울려 퍼지는 소음'에서 유래 | **n** 소음  **v** 소음으로 귀를 멍멍하게 하다<br>• The **din** of the cheering crowd was deafening.<br>응원하는 관중들의 소음은 귀청이 터질 것 같았다. |

| 195 | **dire**<br>[daiər]<br>★★★☆☆ | dire<dirus (fearful 무서운) | **a** 무시무시한, 극심한<br>• live in **dire** poverty  지독한 가난 속에서 살고 있다. |

| 196 | **dismal**<br>[dízməl]<br>★☆☆☆☆ | dis (day 날) + mal (evil 나쁜)<br>→ '나쁜 날로 느껴질 정도로<br>날씨가 음침한'에서 유래 | **a** 음침한<br>• **dismal** weather  음침한 날씨 |

| 197 | **ditch**<br>[ditʃ]<br>★★☆☆☆ | ditch<dic 도랑, 참호 →<br>'도랑을 만들다[파다]'<br>에서 유래 | **n** 도랑, 실개천  **v** 도랑을 파다<br>• **Ditches** are usually used to irrigate fields.<br>도랑은 대개 논에 관개하기 위해 사용한다. |

| 198 | **diurnal**<br>[daió:rnl]<br>★☆☆☆☆ | diurn (day 날) | **a** 매일[하루 동안]의<br>• **diurnal** tasks  하루 일과 |

| 199 | **docile**<br>[dásəl]<br>★★★★☆ | doc (teach 가르치다) →<br>'가르치기 쉬운'에서 유래 | **a** 지도하기 쉬운, 유순한<br>• an intelligent and **docile** pupil  총기 있고 지도하기 쉬운 학생 |

| 200 | **dogmatic**<br>[dɔ:gmætik]<br>★☆☆☆☆ | dogma (opinion 의견) →<br>'본인의 의견만을 내세우는<br>독단적인'에서 유래 | **a** 독단적인<br>• a **dogmatic** person  자기 주장을 양보하지 않는 사람 |

# make(2)

- **make room for** / 자리를 내주다 create space for, accommodate
- **make sense** / 사리에 맞다 be reasonable, be adequate
- **make sense of** / ~을 이해하다 understand
- **make the best[most] of** / ~을 최대한 이용하다; 가장 중시하다
- **make time** / 시간을 내다; 서두르다 make haste
- **make up** / 구성하다 constitute, compose; 화장하다; 꾸미다, 날조하다 invent; 화해하다 make it up; 보상하다
- **make up for** / 보상하다, 보충하다 compensate for, make amends for, atone for
- **make up one's mind** / 결심하다 decide, determine
- **make someone's hair stand on end** / ~를 소름끼치게 하다 strike with horror, terrify
- **make something of oneself** / 출세하다 get on in the world, 성공하다
- **make the rounds** / 순시하다; 소문이 퍼지다

# put

- **put a stock in** / ~을 신용하다
- **put across** / 잘 해내다, 성공시키다 stick it; 이해시키다 put over, get across
- **put away** / 저축하다 put by, put aside; 피하다, 내버리고 돌보지 않다 desert
- **put down** / 내려놓다; 기록하다 write[down]; 진압하다, 억제하다 repress
- **put ~ into action** / 실행에 옮기다 execute
- **put off** / 제거하다, 벗다 remove, get rid of; 연기하다 postpone
- **put on** / ~을 입다; ~인체하다 feign, let on
- **put one's nose into** / ~에 간섭하다 interfere in, meddle in
- **put out** / (불을) 끄다 extinguish; 내밀다, 내쫓다 push out; 출판하다 bring out
- **put someone through** / ~을 연결시키다 connect
- **put up with** / 참다 endure, tolerate
- **put on weight** / 살이 찌다 gain weight
- **put one's foot in it[one's mouth]** / (본의 아니게) 실언하다, 실수하다 make a blunder
- **put oneself in a person's shoes** / 누구의 입장이 되어 생각하다

# com-

Date :

| ★ ★ ★ ☆ ☆ | 43. | concede | □ □ □ |
| | 52. | condone | □ □ □ |
| | 60. | congenial | □ □ □ |

| ★ ★ ☆ ☆ ☆ | 56. | confiscate | □ □ □ |
| | 57. | conform | □ □ □ |
| | 59. | confront | □ □ □ |

| ★ ☆ ☆ ☆ ☆ | 44. | conciliate | □ □ □ |
| | 45. | concoct | □ □ □ |
| | 47. | concur | □ □ □ |
| | 48. | condemn | □ □ □ |
| | 49. | condense | □ □ □ |
| | 50. | condescend | □ □ □ |
| | 51. | condole | □ □ □ |
| | 53. | confederate | □ □ □ |
| | 54. | confer | □ □ □ |
| | 55. | confine | □ □ □ |
| | 58. | confound | □ □ □ |
| | 61. | congenital | □ □ □ |
| | 62. | congest | □ □ □ |
| | 63. | conglomerate | □ □ □ |

| ☆ ☆ ☆ ☆ ☆ | 46. | concourse | □ □ □ |

### 43 **concede**

[kənsíːd]
★★★☆☆

con<com(intensive) + ced(go) · '(자기 것이) 남에게 다 가다'에서 유래'

**vt** 1 (종종 마지 못해) **인정[양보]하다**

2 (권리 · 특권 등을) **주다, 부여하다**

- **concede** one's defeat 자신의 패배를 인정하다
- **concede** a privilege to foreign residents
  외국인 거주자들에게 특권을 주다

---

### 44 **conciliate**

[kənsílieit]
★☆☆☆☆

con<com(together) + cil<ca(call) → '좋은 감정을 불러일으키다'에서 유래

**vt** 1 **달래다, 진정시키다**

2 (대립 · 분쟁을) **조정하다**

- **conciliate** the crying baby with a candy
  사탕으로 우는 아기를 달래다
- **conciliate** disputes among laborers
  노동자들 사이의 분쟁을 조정하다

---

### 45 **concoct**

[kənkákt]
★☆☆☆☆

con<com(together) + coc<cog(cook) → '함께 섞어 요리하다'에서 유래

**vt** 1 (여러 재료를 섞어 음식을) **만들다**

2 (거짓말 · 음모 등을) **꾸미다**

- **concoct** a splendid meal from the leftovers
  남은 음식들로부터 근사한 식사를 만들어내다
- **concoct** a feasible excuse for being late
  늦은 것에 대해 그럴듯한 변명을 꾸며내다

---

### 46 **concourse**

[kánkɔːrs]
☆☆☆☆☆

con<com(together) + cour<cur(run) → '많은 사람들이 함께 달려 듦'에서 유래

**n** 1 (사람들의) **집합, 군중**

2 (사람들이 모이는) **광장**

3 **산책길, 가로수길, 대로**

- a vast **concourse** of people 사람들의 거대한 집합
- the airport **concourse** 공항 광장
- the **concourse** around the park 공원 주위의 산책길

---

### 47 **concur**

[kənkə́ːr]
★☆☆☆☆

con<com(together) + cur(run) → '함께 달리다'에서 유래

**vi** 1 (의견 따위가) **동의[일치]하다**

2 **동시에 일어나다**

- **concur** in giving him the prize 그에게 상을 주는 것에 동의하다
- Her holidays don't **concur** with mine. 그녀의 휴가일과 내 휴가일이 일치하지 않는다.

---

### 48 **condemn**

[kəndém]
★☆☆☆☆

con(intensive) + demn<damn(loss) → '손해 가는 말을 마구하다'에서 유래

**vt** 1 (강도 높게) **비난하다**

2 **~에게 유죄판결하다, (형을) 선고하다**

- **condemn** cruelty to animals
  동물들에 대한 잔인함을 강도 높게 비난하다
- be **condemned** to death 사형을 선고받다

### 49 **condense**
[kəndéns]
★☆☆☆

con<com(together) + dense 밀집한 → '밀집하게 하다'에서 유래

**v** 1 (사물 또는 문장을) **압축하다**

2 (기체 · 액체가 냉각에 의해 압축되어) **액화[고체화]되다**

- **condense** a long story into a few sentences
  긴 이야기를 몇 문장으로 압축하다
- If steam touches cold surfaces, it **condenses** into water.
  만일 수증기가 찬 표면에 접하게 되면, 물로 액화된다.

---

### 50 **condescend**
[kɑndəsénd]
★☆☆☆

con<com(completely) + descend 내려오다 → '내려와서 함께 하다'에서 유래

**vi** 1 (좋은 의미로) **자신을 낮추어 ~하다**

2 (생색내는 태도로) **친절을 베풀다, 선심쓰다**

- The king **condescended** to eat with the beggars.
  그 왕은 자신을 낮추어 걸인들과 함께 식사했다.
- **condescend** to help the needy 생색내는 태도로 가난한 사람들을 도와주다.

---

### 51 **condole**
[kəndóul]
★☆☆☆

con<com(together) + dol(grieve) → '(유족과) 함께 슬퍼하다'에서 유래

**vi** (특히 죽음에 대해) **애도하다, 조의를 표하다**

- **condole** with him on his wife's death 부인의 죽음에 대해 그에게 애도를 표하다

---

### 52 **condone**
[kəndóun]
★★★☆

con<com(intensive) + don(give)→ '(용서를) **주다**'에서 유래

**vt** **용서하다**

- **condone** a friend's fault 친구의 잘못을 용서하다

1
1

---

### 53 **confederate**
[kənfédərət]
★☆☆☆

con<com(together) + fed(trust) → '서로 믿고 있는 나라[사람]'에서 유래

**n** 1 **동맹국, 동지** 2 (범죄의) **공모자**

- **confederates** in search for peace 평화를 추구하는 동맹국들
- The thief was arrested, but his **confederate** escaped.
  그 도둑은 체포되었지만, 그의 공범은 달아났다.

**a** **동맹[연합]한**

- many **confederate** states in Europe 유럽 내의 많은 동맹국들

**v** **동맹[연합]하다**

- The small country **confederated** itself with the stronger power. 그 작은 나라는 더 힘센 강대국과 동맹을 맺었다.

---

### 54 **confer**
[kənfɔ́ːr]
★☆☆☆

con<com(together) + fer(bring) → '어떤 것을 날라다 주다'에서 유래

**vt** **주다, 수여하다**

- **confer** a medal on the winner 우승자에게 메달을 수여하다

**vi** **상담[협의]하다**

- **confer** with one's advisers about a matter
  어떤 문제에 관해 고문들과 협의하다

## 55 **confine**

[kənfáin]

★☆☆☆☆

con<com(completely) + fin(limit) →
'완전히 한계를 정하다'
에서 유래

**vt** 1 한정[제한]하다

2 ~을 가두다, 감금하다

- **confine** oneself to two meals a day
  자신의 식사를 하루에 두 끼로 제한하다
- **confine** a criminal in jail  범인을 교도소에 감금하다

**n** [kɔ́nfain] <보통 pl.> 경계, 한계

- beyond the **confines** of human knowledge
  인간 지식의 한계를 뛰어넘은

---

## 56 **confiscate**

[kánfəskeit]

★★☆☆☆

con<com(together)) + fisc<fiscus(treasury) →
'국고로 함께 집어 넣다'에서
유래

**vt** 몰수[압수]하다

- **confiscate** the property of the deposed leaders  해임된 지
  도자들의 재산을 몰수하다

---

## 57 **conform**

[kənfɔ́:rm]

★★☆☆☆

con<com(together) + form 형성하다 ·
'함께[동일하게] 형성하다'
에서 유래

**v** 1 (법률 · 규칙에) 따르(게 하)다

2 (모양 · 성질이) 같아지(게 하)다

- **conform** to[with] the rules[customs]  규칙[관습]을 따르다
- **conform** in shape to another part  모양이 다른 부분과 같아지다

---

## 58 **confound**

[kanfáund]

★☆☆☆☆

con<com(together) + found(pour) →
'여러 가지를 함께 쏟아붓다'
에서 유래

**vt** 1 혼동하다

2 당황[난처]하게 하다

- **confound** liberty with license  자유를 방종과 혼동하다
- be **confounded** by the election results  선거 결과에 당황하다

---

## 59 **confront**

[kənfrʌ́nt]

★★☆☆☆

con<com(together) + front 정면 →
'둘이 함께 서로의 정면을 마
주보다'에서 유래

**vt** 1 <주로 수동태> (어려움 따위에) 맞서다, 대항하다

2 (증거 따위를) 들이대다, (두 명을) 대질시키다

- be **confronted** with a difficulty  어려움에 직면하다
- **confront** the criminal with the evidence  범인에게 증거를 제
  시하다

---

## 60 **congenial**

[kəndʒí:njəl]

★★★☆☆

con<com(completely) + gen(spirit) →
'서로 성질 · 기질이 같은'
에서 유래

**a** 1 같은 성질의, 마음이 맞는

2 (건강 · 취미 따위에) 적합한, 쾌적한

- **Congenial** companions make the work pleasant.
  마음이 맞는 동료들은 일을 즐겁게 만든다.
- a work **congenial** to one's taste  자신의 취미에 적합한 일

---

## 61 **congenital**

[kəndʒénətl]

★☆☆☆☆

con<com(together) + gen(birth) →
'함께 태어난'에서 유래

**a** (병 · 결함 따위가) 선천적인, 타고난

- a **congenital** defect[liar]  선천적인 결함[타고난 거짓말쟁이]

## 62 **congest**

[kəndʒést]

★☆☆☆☆

con<com(together) + gest(carry) → '여러 가지를 함께 날라다 놓다'에서 유래

**vt** 1 <수동태> **혼잡하게[붐비게] 하다**

2 «병리» **충혈시키다**

- Department stores are always **congested** before Christmas.
  백화점은 크리스마스 전에 항상 혼잡하다.
- His eyes were **congested** by fatigue.  그의 눈은 피로로 인해 충혈되었다.

---

## 63 **conglomerate**

[kənglámərit]

★☆☆☆☆

con<com(together) + glomerate 공 모양을 이룬 → '함께 공 모양을 이룸' 에서 유래

**n** 1 (둥글게 덩어리진) **집성체, 집단**

2 (거대한) **복합 기업**

- a confused **conglomerate** of ideas  생각의 혼란스런 집성체
- a multinational **conglomerate**  다국적 거대 복합 기업

**a** 둥글게 뭉쳐진, 덩어리진

- a **conglomerate** snowball  둥글게 뭉쳐진 눈덩이

**v** [-reit] 둥글게 뭉치다[뭉쳐지다]

- Many people **conglomerated** around the popular actress.
  많은 사람들이 그 인기있는 여배우 주위로 몰려 들었다.

1
1

201 **dolorous**
[dáləres]
★☆☆☆☆

dol (sorrow 슬픔)

**a** 비통한, 슬픈
• the **dolorous** lamentations of the bereaved family
  유족들의 슬픈 통곡

---

202 **dormant**
[dɔ́:rmənt]
★★★☆☆

dorm (sleep 잠)

**a** 잠자는
• **dormant** volcano 휴화산

---

203 **dour**
[dauə:r]
★☆☆☆☆

dour (hard 딱딱한) →
'표정이 딱딱하며 시무룩한'
에서 유래

**a** 시무룩한
• The man was **dour** and taciturn. 그는 시무룩했으며 말도 없었다.

---

204 **dowdy**
[dáudi]
★☆☆☆☆

uncertain origin

**a** 초라한, 촌스러운
**n** 누추한 여자
• a row of **dowdy** buildings 한 줄로 늘어선 초라한 건물들

---

205 **down-to-earth**
[dáun-tu-ɔ́:rθ]
★★☆☆☆

down to earth 바닥 →
'천상이 아닌 지상과 관련 되
어 있는 현실적인' 에서 유래

**a** 현실적인, 실제적인
• Her **down-to-earth** side grabbed public attention.
  그녀의 현실적인 면은 대중의 관심을 끌었다.

---

206 **drastic**
[drǽstik]
★★☆☆☆

drast (do 행하다) →
'과감하게 행하는' 에서 유래

**a** 과감한, 격렬한
• Studying all day long will have **drastic** effects on one's sense of humor.
  하루 종일 공부하는 것은 사람의 유머 감각에 지대한 영향을 끼칠 것이다.

---

207 **drawback**
[drɔ́:bæk]
★☆☆☆☆

draw 끌다 + back 뒤 →
'성공하지 못하도록 뒤로 끄
는 결점' 에서 유래

**n** 결점
• The only **drawback** to this project is the cost.
  이 계획의 유일한 결점은 비용이다.

---

208 **drudgery**
[drʌ́dʒəri]
★★★☆☆

drudg (work 일) → '하기 힘
든 일' 에서 유래

**n** (단조롭고 기계적인) 힘든 일
• rescue one from a life of **drudgery** 힘든 일에서 벗어나게 하다

---

209 **dub**
[dʌb]
★★☆☆☆

dub<aduber (equip with
arms 무장시키다) →
'무기를 주어 기사로 부르다'
에서 유래

**v** ~라고 부르다
• Because of his light hair, he has been **dubbed** Whitey.
  그의 밝은 머리 색 때문에, 그는 "백인놈"이라 불리었다.

---

210 **dubious**
[djú:biəs]
★★★★☆

dub (doubt 의심)

**a** 의심하는
• be **dubious** of one's honesty 정직성을 의심하다

---

211 **ductile**
[dʌ́ktəl]
★★☆☆☆

duct (lead 이끌다) → '잘 이끌 수 있는' 에서 유래

**a** (금속이) 유연한; (성격이) 유순한
- The metal is **ductile** when heated.
  이 금속은 열이 가해지면 유연해진다.

212 **earmark**
[íərmɑːrk]
★★★☆☆

ear 귀 + mark 표시] → '주인의 표시로 짐승의 귀에 표시해 놓음' 에서 유래

**n** 귀표
**v** 귀표를 하다; (자금 등을) 배당하다
- Careful speech is an **earmark** of the educated man.
  언사를 조심하는 것은 교육받은 사람의 귀표이다.

213 **earthy**
[ə́ːrθi]
☆☆☆☆☆

earth (base 낮은) → '품격이 낮아 보이게 상스러운' 에서 유래

**a** 상스러운; 흙의
- an **earthy** sense of humor  상스러운 유머 감각

214 **eavesdrop**
[íːvzdrɑp]
★☆☆☆☆

eaves 처마 + drop 떨어지다 → '빗방울 떨어지는 처마 밑에서 엿듣다' 에서 유래

**v** 엿듣다
- **eavesdrop** on a conversation  대화를 엿듣다

215 **ecology**
[ikɑ́lədʒi]
★☆☆☆☆

eco<oko (house 집) + logy (study 연구) → '인간의 집이라고 할 수 있는 환경' 에서 유래

**n** 생태계; 생태학
- damage the fragile **ecology**  연약한 생태계를 훼손하다.

216 **edify**
[édəfài]
★☆☆☆☆

edi (build 건설하다) → '타인에게 새로운 마음을 세우다' 에서 유래

**vt** 교화하다
- the sermon to **edify** the congregation
  신도들을 교화하기 위한 설교

217 **eerie**
[íəri]
★★☆☆☆

eri (wicked 사악한) → '너무 사악해서 섬뜩한' 에서 유래

**a** 섬뜩한
- the **eerie** sound of an owl hootinge
  부엉부엉 하는 올빼미의 섬뜩한 울음소리

218 **elasticity**
[ilæstísəti]
★★☆☆☆

elastic (drive 움직이다) → '잘 움직일 수 있는 신축성' 에서 유래

**n** 탄력; 신축성
- Rubber has great **elasticity**.  고무는 우수한탄성을지닌다.

219 **elegiac**
[èlidʒáiək]
★★☆☆☆

elegy<elegos (poem or song of lament 슬픈 시 또는 노래)

**a** 애가(풍)의
- **elegiac** verse  애가

220 **emulate**
[émjulèit]
★☆☆☆☆

emul (equal 똑같은) → '똑같이 하려 경쟁하다' 에서 유래

**v** 경쟁하다; 모방하다
- want to **emulate** Korea's reform program
  한국의 개혁 프로그램을 본뜨고 싶어하다

1
1

중요빈출숙어

# run

- **run a risk of** / ~의 위험을 무릅쓰다  take risks of
- **run across** / 우연히 만나다  come across, bump into
- **run away** / 달아나다, 도망치다  escape, take to flight
- **run down** / 떨어지다, 쇠하다  decline, fail; 넘어뜨리다  knock down; 비난하다  criticize severely
- **run for** / ~에 출마하다  stand for
- **run into** / 충돌하다  run against, bump into; 우연히 만나다  encounter
- **run out of** / ~이 바닥나다, 떨어지다  be drained, be used up
- **run over** / 빨리 훑어보다  skim; browse; (차가 사람을) 치다  knock down, run down
- **run short** / 모자라다, 불충분하다  be insufficient
- **run up against** / ~에 부딪히다, 직면하다  experience
- **run in the family** / 어떤 특성이 가족들에게서 나타나다, 유전되다
- **run-of-the-mill** / 보통의, 평범한  ordinary, run-of-the-mine, average, mediocre

# set

- **set about** / 시작하다  begin, set out
- **set back** / 방해하다  hinder; 비용이 들게 하다  cost
- **set forth** / 설명하다  present, explain
- **set free** / 석방하다  release, liberate
- **set off** / 출발하다, 시작하다  start, make begin; ~을 촉발[유발]하다  spark off, trigger
- **set apart** / 고립시키다  isolate, insulate, cut off
- **set out** / 시작하다, 떠나다  set off, leave; 설명하다, 기술하다
- **set store by** / ~을 중요시하다  make much of, think highly of
- **set to work** / 일을 시작하다
- **set up** / 설립하다  found, erect, establish; 시작[출발]하다; (약속을) 정하다  arrange
- **set up for** / ~을 준비하다  prepare for
- **set at naught** / 무시하다, 경멸하다  ignore, neglect
- **set the seal on** / ~을 마무리하다  bring to an end in a suitable way; formally end

86

우선순위

# com-

Date :

| ★★★☆☆ | 65. | conjecture | □ □ □ |
| | 70. | consecutive | □ □ □ |
| | 72. | conserve | □ □ □ |
| | 74. | console | □ □ □ |
| | 82. | contagious | □ □ □ |

| ★★☆☆☆ | 64. | congregate | □ □ □ |
| | 66. | conjure | □ □ □ |
| | 71. | consensus | □ □ □ |

| ★☆☆☆☆ | 68. | conscript | □ □ □ |
| | 69. | consecrate | □ □ □ |
| | 73. | consign | □ □ □ |
| | 75. | consolidate | □ □ □ |
| | 77. | conspire | □ □ □ |
| | 79. | constrict | □ □ □ |
| | 80. | construe | □ □ □ |
| | 81. | consummate | □ □ □ |
| | 83. | contaminate | □ □ □ |
| | 84. | contemn | □ □ □ |

| ☆☆☆☆☆ | 67. | connubial | □ □ □ |
| | 76. | consort | □ □ □ |
| | 78. | constellation | □ □ □ |

1
2

## 64 **congregate**
[káŋgrigèit]
★★☆☆☆

con<com(together) +
greg(flock) →
'함께 몰려들다'에서 유래

**v** (사람들이) 모이다, 집합시키다
- **congregate** around the campfire  캠프파이어 주위로 모이다

---

## 65 **conjecture**
[kəndʒéktʃər]
★★★☆☆

con<com(together) +
ject(throw) →
'여러 사실들을 던져 하나로 모
으다'에서 유래

**vt** 추측하다
- **conjecture** what will happen next
  다음에 무슨 일이 일어날 지를 추측해보다

**n** 추측, 짐작
- What he said was pure **conjecture**.
  그가 말한 것은 순전한 추측이었다

---

## 66 **conjure**
[kándʒər]
★★☆☆☆

con<com(together) +
jur(swear) →
'맹세와 함께 불러내다'
에서 유래

**vt** 1 마술[요술]로 ~하다
2 (마음 속에) 떠오르게 하다, 불러 일으키다
- **conjure** a rabbit out of one's hat
  마술로 자신의 모자에서 토끼가 나오게 하다
- The place **conjures** up vivid memories.
  이 곳은 생생한 기억들을 불러 일으킨다.

---

## 67 **connubial**
[kənjúːbiəl]
☆☆☆☆☆

con<com(together) +
nub(marry) →
'함께 결혼해서 사는'
에서 유래

**a** 결혼[부부]의
- living in a state of **connubial** bliss
  결혼의 행복 속에서 살아가는

---

## 68 **conscript**
[kənskrípt]
★☆☆☆☆

con<com(intensive) +
script(write) →
'(병적에) 이름을 쓰다'
에서 유래

**vt** 1 (군대에) 징집[징병]하다
2 (사유 · 재산 등을) 징발하다
- be **conscripted** for military service  병역 복무를 위해 징집되다
- **conscript** one's land for public purpose
  공공 목적을 위해 아무의 땅을 징발하다

**n** [kánskript] 징집병, 신병
- a squad of raw **conscripts**  훈련되지 않은 신병 분대

---

## 69 **consecrate**
[kánsəkrèit]
★☆☆☆☆

con<com(together) +
secra(sacred) →
'성스러운 것과 함께 있다'
에서 유래

**vi** 1 신성하게 하다, 봉헌(奉獻)하다
2 (어떤 목적에) 바치다
- **consecrate** a new church  새 교회를 (하나님께) 봉헌하다
- **consecrate** one's life to helping the poor
  자신의 일생을 가난한 사람들 돕는 일에 바치다

---

70 **consecutive**
[kənsékjutiv]
★ ★ ★ ☆ ☆

con<com(intensive) +
secu<sequ(follow) →
'자꾸 자꾸 뒤따르는'에서 유래

**a** 1 연속[계속]적인 2 (논리가) 일관된

- It's been raining for five **consecutive** days.
  연속 5일 동안 비가 내리고 있다.

- a **consecutive** account of the accident 그 사고에 대한 일관된 기사

---

71 **consensus**
[kənsénsəs]
★ ★ ☆ ☆ ☆

con<com(together) +
sens<sent(feel) →
'여러 사람들이 함께 느낌'
에서 유래

**n** 1 (의견 등의) 일치
2 (대다수에 의해) 일치된 의견, 여론

- reach a **consensus** on an issue
  한 문제에 대해 의견 일치에 도달하다

- accept the **consensus** 여론을 수용하다

---

72 **conserve**
[kənsə́:rv]
★ ★ ★ ☆ ☆

con<com(intensive) +
serv(keep) →
'(손상되지 않도록) 잘 지키
다'에서 유래

**vt** 보존[보호]하다

- **conserve** forests for future generations
  미래의 후손들을 위해 숲을 보존하다

**n** <종종 pl.> (과일의) 설탕 절임, 잼

- strawberry[orange] **conserves** 딸기[오렌지] 설탕 절임[잼]

---

73 **consign**
[kənsáin]
★ ☆ ☆ ☆ ☆

con<com(together) +
sign 표시 →
'물건에 표시를 해서 함께 주
다'에서 유래

**vt** 1 맡기다, 넘겨주다
2 (상품을) 보내다, (판매를) 위탁하다

- The thief was **consigned** to prison.
  그 도둑은 감옥으로 넘겨졌다.

- **consign** the goods to a person by express
  남에게 상품을 속달로 보내다

---

74 **console**
[kənsóul]
★ ★ ★ ☆ ☆

con<com(intensive) +
sol(comfort) →
'편안하게 해주다'
에서 유래

**vt** (슬픔 · 고통 따위를) 달래다, 위로하다

- **console** her daughter by promising to buy her a doll
  인형을 사주겠다고 약속함으로써 자신의 딸을 달래다

---

75 **consolidate**
[kənsálədeit]
★ ☆ ☆ ☆ ☆

con<com(intensive) +
solid 굳은 →
'서로 합쳐 굳게 하다'
에서 유래

**v** 1 (회사 · 학교 등을) 합병[통합]하다
2 강화하다[되다]

- **consolidate** several local branches into one
  몇 개의 지방 지점들을 하나로 통합하다

- **consolidate** one's position[influence]
  자신의 지위[영향력]를 강화하다

### 76 **consort**
[kənsɔ́:rt]
☆ ☆ ☆ ☆ ☆

con<com(together) +
sort 부류 →
'같은 부류끼리 함께 모이다'
에서 유래

**vi** (특히 나쁜 사람들과) **사귀다, 어울리다**
- **consort** with criminals 범죄자들과 어울리다

**n** [kánsɔ:rt] (특히 통치자의) **배우자**
- prince[king] **consort** 여왕의 남편
- queen **consort** 왕비

---

### 77 **conspire**
[kənspáiər]
★ ☆ ☆ ☆ ☆

con<com(together) +
spire(breathe) →
'함께 숨쉬다'
에서 유래

**vi** **음모를 꾸미다, 공모하다**
- **conspire** to rob a bank 은행을 털기 위한 음모를 꾸미다

---

### 78 **constellation**
[kɑnstəléiʃən]
☆ ☆ ☆ ☆ ☆

con<com(together) +
stella(star) →
'함께 모여 있는 별들'
에서 유래

**n** 1 **별자리, 성좌**
2 (스타 · 유명인들의) **모임, 일단**
- a **constellation** in the northern hemisphere 북반구의 별자리
- a **constellation** of famous television performers 유명한 TV 연예인들의 모임

---

### 79 **constrict**
[kənstríkt]
★ ☆ ☆ ☆ ☆

con<com(together) +
strict(bind) →
'여러 개를 함께 묶다'
에서 유래

**vt** **조이다, 압축하다**
- The tight collar **constricted** his neck.
  그 팽팽한 칼라가 그의 목을 조였다.

---

### 80 **construe**
[kənstrú:]
★ ☆ ☆ ☆ ☆

con<com(up) +
strue<struct(build) →
'말[글] 위에 뜻을 세우다'
에서 유래

**vt** (말 · 행동 등을) **해석하다**
- **construe** somebody's silence as agreement 침묵을 동의하는 것으로 해석하다

---

### 81 **consummate**
[kánsəmeit]
★ ☆ ☆ ☆ ☆

con<com(intensive) +
summa(highest) →
'최고 정점에 도달하다'에서 유래

**vt** (말 · 행동 등을) **완성[성취]하다**
- **consummate** one's ambition 자신의 야망을 성취하다

**a** [kənsÁmit] **완벽한, 완전한**
- **consummate** happiness[skill] 더없는 행복[완벽한 기술]

---

### 82 **contagious**
[kəntéidʒəs]
★ ★ ★ ☆ ☆

con<com(with) +
tag(touch) →
'(병이) 서로 접촉해서 옮는'
에서 유래

**a** (접촉에 의한) **전염성의**
- Colds are **contagious**. 감기는 감염된다.

83 **contaminate**
[kəntǽmənèit]
★☆☆☆☆

con<com(together) +
tam<tag(touch) → ·
'만져서 더럽히다'
에서 유래

**vt** 더럽히다, 오염시키다

- Drinking water is **contaminated** when sewage seeps into the water supply.
  하수가 상수도로 스며들면 식수는 오염된다.

84 **contemn**
[kəntém]
★☆☆☆☆

con(intensive) +
temn(despise) → ·
'매우 경시하다'
에서 유래

**vt** ~을 경멸하다

- He **contemned** the actions of the dictator.
  그는 그 독재자의 행위를 경멸했다.

221 **enigma**
[ənígmə]
★★★☆☆

eni (story 이야기) →
'이야기가 복잡한 수수께끼'
에서 유래

**n** 수수께끼(같은 사람)
- We regard him as something of an **enigma**.
  우리는 그를 수수께끼 같은 사람으로 여긴다

---

222 **ennui**
[a:nwí:]
★★☆☆☆

ennu (hate 싫어하다) →
'좋았던 마음이 시들해져 싫
어하게 되는 권태'에서 유래

**n** <F.> 권태
- a feeling of **ennui** to make a person moodyc
  사람을 침울하게 만드는 권태감

---

223 **equanimity**
[i:kwəníməti]
★★★☆☆

equa (equal 같은) →
'마음의 기울어짐 없이 평온
함'에서 유래

**n** (마음의) 평정
- bear misfortune with **equanimity** 침착하게 불행을 견디다

---

224 **equity**
[ékwəti]
★☆☆☆☆

equi 공평한

**n** <pl.> 공정, 공평 ; (재산의) 순가치, 자기 자본
- the debt to **equity** ratio (자기 자본 대비) 부채비율

---

225 **equivocal**
[ikwívəkəl]
★★★☆☆

equ (equal 같은) + voc (speak
말하다) → '같은 말을 하여 애
매한'에서 유래

**a** 애매한
- use an **equivocal** expression 애매한 표현을 사용하다

---

226 **eschew**
[istʃú:]
★★★☆☆

eschew (shun 피하다)

**vt** 피하다
- try to **eschew** all display of temper
  모든 감정 표시를 피하려고 노력하다

---

227 **ethnic**
[éθnik]
★☆☆☆☆

ethn (nation 국가) →
'한 국가를 이루는 민족의'에서
유래

**a** 민족의 **n** 소수 민족
- an **ethnic** religion 민족 종교

---

228 **ethos**
[í:θas]
★★☆☆☆

ethos (특질) →
'(사회, 집단이 가지는) 특질,
기질'에서 유래'

**n** (사회, 제도 등의) 기풍, 민족정신 ; (개인의) 기질, 성품 ;
도덕적 특질, 윤리적 기품
- the **ethos** of democracy 민주주의의 정신

---

229 **etymologist**
[etəmálədʒist]
★☆☆☆☆

etymo (true sense 본 뜻) +
log (word 단어) → '단어의 본
래의 뜻을 연구하는 사람'에
서 유래

**n** 어원학자, 어원연구가
- He is a British **etymologist** and writer.
  그는 영국의 어원 학자이자 작가이다.

---

230 **fabricate**
[fǽbrəkèit]
★★☆☆☆

fabric (make 만들다)
→ '이야기 등을 거짓으로 만
들다'에서 유래

**vt** (누군가를 속이기 위해) 만들어 내다
- **fabricate** a clever tale 교묘한 이야기를 만들어 내다

**231 facetious**
[fəsíːʃəs]
★☆☆☆☆

facetie (joke 농담)→ '매사에 농담을 하듯 익살맞은'에서 유래

**a** 익살맞은
- make **facetious** remarks at the serious moment
  심각한 순간에 익살맞은 이야기를 하다

---

**232 facilitate**
[fəsílətèit]
★☆☆☆☆

facilis (easy to do 하기 쉬운) → '일을 쉽게 하다'에서 유래

**vt** (일을) 용이하게 하다
- Computer can **facilitate** language learning.
  컴퓨터는 언어 학습을 용이하게 할 수 있다

---

**233 faction**
[fǽkʃən]
☆☆☆☆☆

factio (making 만들기) → '분쟁을 만드는 파벌'에서 유래

**n** 파벌
- the two small **factions** within the club
  그 클럽 내의 두 개의 작은 파벌

---

**234 factitious**
[fæktíʃəs]
☆☆☆☆☆

factio (making 만들기) → '만들어 자연스럽지 않고 인위적인'에서 유래

**a** 인위적인
- **factitious** laughter 인위적인 웃음

---

**235 fallacious**
[fəléiʃəs]
★☆☆☆☆

fal (fail 실패하다) → '실패할 수 밖에 없이 그릇된'에서 유래

**a** 그릇된
- a **fallacious** reasoning 그릇된 추리

---

**236 fallout**
[fɔ́ːlàut]
★☆☆☆☆

fall 떨어지다 + out 밖 → '방사성 물질이 밖에 떨어짐'에서 유래

**n** 낙진; 영향
- **Fallout** shelters were common in the 1950s.
  방사성 낙진 지하 대피소는 1950년대에는 흔했다.

---

**237 fanaticism**
[fənǽtisìzm]
☆☆☆☆☆

fan (enthusiastic 열심인) → '즐거워하며 시간을 낭비하다'에서 유래

**n** 열심히 기뻐하며 열광함
- control the **fanaticism** of one's followers
  추종자들의 열광을 통제하다

---

**238 fancy**
[fǽnsi]
★☆☆☆☆

fanc<fantas (appear 나타나다) → '생각 속에 나타나다'에서 유래

**vt** 상상하다; 좋아하다
- **fancy** a blue sky 푸른 하늘을 상상하다

---

**239 far-fetched**
[fáːr-fétʃt]
★★☆☆☆

far 멀리서 + fetch 가져오다 → '(본론에서 벗어나) 멀리서 주장을 가지고 온'에서 유래

**a** 억지로 갖다 댄, 터무니없는
- His excuse was too **far-fetched** for anyone to believe.
  그의 변명은 너무도 터무니없어 아무도 믿을 수 없었다.

---

**240 fastidious**
[fæstídiəs]
★★★☆☆

fastid (disdain 경멸하다) → '맘에 들지 않는 것을 못마땅해하는'에서 유래

**a** 까다로운
- be **fastidious** in dress 옷에 까다롭다

# stand

- **stand (someone) up** / 데이트에서 바람맞히다
- **stand a chance of** / ~할 가망이 있다 be likely to
- **stand by** / 대기하다 wait ; 지지하다 support, stand for ; 방관하다 look on
- **stand for** / 상징하다, 나타내다 represent ; 입후보하다 run for ; 지지하다 support, stand by
- **stand in** / 가담하다 take part in ; 대역을 맡아보다 double, act for
- **stand out** / 눈에 띄다, 두드러지다 be prominent, distinguish oneself
- **stand to reason** / 이치에 맞다 be logical, make sense
- **stand up for** / 지지하다 support
- **stand up to** / 맞서다, 대항하다 resist

# take(1)

- **take A for B** / A를 B로 착각하다 confuse A with B, mistake A for B
- **take ~ to task** / ~을 꾸짖다, 책망하다 scold
- **take advantage of** / 이용하다 capitalize on, exploit, use, utilize ; 속이다 deceive
- **take care of** / ~을 돌보다 care for, look after, give attention to
- **take down** / 적어두다, 받아 적다 record, write down ; 넘어뜨리다, 무너뜨리다
- **take exception to** / ~에 화내다 be offended by ; ~에 이의를 제기하다 object to
- **take in** / 소화하다 assimilate ; 이해하다 comprehend ; 속이다 deceive, delude
- **take in one's stride** / ~어려운 일을 무난히 해결하다 deal calmly with
- **take into account[consideration]** / 고려하다, 계산에 넣다 consider, allow for, take account of
- **take ~ for granted** / ~을 당연히 여기다
- **take it** / 믿다, 받아들이다 believe
- **take ~ lying down** / (모욕 등을) 감수하다
- **take off** / 옷 등을 벗다 undress, put off ; 제거하다 remove, get rid of ; 이륙하다 depart, hop off ; 성공적으로 출발하다 succeed
- **take a rain-check** / (약속, 초대를) 뒤로 미루다 delay invitation, etc.
- **take forty winks** / 잠깐 졸다 take a nap
- **take issue with** / ~와 논쟁하다 argue, debate

우선순위

# com-

Date :

| | | | |
|---|---|---|---|
| ★★★☆☆ | 93. | convert | ☐ ☐ ☐ |
| | 99. | copious | ☐ ☐ ☐ |
| ★☆☆☆☆ | 85. | context | ☐ ☐ ☐ |
| | 86. | contiguous | ☐ ☐ ☐ |
| | 87. | contingent | ☐ ☐ ☐ |
| | 89. | contour | ☐ ☐ ☐ |
| | 90. | contrite | ☐ ☐ ☐ |
| | 92. | converse | ☐ ☐ ☐ |
| | 94. | convict | ☐ ☐ ☐ |
| | 95. | convivial | ☐ ☐ ☐ |
| | 96. | convoke | ☐ ☐ ☐ |
| | 98. | coordinate | ☐ ☐ ☐ |
| | 100. | correlate | ☐ ☐ ☐ |
| | 101. | corroborate | ☐ ☐ ☐ |
| ☆☆☆☆☆ | 88. | contort | ☐ ☐ ☐ |
| | 91. | convene | ☐ ☐ ☐ |
| | 97. | convoy | ☐ ☐ ☐ |

### 85 **context**
[kántekst]
★ ☆ ☆ ☆ ☆

con<com(together) + text 본문 → '본문에 함께 짜여진 글의 맥락'에서 유래

**n** 1 (글의) 전후 관계, 문맥
2 정황, 배경

- infer the meaning of a word from its **context**
  문맥으로부터 어떤 단어의 의미를 추론하다
- The paper should be considered within its social **context**.
  그 논문은 그것의 사회적 정황 속에서 고려되어야 한다.

---

### 86 **contiguous**
[kəntígjuəs]
★ ☆ ☆ ☆ ☆

con<com(together) + tig<tag(touch) → '서로 접촉해 있는'에서 유래

**a** 1 맞닿아 있는, 인접한
2 (사건 등이) 끊이지 않는, 연속된

- America and Canada are **contiguous**.
  미국과 캐나다는 맞닿아 있다.
- **contiguous** murder cases  끊이지 않는 살인 사건들

---

### 87 **contingent**
[kəntíndʒənt]
★ ☆ ☆ ☆ ☆

con<com(together) + ting<tag(touch) → '(다른 일에) 붙어 의존하는'에서 유래

**a** 1 ~을 조건으로 하는, ~에 달려있는
2 우연한

- The company's future is **contingent** on the outcome of the trial. 그 회사의 미래는 그 재판 결과에 달려있다.
- a **contingent** death by drowning  익사에 의한 우연사

**n** 1 (군인 · 전함 등의) 파견대
2 우연한[우발] 사건

- a large **contingent** of foreign soldiers
  대규모의 외국 군인들의 파견대
- He was prepared for every **contingent**.
  그는 앞으로 일어날지 모르는 모든 우발 사건에 대비하고 있었다.

---

### 88 **contort**
[kəntɔ́ːrt]
☆ ☆ ☆ ☆ ☆

con<com(intensive) + tor(twist) → '마구 비틀다'에서 유래

**vt** 비틀다, (얼굴을) 찡그리다

- **contort** one's face with pain  고통으로 얼굴을 찡그리다

---

### 89 **contour**
[kántuər]
★ ☆ ☆ ☆ ☆

con<com(together) + tour<torn(turn) → '외곽을 돌며 그린 선'에서 유래

**n** 1 윤곽, 외형
2 (지도 따위의) 지형선, 등고선

- the irregular **contours** of the Britain coastline
  영국 해안선의 불규칙한 윤곽
- the 500 meters **contour** on the map
  지도 위에 있는 500미터의 등고선

## 90 **contrite**
[kəntráit]
★☆☆☆☆

con<com(intensive) +
tre<ter(rub) →
'양손을 마구 비벼대는'
에서 유래

**a** (죄를) 깊이 뉘우치는, 회한의

- make a **contrite** apology to ~
  ~에게 깊이 뉘우치는 사과를 하다

---

## 91 **convene**
[kənvíːn]
☆☆☆☆☆

con<com(together) +
ven(come) →
'함께 오다'에서 유래

**v** (공식 모임을 위해) 모이다, 소집하다

- convene the **conference** in an emergency.
  비상시에 회의를 소집하다

---

## 92 **converse**
[kánvəːrs]
★☆☆☆☆

con<com(intensive) +
vers(turn) →
'완전히 돌아선'에서 유래

**a** (방향 · 의견 등이) 역의, 반대의

- hold the **converse** opinion  반대 의견을 가지고 있다

**n** (특히 말 따위의) 역관계, 반대

- "Honest but poor" is the **converse** of "Poor but honest".
  "정직하지만 가난한"은 "가난하지만 정직한"의 역관계이다.

---

## 93 **convert**
[kənvə́ːrt]
★★★☆☆

con<com(intensive) +
vert(turn) →
'완전히 바꾸다'에서 유래

**v** 1 변환[전환]시키다, 변하다 2 (종교 · 정당 등을) 전향[개종]시키다

- **convert** water power into electricity
  수력을 전기로 변환시키다
- be **converted** to Christianity after visiting Jerusalem
  예루살렘에 방문한 후 기독교인으로 개종하다

**n** [kánvəːrt] 개종자, 전향자

- a recent **convert** to Buddhism  불교로의 최근 개종자

---

## 94 **convict**
[kənvíkt]
★☆☆☆☆

con<com(intensive) +
vict(overcome) →
'(법으로 죄인을) 압도하다'
에서 유래

**vt** ~의 유죄를 입증[선고]하다

- **convict** the accused man of theft and arson
  피고인의 절도와 방화죄를 입증하다

**n** [kánvikt] 죄인, 죄수

- an escaped **convict**  달아난 죄수

---

## 95 **convivial**
[kənvíviəl]
★☆☆☆☆

con<com(together) +
viv(live) →
'남들과 함께 생활하는 것을
좋아하는'에서 유래

**a** 1 연회를 좋아하는 2 유쾌한, 즐거운

- enjoy the companionship of **convivial** friends
  연회를 좋아하는 친구들과의 교제를 즐기다
- a very **convivial** atmosphere  매우 유쾌한 분위기

---

## 96 **convoke**
[kənvóuk]
★☆☆☆☆

con<com(together) +
voke<voc(call) →
'함께 불러 모으다'에서 유래

**vt** 불러 모으다, 소집하다

- **convoke** all the members of the committee
  위원회의 모든 위원들을 소집하다

1
3

## 97 **convoy**
[kənvɔ́i]
☆☆☆☆☆

con<com(together) +
voy<via(way) →
'함께 길을 가다'에서 유래

**vt** (특히 해상으로) 호송[호위]하다

- **convoy** unarmed merchant ships during time of war
  전쟁 기간동안 비무장한 상선들을 호위하다.

**n** [kánvɔi] 호위, 호송

- be moved under **convoy** of armed guards
  무장한 경호원들의 호위하에 옮겨지다

## 98 **coordinate**
[kouɔ́:rdəneit]
★☆☆☆☆

co<com(together) +
ordin(order) →
'순서가 같은'에서 유래

**v** (적절하게) 조정하다, 조화시키다

- **coordinate** the playing of the instruments in orchestra
  오케스트라 악기들의 연주를 조화시키다

**a** 1 [kouɔ́:rdənət] 동등[대등]한

2 <문법> 등위의

- have power **coordinate** with~ ~와 동등한 권력을 지니다
- **coordinate** clauses in a sentence joined by "and" 문장에서 "and"로 연결되는 등위절

**n** 1 동등한 사람[것]

2 <pl.> <수학> 좌표

- Citizens are **coordinates** in a court of law.
  시민들은 법정에서 동등한 사람들이다.
- parallel[polar] **coordinates** 평행[극] 좌표

## 99 **copious**
[kóupiəs]
★★★☆☆

co<com(together) +
p<ops(riches) →
'함께 모여 있어 풍부한'에서
유래

**a** 많은, 풍부한

- a **copious** harvest of rice 쌀의 풍작

## 100 **correlate**
[kɔ́:rəleit]
★☆☆☆☆

cor<com(together) +
relate 관계시키다 →
'(두 개를) 서로 관련시키다'
에서 유래

**v** 상호 관련시키다[관련되다]

- Smoking and lung cancer are closely **correlated**.
  흡연과 폐암은 밀접한 관계가 있다.

**n** 상호 관련있는 것[사람]

- A husband is a **correlate** with a wife 남편은 아내와 관련있는 사람이다.

## 101 **corroborate**
[kərábəreit]
★☆☆☆☆

cor<com(intensive) +
rob(strong) →
'더 강하게[확실하게] 하다'
에서 유래

**vt** (증거 등을 통해) 확증[입증]하다

- Witnesses **corroborated** the driver's statement.
  목격자들이 그 운전자의 진술을 확증했다.

241 **fatuous**
[fǽtʃuəs]
★☆☆☆☆

fatu (foolish 어리석은)

**a** 어리석은
- speak **fatuous** remarks 어리석은 말을 하다

---

242 **fealty**
[fíːəlti]
☆☆☆☆☆

fealt<fid (trust 믿음) →
'영주를 믿고 따르는 충성'
에서 유래

**n** <역사> (영주에 대한 신하의) 충성
- demand **fealty** of one's slaves 노예들에게 충성을 요구하다

---

243 **feasible**
[fíːzəbl]
★★★★★

feas<fac (do 하다) →
'행할 수 있는'에서 유래

**a** 실행할 수 있는
- a **feasible** plan 실행할 수 있는 계획

---

244 **fecund**
[fíːkənd]
☆☆☆☆☆

fecund (fertile 비옥한) →'땅
이 비옥해 생산물이 많은'에
서 유래

**a** (동물·토지 등이) 많이 생산하는
- a **fecund** imagination 풍부한 상상력

---

245 **feign**
[fein]
★☆☆☆☆

feig<fig (make 만들다) → 행
동을 만들어 하는 것처럼 보
이다 에서 유래

**v** ~인 체하다
- **feign** to be sick 아픈 체하다

---

246 **felicitous**
[filísətəs]
★★★☆☆

fel (happiness 행복) →
'기분 좋게 알맞은'에서 유래

**a** (행동·방식·표현 등이) 적절한
- a **felicitous** phrase 적절한 표현

---

247 **ferocious**
[fəróuʃəs]
★★★★☆

feroci (fierce 거친) →
'거친 것으로 가득한'에서 유래

**a** 사나운
- The bear's **ferocious** growl terrified the hunter.
  곰의 사나운 으르렁거리는 소리가 사냥꾼을 겁에 질리게 했다.

---

248 **fervent**
[fə́ːrvənt]
★★☆☆☆

ferv (boil 끓다) →
'열정이 끓는'에서 유래'

**a** 열렬한
- cherish a **fervent** belief 열렬한 믿음을 간직하다

---

249 **fiasco**
[fiǽskou]
★☆☆☆☆

fiasco<fiare fiasco (turn out a
failure 실패하다)

**n** 대 실패
- a **fiasco** in the plan 계획의 대 실패

---

250 **fickle**
[fíkl]
★★★★☆

fickle<ficol (deceitful 기만적
인) → '기만적으로 변하기 쉬
운'에서 유래

**a** (마음·날씨 등이) 변하기 쉬운
- the **fickle** world of fashion 변화가 심한 패션계

---

251 **fictitious**
[fiktíʃəs]
★☆☆☆☆

fic (make 만들다) →
'진짜가 아닌 만들어 낸 가짜
의' 에서 유래

**a** 가짜의
- a **fictitious** address 가짜 주소

1
3

---

**252 fidelity**
[fidéləti]
★☆☆☆☆

fid (trust 믿음) → ·
'믿고 따르는 충실'에서 유래

**n** <pl.> 충실; 성능
• **fidelity** to one's principles  자신의 원칙에 충실함

---

**253 filthy**
[fílθi]
★☆☆☆☆

fil (foul 더러운) → ·
'더러운 것으로 가득한'에서 유래

**a** 더러운
• My hands are **filthy** from working in the garden
정원에서 일을 해서 내 손이 더럽다.

---

**254 finesse**
[finés]
☆☆☆☆☆

fin (end 끝) → ·
'깔끔하게 끝을 맺는 교묘한 솜씨'에
서 유래

**n** 교묘한 솜씨[술책]
**v** 술책을 쓰다
• sew up the wound with **finesse**
교묘한 솜씨로 상처를 꿰매다

---

**255 finite**
[fáinait]
★☆☆☆☆

fin (end 끝) → ·
'끝이 있는'에서 유래

**a** 한정된
• a **finite** number of possibilities  한정된 수의 가능성

---

**256 fiscal**
[fískəl]
★★☆☆☆

fisc<fiscus 주머니 → ·
'(국가의) 돈주머니와 관련된'
에서 유래

**a** 국고의; 재정의
• suffer snowballing **fiscal** deficits
눈덩이처럼 불어나는 재정적자를 겪다

---

**257 flagrant**
[fléigrənt]
★★☆☆☆

flag (flame 타오르다) → ·
'화가 타오를 정도로 극악한'
에서 유래

**a** 극악한
• a **flagrant** crime  극악 범죄

---

**258 flamboyant**
[flæmbɔ́iənt]
★☆☆☆☆

flam<flag (flame 타오르다) → ·
'타오르듯 보일 정도로 화려한'
에서 유래

**a** 화려한
• the **flamboyant** trimming on buildings
건물에 화려한 장식

---

**259 flaunt**
[flɔ:nt]
★★★☆☆

flaunt<flana (gad about 나다니다) →
'이리저리 나다니며 자랑하다'에서
유래

**v** 과시하다
• **flaunt** one's authority  권력을 과시하다

---

**260 fledgling**
[flédʒliŋ]
★★☆☆☆

fledg (fly 날다) + ling 작은 → ·
'이제 막 날 수 있게 된 작은 새'
에서 유래

**n** 애송이, 풋내기
• a **fledgling** musician  애송이 음악가

---

# take(2)

- **take on** / 다투다, 싸우다; (일 등을)떠맡다 assume ; (어떤 양상을) 나타내다 assume ; 고용하다 employ
- **take over** / 인수하다, 떠맡다 undertake, take charge of
- **take part in** / ~에 참석하다 participate in
- **take place** / 발생하다 happen, come to pass
- **take pride in** / ~을 자랑하다 be proud of, pride oneself on, show off
- **take stock in** / ~를 신용하다, 중히 여기다 trust, value, prize
- **take the place of** / ~를 대신하다 replace, take over
- **take to** / 몰두하다 be absorbed in ; 좋아지다, 마음에 들다 take a fancy to
- **take up** / 착수하다, 시작하다 begin, commence ; 차지하다 occupy
- **take one's time** / 서두르지 않다 don't hurry
- **take precaution** / 경계하다, 조심하다 keep strict watch, watch out
- **take sides** / 편들다 support, side with
- **take time off[out]** / 휴가를 내다
- **take to one's heels[legs]** / 도망가다 flee, make off, run away, take to flight
- **take turns** / 교대로 하다 change off
- **take ~ with a pinch[grain] of salt** / ~을 에누리해서 듣다 be incredulous, be skeptical

1
3

# turn

- **turn aside** / (본론에서) 벗어나다 deflect, digress
- **turn down** / 거절하다 reject, decline ; 약하게 하다, 줄이다
- **turn in** / 제출하다 submit ; (물건을) 되돌려주다 return, give back
- **turn off** / 불을 끄다 switch off ; 메스껍게 하다 disgust
- **turn on** / 불을 켜다 switch on ; 흥분시키다 excite
- **turn one's stomach** / 메스껍게하다 disgust ; 화나게하다 provoke
- **turn out** / ~임이 판명되다 prove ; 내쫓다 expel ; 생산하다 produce ; 모여들다 assemble
- **turn over** / 뒤엎다 capsize ; 숙고하다 think over ; 넘겨주다 transfer, hand over ; 매출을 올리다
- **turn to** / ~에 의지하다 resort to, rely on ; 착수하다 set to work
- **turn up** / 나타나다 appear ; (소리를) 크게 하다
- **turn a blind eye** / 못 본 척하다 ignore, overlook
- **turn a deaf ear to** / 듣고도 못 들은척하다 will not listen to
- **turn one's coat** / 변절하다 betray, change about
- **turn over a new leaf** / 새 출발을 하다 begin a new life
- **turn up one's nose at** / ~을 경멸하다, 비웃다 contemn, sneer at
- **turn tail** / 겁을 먹고 도망치다

# contra-,counter-de-

Date :

| ★ ★ ★ ☆ ☆ | 03. | contradict | □ □ □ |
| | 05. | controversial | □ □ □ |
| | 08. | counterfeit | □ □ □ |
| | 01. | debase | □ □ □ |
| | 05. | decipher | □ □ □ |

| ★ ☆ ☆ ☆ ☆ | 01. | contraband | □ □ □ |
| | 04. | contravene | □ □ □ |
| | 07. | counteract | □ □ □ |
| | 09. | countermand | □ □ □ |
| | 03. | debilitate | □ □ □ |
| | 04. | deceased | □ □ □ |
| | 06. | decompose | □ □ □ |
| | 08. | decrease | □ □ □ |
| | 09. | decrepit | □ □ □ |
| | 10. | deduce | □ □ □ |
| | 11. | defer | □ □ □ |

| ☆ ☆ ☆ ☆ ☆ | 02. | contraception | □ □ □ |
| | 06. | counter | □ □ □ |
| | 10. | counterpart | □ □ □ |
| | 02. | debauch | □ □ □ |
| | 07. | decoy | □ □ □ |

## contra-, counter- ▶ 반대

### 01 **contraband**
[kántrəbænd]
★☆☆☆☆

contra(against) + ban(prohibition) → '법에 반(反)하여 금지시키는 것'에서 유래

**n** 밀수(품)
- go through each bag looking for **contraband**
  밀수품을 찾기 위해 각각의 가방을 철저히 검사하다

**a** 금지된
- **contraband** goods 금(禁)수품

---

### 02 **contraception**
[kàntrəsépʃən]
☆☆☆☆☆

contra(opposite) + cep(take) → '(아이를) 갖는 것의 반대'에서 유래

**n** 피임
- The doctors give advice on **contraception**.
  의사들은 피임에 관한 조언을 준다.

---

### 03 **contradict**
[kàntrədíkt]
★★★☆☆

contra(against) + dic(speak) → '반대로 말하다'에서 유래

**vt** 1 반박[부인]하다
2 ~과 모순되다
- **contradict** a person's statement 남의 진술을 반박하다
- Their alibis **contradict** each other. 그들의 알리바이는 서로 모순된다.

---

### 04 **contravene**
[kàntrəví:n]
★☆☆☆☆

contra(against) + ven(come) → '반대로 오다'에서 유래

**vt** 1 (주위 · 진술 따위에) 반대하다, ~와 모순되다
2 (법률 · 규칙 따위에) 위반하다
- A dictatorship **contravenes** the liberty of individuals.
  독재는 개인의 자유와 모순된다.
- **contravene** the parking regulations 주차 규칙을 위반하다

---

### 05 **controversial**
[kàntrəvə́:rʃəl]
★★★☆☆

contro<contra(against) + vers(turn) → '반대로 말하는'에서 유래

**a** 1 논쟁의 소지가 있는
2 논쟁하기 좋아하는
- a **controversial** decision 논쟁의 소지가 있는 결정
- a **controversial** politician 논쟁을 좋아하는 정치인

---

### 06 **counter**
[káuntər]
☆☆☆☆☆

counter(against) → '반대로 행동하는'에서 유래

**ad a** 거꾸로(의), 반대로(의)
- act **counter** to all advice 모든 충고에 거꾸로 행동하다

**v** 반대[반격]하다
- **counter** a person's plan 남의 계획에 반대하다

---

### 07 **counteract**
[kàuntərǽkt]
★☆☆☆☆

counter(against) + act 행동하다 → '반대로 행동하다'에서 유래

**vt** (~에) 반대로 행동[작용]하다
- The drug **counteracts** the effects of the poison.
  그 약은 독의 영향에 반대로 작용한다.

## 08 **counterfeit**

[káuntərfit]
★★★☆☆

counter(against) +
feit<fac(make) →
'반대로 만든'에서 유래

**a** 가짜[위조]의
- a **counterfeit** note 위조 지폐

**n** 위조, 모조품
- a **counterfeit** of document 문서 위조

**vt** 1 (지폐 · 그림 따위를) 위조하다
2 ~을 흉내내다, ~인 체하다
- **counterfeit** stamps 우표를 위조하다
- **counterfeit** sorrow 슬픈 체하다

## 09 **countermand**

[kauntərmǽnd]
★☆☆☆☆

counter(against) +
mand(order) →
'반대로 명령하다'에서 유래

**vt** (명령 따위를) 철회하다, 취소하다
- **countermand** a command 명령을 취소하다

## 10 **counterpart**

[káuntərpɑːrt]
☆☆☆☆☆

counter(against) +
part 부분 →
'반대 부분'에서 유래

**n** 상대[복사]물, 짝을 이루는 것[사람]
- Night is the **counterpart** of day. 밤은 낮과 짝을 이룬다.

## 01 **debase**

[dibéis]
★★★☆☆

de(down) +
base 품질이 낮은 →
'품질을 아래로 떨어뜨리다'
에서 유래

**v** (품질 · 가치를) 저하시키다
- **debase** oneself by evil actions
  사악한 행동으로 자신의 인격을 손상하다
- **debase** the coinage 화폐 가치를 저하시키다

## 02 **debauch**

[dibɔ́ːtʃ]
☆☆☆☆☆

de(off) +
bauch(beam) →
'도덕의 대들보[정조]를 뽑아
버리다'에서 유래

**vt** (특히 성적으로) 타락시키다
- **debauched** young people 타락한 젊은이들

## 03 **debilitate**

[dibíləteit]
★☆☆☆☆

de(down) +
bil(strong) →
'강한 것을 떨어뜨려 약하게
하다'에서 유래

**vt** (열 · 병 등으로) 쇠약하게 하다
- be **debilitated** by the extreme heat
  심한 더위 탓에 쇠약해지다

1
4

## 04 **deceased**
[disíːst]
★☆☆☆☆

de(off) +
cease 끝나다 →
'생명이 끝난'에서 유래

**a** (특히 최근에) 죽은, 고(故)
- the **deceased** man's belongings　최근에 죽은 남자의 유품

**n** <the d-> 고인, 죽은 사람들
- The **deceased** had been a famous actor.
  고인은 유명한 배우였다.

## 05 **decipher**
[disáifər]
★★★☆☆

de(off) +
cipher 암호로 쓰다 →
'암호로 쓴 것을 풀다'
에서 유래

**vt** (글 · 암호 따위를) 해독하다
- **decipher** a person's handwriting[signature]
  남의 글씨[서명]을 판독하다

## 06 **decompose**
[dìːkəmpóuz]
★☆☆☆☆

de(off) +
compose 구성하다 →
'구성 요소들을 서로 떨어뜨
려 분해하다'에서 유래

**v** 1 (성분 · 원소로) 분해하다
2 썩다, 부패하다
- **decompose** a chemical compound　화학 합성물을 분해하다
- The dead body completely **decomposed**.　그 시체는 완전히
  부패됐다.

## 07 **decoy**
[dikɔ́i]
☆☆☆☆☆

de(intensive) +
coy<kooi(cage) →
'꾀어서 새장으로 들이다'
에서 유래

**v** 꾀어들이다, 유인하다
- **decoy** ducks into the net　오리를 유인하여 그물로 잡다

**n** 미끼, 유인물
- use the stolen car as a **decoy**　도난 차량을 미끼로 사용하다

## 08 **decrease**
[dikríːs]
★☆☆☆☆

de(down) +
cres(grow) →
'아래 쪽으로 줄어들다'
에서 유래

**v** 감소하다[시키다]
- **decrease** in value　가치가 줄다

**n** 감소
- be on the **decrease**　점점 감소하다

## 09 **decrepit**
[dikrépit]
★☆☆☆☆

de(down) +
crepit(crackle) →
'덜그럭거리는 소리가 날만
큼 노쇠한'에서 유래

**a** 노쇠한, 노후한
- a **decrepit** old man　노쇠한 늙은이
- a **decrepit** old chair　덜걱거리는 오래된 의자

## 10 **deduce**
[didjúːs]
★☆☆☆☆

be(down) + duc(lead) →
'아래로 파고 들어' 결론을
끌어내다'에서 유래

**vt** (이미 아는 것으로부터) 연역하다, 추론하다
- **deduce** unknown truth from basic principles
  원리에서 미지의 진리를 연역해 내다

11 **defer**

[difə́ːr]

★☆☆☆☆

de(down) +
fer(carry) →
'고개를 아래로 하고 이끌다'
에서 유래

**vi** (남의 의견에) **따르다**

- **defer** to one's elders 연장자들에게 순순히 복종하다

261 **fleeting**
[flíːtiŋ]
★★☆☆☆

fleet 신속히 움직이다 →
'신속히 움직여 지나간'
에서 유래

**a** 덧없는, 일시적인
- Art is long and time is **fleeting**. 예술은 길고 시간은 빨리 간다.

---

262 **flexible**
[fléksəbl]
★★☆☆☆

flex (bend 구부리다) →
'구부릴 수 있는'
에서 유래

**a** 구부리기 쉬운 ; (성격이) 다루기 쉬운
- Doctors used a **flexible** and lighted tube.
  의사는 구부리기 쉬운 조명이 있는 관을 사용했다.

---

263 **flimsy**
[flímzi]
★☆☆☆☆

flim (thin 얇은) →
'얇아 부서지기 쉬운'
에서 유래

**a** (얇고) 부서지기 쉬운
- a **flimsy** fabric 얇은 천

---

264 **flippant**
[flípənt]
★★★★☆

flip (get excited 신이 나다) →
'신이 나서 하는 행동이 경솔
한' 에서 유래

**a** 경솔한
- give a **flippant** answer 경솔한 대답을 하다

---

265 **flout**
[flaut]
★☆☆☆☆

flout (whistle 호루라기를 불
다) →
'호루라기 소리를 내며 비웃
다' 에서 유래

**v** 비웃다
- **flout** a person's advice 남의 충고를 비웃다

---

266 **fluctuation**
[flʌktʃuéiʃən]
★★★☆☆

flu (flow 흐르다) → '물 흐르
듯 오르내리는 파동' 에서 유
래

**n** 변동
- price **fluctuation** 가격 변동

---

267 **foible**
[fɔ́ibl]
★☆☆☆☆

<F.> foible (weak 약한) →
'약한 점' 에서 유래

**n** (성격의) 결점, 약점
- overlook the **foibles** of one's friends
  친구들의 약점을 너그럽게 보아주다

---

268 **foliage**
[fóuliidʒ]

foliage<feuille (잎)

**n** <집합적> 잎
- the glorious autumn **foliage** 오색 찬란한 가을 단풍

---

269 **foment**
[foumént]
★☆☆☆☆

fom (heat 뜨겁게 하다) →
'사람들의 마음을 뜨겁게 해
반란을 조장하다'에서 유래

**vt** (불화 · 반란 등을) 조장하다
- **foment** dissension in the club 클럽 내의 알력을 조장하다

---

270 **foolproof**
[fúːlprùːf]
★★★☆☆

fool 바보 + proof 방지하는 →
'잘못하여 바보가 되는 것을
방지할 정도로 확실한' 에서
유래

**a** (기계 등이) 누구나 다룰 수 있는, 절대 확실한
- That machine is not **foolproof** but it works well.
  그 기계는 절대 확실치는 않지만 작동이 잘 된다

**271 forage**
[fɔ́:ridʒ]
★☆☆☆☆

forage<fodr (food 음식) →
'먹을 것을 찾아 다니다'
에서 유래

**v** 마구 뒤지며 찾다  **n** 먹이
• Birds usually **forage** individually or in pairs.
새들은 대개 개별적으로나 짝을 지어서 먹이를 찾는다.

**272 forge**
[fɔ́:rdʒ]

forg<fabr (make 만들다) →
'대장간에서 만들다'
에서 유래

**v** 위조[날조]하다; (구상을) 이끌어 내다
• **forge** cooperative relations  협력 관계를 이끌어내다

**273 formidable**
[fɔ́:rmidəbl]

formid (fear 공포) → '공포
감이 들게 할 만큼 끔찍한'
에서 유래

**a** 끔찍한; 가공할 만한
• a **formidable** prospect[enemy] 끔찍한 광경[가공할 만한 적]

**274 formula**
[fɔ́:rmjulə]
★★☆☆☆

formu 모양, 형식 →
'판에 박힌 형식'에서 유래

**n** 판에 박은 말, 상투적인 문구; 신앙형식, 신조;
방식, 공식, 법칙
• draft a fresh **formula** for stabilizing the housing prices
주택가격 안정을 위한 참신한 방안을 마련하다

**275 forte**
[fɔ:rt]  ★☆☆☆☆

fort(strong 강한) →
'강한 점'에서 유래

**n** 특기
• Cooking is her **forte**.  요리는 그녀의 특기이다.

**276 forthright**
[fɔ́:rθràit]
★★★☆☆

forth 앞으로 + right 바른 →
'거리낌 없이 앞으로 똑바로
나아가는'에서 유래

**a** 거리낌 없는
• The candidate has a reputation for being **forthright** and candid.
그 후보자는 거리낌 없고 솔직하기로 명성이 높다.

**277 fortify**
[fɔ́:rtəfài]
★★★☆☆

fort(strong 강한) →
'요새를 만들어 튼튼히 하다'
에서 유래

**v** 요새화하다; 강화하다
• **fortify** the public education system  공교육을 강화하다

**278 fortitude**
[fɔ́:rtətjù:d]
★★★☆☆

fort (strong 강한) →
'힘든 상황에서도 강하게 견
디며내는 용기'에서 유래

**n** 용기, 인내
• bear one's illness with great **fortitude**
엄청난 인내로 자신의 병을 견뎌내다

**279 fortuitous**
[fɔ:rtjú:ətəs]

fort (chance 우연)

**a** 우연한; 운좋은
• a **fortuitous** meeting  우연한 만남

**280 foster**
[fɔ́stər]
★☆☆☆☆

fost (food 음식) →
'음식을 주어 자라는 것을 촉
진시키다'에서 유래

**vt** 촉진[증진]하다; (양자 등을) 기르다
• **foster** a sense of unity among the new recruits
신입사원들 사이에 일체감을 증진하다

# back / beat / blow / bring / carry / catch / consist / correspond / count

- **back out** / (사업 등에서) 손을 떼다 withdraw, pull out
- **back up** / 후원하다, 지지하다 support ; 후진하다 move backward
- **beat about** / 이리저리 찾다 seek anxiously
- **beat around the bush** / 빙빙 돌려서 말하다 take around the point
- **blow out** / (타이어가) 펑크가 나다 go flat
- **blow up** / 폭파시키다, 폭발하다 explode, go off ; 바람을 넣다; 과장하다 exaggerate
- **bring about** / 발생시키다, 일으키다 cause, give rise to
- **bring out** / 내놓다, 드러내다 produce, reveal
- **bring ~ to an end** / 끝내다 finish
- **bring to light** / 밝히다, ~을 폭로하다 reveal, expose
- **bring up** / 양육하다 raise, rear ; 제안하다, 제기하다 mention, suggest ; 토하다 vomit, throw up ; 멈추다 stop
- **carry away** / 흥분시키다 excite
- **carry on** / 계속하다 continue, run on, go on ; 경영하다, 관리하다 take on
- **carry out** / 성취하다, 수행하다 execute
- **catch sight of** / 찾아내다, 발견하다
- **catch on** / 인기를 끌다 become popular ; 습득하다, 이해하다 understand
- **catch up with** / 따라 잡다 overtake
- **consist in** / ~에 있다 lie in, rest in
- **consist of** / ~로 이루어지다 be composed of, be made up of ; comprise
- **correspond with** / ~과 서신을 왕래하다 communicate with ; ~과 부합하다 correspond to
- **count on** / 의지하다, 믿다 rely on, depend on
- **count out** / 제외시키다 exclude, leave out
- **blow hot and cold** / 기분이 잘 변하다 vacillate, waver
- **blow one's own trumpet** / 자화자찬 하다 boast of one's work
- **blow one's top** / 노발대발하다, 몹시 화를 내다 lose one's temper, get angry
- **bring ~ to bear on** / ~에 포화를 돌리다, ~에 집중하다
- **bring ~ to justice** / 기소하다 bring to court, indict
- **carry ~ to excess** / 지나치게 ~하다
- **catch a cold** / 감기에 걸리다 get a cold
- **catch a glimpse of** / ~을 흘끗 보다 cast a look at, shoot a look at

# 우선순위

## de-

Date :

| ★★★★☆ | 23. | demolish | □ □ □ |

| ★★★☆☆ | 18. | delegate | □ □ □ |
| | 19. | deliberate | □ □ □ |
| | 20. | delinquent | □ □ □ |
| | 30. | deplete | □ □ □ |
| | 31. | deplore | □ □ □ |
| | 34. | deposit | □ □ □ |

| ★★☆☆☆ | 17. | dejected | □ □ □ |
| | 28. | denounce | □ □ □ |
| | 35. | deprecate | □ □ □ |

| ★☆☆☆☆ | 12. | defile | □ □ □ |
| | 14. | defunct | □ □ □ |
| | 15. | degenerate | □ □ □ |
| | 16. | degrade | □ □ □ |
| | 21. | delude | □ □ □ |
| | 22. | demeanor | □ □ □ |
| | 24. | demonstrate | □ □ □ |
| | 25. | demure | □ □ □ |
| | 27. | denote | □ □ □ |
| | 29. | depict | □ □ □ |
| | 32. | deport | □ □ □ |
| | 33. | depose | □ □ □ |
| | 36. | depreciate | □ □ □ |
| | 37. | depredate | □ □ □ |

| | 13. | defraud | □ □ □ |
| | 25. | demur | □ □ □ |

1
5

## 12 **defile**
[difáil]
★☆☆☆☆

de(down) +
fil-fouler(trample) →
'(순결함을) 마구 짓밟아 버
리다'에서 유래

**vt** 더럽히다
- disgusting video films that **defile** the mind of the young
  젊은이들의 마음을 더럽히는 역겨운 비디오 영화들

## 13 **defraud**
[difrɔ́ːd]
☆☆☆☆☆

de(intensive) +
fraud 사기 →
'사기를 쳐서 빼앗다'
에서 유래

**vt** (권리·재산 따위를) 속여 빼앗다, 사기치다
- **defraud** one's employer of thousands of dollars
  자신의 고용주를 속여 수천 달러를 빼앗다

## 14 **defunct**
[difʌ́ŋkt]
★☆☆☆☆

de(off) +
funct(perform) →
'더이상 작동하지 않는'
에서 유래

**a** 죽은, 현존하지 않는
- the **defunct** 고인
- a **defunct** law 폐지된 법률

## 15 **degenerate**
[didʒénəreit]
★☆☆☆☆

de(down) +
gen(birth) →
'자신이 출생한 종족으로부
터 내려가다'에서 유래

**vi** 퇴화[퇴보]하다
- Liberty is apt to **degenerate** into lawlessness.
  자유는 방종으로 빠지기 쉽다.

## 16 **degrade**
[digréid]
★☆☆☆☆

de(down) +
grade 등급 →
'등급을 떨어뜨리다'
에서 유래

**vt** 1 (~의 지위를) 떨어뜨리다, 강등시키다

2 (~의 품성을) 타락시키다
- **degrade** a captain to the ranks  대위를 병졸로 강등시키다
- **degrade** oneself by cheating
  사기를 쳐서 자신의 품위를 떨어뜨리다

## 17 **dejected**
[didʒéktid]
★★☆☆☆

de(down) +
ject(throw) →
'기분이 아래로 던져진'
에서 유래'

**a** 기가 죽은, 낙심한
- a **dejected** look[person]  낙심한 표정[사람]

## 18 **delegate**
[déligeit]
★★★☆☆

de(off) +
leg (send) →
'여러 사람을 대신해서 보낸
사람'에서 유래

**vt** 1 대표[대리]로 파견[임명]하다

2 (권한 따위를) 위임하다
- **delegate** him to the convention  그를 회의에 대표로 파견하다
- **delegate** the solution of the conflict to UN
  분쟁 해결을 UN에 위임하다

**n** [déləgət] 대표자, 대리인
- send two **delegates** to the meeting
  그 회의에 두 명의 대표자를 파견하다

19 **deliberate**
[dilíbərət]
★★★☆☆

de(intensive) +
liber(balance) →
'저울에 달아 잘 따져보는'
에서 유래

**a** 1 (특히 나쁜 일에 대해) **고의적인**
2 (말 · 동작 등이) **신중한, 느린**
- a **deliberate** insult  고의로 준 모욕
- **deliberate** murder  고의적인 살인
- walk in a very **deliberate** way  매우 천천히 걷다

**v** [dilíbəreit] **심사숙고하다**
- **deliberate** (on) what to do  무엇을 할 것인지를 곰곰이 생각하다

---

20 **delinquent**
[dilíŋkwənt]
★★☆☆☆

de(off) +
linq(leave) ·
'정상적인 행동에서 떠나간'
에서 유래

**a** 1 **비행의, 태만한**
2 (세금 따위가) **지불 기일이 넘은, 체납된**
- a **delinquent** teenager  비행을 저지른 10대
- **delinquent** taxes  체납된 세금

**n** (특히 어린) **범죄인, 과실자**
- a juvenile **delinquent**  비행 청소년

---

21 **delude**
[dilú:d]
★☆☆☆☆

de(off) +
lud(play) →
'가지고 놀다'에서 유래

**v** **현혹하다, 속이다**
- **delude** somebody into believing  남을 속여 믿게 하다

---

22 **demeanor**
[dimí:nər]
★☆☆☆☆

de(off) +
mean(lead) →
'자신을 이끌어 나감'
에서 유래

**n** **행실, 태도**
- an arrogant **demeanor**  오만한 태도

---

23 **demolish**
[dimáliʃ]
★★★★☆

de(down) +
mol(grind) →
'갈아서 뭉개버리다'에서 유래

**vt** (오래된 건물 등을) **파괴하다**
- **demolish** the slum district  슬럼가를 철거하다

---

24 **demonstrate**
[démənstreit]
★☆☆☆☆

de(intensive) +
mon<men(mind) →
'자기 마음을 보여주다'
에서 유래

**vt** (추론 · 예 등을 통해) **증명하다, 설명하다**
- **demonstrate** that the earth is round
  지구가 둥글다는 것을 증명하다

**vi** **시위운동을 하다**
- **demonstrate** against abortion  낙태 반대 시위를 하다

1
5

113

## 25 **demur**

[dimə́:r]

☆☆☆☆☆

de(off) +
mur<mor(delay) ·
'반대하여 미루다'
에서 유래

**vi** 이의를 제기하다
- **demur** at working overtime 초과 근무에 반대하다

**n** 이의 제기
- without **demur** 이의 없이

## 26 **demure**

[dimjúər]

★☆☆☆☆

de(intensive) +
mur(mature) →
'정신이 성숙하여 얌전한'
에서 유래

**a** 1 (여성 · 어린이가) 얌전한
2 얌전한 체하는
- a **demure** young lady 얌전한 젊은 여성
- make a **demure** expression 새침한 표정을 짓다

## 27 **denote**

[dinóut]

★☆☆☆☆

de(intensive) +
not(know) →
'알 수 있게 하다'에서 유래

**vt** ~을 표시하다, 나타내다
- The dotted line on the graph **denotes** profits. 그래프 상의 점선은 이윤을 나타낸다.

## 28 **denounce**

[dináuns]

★☆☆☆☆

de(down) +
nounce(tell) ·
'말을 해서 떨어뜨리다'
에서 유래

**vt** (공공연히) ~을 비난하다
- be **denounced** as a traitor 반역자로 비난받다

## 29 **depict**

[dipíkt]

★☆☆☆☆

de(down) +
pict(paint) ·
'그려 내려가다'
에서 유래

**vt** (생생히) 묘사[서술]하다
- biblical scenes **depicted** in tapestry
  벽에 거는 융단에 묘사된 성경 장면

## 30 **deplete**

[diplí:t]

★★★☆☆

de(down) + ple(fill) →
'채워진 것을 다시 아래로 비우다'에서 유래

**vt** (크게) 감소[고갈]시키다
- **deplete** current inventory 현 재고를 소진하다

## 31 **deplore**

[diplɔ́:r]

★★★☆☆

de(intensive) +
plor(weep) ·
'너무도 슬프게 울다'
에서 유래

**vt** <진행형 불가> (남의 죽음 · 과오 등을) 비탄[개탄]하다
- **deplore** moral decline 도덕의 타락을 개탄하다

## 32 **deport**

[dipɔ́:rt]

★☆☆☆☆

de(away) +
port(carry) ·
'멀리 보내버리다'
에서 유래

**vt** 1 (국외로) 추방하다
2 <재귀적> 행동[처신]하다
- **deport** dangerous aliens 위험한 거류 외국인을 국외로 추방하다
- **deport** oneself like gentleman 신사답게 행동하다

## 33 **depose**
[dipóuz]
★☆☆☆☆

de(down) +
pos(put) →
'밑으로 내려놓다'에서 유래

**vt** 1 (특히 고위직에서) **물러나게 하다, 퇴위시키다**

2 《법》 **선서 증언하다**

- The dictator was **deposed** by the people.
  그 독재자는 국민에 의해 퇴진 당했다.
- **depose** that an event took place
  일이 실제로 일어났다고 선서 증언하다

## 34 **deposit**
[dipázit]
★★★☆☆

de(down) +
pos(put) →
'밑으로 내려놓다'에서 유래

**vt** 1 (특정한 장소에) **내려놓다, 침전[퇴적]시키다**

2 (돈 따위를) **맡기다, 예금하다**

- She **deposited** the baby in the crib.
  그녀는 갓난 아기를 아기 침대에 내려놓았다.
- Glaciers **deposit** their debris as they melt.
  빙하는 녹으면서 그 부스러기를 침전시킨다.
- **deposit** one's paycheck in a bank  봉급을 은행에 예금하다

**n** 1 **침전물, 퇴적물**

2 **예금(액), 적립금**

- oil **deposits**  석유 매장량
- a current[fixed] **deposit**  당좌[정기] 예금
- **deposit** money  보증금

## 35 **deprecate**
[déprəkeit]
★★☆☆☆

de(off) +
prec(pray) →
'나쁜 것에서 손 떼기를 기도
하다'에서 유래

**vt** (진지하게) **불찬성하다, 비난하다**

- **deprecate** the use of violence  폭력의 사용에 반대하다

## 36 **depreciate**
[diprí:ʃieit]
★☆☆☆☆

de(down) +
prec(price) →
'가격이 떨어지다'에서 유래

**v** 1 **가치가 떨어지다[떨어뜨리다]**

2 **경시하다, 얕보다**

- Runaway inflation **depreciated** the country's currency.
  악성 인플레이션이 그 나라의 통화 가치를 떨어뜨렸다.
- **depreciate** the value of taking exercise
  운동의 가치를 경시하다

## 37 **depredate**
[déprideit]
★☆☆☆☆

de(intensive) +
pred(prey) →
'먹이를 닥치는 대로 잡아 먹
다'에서 유래

**v** **강탈[약탈]하다**

- begin to **depredate** the village  그 마을을 약탈하기 시작하다

15

115

**281 fractious**
[frǽkʃəs]
★☆☆☆☆

frac<frag (break 깨뜨리다) → '(쉽게 기분) 잘 깨뜨리는' 에서 유래

**a** 까다로운
• a **fractious** child  까다로운 아이

---

**282 fragment**
[frǽgmənt]
★★☆☆☆

frag (break 깨뜨리다) → '깨진 것' 에서 유래

**n** 파편; 일부분
**v** 산산조각이 되다
• Because of the noise he could hear only **fragments** of the conversation.
소음 때문에 그는 대화의 일부분밖에 들을 수 없었다.

---

**283 frail**
[freil]
★★★☆☆

fra<frag (break 깨뜨리다) → 쉽게 깨질 만큼 연약한 에서 유래

**a** 연약한
• a **frail** woman  연약한 여자

---

**284 fraternal**
[frətə́:rnl]
★★★☆☆

frat (brother 형제)

**a** 형제의[다운]
• **fraternal** love  형제애

---

**285 fraud**
[frɔːd]
★★★☆☆

frau (trick 속임수) → '늘 사람을 속이는 사기꾼' 에서 유래

**n** 사기(꾼)
• obtain money by **fraud**  사기로 돈을 얻다

---

**286 fraught**
[frɔːt]
★☆☆☆☆

fraught<fraght (cargo 싣다) → '짐을 실어 가득 찬' 에서 유래

**a** ~으로 가득 찬
• His heart was **fraught** with sorrow.
그의 마음은 슬픔으로 가득 찼다.

---

**287 fray**
[frei]
★☆☆☆☆

fra (rub 문지르다) → '문질러 닳게 하다' 에서 유래

**v** (천 등이) 문질러 닳게 하다
• **frayed** shirts to wear at home  집에서 입는 닳아빠진 셔츠

---

**288 frenzied**
[frénzid]
★☆☆☆☆

frenzy<phrenesis (delirious 헛소리를 하는) → '미쳐 헛소리를 하는' 에서 유래

**a** 열광적인; 광포한
• be murdered in a **frenzied** knife attack
광포한 칼부림에 살해당하다

---

**289 fret**
[fret]
★★★☆☆

fret (devour 먹어 치우다) → '다 먹어 치워 안달하다' 에서 유래

**v** 안달하다
**n** 초조
• Don't **fret** about your mistake.  네 실수에 대해 안달하지 마.

---

**290 friction**
[fríkʃən]
★☆☆☆☆

fric (rub 문지르다) → '두 물체를 서로 문질러 닳게 하는 마찰' 에서 유래

**n** 마찰
• **friction** between two nations  두 나라 사이의 마찰

---

---

291 **frigid**
[frídʒid]
★★☆☆☆

frig (cold 추운) →
'매우 추운'에서 유래

**a** 매우 추운, 혹한의
- Man can live in a **frigid** place. 인간은 극한지에서도 살 수 있다.

---

292 **frolicsome**
[frɑ́liksəm]
★☆☆☆☆

frol (merry 명랑한) →
'명랑하여 까불며 뛰노는'
에서 유래

**a** 까불며 뛰노는
- the **frolicsome** puppy 까불며 뛰노는 강아지

---

293 **frugal**
[frúːgəl]
★☆☆☆☆

frug (fruit 성과) →
'남는 성과가 있도록 아껴쓰
는'에서 유래

**a** 검소한
- a **frugal** supper of bread and milk
  빵과 우유만의 검소한 저녁식사

---

294 **frustrate**
[frʌ́streit]
★★★☆☆

frust (disappoint 실망시키다)
→ '실망시켜 좌절하게 만들
다'에서 유래

**v** 좌절[실패]시키다
- **frustrate** his plan 그의 계획을 좌절시키다.

---

295 **fulsome**
[fúlsəm]
★☆☆☆☆

fulsom (abundant 풍부한) →
'지나치게 풍부한'에서 유래

**a** (칭찬 등이) 지나친
- the speech packed with **fulsome** praise
  지나친 칭찬으로 가득 찬 연설

---

296 **funereal**
[fjuːníəriəl]
☆☆☆☆☆

funer (pass away 죽다) →
'사람이 죽어 치르는 장례식
의'에서 유래

**a** 장례식의
- **funereal** music 장례식 음악

---

297 **furrow**
[fə́ːrou]
★★☆☆☆

furrow<perk (ridge 두렁, 이
랑) → '고랑을 파 이랑을 만들
다'에서 유래

**n** 밭고랑; 길쭉한 홈
**v** 이랑을 짓다; 주름살이 지다
- Heavy trucks made deep **furrows** in the muddy road.
  육중한 트럭이 흙 길에 깊은 고랑을 만들었다.

---

298 **furtive**
[fə́ːrtiv]
★★★☆☆

furtiv (hidden 숨겨진) →
'숨어서 몰래 하는'에서 유래

**a** 몰래 하는
- cast a **furtive** glance 몰래 훔쳐보다

---

299 **fussy**
[fʌ́si]
★☆☆☆☆

fuss 야단 법석한 상태에 대한
의성어 → '늘 야단스럽게 까
다로운'
에서 유래

**a** (성격이) 까다로운
- The flavor is ideal for **fussy** kids.
  이 맛은 까다로운 아이들에게 이상적이다.

---

300 **gainsay**
[géinsèi]
☆☆☆☆☆

gain (against 반대로) + say
말하다 → '반대 의견을 내다'
에서 유래

**vt** 반박[부인]하다
- There is no **gainsaying** his innocence.
  그가 결백하다는 것은 부인할 수 없다.

# cut / deal / do / draw / dress

- **cut a fine figure** / 두각을 나타내다 stand out
- **cut back on** / (비용을) 절감하다, 줄이다 reduce, cut corners
- **cut down** / 줄이다, 삭감하다 cut back on, reduce, lower; 베어 넘어뜨리다 fell
- **cut off** / 중단하다, 끊다 hang up, stop
- **cut out for** / ~에 적합한 suited for
- **deal in** / 취급하다, 팔다 sell
- **deal with** / 처리하다, 다루다 handle, treat
- **do away with** / ~을 없애다, 폐지하다 eliminate, abolish
- **do harm** / 해가 되다
- **do justice to** / ~을 공정히 평가하다 judge fairly
- **do in** / ~을 다치다, 녹초가 되게 하다 wear out; 망치다, 파멸시키다 spoil
- **do up** / 수리하다, 고치다 repair, mend; 모양내다, 화장하다 make up
- **do well to do** / ~하는 편이 더 낫다 may as well, had sooner, would rather
- **do with** / 다루다, 처리하다 deal with; 참다 endure
- **do without** / ~없이 지내다 go without, dispense with
- **draw forth** / (정보 등을) 이끌어 내다 elicit
- **draw out** / 뽑다, 끌어내다 withdraw; 해가 길어지다
- **draw up** / 끌어올리다; 문서를 작성하다 draw out; 다가가다, 바짝 달라붙다 stick to; (차를) 세우다 stop
- **dress down** / 꾸짖다 reproach, scold
- **dress up** / 장식하다, 치장하다 deck out
- **cut corners** / 지름길로 가다; (돈, 시간을) 절약하다 take a shorter way; reduce
- **cut it fine** / (시간, 돈 등을) 바싹 줄이다, 긴축하다
- **cut no ice** / 효과가 없다 fail to make a favorable impression, be of no avail
- **cut someone dead** / 보고도 보지 못한 체 하다 disregard
- **do one's best** / 최선을 다하다 give one's best
- **do someone a favor** / ~의 부탁을 들어주다 do a favor for someone
- **draw a blank** / 실패하다 fall through, get nowhere
- **draw attention to** / ~에 대한 관심을 끌다
- **draw the line** / 한계를 정하다, 제한하다 limit
- **dressed to kill** / 끝내주게 차려입은
- **dressed to the nines** / 완벽히 옷을 차려입은 dressed to the teeth

우선순위

# de-

Date :

| ★ ★ ★ ★ ★ | 56. | deter | □ □ □ |
|---|---|---|---|
| ★ ★ ★ ★ ☆ | 59. | detrimental | □ □ □ |
| | 61. | deviate | □ □ □ |
| ★ ★ ★ ☆ ☆ | 38. | depress | □ □ □ |
| | 41. | derelict | □ □ □ |
| | 46. | designate | □ □ □ |
| | 48. | desolate | □ □ □ |
| | 49. | despise | □ □ □ |
| | 51. | destitute | □ □ □ |
| | 53. | desultory | □ □ □ |
| | 55. | detain | □ □ □ |
| | 57. | deteriorate | □ □ □ |
| | 58. | detest | □ □ □ |
| | 60. | devastate | □ □ □ |
| | 62. | devour | □ □ □ |
| | 63. | devout | □ □ □ |
| | 64. | deminish | □ □ □ |
| ★ ★ ☆ ☆ ☆ | 45. | desiccate | □ □ □ |
| | 50. | despondent | □ □ □ |
| | 65. | dismay | □ □ □ |
| ★ ☆ ☆ ☆ ☆ | 40. | deranged | □ □ □ |
| | 42. | deride | □ □ □ |
| | 43. | derive | □ □ □ |
| | 44. | descry | □ □ □ |
| | 47. | desist | □ □ □ |
| | 52. | desuetude | □ □ □ |
| | 54. | detach | □ □ □ |
| ☆ ☆ ☆ ☆ ☆ | 39. | deputy | □ □ □ |

## 38 **depress**
[diprés]
★★★☆☆

de(down) +
press 누르다 →
'아래로 누르다'에서 유래

**vt** 1 의기소침[우울]하게 하다

2 불경기로 만들다, 위축시키다

3 내리누르다

- She was **depressed** by her husband's failing health.
  그녀는 남편의 쇠약해지는 건강 때문에 의기소침했다.
- The threat of war has **depressed** business activity.
  전쟁의 위협이 경제 활동을 위축시켰다.
- **depress** the keys of a piano 피아노의 건반을 치다

## 39 **deputy**
[dépjuti]
☆☆☆☆☆

de(intensive) +
put(think) →
'생각끝에 일을 맡길 사람'
에서 유래

**n** 1 대리, 보좌관

2 (프랑스의) 하원의원

- a **deputy** premier 부수상
- the Chamber of **Deputies** (제3공화국 시대) 프랑스의 하원

## 40 **deranged**
[diréindʒd]
★☆☆☆☆

de(off) + range →
'정신의 배열이 흐트러진'
에서 유래

**a** 1 발광한, 미친

2 혼란된

- a mentally **deranged** criminal 정신 이상의 범죄자
- **deranged** lines of communication 엉망이 된 통신망

## 41 **derelict**
[dérəlikt]
★★★☆☆

de(intensive) + re(back) +
lict(leave) → '사용되지 않
고 뒤에 남겨진'에서 유래

**a** 1 (특히 배 · 건물이) 유기된, 버려진

2 직무에 태만한

- a **derelict** old house 오래된 폐가
- **derelict** in civic responsibility 시민의 의무에 태만한

**n** 사회적 낙오자, 부랑자

- Many **derelicts** in the city live on the streets.
  그 도시의 많은 부랑자들은 거리에서 산다.

## 42 **deride**
[diráid]
★☆☆☆☆

de(down) +
rid(laugh) →
'비웃어 상대를 떨어뜨리다'
에서 유래

**vt** 비웃다, 조롱하다

- **deride** one's opponent 자신의 적을 조롱하다

## 43 **derive**
[diráiv]
★☆☆☆☆

de(down) +
riv(flow) →
'~로부터 흘러 내려오다'
에서 유래

**vt** (다른 근원에서) 끌어내다

- **derive** great pleasure from books 책에서 커다란 즐거움을 얻다

**vi** 유래하다

- French and Italian **derive** from Latin.
  불어와 이탈리아어는 라틴어에서 유래한 말이다.

---

44 **descry**
[diskrái]
★☆☆☆☆

des<dis(away) + cry 외치다 → '멀리 떨어져 있는 것을 보고 외치다'에서 유래

**vt** <진행형은 불가> (먼 것 · 희미한 것을) **알아보다, 발견하다**

- **descry** a ship in the dense fog 짙은 안개 속에서 배를 발견하다

---

45 **desiccate**
[désikeit]
★★☆☆☆

de(off) + sicc(dry) → '수분을 말리다'에서 유래

**v** (보존을 위해) **말리다, 건조시키다**

- **desiccate** fruit in order to preserve it
  과일을 보존하기 위해 건조시키다

1
6

---

46 **designate**
[dézigneit]
★★★☆☆

de(from) + sign 부호, 기호 → '기호를 통해 가리키다' 에서 유래

**vt** 1 **가리키다, 나타내다**
2 **~라고 부르다, 명명하다**
3 **임명[지명]하다**

- The red lines on this map **designate** main roads.
  이 지도상의 빨간 선은 간선 도로를 가리킨다.
- The ruler of Iran is **designated** shar.
  이란의 통치자는 샤라고 불린다.
- be **designated** as the chairman 의장으로 임명되다

**a** <명사 뒤에 써서> (아직 취임은 안되고) **지명된**

- a bishop **designate** 지명된 주교

---

47 **desist**
[dizíst]
★☆☆☆☆

de(intensive) + sist(stand) → '가고 있는 것을 서게 하다' 에서 유래

**vi** **그만두다, 중지[단념]하다**

- tell the man to **desist** from threatening his wife
  그 남자에게 자신의 아내를 협박하는 행위를 그만두라고 말하다

---

48 **desolate**
[désələt]
★★★☆☆

de(intensive) + sol(sole) → '혼자 있는 상태의'에서 유래

**a** 1 (장소 · 건물이) **사람이 살지 않는, 황폐한**
2 **외로운, 쓸쓸한**

- **desolate** land 황폐한 땅
- a **desolate** street 인적이 끊긴 거리
- a **desolate** life 쓸쓸한 삶

**vt** [désəleit] **황폐하게[쓸쓸하게] 하다**

- The Vikings **desolated** the lands they attacked.
  바이킹들은 자신들이 공격한 땅을 황폐하게 했다.

---

49 **despise**
[dispáiz]
★★★☆☆

de(down) + spi(look) → '아래로 보다'에서 유래

**vt** <진행형은 불가> **경멸하다**

- **despise** a hypocrite 위선자를 경멸하다

### 50 **despondent**
[dispándənt]
★★☆☆☆

de(down) + spond(promise) · '기대했던 약속이 무너진'에서 유래

**a** 낙담한, 풀이 죽은
- long lines of **despondent**-looking people
  풀이 죽어 보이는 사람들의 긴 행렬

---

### 51 **destitute**
[déstətjuːt]
★★★☆☆

de(down) + stit(stand) · '서 있던 것이 주저 앉은'에서 유래

**a** 1 빈궁한, 빈곤한 2 ~이 없는
- a **destitute** family 극빈한 가정
- be **destitute** of children 자식이 없다

---

### 52 **desuetude**
[déswitjuːd]
★☆☆☆☆

de(off) + sues(be accustomed) → '익숙해져 있는 것을 멀리함'에서 유래

**n** 폐지 (상태)
- fall into **desuetude** (말 · 습관 따위가) 폐지되다

---

### 53 **desultory**
[désəltɔːri]
★★★☆☆

de(down) + sul(leap) → '이리저리 뛰는'에서 유래

**a** 종잡을 수 없는, 산만한
- **desultory** conversation 종잡을 수 없는 대화
- **desultory** reading 산만한 독서

---

### 54 **detach**
[ditǽtʃ]
★☆☆☆☆

de(off) + tach(touch) → '붙어있는 것을 떨어뜨리다'에서 유래

**vt** 1 분리시키다
2 (군대 · 함선 등을) 파견하다
- **detach** a locomotive from a train 열차에서 기관차를 떼어내다
- **detach** oneself from the party 정당에서 떠나다
- **detach** a small force to guard the palace
  왕궁을 경비하도록 작은 병력을 파견하다

---

### 55 **detain**
[ditéin]
★★★☆☆

de(from) + tain(hold) · '붙들어서 못가게 하다'에서 유래

**vt** 1 지체하게 하다, 기다리게 하다
2 <법> 유치하다, 감금하다
- I'm sorry to have **detained** you so long.
  오래 기다리게 해서 죄송합니다.
- **detain** the suspected thief for questioning
  심문을 하기 위해 절도 용의자를 유치장에 구금하다

---

### 56 **deter**
[ditə́ːr]
★★★★★

de(off) + ter(frighten) · '겁을 줘서 그 일로부터 떨어뜨리다'에서 유래

**vt** (공포 · 위험 따위로) 그만두게 하다, 단념시키다
- **deter** the alcoholic from drinking 알콜 중독자에게 술을 끊게 하다

---

### 57 **deteriorate**
[ditíəriəreit]
★★★☆☆

de(down) + terior 비교급 접미어 · '아래로 더욱 떨어지다'에서 유래

**v** (가치 · 품질 따위) 떨어뜨리다[지다]
- His health is **deteriorating**. 그의 건강이 악화되고 있다.

58 **detest**
[ditést]
★★★☆☆

de(down) + test(witness) → '신을 증인으로 초청하여 비난하다'에서 유래

**vt** 몹시 싫어하다, 질색하다

- **detest** being interrupted 말을 가로 막는 것을 질색하다

---

59 **detrimental**
[detrəméntl]
★★★★☆

de(off) + tri(rub) → '자꾸만 문질러서 떨어뜨리는'에서 유래

**a** 해로운

- a **detrimental** effect on the environment
  환경에 대한 해로운 영향

---

60 **devastate**
[dévəsteit]
★★★☆☆

de(intensive) + vas(empty) → '텅빈 상태로 만들다'에서 유래

**vt** 1 (도시 · 국토를) 유린하다, 황폐화하다
2 (정신적으로) 맥을 못 추게 하다, 압도하다

- **devastate** the border towns 국경의 도시들을 황폐화하다
- He was **devastated** by the teacher's criticism.
  그는 선생님의 비판을 듣고 맥을 못추었다.

---

61 **deviate**
[díːvieit]
★★★★☆

de(off) + via(way) → '길에서 떨어져 나가다'에서 유래

**vi** (바른 길 등에서 약간) 벗어나다, 빗나가다

- **deviate** from the usual flight path
  평상시의 비행 항로를 이탈하다

---

62 **devour**
[diváuər]
★★★☆☆

de(down) + vor(eat) → '모조리 먹어치우다'에서 유래

**vt** 1 게걸스레 먹다 2 (화재 · 질병 따위가) 삼켜버리다, 파괴하다
3 <수동형> ~의 마음을 사로잡다

- **devour** one's luncheon 점심을 게걸스레 먹다
- The raging fire **devoured** the forest.
  맹렬한 화염이 숲을 삼켜버렸다.
- be **devoured** by jealousy 질투에 사로잡혀 있다

---

63 **devout**
[diváut]
★★★☆☆

de(from) + vot(vow) → '신께 맹세를 하는'에서 유래

**a** 1 독실한, 경건한 2 충심어린, 열렬한

- a **devout** follower of Buddha 독실한 불교도
- **devout** gratitude 진심어린 감사

---

64 **diminish**
[dimíniʃ]
★★★☆☆

di<de(intensive) + min(lessen) → '줄이다'에서 유래

**v** 줄(이)다, 축소하다

- **diminish** one's strength[wealth] 자신의 힘[부]을 줄이다

---

65 **dismay**
[disméi]
★★☆☆☆

d<de(intensive) + is<ex(out) + may(can) → '자신감을 없어지게 하다'에서 유래

**vt** <주로 수동태> (공포 · 걱정 따위가) 당황[실망]하게 하다

- be **dismayed** to hear the news 그 소식을 듣고 당황하다

**n** (놀라움 섞인) 낙심, 당황 • **to one's dismay** 당황[실망]스럽게도

**301 galvanize, - ise**
[gǽlvənaiz]
★☆☆☆☆

Galvani 전기 물리 학자 이름 → '전기를 통하게 하다' 에서 유래

**vt 갑자기 활기 띠게 하다**
• **galvanize** the party members into activity
당원들의 활동에 갑자기 활기를 띠게 하다

---

**302 gamut**
[gǽmət]
☆☆☆☆☆

gamma (the lowest tone 가장 낮은 음) → '가장 낮은 음부터 높은 음까지의 전 범위'에서 유래

**n 전(全)범위**
• the **gamut** of emotions 오만가지 감정

---

**303 gape**
[geip]
☆☆☆☆☆

gap (yawn 하품하다) → '하품하듯 입을 크게 벌리고 바라보다' 에서 유래

**vi (입을 크게 벌리고) 바라보다**
• **gape** at her in utter amazement
놀라서 입을 크게 벌리고 그녀를 바라보다

---

**304 garner**
[gáːrnər]
★☆☆☆☆

garner<granarium (store house 창고) → '창고에 곡물을 모으다' 에서 유래

**vt 모으다**
• be based on the information **garnered**
입수한 정보에 의거하다

---

**305 garrulous**
[gǽrələs]
★★★☆☆

garrul (chatter 재잘거리다) → '수다스럽게 재잘거리는' 에서 유래

**a 수다스러운**
• a **garrulous** woman 수다스러운 여자

---

**306 generalize**
[dʒénərəlaiz]
★★☆☆☆

general 일반적인 → '일반화하다' 에서 유래

**v 일반화하다, 개괄하다**
• Knowledge is experience **generalized**.
지식은 일반화된 경험이다.

---

**307 generic**
[dʒənérik]
★★★☆☆

gener<genus (kind 종류) → '종류에 관해 포괄적이며 일반적인' 에서 유래

**a <문법> (수, 인칭, 시제가) 총칭적인; 일반적인; 상표등록이 되어있지 않은**
• The **generic** term for apples and oranges is "fruit".
사과와 오렌지에 대한 일반적인 용어는"과일"이다.

---

**308 genetic**
[dʒənétik]
★★☆☆☆

gene 유전자 → '유전(인)자와 관련된' 에서 유래

**a 유전의**
• be against artificial insemination and **genetic** engineering
인공수정과 유전자공학에 반대하다

---

**309 genial**
[dʒíːnjəl]
★★☆☆☆

gen (birth 탄생) → '꽃이 피기 좋게 날씨가 온화한' 에서 유래

**a (날씨 · 성질 등이) 온화한**
• a **genial** disposition 온화한 성격

---

**310 genteel**
[dʒentíːl]
★☆☆☆☆

gen (birth 탄생) → '좋은 가문에서 태어난' 에서 유래

**a (집안이 좋아서) 품위있는**
• in **genteel** poverty 가난하지만 품위있게

311 **germane**
[dʒərméin]
★★★☆☆☆

german (genuine 진짜야) →
'진짜라서 밀접한 관계가 있는' 에서 유래

**a** 밀접한 관계가 있는
• economic problems **germane** to the environment
환경과 밀접한 관계가 있는 경제 문제들

---

312 **germinate**
[dʒə́:rməneit]
★☆☆☆☆

germ (sprout 싹) →
'싹이 트다' 에서 유래

**v** 싹이 트다; (감정 등이) 생겨나다
• Seeds **germinate** in the spring. 씨앗은 봄에 싹을 틔운다.

---

313 **gesticulation**
[dʒestikjuléiʃən]
★☆☆☆☆

gesticul (gesture 몸짓)

**n** 몸짓[손짓](을 하기)
• with angry **gesticulation** 화난 몸짓으로

---

314 **ghastly**
[gǽstli]
★☆☆☆☆

ghast (frighten 위협하다) →
'위협을 하듯이 무서운'
에서 유래

**a** (소름 끼칠 듯이) 무서운
• a **ghastly** accident 무서운 사고

---

315 **gingerly**
[dʒíndʒərli]
★☆☆☆☆

ginger<gent (dainty 까다로운)
→ '일 처리가 신중하고 까다로운' 에서 유래

**ad** 신중하게
• He **gingerly** opened the door and came into the house.
그는 조심스럽게 문을 열고 집 안으로 들어왔다.

---

316 **gist**
[dʒist]
★☆☆☆☆

gist (point 요점)

**n** 요점
• give the **gist** of the essay in two sentences
그 수필의 요점을 두 문장으로 간추리다

---

317 **glib**
[glib]
★☆☆☆☆

glib (slippery 미끄러운) →
'혀가 매끄럽게 굴러가며 말하듯 입심 좋은' 에서 유래

**a** 입심 좋은
• a **glib** speech 청산유수 같은 연설

---

318 **gloat**
[glout]
★☆☆☆☆

gloat<glotta (show the teeth 치아를 보이다) →
'만족스러워 치아를 보이며 웃다' 에서 유래

**vi** 만족스러운 듯이 바라보다
• **gloat** over her rival's misfortune 경쟁자의 불행을 고소해 하다

---

319 **glossy**
[glási]
★★☆☆☆

glos (shine 빛나다)

**a** 윤이 나는
• the cat's **glossy** fur 그 고양이의 윤이 나는 털

---

320 **gluttonous**
[glʌ́tənəs]
★☆☆☆☆

glut (devour 게걸스레 먹다)

**a** 게걸스러운
• The **gluttonous** boy ate all the cookies.
그 게걸스런 소년은 과자를 모두 먹어 치웠다

# drop / eat / face / fall / feel / fill / hand / hang / help

- **drop by** / 잠깐 들르다 drop in
- **drop off** / 내려주다 drop ; 잠이 들다; 줄다 decrease, diminish
- **drop out** / 중도에 그만두다 leave, (학교를) 중퇴하다
- **eat humble pie** / 굴욕을 감수하다, 자기의 잘못을 인정하다 eat crow
- **face up to** / 대담하게 맞서다 confront, stand against
- **fall back on** / ~에 의지하다 rely on, depend on
- **fall behind** / 뒤처지다 lag behind
- **fall in with** / ~와 우연히 마주치다 encounter ; ~에 동조하다, 일치하다 agree with
- **fall on** / ~을 습격하다 attack, assail; (날짜가) ~에 해당하다
- **fall out with** / 다투다, 싸우다 quarrel, brawl
- **feel at home** / 마음이 편하다 feel easy, feel at ease
- **feel for** / 동정하다 commiserate with ; 더듬어 찾다 grope for
- **fill up** / (연료 등을) 가득 채우다, (사람들이) 들어차다
- **fill out** / 빈 곳을 완전히 채우다, 작성하다 complete
- **hand down** / 물려주다 bequeath
- **hand in** / 제출하다 submit, turn in
- **hand out** / 나누어주다 distribute
- **hang around[about]** / 슬렁거리다, 배회하다 ramble, saunter
- **hang on** / (전화를 끊지 않고) 기다리다 hold on ; ~에 좌우되다, 달려있다 depend on
- **hang up** / 전화를 끊다 end a phone call ; 지체시키다 delay
- **help oneself to** / ~를 실컷 먹다 serve oneself
- **help out** / 돕다 assist, give help, aid
- **drop a line** / 편지를 몇 줄 쓰다 write briefly
- **eat one's words** / 앞서 한 말을 취소하다 withdraw one's statement
- **face the music** / 결과를 받아들이다 accept the consequences
- **fall on deaf ears** / 무시당하다
- **fall to ~ing** / ~하기 시작하다
- **feel like a wet rag** / 대단히 피곤하다 be very tired
- **fill one's shoes** / ~를 대신하다 replace
- **hang in the balance** / 불안정한 상태에 있다 be in jeopardy
- **hang out with** / ~와 어울리다, 시간을 보내다

우선순위

# dis-

Date :

| ★★★★☆ | 07. | dilate | ☐ ☐ ☐ |
|---|---|---|---|

| ★★★☆☆ | 05. | digress | ☐ ☐ ☐ |
|---|---|---|---|
| | 09. | dilute | ☐ ☐ ☐ |
| | 13. | discard | ☐ ☐ ☐ |
| | 20. | discrepancy | ☐ ☐ ☐ |
| | 21. | discrete | ☐ ☐ ☐ |
| | 22. | discriminate | ☐ ☐ ☐ |

| ★★☆☆☆ | 02. | deluge | ☐ ☐ ☐ |
|---|---|---|---|
| | 03. | devoid | ☐ ☐ ☐ |
| | 06. | dilapidated | ☐ ☐ ☐ |
| | 11. | disable | ☐ ☐ ☐ |

| ★☆☆☆☆ | 01. | defer | ☐ ☐ ☐ |
|---|---|---|---|
| | 04. | diffident | ☐ ☐ ☐ |
| | 08. | dilatory | ☐ ☐ ☐ |
| | 10. | dimension | ☐ ☐ ☐ |
| | 12. | disband | ☐ ☐ ☐ |
| | 15. | disconcert | ☐ ☐ ☐ |
| | 16. | discord | ☐ ☐ ☐ |
| | 18. | discredit | ☐ ☐ ☐ |
| | 19. | discreet | ☐ ☐ ☐ |
| | 23. | disdain | ☐ ☐ ☐ |
| | 24. | disentangle | ☐ ☐ ☐ |
| | 28. | disinterested | ☐ ☐ ☐ |
| | 29. | disorient | ☐ ☐ ☐ |

| ☆☆☆☆☆ | 14. | disciple | ☐ ☐ ☐ |
|---|---|---|---|
| | 17. | discourse | ☐ ☐ ☐ |
| | 25. | disfigure | ☐ ☐ ☐ |
| | 26. | dishearten | ☐ ☐ ☐ |
| | 27. | disillusion | ☐ ☐ ☐ |

---

**01 defer**
[difɔ́ːr]
★☆☆☆☆

de<dis(apart) +
fer(carry) →
'날짜를 뒤로 보내다'
에서 유래

**vt** 미루다, 연기하다

- **defer** the decision for a few weeks   몇 주 동안 결정을 연기하다

---

**02 deluge**
[déljuːdʒ]
★★☆☆☆

de<dis(away) +
lu(wash) →
'모든 것을 멀리 씻어 버림'에서
유래

**n** 1 대홍수, 폭우   2 (질문 · 주문 등의) 쇄도, 폭주

- The city was completely destroyed by the **deluge**.
  그 도시는 대홍수로 완전히 파괴되었다.
- a **deluge** of questions   질문의 쇄도

**vt** ~을 범람하게[잠기게] 하다

- Heavy rains **deluged** the valley.   폭우가 그 계곡을 잠기게 했다.

---

**03 devoid**
[divɔ́id]
★★☆☆☆

de<dis(away) +
void 텅 빈 →
'비어 있는'
에서 유래

**a** ~이 빠진, 전혀 없는

- He is **devoid** of human feeling.   그는 인간의 감정이 전혀 없다.

---

**04 diffident**
[dífidənt]
★☆☆☆☆

dig<dis(away) +
fid(trust) →
'(자신에 대한) 믿음이 없는'
에서 유래

**a** (자신의 능력 · 자질에) 자신이 없는, 수줍어 하는

- be **diffident** about expressing one's opinions
  자신의 의견을 표출하는 데 수줍어하다

---

**05 digress**
[daigrés]
★★★☆☆

dic<dis(aside) +
gress(go) →
'(본론으로부터) 멀리 가다'
에서 유래

**vi** (대화 · 논의 도중) 본론에서 벗어나다

- **digress** from the subject for a moment   잠시 주제에서 벗어나다

---

**06 dilapidated**
[dilǽpədeitid]
★★☆☆☆

di<dis(away) +
lapid(stone) →
'돌 부스러기가 멀리 던져진'
에서 유래

**a** (오랜 시간 방치되어) 황폐한, 낡아빠진

- a **dilapidated** chair[house]   낡아빠진 의자[집]

---

**07 dilate**
[dailéit]
★★★★☆

dic<dis(apart) +
lat(wide) →
'넓게 떨어뜨리다'에서 유래

**v** 1 (둥그렇게) 넓히다, 팽창시키다[하다]
2 자세히 설명하다

- Her eyes **dilated** in surprise.   깜짝 놀라서 그녀의 두 눈이 휘둥그레
- **dilate** on[upon] one's view   자신의 의견을 자세히 설명하다

---

**08 dilatory**
[dílətɔːri]
★☆☆☆☆

dis(away) +
lat(carry) →
'(시간을) 뒤로 멀리 보내는'
에서 유래

**a** 1 (사람 · 행동이) 느린
2 시간을 끄는, 지연시키는

- **dilatory** in replying   답장 쓰는 데 느린
- a **dilatory** strategy   지연 작전

## 09 dilute
[dailúːt]
★★★☆☆

dis(apart) +
lut(wash) →
'물을 넣어 농도를 떨어뜨리
다'에서 유래

**vt** (물을 타서) **묽게 하다, 약하게 하다**
- **dilute** whisky with water  물을 타서 위스키를 묽게 하다

**a** **묽은, 약한**
- **dilute** sulfuric acid  묽은 황산

---

## 10 dimension
[diménʃən]
★☆☆☆☆

di<dis(out) +
mens<met(measure) →
'~의 겉을 잰 것'에서 유래

**n** 1 (길이 · 폭 · 두께 등의) **치수, 크기**
2 (문제 · 주제 등의) **특징, 양상**
3 ≪수학≫ **차원**
- take the **dimension** of  ~의 치수를 재다
- another **dimension** to this problem  이 문제의 또 다른 특징
- the fourth **dimension**  4차원

---

## 11 disable
[diséibl]
★★☆☆☆

dis(away) +
able 할 수 있는 →
'할 수 있는 능력을 없애버리
다'에서 유래

**vt** 1 **~을 불구로 만들다**
2 **~을 무자격하게 하다**
- be **disabled** in the war  전쟁에서 불구가 되다
- be **disabled** from voting  투표 자격을 상실하다

---

## 12 disband
[disbǽnd]
★☆☆☆☆

dis(away) +
band 묶다 →
'묶여있는 것을 떨어지게 하
다'에서 유래

**v** **해산하다**
- **disband** a club[army]  클럽[군대]을 해산하다

---

## 13 discard
[diskáːrd]
★★★☆☆

dis(away) +
card 카드 →
'(포커에서) 필요없는 카드를
멀리 내던지다'
에서 유래

**vt** (불필요한 것을) **버리다, 포기하다**
- **discard** an old coat  오래된 코트를 버리다

**n** [dískɑːrd] **버림**
- the **discard** of superstition  미신을 버림

---

## 14 disciple
[disáipl]
☆☆☆☆☆

dis(apart) +
cip<cap(seize) →
'떨어져 앉아 가르침을 붙잡
는 사람'에서 유래

**n** 1 **제자, 문하생**
2 **그리스도 12제자 중 한 명**
- become a **disciple** of Gandhi  간디의 제자가 되다
- the 12 **disciples**  그리스도 12제자

---

## 15 disconcert
[diskənsɔ́ːrt]
★☆☆☆☆

dis(away) +
concert 조화 →
'(마음 속의) 조화로움을 없
어지게 하다'에서 유래

**v** <주로 수동형> (한동안) **평정을 잃게 하다, ~을 당황케하다**
- be **disconcerted** by his opposition  그의 반대에 당황해하다

## 16 **discord**
[dískɔːrd]
★☆☆☆☆

dis(apart) +
cord(heart) → ·
'마음이 서로 맞지 않음'
에서 유래

**n** 의견 차이, 불화
- the apple of **discord** 불화의 씨앗[원인]

---

## 17 **discourse**
[dískɔːrs]
☆☆☆☆☆

dis(apart) +
cours<cur(run) → ·
'사방으로 달려 나가는 발 없
는 말'에서 유래

**n** 1 이야기, 대화 2 강연, 설교
- pass the hours in learned **discourse**
  학술적인 대화로 몇 시간을 보내다
- a **discourse** upon the evils of adultery 간통의 해악에 대한 강연

**vi** [diskɔ́ːrs] 강연[대화]하다
- **discourse** on the relationship between crime and environment
  범죄와 환경 사이의 관계에 대해서 강연하다

---

## 18 **discredit**
[diskrédit]
★☆☆☆☆

dis(away) +
credit 신용 → ·
'신용을 떨어뜨리다'에서 유
래

**vt** 1 ~의 신용을 떨어뜨리다
2 ~을 믿지 않다
- be **discredited** by the scandal 스캔들로 인해 신용이 떨어지다
- **discredit** a statement made under coercion
  강압에 의해 이루어진 진술을 불신하다

**n** 1 명예의 실추, 악평
2 불신, 의심
- fall into **discredit** 평판이 떨어지다
- cast[throw] **discredit** on ~을 불신하다

---

## 19 **discreet**
[diskríːt]
★☆☆☆☆

dis(away) +
creet<cret(separate) → ·
'구별할 줄 아는'에서 유래

**a** (말 · 행동에 있어서) 신중한, 조심스러운
- a **discreet** answer 신중한 대답

---

## 20 **discrepancy**
[diskrépənsi]
★★★☆☆

dis(away) +
crep(creak) → ·
'서로 맞지 않아 삐걱거림'
에서 유래

**n** (진술 · 계산 따위의) 차이, 불일치
- **discrepancies** between one's words and action 언행의 불일치

---

## 21 **discrete**
[diskríːt]
★★★☆☆

dis(away) +
cret(separate) → ·
'각각 구분되어 있는'
에서 유래

**a** 분리된, 별개의
- a series of **discrete** events 일련의 별개의 사건들

## 22 discriminate

[diskrímǝneit]
★★★☆☆

dis(away) +
cri<cret(separate) ‥
'(두 개를) 구별하기 위해 떨
어뜨리다'에서 유래

**v** 1 구별하다, 분간하다　2 차별 대우하다

- **discriminate** between fact and theory 이론과 실제를 구분하다
- **discriminate** against lower-paid workers
  저임금 노동자들을 차별하다

---

## 23 disdain

[disdéin]
★☆☆☆☆

dis(away) +
dain<dign(worth) ‥
'남의 가치를 멀리 떨어 뜨리
다'에서 유래

**vt** 경멸하다, (경멸하여) 거부하다

- **disdain** the offer of a bribe 뇌물을 주겠다는 제안을 거부하다

**n** 경멸, 모멸

- **disdain** of dishonest riches 부정한 부에 대한 경멸

---

## 24 disentangle

[disentǽŋgl]
★☆☆☆☆

dis(apart) +
entangle 얽히게 하다 ‥
'얽혀있는 것을 풀다'
에서 유래

**vt** (얽힘 · 혼란 따위를) 풀다, 구해내다

- **disentangle** oneself from an unhappy relationship
  불편한 관계에서 빠져나오다

---

## 25 disfigure

[disfígjǝr]
☆☆☆☆☆

dis(away) +
figure 모양 ‥
'본래 모양을 변형시켜 망치
다'에서 유래

**vt** (형태 · 모양을) 망가뜨리다, 흉하게 하다

- A scar **disfigured** his face. 상처가 그의 얼굴을 흉하게 했다.

---

## 26 dishearten

[dishá:rtn]
☆☆☆☆☆

dis(away) +
hearten 격려하다 ‥
'격려해 주는 마음을 없애다'
에서 유래

**vt** 의기 소침하게 하다, 낙담시키다

- The long drought **disheartened** the farmer.
  오랜 가뭄이 그 농부를 의기 소침하게 했다.

---

## 27 disillusion

[disilú:ʒǝn]
☆☆☆☆☆

dis(away) +
illusion 환상 ‥
'환상에서 멀리 떨어뜨리다'
에서 유래

**vt** 환상에서 깨어나게 하다

- be **disillusioned** about a romance
  로맨스에 대한 환상에서 깨어나다

**n** 환멸, 각성

- a painful **disillusion** 뼈아픈 각성

---

## 28 disinterested

[disíntǝrestid]
★☆☆☆☆

dis(not) +
interested 사심이 있는 ‥
'사심이 없는'에서 유래

**a** 공정한, 객관적인

- make **disinterested** decision 공정한 결정을 내리다

---

## 29 disorient

[disɔ́:rient]
★☆☆☆☆

dis(away) +
orient 방향을 잡다 ‥
'옳은 방향을 잃게 만들다'
에서 유래

**vt** 어리둥절하게[혼란스럽게] 하다

- His mother's sudden death **disoriented** him.
  그의 모친의 갑작스런 사망이 그를 혼란스럽게 했다.

---

**321** **goad**
[goud]
★☆☆☆☆

goad (spear 찌르다) → '찔러 자극하다'에서 유래

**vt 자극[선동]하다**
• **goad** a person to madness  남을 자극하여 미치게 하다

---

**322** **gorge**
[gɔːrdʒ]
★☆☆☆☆

gorg (throat 목구멍) → '목구멍까지 차오를 정도로 배불리 먹다'에서 유래

**v 배불리 먹다**
• **gorge** on good dinner  성찬을 배불리 먹다

---

**323** **gorgeous**
[gɔ́ːrdʒəs]
★☆☆☆☆

gorg (throat 목구멍) → '목구멍 안처럼 화려하게 휘감겨진 모습'에서 유래

**a 화려한, 멋진**
• be dressed in **gorgeous** uniform  화려한 제복을 입고 있다

---

**324** **gossamer**
[gásəmər]
★☆☆☆☆

gos (goose 거위) + sumer(summer 여름) → '여름에도 사용하는 거위 털만큼 얇고 가벼운'에서 유래

**a (거미줄처럼) 얇고 가벼운  n 거미줄**
• wear a gown of **gossamer** silk  얇은 실크 가운을 입다

---

**325** **grandeur**
[grǽndʒər]
★★☆☆☆

grand 큰, 거대한 → '거대한 것, 웅장함'에서 유래

**n 웅장, 장대**
• The **grandeur** of Niagara Falls is famous.
  나이아가라 폭포의 웅장함은 유명하다.

---

**326** **grandiloquent**
[grændíləkwənt]
★☆☆☆☆

grand 큰 + loq (speak 말하다) → '본래보다 크게 말하여 과장하는'에서 유래

**a 과장된**
• an orator's **grandiloquent** gesture  연설자의 과장된 몸짓

---

**327** **grandiose**
[grǽndious]
★☆☆☆☆

grand 큰 → '크고 멋진'에서 유래

**a 웅대[장엄]한**
• a **grandiose** manner  장엄한 태도

---

**328** **graphic**
[grǽfik]
☆☆☆☆☆

graphic<graphicus (picturesque 생생한)

**a 사실적인, 생생한; 도표의**
• a **graphic** description of a battle  전투에 대한 생생한 묘사

---

**329** **gratify**
[grǽtəfài]
★★☆☆☆

grat (please 즐겁게 하다) → '(사람을) 만족하거나 즐겁게 해주다'에서 유래

**vt (사람을) 기쁘게 하다; (욕망을) 충족시키다**
• Praise **gratifies** most people  칭찬은 대부분의 사람을 기쁘게 한다.

---

**330** **gratuitous**
[grətjúːətəs]
★☆☆☆☆

grat (grace 호의) → '호의를 베풀어 값을 받지 않는'에서 유래

**a 공짜의; 까닭 없는**
• a **gratuitous** contract  무상 계약

---

**331 gregarious**
[grigéəriəs]
★★★★★
greg (flock 떼지어 모이다) →
'떼지어 모이는 것을 좋아하
는' 에서 유래

ⓐ 군집성의; 사교적인
- a **gregarious** man 사교적인 남자

**332 grisly**
[grízli]
☆☆☆☆☆
gris (shudder 떨다) →
'몸이 떨릴 정도로 무서운'
에서 유래

ⓐ (소름 끼칠만큼) 무서운
- the **grisly** sight 무서운 광경

**333 grouchy**
[gráutʃi]
★★☆☆☆
grouch 불평하는 →
'불평을 잘하고 화를 잘 내는'
에서 유래

ⓐ 화를 잘 내는, 신경질적인
- She became **grouchy** when the cancer started causing her pain.
  암이 통증을 유발하기 시작하자 그녀는 신경질적이 되었다.

**334 grudge**
[grʌdʒ]
★★★☆☆
grudge<grutch(complain 불
평하다) → '불평하며 하기 싫
어하다'에서 유래

ⓥ 인색하게 굴다, ~주기 싫어하다; 시샘하다
ⓝ 원한
- He **grudged** me my little prize, even though he had won a bigger one.
  그는 더 큰 상을 받았음에도 불구하고, 내가 받은 작은 상을 시샘했다.

**335 grueling**
[grúːəliŋ]
★☆☆☆☆
gruel<grut (fine meal 곱게 빻
은 곡식) → '곡식을 곱게 빻느
라 녹초가 되는'에서 유래

ⓐ 엄한, 녹초로 만드는
- endure a long and **grueling** process
  길고 험난한 과정을 견디다

**336 gruesome**
[grúːsəm]
★★☆☆☆
grue (shudder 떨다) → '몸이
떨릴 정도로 소름끼치는'에
서 유래

ⓐ 소름 끼치는
- a **gruesome** report about torture
  고문에 대한 소름 끼치는 보고서

**337 gruff**
[grʌf]
☆☆☆☆☆
ruf (rough 거친) → '성격이
거칠어 말투가 퉁명스러운'
에서 유래

ⓐ 퉁명스러운
- a **gruff** reply 퉁명스러운 대답

**338 guile**
[gail]
★☆☆☆☆
guil (wile 교활)

ⓝ 음흉한 꾀, 교활
- achieve a high position by **guile** 교활함으로 고위직을 얻어내다

**339 gullible**
[gʌ́ləbl]
★★★☆☆
gull 속이다 →
'쉽게 잘 속는' 에서 유래

ⓐ 속기 쉬운
- prey upon the **gullible** 속기 쉬운 사람들을 수탈하다

**340 habitable**
[hǽbitəbl]
★★☆☆☆
habit (live 살다) →
'살 수 있는' 에서 유래

ⓐ 거주할 수 있는
- They made the old, abandoned house **habitable**.
  그들은 낡고 버려진 집을 살 만하게 만들었다.

# hit / jump / knock / know / laugh / lay / lead

- **hit it off with** / ~와 사이 좋게 지내다, 타협하다 get along with, come to terms with
- **hit the ceiling** / 격노하다 go into a rage, see red, blow one's top
- **hit the nail on the head** / 핵심을 찌르다 hit the mark, hit the spot
- **hit the roof** / 버럭 화를 내다; 최고점에 달하다
- **hit upon[on]** / 생각나다; 우연히 만나다 stumble upon, come upon
- **jump on** / ~를 공격하다 fall on
- **jump to a conclusion** / 속단하다 make a hasty conclusion
- **knock about[around]** / 방황하다 wander
- **knock up** / (급히) 만들다 finish up, prepare
- **know better than to do** / ~할 정도로 어리석지는 않다 be wise enough not to do
- **know by heart** / 암기하여 외우다 learn by heart, memorize
- **laugh at** / 비웃다 sneer at, jeer at
- **lay aside** / 저축하다 lay up, lay by, put aside, put by
- **lay bare** / 밝히다, 드러내다 expose, reveal
- **lay by** / 저축하다 lay aside, lay up, set aside
- **lay down** / 규정하다 prescribe, set down; 버리다 abandon; 계획하다 make plans
- **lay down the law** / 꾸짖다, 야단치다 call down, dress down
- **lay off** / (일시) 해고하다 fire temporarily, dismiss
- **lay out** / 펼쳐 놓다 spread out; 돈을 쓰다 spend; 설계하다 design
- **lead off with** / 시작하다 start, begin, launch
- **hit the bottom** / 최하점에 도달하다, 바닥이 나다 run out of
- **hit the bull's eye** / 명중하다 hit the mark
- **hit the jackpot** / 대성공하다 come off, have a big success
- **hit the road** / 길을 떠나다, 여행을 떠나다
- **jump at a chance** / 기회를 덥석 붙잡다
- **jump on the bandwagon** / 시류에 편승하다, 우세한 쪽에 붙다 join a popular cause
- **jump the track[rails]** / (차량이) 탈선하다 derail, get out of control
- **know the ropes** / 요령을 잘 알다 know knack
- **laugh in[up] one's sleeve** / 몰래 웃다 giggle
- **lead by the nose** / ~를 마음대로 움직이다 dominate

# dis-

| ★★★★☆ | 37. | dispose | □ □ □ |
| | 43. | disseminate | □ □ □ |

| ★★★☆☆ | 31. | disparity | □ □ □ |
| | 32. | dispatch | □ □ □ |
| | 35. | disperse | □ □ □ |
| | 45. | dissipate | □ □ □ |
| | 47. | distort | □ □ □ |
| | 48. | distract | □ □ □ |
| | 51. | diverse | □ □ □ |
| | 52. | divulge | □ □ □ |

| ★★☆☆☆ | 30. | disparage | □ □ □ |
| | 39. | disregard | □ □ □ |
| | 46. | dissuade | □ □ □ |

| ★☆☆☆☆ | 33. | dispel | □ □ □ |
| | 34. | dispense | □ □ □ |
| | 36. | displace | □ □ □ |
| | 38. | disproportionate | □ □ □ |
| | 40. | disrupt | □ □ □ |
| | 41. | dissect | □ □ □ |
| | 44. | dissent | □ □ □ |
| | 50. | diverge | □ □ □ |

| ☆☆☆☆☆ | 42. | dissemble | □ □ □ |
| | 49. | distress | □ □ □ |

## 30 **disparage**
[dispǽridʒ]
★★☆☆☆

dis(away) + parage (rank) → '지위를 떨어뜨리다'에서 유래

**vt** 1 ~을 얕보다, 경시하다

2 ~의 명예를 손상시키다

- **disparage** the hero's brave attempt
  그 영웅의 용감한 시도를 얕보다
- **disparage** one's family  가문의 명예를 손상시키다

---

## 31 **disparity**
[dispǽrəti]
★★★☆☆

dis(not) + parity 같음 · '같지 않음'에서 유래

**n** (본질적 · 절대적) 차이, 상이함

- a **disparity** in the rates of pay for men and women
  남자와 여자의 임금 비율의 차이

---

## 32 **dispatch**
[dispǽtʃ]
★★★☆☆

dis(intensive) + patch<ped(foot) → '급히 발을 내딛다'에서 유래

**vt** 1 급파[급송]하다

2 (신속히) 죽이다, 해치우다

- **dispatch** a reporter to take a news
  뉴스 취재를 위해 기자를 급파하다
- **dispatch** a bear with one's first shot  곰을 한 방에 해치우다

**n** 1 급파, 급송  2 (공무상의) 소식, 공문서  3 (일처리의) 신속함

- the **dispatch** of a telegram  전보의 급송
- carry a **dispatch** to Seoul  서울로 소식을 전달하다
- work with neatness and **dispatch**  깔끔하고 신속하게 일하다

---

## 33 **dispel**
[dispél]
★☆☆☆☆

dis(away) + pel (drive) → '멀리 내몰다'에서 유래

**vt** (생각 따위를) 없애다, 떨쳐버리다

- **dispel** one's fear[gloom]  공포[우울함]를 떨쳐버리다

---

## 34 **dispense**
[dispéns]
★☆☆☆☆

dis(away) + pens(weigh) → '무게를 재서 멀리 내주다'에서 유래

**vt** 1 나누어 주다, 분배하다

2 (약을) 조제하다

- **dispense** food and clothing to the flood victims
  홍수 피해자들에게 음식과 옷을 나누어 주다
- **dispense** medicines on prescription from a doctor
  의사의 처방전에 따라 약을 조제하다

---

## 35 **disperse**
[dispə́:rs]
★★★☆☆

dis(apart) + spers<sparg(scatter) → '따로따로 흩어지게 하다'에서 유래

**vt** 1 흩뜨리다

2 (사상 따위를) 퍼뜨리다, 보급하다

- **disperse** the crowd  군중을 흩어지게 하다
- **disperse** knowledge[handbill]  지식을 보급하다[광고 전단을 배포하다]

36 **displace**
[displéis]
★☆☆☆☆

dis(from) +
place 장소 →
'원래 있던 장소에서 다른 장
소로 옮겨놓다'에서 유래

**vt** 1 (원래 있던 곳에서) **옮기다, 옮겨놓다**

2 (이전의 것을 밀어내며) **대신[대체]하다**

- Please do not **displace** any of my tools.
  내 도구들의 어떤 것도 옮겨 놓지 마세요.
- The automobile has **displaced** the horse.
  자동차가 말을 대신해 왔다.

---

37 **dispose**
[dispóuz]
★★★★☆

dis(apart) +
pose 배치하다 →
'여러 가지를 따로따로 배치
하다'에서 유래

**vt** 1 **배치[배열]하다**

2 **~할 마음이 생기게 하다**

- **dispose** one's books on the shelves  자신의 책을 선반 위에 배열하다
- The defendant's youth **disposed** the judge to leniency.
  피고의 젊음이 판사로 하여금 관대한 마음이 생기게 했다.

**vi** **버리다, 처분[처리]하다**

- **dispose** of one's car for a low cost  자신의 차를 싼 값에 처분하다

---

38 **disproportionate**
[disprəpɔ́:rʃənət]
★☆☆☆☆

dis(not) + pro(according to)
+ portion 몫 →
'몫이 제대로 분배 안된'
에서 유래

**a** **어울리지 않는, 불균형한**

- 3,000 won would be **disproportionate** pay for a day's work.
  3000원은 하루 작업에 어울리지 않는 보수일 것이다.

---

39 **disregard**
[disrigá:rd]
★★☆☆☆

dis(away) + re(back) +
gar(see) →
'멀찌감치 뒤로 물러나 보다'
에서 유래

**vt** (경고 · 반대 따위를) **무시하다**

- **disregard** all our objections  우리의 모든 반대를 무시하다

**n** **무시, 소홀**

- **disregard** of passenger safety  승객의 안전에 대한 무시

---

40 **disrupt**
[disrʌ́pt]
★☆☆☆☆

dis(apart) +
rup<rump(break) →
'떨어지게 하여 부숴버리다'
에서 유래

**vt** **붕괴[분열]시키다**

- try to **disrupt** the assembly  집회를 해산시키려고 하다.

---

41 **dissect**
[disékt]
★☆☆☆☆

dis(apart) +
sect(cut) →
'잘라서 가르다'에서 유래

**vt** 1 (동 · 식물체를) **해부하다**

2 (면밀히) **분석하다**

- **dissect** a frog  개구리를 해부하다
- **dissect** the election results  선거 결과를 면밀히 분석하다

1
8

## 42 **dissemble**
[disémbl]
☆☆☆☆☆

dis(away) +
semble(seen)  ·
'다른 것처럼 보이게 하다'
에서 유래

**vt** (감정 등을) **숨기다, 가장하다**
- **dissemble** one's anger with a smile
  자신의 분노를 미소로 숨기다

---

## 43 **disseminate**
[disémaneit]
★★★★☆

dis(apart) +
semin<semen(seed)  →
'사방에 씨를 뿌리다'
에서 유래

**vt** (사상 · 소식을) **퍼뜨리다, 유포시키다**
- News is **disseminated** by means of television and radio.
  뉴스는 TV나 라디오를 통해 퍼진다.

---

## 44 **dissent**
[disént]
★★☆☆☆

dis(apart) +
sent(feel)  →
'멀리 떨어져서 다르게 느끼
다'에서 유래

**vi** **의견을 달리하다, 반대하다**
- **dissent** from public opinion  여론과 의견을 달리하다

**n** **의견 차이, 이의**
- **dissent** among the members  회원들 사이의 의견 차이

---

## 45 **dissipate**
[dísapeit]
★★★☆☆

dis(apart) +
sip<sup(throw)  ·
'사방으로 던지다'에서 유래

**v** 1 (구름 · 안개 따위를) **흩어지(게 하)다**
2 (시간 · 돈 따위를) **낭비하다**
- **dissipate** the enemy forces  적군을 격퇴하다
- **dissipate** one's father's fortune
  자기 아버지의 재산을 흥청망청 낭비하다

---

## 46 **dissuade**
[diswéid]
★★☆☆☆

dis(away) +
suade(advise)  ·
'(어떤 행동으로부터) 멀어지
게끔 충고하다'에서 유래

**vt** (설득하여) **단념시키다**
- **dissuade** the boy from running away from home
  가출하지 말도록 그 소년을 설득하다

---

## 47 **distort**
[distɔ́:rt]
★★★☆☆

dis(intensive) +
tort(twist)  ·
'마구 비틀다'에서 유래

**vt** 1 (원래 모양을) **비틀다, 일그러뜨리다**
2 (사실 · 말 등을) **왜곡[곡해]하다**
- a face **distorted** by pain  고통으로 일그러진 얼굴
- **distort** the facts of the accident  그 사건의 진상을 왜곡하다

---

## 48 **distract**
[distrǽkt]
★★★☆☆

dis(away) +
tract(draw)  ·
'~의 생각을 멀리 잡아끌다'
에서 유래

**vt** 1 (마음 · 주의를) **딴 데로 돌리다, 어지럽히다**
2 ~을 즐겁게 하다
- be **distracted** by the noise outside  밖에 소음 때문에 주의가 산만
  해지다
- I **distract** myself with bowling.  나는 볼링으로 기분 전환을 한다.

## 49 **distress**
[distrés]
☆ ☆ ☆ ☆ ☆

dis(apart) + stres<string(draw) ‥ `사방에서 몸을 잡아 끎`에서 유래

**n** 1 (심신의) **고통, 고민**
2 **재난, (배의) 조난**
- show signs of **distress** 고통스럽다는 표시를 하다
- send out a **distress** signal 조난 신호를 보내다

**vt** <종종 수동형> **~을 괴롭히다**
- be **distressed** to hear the news of the accident
  사고 소식을 듣고 괴로워하다

## 50 **diverge**
[divə́:rdʒ]
★ ☆ ☆ ☆ ☆

di<dis(apart) + verg(turn) ‥ `다른 방향으로 바뀌다`에서 유래

**vi** 1 **갈라지다**
2 (의견 따위가) **다르다, 이탈하다**
- This is where our opinions **diverge**.
  여기에서 우리 의견이 갈린다.
- **diverge** from the rule 규칙에서 이탈하다

## 51 **diverse**
[divə́:rs]
★ ★ ★ ☆ ☆

di<dis(apart) + vers<vert(turn) ‥ `여러 군데로 뿔뿔이 바뀌는`에서 유래

**a** **여러가지의, 다양한**
- a person of **diverse** interests
  다양한 관심을 가지고 있는 사람

## 52 **divulge**
[divʌ́ldʒ]
★ ★ ★ ☆ ☆

dis(apart) + vulg(people) → `사람들에게 말해버리다`에서 유래

**vt** (비밀 따위를) **누설[폭로]하다**
- **divulge** somebody's plan to the press
  ~의 계획을 언론에 누설하다

1
8

---

**341 hackneyed**
[hǽknid]
★☆☆☆☆

hackney (ordinary horse 평범한 말) → '늘 일을 하는 말처럼 진부한'에서 유래

**ⓐ 진부한**
- a **hackneyed** metaphor  진부한 비유

---

**342 haggard**
[hǽgərd]
★☆☆☆☆

hag 마녀 → '마녀처럼 보일 정도로 초췌한'에서 유래

**ⓐ 수척한, 초췌한**
- the **haggard** faces of refugees  피난민들의 초췌한 얼굴들

---

**343 haggle**
[hǽgl]
★☆☆☆☆

hag<hack (chop 삭감하다) → '값을 낮추려 언쟁하다'에서 유래

**ⓥ (값·조건때문에) 언쟁하다 ; 말다툼하다**
- **haggle** over the price  가격을 흥정하다

---

**344 hail**
[heil]
★★☆☆☆

hail<heill 행운 → '(행운과 같은 존재에 대해) 환호하다'에서 유래

**ⓥ ~을 환호하며 맞이하다**
- The crowd **hailed** the winner.
  군중은 승리자를 환호하며 맞이했다.

---

**345 halcyon**
[hǽlsiən]
★☆☆☆☆

halcyon 물총새 → '둥지 무렵 바다의 풍파를 가라앉힌다는 새 이름'에서 유래

**ⓐ 평온한**
- recall the **halcyon** days of one's youth
  자신의 평온했던 젊은 시절을 회상하다

---

**346 hallowed**
[hǽloud]
★☆☆☆☆

hal (holy 신성한)

**ⓐ 신성한**
- a **hallowed** ground  성지(聖地)

---

**347 hallucination**
[həluːsənéiʃən]
★☆☆☆☆

hallucin (wander 헤매다) → '꿈 속을 헤매는 듯한 환각'에서 유래

**ⓝ 환각**
- drug-induced **hallucinations**
  마약 복용으로 인한 환각

---

**348 hamlet**
[hǽmlit]
★★★☆☆

ham (house 집) → '집들이 모여 있는 작은 마을'에서 유래

**ⓝ 작은 마을**
- be born in an intermontane **hamlet**  산촌에서 태어나다

---

**349 hamper**
[hǽmpər]
★★★☆☆

hamper<top-hamper 갑판 위의 중량물 → '평소에는 도움이 되다가 폭풍 때는 방해가 되는 것'에서 유래

**ⓥⓣ 방해하다**
- Women's progress is **hampered** by men.
  여성의 진보가 남성들에 의해 방해 받고 있다.

---

**350 haphazard**
[hæphǽzərd]
★★☆☆☆

hap (happen 일어나다) → '일이 우연히 일어나는'에서 유래

**ⓐ 우연의**
- a **haphazard** collection  닥치는 대로 수집한 것

---

**351 harangue**
[hərǽŋ]
★☆☆☆☆

harang<ring (circular gathering 둥글게 모임) → '사람들을 모여들게 하는 연설'에서 유래

**ⓝ (열렬한) 연설**

**ⓥ 열변을 토하다**
- launch into a long **harangue**  장광설을 늘어놓다

---

## 352 **harass**
[hərǽs]
★☆☆☆☆

har (drag 끌다) → '끌어당기며 괴롭히다'에서 유래

**vt** 괴롭히다
- **harass** him by her continual demands for attire
  옷을 사달라고 계속 졸라 그를 괴롭히다

## 353 **harbinger**
[háːrbindʒər]
☆☆☆☆☆

harb (shelter 피난처) → '피난처를 찾아 주는 선구자'에서 유래

**n** 선구자, 전조
- Frost is a **harbinger** of winter. 서리는 겨울의 전조이다.

## 354 **harness**
[háːrnis]
★★★★☆

har (army 군대) + nes (provision 공급) → '군대에 장비를 공급하다'에서 유래

**v** (동력으로) 이용하다 ; 마구를 채우다
**n** 마구; 장치
- **harness** the sun's rays 태양 광선을 동력화하다

**1 8**

## 355 **harry**
[hǽri]
★☆☆☆☆

har (army 군대) → '적군이 약탈하다'에서 유래

**vt** 약탈[침략]하다
- The guerrilla band **harried** the enemy.
  그 게릴라단이 적을 침략했다.

## 356 **haughty**
[hɔ́ːti]
★★★★☆

haugh (high 높은) → '자신이 제일 높은 사람인 듯 건방지게 행동하는'에서 유래

**a** 건방진
- a **haughty** laughter 건방진 웃음

## 357 **havoc**
[hǽvək]
★★★★★

havoc<havot (looting 약탈하다) → '마구 약탈하여 혼란에 빠뜨림'에서 유래

**n** 대파괴, 대혼란
**v** 황폐시키다
- play **havoc** with the national economy
  국가 경제를 대혼란에 빠뜨리다

## 358 **hazardous**
[hǽzərdəs]
★★★★☆

hazard (adventure 모험) → '모험을 즐겨 해 위험이 많은'에서 유래

**a** 위험이 많은
- **hazardous** journey 위험이 많은[모험적인] 여행

## 359 **hazy**
[héizi]
★☆☆☆☆

haz (dusky 어둑어둑한)

**a** 흐릿한
- a **hazy** sky 흐린 하늘

## 360 **hedonism**
[híːdənìzm]
★☆☆☆☆

hedon (pleasure 즐거움) → '즐거움만을 추구하는 쾌락주의'에서 유래

**n** 쾌락주의
- **hedonism** opposing philosophies 철학에 반대하는 쾌락주의

# leave / let / lie / live / lose

- **leave nothing to be desired** / 더할 나위 없이 좋다, 완벽하다 be perfect
- **leave off** / 그만두다, 멈추다 stop
- **leave out** / 무시하다; 빠뜨리다 omit, exclude, rule out
- **leave ~ out of account** / ~을 고려에 넣지 않다 ignore
- **let alone** / ~은 말할 것도 없이 not to mention; much more; still more, not to speak of, to say nothing of
- **let down** / 실망시키다 disappoint
- **let go of** / 해방하다, 놓아주다 set free, release, let go ; 해고시키다 dismiss
- **let on** / 누설하다 reveal; divulge, betray ; ~인체하다 pretend
- **let up** / 멈추다, 잠잠해지다 stop, slacken
- **lie up** / (병으로) 몸져눕다
- **live from hand to mouth** / 생계를 간신히 유지하다 eke out a living
- **live it up** / 인생을 즐기다 enjoy life , 사치스럽게 살다 live high
- **live off** / 신세를 지고 살다, 기생하다
- **live on** / ~을 먹고 살다 subsist on, feed on
- **live up to** / ~의 기대에 부응해 살다, ~에 따라 살다 fulfill, satisfy
- **lose one's mind** / 평정을 잃다, 미치다 go insane
- **lose one's temper** / 화를 내다 become angry
- **lose one's touch with** / ~와 관계를 끊다 lose one's friendship with
- **lose oneself in** / ~에서 길을 잃다; ~에 몰두하다 be absorbed in, be lost in
- **lose sight of** / ~을 시야에서 놓치다
- **lose track of** / ~을 잊어버리다 forget
- **leave ~ in the lurch** / 곤경에 빠진 사람을 내버려두다 desert me
- **leave no stones unturned** / 온갖 수단을 강구하다 use every means possible
- **let bygones be bygones** / 과거는 과거일 뿐이다 let the past be forgotten
- **let the matter rest there** / 문제를 그대로 놓아두다
- **let well enough alone** / 긁어 부스럼 일으키지 않다
- **lie through one's teeth** / 의도적으로 거짓말을 하다 lie intentionally
- **lose one's face** / 창피를 당하다 be humiliated
- **lose heart** / 낙담하다 become discouraged

# en-

| | | | |
|---|---|---|---|
| ★★★★☆ | 21. | endorse, indorse | ☐ ☐ ☐ |

| | | | |
|---|---|---|---|
| ★★★☆☆ | 14. | encounter | ☐ ☐ ☐ |
| | 15. | encroach | ☐ ☐ ☐ |
| | 18. | endanger | ☐ ☐ ☐ |
| | 22. | engender | ☐ ☐ ☐ |
| | 24. | engross | ☐ ☐ ☐ |
| | 25. | enhance | ☐ ☐ ☐ |

| | | | |
|---|---|---|---|
| ★★☆☆☆ | 03. | embellish | ☐ ☐ ☐ |
| | 09. | empower | ☐ ☐ ☐ |
| | 20. | endemic | ☐ ☐ ☐ |

| | | | |
|---|---|---|---|
| ★☆☆☆☆ | 01. | embargo | ☐ ☐ ☐ |
| | 02. | embark | ☐ ☐ ☐ |
| | 04. | embezzle | ☐ ☐ ☐ |
| | 05. | emblem | ☐ ☐ ☐ |
| | 06. | embody | ☐ ☐ ☐ |
| | 07. | emboss | ☐ ☐ ☐ |
| | 08. | embryo | ☐ ☐ ☐ |
| | 10. | enact | ☐ ☐ ☐ |
| | 11. | enchant | ☐ ☐ ☐ |
| | 12. | encircle | ☐ ☐ ☐ |
| | 13. | encompass | ☐ ☐ ☐ |
| | 16. | encumber | ☐ ☐ ☐ |
| | 23. | engrave | ☐ ☐ ☐ |

| | | | |
|---|---|---|---|
| ☆☆☆☆☆ | 17. | encyclopedia | ☐ ☐ ☐ |
| | 19. | endear | ☐ ☐ ☐ |

## 01 **embargo**
[imbáːrgou]
★ ☆ ☆ ☆ ☆

em<en(make) +
bar 장애물 →
'장애물로 막다'에서 유래

**n** (선박의 출입항 · 교역의) 제재
- put an **embargo** on the supply of oil  원유 공급을 금지하다

**vt** 출입항[교역]을 금지하다
- **embargo** all foreign ships  모든 외국 선박에 대해 출입항을 금지하다

---

## 02 **embark**
[imbáːrk]
★ ☆ ☆ ☆ ☆

en(in) +
bark (돛)배 →
'~을 배 안에 싣다'에서 유래

**v** 1 승선하다[시키다]  2 기업에 투자하다  3 시작[착수]하다
- **embark** passengers and wool at an Australian port  오스트레일리아 항구에서 승객들과 양털을 싣다
- **embark** one's fortune in the swindler's scheme  사기꾼의 계략에 자신의 재산을 투자하다
- **embark** on a new career  새로운 직업을 시작하다

---

## 03 **embellish**
[imbéliʃ]
★ ★ ☆ ☆ ☆

em<en(in) +
bel(handsome) →
'~안에 멋진 것들을 넣다'
에서 유래

**vt** 1 아름답게[장식]하다
2 (이야기를) 재미있게 꾸미다
- a white hat **embellished** with pink roses  분홍 장미들로 장식된 흰 모자
- **embellish** the old stories  그 오래된 이야기들을 재미있게 꾸미다

---

## 04 **embezzle**
[imbézl]
★ ☆ ☆ ☆ ☆

em<en(in) +
bezzle<besillier(destroy) →
'금고를 파괴하고 돈을 빼내
다'에서 유래

**vt** (공금을) 유용[횡령]하다
- **embezzle** $50,000 from one's company  자신의 회사로부터 5만불을 횡령하다

---

## 05 **emblem**
[émbləm]
★ ☆ ☆ ☆ ☆

em<en(do) +
bl<bol (throw) →
'(대신 표현할 수 있는 것을)
위로 던지다'에서 유래

**n** 상징, 표상
- The dove is an **emblem** of peace.  비둘기는 평화의 상징이다.

---

## 06 **embody**
[imbádi]
★ ☆ ☆ ☆ ☆

em<en(in) +
body 실체 →
'추상적이고 무형적인 것에
실체를 불어 넣다'에서 유래

**vt** 1 구체[유형]화 하다  2 포함하다
- **embody** the ideals of democracy  민주주의에 대한 이상을 구체화하다
- The new car **embodies** many improvements.  그 새로운 차는 많은 개선된 기능을 포함하고 있다.

---

## 07 **emboss**
[imbɔ́ːs]
★ ☆ ☆ ☆ ☆

em<en(in) +
boss 돌기 →
'돌기처럼 튀어나오게 하다'에
서 유래

**vt** (금속 · 종이 따위를) 튀어나오게[돋아나게] 하다
- coins **embossed** with letters and figures  글자와 그림으로 튀어나온 동전들

## 08 embryo
[émbriou]
★☆☆☆☆

em<en(in) +
bryo(swell) →
'안에서 부풀어 오름'
에서 유래

**n** 1 (동·식물의) **태아, 배**
　2 **미발달[초기] 단계**

- There are many pros and cons presented concerning **embryo** cloning. 태아 복제에 관해 찬반 양론이 거세다.
- a plan still in **embryo** 아직 초기 단계에 있는 계획

**a** **미발달[초기]의**

- an **embryo** idea 초기 단계에 있는 생각

## 09 empower
[impáuər]
★★☆☆☆

em<en(in) +
power 힘 →
'~안에 힘을 넣어 주다'
에서 유래

**vt** **~에게 권한[능력]을 주다**

- **empower** one's secretary to sign certain contracts
자신의 비서에게 몇몇 계약들에 서명할 수 있는 권한을 주다

## 10 enact
[inǽkt]
★☆☆☆☆

en(make) +
act 법 →
'법으로 만들다'에서 유래

**vt** 1 (법률을) **제정[규정]하다**
　2 (연극 등을) **상연하다**

- **enact** a bill to restrict the sale of guns
총기 판매 금지 법안을 제정하다
- **enact** a play 연극을 상연하다

## 11 enchant
[intʃǽent]
★☆☆☆☆

en(against) +
chant 노래 →
'~를 향하여 아름다운 노래
를 부르다'에서 유래

**vt** 1 **마법을 걸다**
　2 **매혹시키다, 황홀케 하다**

- a palace in an **enchanted** wood 마법에 걸린 숲 속의 궁전
- The music **enchanted** us all.
그 음악이 우리 모두를 황홀하게 했다.

## 12 encircle
[insɔ́:rkl]
★☆☆☆☆

en(make) +
circle 원 →
'원을 만들다'에서 유래

**vt** **에워[둘러]싸다**

- Rebel forces had **encircled** the airport.
반란군이 공항을 에워쌌다.

## 13 encompass
[inkʌ́mpəs]
★☆☆☆☆

en(make) +
compass 컴퍼스 →
'컴퍼스로 둘레를 만들다'
에서 유래

**vt** 1 **둘러[에워]싸다**
　2 **포함하다**

- The atmosphere **encompasses** the earth. 대기는 지구를
에워싸고 있다.
- **encompass** the whole of English literature since 1850
1850년 이후 영문학 전체를 포함하다

1
9

## 14 **encounter**
[inkáuntər]
★★★☆☆

en(make) +
counter 반대 →
'서로 반대'에서 유래

**vt** 1 (사람과) 우연히 만나다
2 (어려움 따위에) 부딪치다, 직면하다

- **encounter** a friend on the plane
  비행기에서 한 친구를 우연히 만나다
- **encounter** a lot of problems  많은 문제들에 직면하다

**n** 1 뜻밖의 만남
2 (적과의) 교전, 전투

- have a close **encounter** with a poisonous snake
  독사를 눈 앞에서 보다
- The two armies had a desperate **encounter**.
  그 두 군대는 필사적인 전투를 했다.

---

## 15 **encroach**
[inkróutʃ]
★★★☆☆

en(in) +
croach<croch(hook) →
'갈고리 모양으로 구부리듯
파고 들다'에서 유래

**vi** (남의 재산·권리를) 침해하다

- Be careful not to **encroach** on her authority.
  그녀의 권한을 침해하지 않도록 주의하시오

---

## 16 **encumber**
[inkʌ́mbər]
★☆☆☆☆

en(in) +
cum(lie) →
'남이 가는 길에 누워 못가게
막다'에서 유래

**vt** 방해하다, 막다

- Heavy shoes **encumber** a runner in a race.
  무거운 신발은 경주에서 뛰는 사람을 방해한다.

---

## 17 **encyclopedia**
[insaikləpí:diə]
☆☆☆☆☆

en(in) + cyclo(circle) +
ped(child) →
'아이들을 교육시키기 위해
만든 책'에서 유래

**n** 백과사전

- an **encyclopedia** of modern science  근대 과학에 대한 백과사전

---

## 18 **endanger**
[indéindʒər]
★★★☆☆

en(in) +
danger 위험 →
'위험 속으로 빠뜨리다'에서 유
래

**vt** 위태롭게 하다

- Fire **endangered** the hotel's guests.
  화재가 그 호텔의 손님들을 위태롭게 했다.

---

## 19 **endear**
[indíər]
☆☆☆☆☆

en(make) +
dear 사랑하는 →
'사랑하게 만들다'에서 유래

**vt** 애정을 느끼게 하다

- Her kindness **endeared** her to all of us.
  그녀의 친절함은 우리 모두로 하여금 그녀에 대해 애정을 느끼게 했다.

---

## 20 **endemic**
[endémik]
★★☆☆☆

en(in) +
dem(district) →
'한 지역 내에만 있는'에서
유래

**a** 한 지방에만 나타나는, 풍토성의

- a disease **endemic** to the tropics  열대지방에 특유한 병

## 21 en[in]dorse
[indɔ́ːrs]
★★★★☆

en(on) +
dors<dos(back) →
'종이 뒷면에 쓰다'
에서 유래

**vt** 1 (수표 따위에) 배서[이서]하다
2 승인[인정]하다

- **endorse** the check  수표에 이서하다
- **endorse** the government's proposals  정부의 제안을 승인하다

## 22 engender
[indʒéndər]
★★★☆☆

en(in) +
gen(produce) →
'어떤 일을 일으키다'
에서 유래

**vt** 발생[야기]시키다

- Racial inequality **engenders** conflict.
  인종차별은 대립을 야기시킨다.

## 23 engrave
[ingréiv]
★☆☆☆☆

en(in) +
grave 새기다 →
'~안에 글자를 새기다'
에서 유래

**vt** 1 새기다, 조각하다
2 (마음 속에) 새기다, 명심하다

- a memorial **engraved** on the stone  돌에 새겨진 비문
- Her mother's face is **engraved** on her memory.
  어머니의 얼굴이 그녀의 기억 속에 깊이 새겨져 있다.

## 24 engross
[ingróus]
★★★☆☆

en(in) +
gross 큰 →
'큰 일 속으로 온 마음을 들
이다'에서 유래

**vt** 1 <수동태> (마음을) 빼앗다, 몰두시키다
2 (공문서 따위를) 큰 글자로[정식으로] 쓰다

- be **engrossed** in the story  그 이야기에 몰두해 있다
- Her name was **engrossed** on the diploma.
  그녀의 이름이 졸업장에 큰 글자로 씌여 있었다.

## 25 enhance
[inhǽns]
★★★☆☆

en(up) +
hanc(high) →
'위로 높이 올리다'에서 유래

**v** 높이다, 향상시키다

- **enhance** the prospects of world peace
  세계 평화의 전망을 밝게 하다

19

---

361 **heedless**
[híːdlis]
★☆☆☆☆

heed (care 주의) + less ~이 없는→
'주의심이 없는'에서 유래

**a 부주의한**
- **heedless** of danger  위험에 부주의한

---

362 **hefty**
[héfti]
★★☆☆☆

heft 중량, 중요성→
'중량이 나가는, 무거운'에서 유래

**a 무거운; 튼튼한; 상당한, 많은**
- impose **hefty** fines on a company  회사에 무거운 벌금을 부과하다

---

363 **heinous**
[héinəs]
★★★☆☆

hein (hatred 증오) →
'증오를 불러일으킬 정도로 가증스러운'에서 유래

**a 극악한, 가증스러운**
- Hitler's **heinous** crimes  히틀러의 극악한 죄

---

364 **herbivore**
[hə́ːrbəvɔːr]
★★☆☆☆

herb (grass 풀) + vore (eat 먹다) → '풀을 먹고 사는 초식 동물'에서 유래

**n 초식 동물**
- Cows are **herbivores**.  소는 초식 동물이다.

---

365 **heresy**
[hérəsi]
★☆☆☆☆

heres (choose 선택하다) →
'이단을 믿기로 선택함'에서 유래

**n <pl.> 이단**
- be burned at the stake for **heresy**  이단으로 화형에 처해지다

---

366 **hermitage**
[hə́ːrmitidʒ]
★☆☆☆☆

her<ere (separate 분리하다) → '속세와 분리된 곳에 있는 은신처'에서 유래

**n 은신처**
- seclude oneself in a mountain **hermitage**
  산중의 암자에 은둔하다

---

367 **hiatus**
[haiéitəs]
★★☆☆☆

hiatus<hiare (gape 입을 벌리다) → '입이 벌어지듯이 틈이 생김'에서 유래

**n (활동 등의) 중단, 단절**
- resume after a 5-year **hiatus**  5년 만에 다시 시작하다

---

368 **hibernate**
[háibərneit]
★☆☆☆☆

hibern (winter 겨울) →
'잠을 자며 겨울을 보내다'에서 유래

**vi (동물이) 겨울잠을 자다, 동면하다**
- Bears and snakes **hibernate**.  곰과 뱀은 겨울잠을 잔다.

---

369 **hideous**
[hídiəs]
★★★☆☆

hid (fright 공포) → '너무 공포스러워 소름이 끼치는'에서 유래

**a 소름이 끼치는**
- a **hideous** scene  소름 끼치는 장면

---

370 **hierarchy**
[háiərɑːrki]
★☆☆☆☆

hiera (sacred 신성한) + archy (rule 지배하다) → '성직자들이 지배하는 계급 제도'에서 유래

**n 계급 제도[조직]**
- be high up in the social **hierarchy**
  사회적 계급에서 높은 자리에 있다

---

### 371 **hilarious**
[hiléəriəs]
★★★☆☆

hilar (cheerful 즐거운)

**a** 즐거운
- a **hilarious** story about aunt's pet
  아줌마의 애완동물에 대한 즐거운 이야기

### 372 **hoarse**
[hɔːrs]
★★☆☆☆

hoarse<hors 거친, 마른 → '거친 소리가 나는, 목이 쉰' 에서 유래

**a** 목이 쉰
- A bad cold has made me **hoarse**.
  독감은 내 목을 쉬게 했다.

### 373 **hoax**
[houks]
★★☆☆☆

hoax<hocus 속이다 → '남을 속이다' 에서 유래

**v** (장난으로) 속이다
**n** 속임 장난; 날조
- The report of an attack on the earth was a **hoax**.
  지구 공격에 관한 소문은 날조였다.

### 374 **holistic**
[houlístik]
★☆☆☆☆

uncertain origin

**a** 전체론의
- a **holistic** approach  포괄적인 접근

### 375 **horrid**
[hɔ́ːrid]
★★☆☆☆

horr (shudder 몸을 떨다) → '치가 떨릴 정도로 무시무시한' 에서 유래

**a** 무시무시한, 지독한
- I had a **horrid** time doing my homework on time.
  나는 과제를 제 시간까지 하느라 끔찍한 시간을 보냈다.

### 376 **horticultural**
[hɔːrtəkʌ́ltʃərəl]
★☆☆☆☆

hort (garden 정원) + culture 경작 → '정원을 가꾸는 일과 관련된' 에서 유래

**a** 원예의
- books dealing with **horticultural** matters
  원예 문제를 다루고 있는 책

### 377 **hospitality**
[hɑspətǽləti]
★★☆☆☆

hospit (guest 손님) → '손님을 대접하는 하는 행위' 에서 유래

**n** 환대, 접대
- I experienced the full measure of my homestay family's **hospitality**. 나는 홈스테이 가족의 환대를 충분히 받았다.

### 378 **hubris**
[hjúːbris]
★★☆☆☆

hubris<hybris (insolence 건방짐) → '건방지게 자기 자신을 과대평가하는 믿음' 에서 유래

**n** 오만, 자기 과신
- show a sign of **hubris** 오만함의 징후를 보이다

### 379 **humane**
[hjuːméin]
★★★☆☆

human 사람 → '사람이 인정 있는' 에서 유래

**a** 인정있는
- a **humane** officer 인정 있는 장교

### 380 **humdrum**
[hʌ́mdrʌm]
★☆☆☆☆

hum (buzz 윙윙 거리는 소리) → '윙윙 거리는 소리를 듣는 것 처럼 지루한' 에서 유래

**a** 지루한
- a **humdrum** task 지루한 일

1
9

# pass / pay / pick / play / pull

- **pass away** / 죽다 die, be gone
- **pass for** / ~로 통하다 be accepted as
- **pass out** / 기절하다 faint, black out
- **pass over** / 무시하다, 못 본 체하다 ignore; 넘겨주다, 양도하다 disregard
- **pass up** / 오르다 go up, rise; 기회를 놓치다; 거절하다 reject, turn down
- **pay[give] attention to** / 주의하다 take note of, heed; attend to, listen up
- **pay lip service to something** / ~에 대해 말만 번지르르하게 하다
- **pay off** / 성과를 거두다, 이익을 가져오다 be worthwhile; (빚을) 청산하다 liquidate; (밀린 월급을 주고) 해고하다
- **pay a tribute to** / ~에 찬사를 보내다 honor, extol
- **pick on** / 괴롭히다, 흠을 찾아내다 annoy, find fault
- **pick up** / 줍다, 붙잡다, 검거하다 arrest; 도중에 태우다, 마중나가다; 회복하다, 향상하다 recover, get over
- **play down** / 얕보다, 경시하다 make light of, belittle
- **play it by ear** / 임기응변으로 ~하다 improvise
- **play on[upon]** / ~을 이용하다, 놀리다, 속이다 exploit, take advantage of, impose on, delude
- **play up** / 강조하다 stress, highlight, 과장하다 exaggerate, overstate
- **pull off** / 찢어내다 tear away; 잘 해내다 succeed, achieve
- **pull oneself together** / 마음을 가라앉히다, 기운을 차리다 calm down
- **pull over** / 길가에 정차하다 stop, draw up
- **pull through** / 회복하다 recover
- **pull together** / 협동하다 cooperate
- **pass out of existence** / 사라지다 disappear, vanish, fade
- **pass the buck to someone** / ~에게 책임을 전가하다
- **pick up the tab** / 셈 치르다 pay, foot the bill
- **play a key role in** / 중요한 역할을 하다
- **play second fiddle to** / ~보다 덜 중요한 자리를 차지하다
- **play up to** / ~에 맞장구를 치다, 아첨하다 flatter
- **pull a long face** / 우울한(시무룩한) 표정을 하다 look sad
- **pull one's fingers out** / (다시 한번) 열심히 일하기 시작하다 stop being lazy
- **pull someone's leg** / ~를 놀리다 tease, make a fool of
- **pull strings** / 배후에서 조종하다, 영향력을 행사하다 mastermind

| ★ ★ ★ ★ ☆ | 37. | entail | ☐ ☐ ☐ |
| | 01. | ephemeral | ☐ ☐ ☐ |

| ★ ★ ★ ☆ ☆ | 39. | enthrall | ☐ ☐ ☐ |
| | 42. | entitle | ☐ ☐ ☐ |
| | 46. | envoy | ☐ ☐ ☐ |
| | 05. | epitome | ☐ ☐ ☐ |

| ★ ★ ☆ ☆ ☆ | 27. | enlist | ☐ ☐ ☐ |
| | 30. | enrage | ☐ ☐ ☐ |
| | 35. | ensue | ☐ ☐ ☐ |
| | 41. | entice | ☐ ☐ ☐ |
| | 43. | entreat | ☐ ☐ ☐ |

| ★ ☆ ☆ ☆ ☆ | 26. | enjoin | ☐ ☐ ☐ |
| | 28. | enliven | ☐ ☐ ☐ |
| | 31. | enroll | ☐ ☐ ☐ |
| | 36. | ensure | ☐ ☐ ☐ |
| | 38. | entangle | ☐ ☐ ☐ |
| | 44. | entrench | ☐ ☐ ☐ |
| | 02. | epidemic | ☐ ☐ ☐ |
| | 03. | epigram | ☐ ☐ ☐ |
| | 06. | epoch | ☐ ☐ ☐ |

| ☆ ☆ ☆ ☆ ☆ | 29. | ennoble | ☐ ☐ ☐ |
| | 32. | ensemble | ☐ ☐ ☐ |
| | 33. | ensign | ☐ ☐ ☐ |
| | 34. | enslave | ☐ ☐ ☐ |
| | 40. | enthrone | ☐ ☐ ☐ |
| | 45. | entrust | ☐ ☐ ☐ |
| | 04. | epilogue | ☐ ☐ ☐ |

## 26 **enjoin**
[indʒɔ́in]
★ ☆ ☆ ☆ ☆

en(in) +
join 결합하다 →
'(강제로) 하나로 합치도록
만들다'에서 유래

**vt** 1 ~에게 명령하다
2 《법》 ~을 금하다

- **enjoin** obedience on the soldiers 병사들에게 복종을 명령하다
- **enjoin** a company from using the dazzling advertisement
  회사에 대해 과대 광고를 금하다

## 27 **enlist**
[inlíst]
★ ★ ☆ ☆ ☆

en(in) +
list 명부 →
'명부 안에 이름을 넣다'
에서 유래

**v** 1 《군사》 병적에 넣다, 입대하다
2 도움을 주다[받다]

- He **enlisted** in the navy.  그는 해군에 입대했다.
- **enlist** in the Red Cross drive  적십자 모금 운동에 도움을 주다
- **enlist** a person's help for a campaign  어떤 캠페인에 대해 남의 도움을 얻다

## 28 **enliven**
[inláivən]
★ ☆ ☆ ☆ ☆

en(make) +
live 생기있는 →
'생기있게 만들다'에서 유래

**vt** 활기[생기]있게 하다

- Spring **enlivens** all nature. 봄은 모든 자연을 생기있게 한다.

## 29 **ennoble**
[inóubl]
☆ ☆ ☆ ☆ ☆

en(make) +
noble 고상한 →
'고상하게 만들다'에서 유래

**vt** 품위있게[고상하게] 하다

- A good deed **ennobles** the person who does it.
  훌륭한 행동은 그것을 행하는 사람을 품위있게 한다.

## 30 **enrage**
[inréidʒ]
★ ★ ☆ ☆ ☆

en(make) +
rage 격노 →
'격노하게 만들다'
에서 유래

**vt** 격노[분개]하게 하다

- Her rude behavior **enraged** him.
  그녀의 무례한 행동이 그를 격노하게 했다.

## 31 **enroll**
[inróul]
★ ☆ ☆ ☆ ☆

en(in) +
roll 명부 →
'명부 안에 이름을 넣다'
에서 유래

**vt** 등록[가입, 입대]시키다

- **enroll** one's son in a music school
  아들을 음악 학교에 등록시키다

**vi** 등록하다

- **enroll** for a course  강좌에 등록하다

## 32 **ensemble**
[a:nsá:mbl]
☆ ☆ ☆ ☆ ☆

en(in) +
sem<simul(at the same time)
→ '안에서 동시에 나타나는
효과'에서 유래

**n** 1 (조화로운) 한 벌의 여성복
2 《음악》 앙상블(중창과 합창을 섞은 대합창), 합주곡

- The coat, hat, and shoes make an attractive **ensemble**.
  코트, 모자 그리고 신발은 매력적인 한 세트를 이룬다.
- All the singers joined in the **ensemble**.  모든 가수들이 앙상블에 참가했다.

## 33 **ensign**
[énsain]
☆ ☆ ☆ ☆ ☆

en(on) +
sign 표시 →
'위에 매다는 표시'
에서 유래

**n** 1 (국)기
2 상징

- the **ensign** of the Korea 한국의 국기
- The **ensign** of the queen was her crown. 왕비의 상징은 그녀의 왕관이었다.

---

## 34 **enslave**
[insléiv]
☆ ☆ ☆ ☆ ☆

en(make) +
slave 노예 →
'노예로 만들다'에서 유래

**vt** 노예로 만들다, 예속시키다

- **enslave** the captives 포로들을 노예로 만들다

---

## 35 **ensue**
[insú:]
★ ★ ☆ ☆ ☆

en(upon) +
su<sequ(follow) →
'~의 다음에 일어나다'
에서 유래

**vi** 계속해서[결과로서] 일어나다

- Thousands of people were killed in the **ensuing** battle. 수천명이 계속되는 전투로 죽었다.

---

## 36 **ensure**
[inʃúər]
★ ☆ ☆ ☆ ☆

en(make) +
sure 확실한 →
'확실하게 만들다'
에서 유래

**vt** 책임지다, 보장[보증]하다

- This medicine will **ensure** you a good night's sleep. 이 약이 당신의 편안한 숙면을 보장할 것이다.

---

## 37 **entail**
[intéil]
★ ★ ★ ★ ☆

en(make) +
tail 꼬리 →
'꼬리 부분을 만들다'
에서 유래

**vt** 1 (필연적인 결과로서) **수반하다, 필요로 하다**
2 <법> (재산의) 상속인을 한정하다

- Writing a history book **entails** a lot of work. 역사책을 쓰는 것은 많은 연구를 수반한다.
- **entail** one's property on one's eldest son 장남을 자신의 재산에 대한 상속인으로 한정하다

**n** <법> (부동산의) 한사 상속 : 상속권의 한정

- break the **entail** and leave the estate to someone else 한사 상속을 파기하고 다른 사람에게 부동산을 남기다

---

## 38 **entangle**
[intǽŋgl]
★ ☆ ☆ ☆ ☆

en(do) +
tangle 엉키게 하다 →
'엉키게 하다'에서 유래

**vt** 1 엉키게 하다
2 (어려움에) 빠뜨리다, 말려들게 하다

- Threads are easily **entangled**. 실은 쉽게 엉킨다.
- **entangle** a person in a conspiracy 남을 음모에 말려들게 하다

39 **enthrall**
[enθrɔ́ːl]
★★★☆☆

en(make) +
thrall 노예
'노예로 만들다'에서 유래

**vt** 1 **매혹시키다** 2 **노예화하다**
- **enthrall** the audience 청중을 매혹시키다
- be **enthralled** by the conquerors 정복자들에 의해서 노예화되다

---

40 **enthrone**
[inθróun]
☆☆☆☆☆

en(make) +
throne 왕위
'왕위에 오르게 하다'
에서 유래

**vt** 왕위에 앉히다, 즉위시키다
- The insurgents **enthroned** their chief.
  반란자들은 그들의 우두머리를 왕위에 즉위시켰다.

---

41 **entice**
[intáis]
★★☆☆☆

en(in) + ti<titio(firebrand)
'어둠 속에서 횃불[불빛]로
사람을 유혹하다'에서 유래

**vt** 꾀다, 유혹하다
- She **enticed** him away from his wife. 그녀는 그를 그의 아내로
  부터 떠나도록 유혹했다.

---

42 **entitle**
[intáitl]
★★★☆☆

en(in) +
title 제목
'~안에 제목을 붙이다'
에서 유래

**vt** 1 **~에게 제목[이름]을 붙이다**
2 **~에게 권리[자격]를 부여하다**
- The book is **entitled** "Crime and Punishment".
  그 책은"죄와 벌"이라는 제목이 붙혀져 있다.
- This ticket will **entitle** you to admission.
  이 티켓이 당신에게 입장할 수 있는 자격을 부여해 줄 것이다.

---

43 **entreat**
[intríːt]
★★☆☆☆

en(in) +
treat<track(draw)
'상대방의 옷을 끌며 애원하
다'에서 유래

**vt** 간절히 원하다, 간청하다
- **entreat** him to help her 그녀를 도와 달라고 그에게 간청하다

---

44 **entrench**
[intréntʃ]
★☆☆☆☆

en(in) +
trench 참호
'~안에 참호를 파다'
에서 유래

**vt** 1 **참호로 에워싸다[지키다]**
2 **확립[정착]하다**
- Our soldiers were **entrenched** opposite the enemy.
  우리 군은 적에 대항하여 참호로 에워싸여 있었다.
- **entrench** one's political philosophy 자신의 정치 철학을 확립하다

---

45 **entrust**
[intrást]
☆☆☆☆☆

en(in) +
trust 믿음
'믿음 안에 두다'
에서 유래

**vt** 맡기다, 위탁하다
- **entrust** the children to a baby-sitter
  아이를 돌보는 사람에게 아이들을 맡기다

---

46 **envoy**
[énvɔi]
★★★☆☆

en(on) +
voy<via(way)
'바깥의 길 위로 내보내는 사
람'에서 유래

**n** (외교) 사절, 특사
- a special **envoy** of the president 대통령의 특사

## 01 ephemeral
[ifémərəl]
★★★★☆

ephe<epi(upon) +
mera<hemera(day) →
'(생명이) 하루밖에 안 가는'
에서 유래

**a** 일시적인
- His success as a singer was **ephemeral**.
  가수로서 그의 성공은 일시적인 것이었다.

## 02 epidemic
[epədémik]
★☆☆☆☆

epi(upon) +
dem(people) →
'여러 사람들에게서 나타나
는'에서 유래

**n** 1 유행[전염]병
2 (사상·현상 등의) 유행, 확산
- schools closed because of an **epidemic** of flu
  유행성 독감으로 인해 문닫은 학교들
- an **epidemic** of buying goods on the installment plan
  할부 계획으로 상품을 구매하는 것의 확산

**a** 유행병의, 널리퍼진
- an **epidemic** outbreak of influenza 독감의 유행

## 03 epigram
[épəgræm]
★☆☆☆☆

epi(on) +
gram(write) →
'깨달음을 주기 위해 쓴 글'
에서 유래

**n** 경구, 짧은 시
- "The only way to get rid of a temptation is to yield to it." is an example of an **epigram**.
  "유혹을 떨쳐낼 수 있는 유일한 방법은 유혹에 굴복하는 것이다."는 경구의 한 예이다.

## 04 epilogue
[épəlɔ:g]
☆☆☆☆☆

epi(in addition) +
log(speak) →
'맨 뒤에 덧붙인 말'
에서 유래

**n** 맺음말, 결어
- An **epilogue** is used to round out the work.
  맺음말은 작품을 마무리하는 데 사용된다.

## 05 epitome
[ipítəmi]
★★★☆☆

epi(into) +
tom(cut) →
'긴 글 안에서 잘라낸 것'
에서 유래

**n** 1 개략, 요약
2 전형, 표본
- the **epitome** of all one's previous books
  자신의 이전의 모든 책들에 대한 요약
- Solomon is often spoken of as the **epitome** of wisdom.
  솔로몬은 종종 지혜의 표본으로 불리워진다.

## 06 epoch
[épək]
★☆☆☆☆

ep<epi(upon) +
och(hold) →
'과거의 역사를 멈추게 할 만
한 새로운 시대'에서 유래

**n** (획기적인) 시대
- The years of the Civil War were an **epoch** in history of the United States.
  남북전쟁의 수년간은 미국 역사상 획기적인 시대였다.

381 **humid**
[hjú:mid]
★☆☆☆☆

hum (moisture 습기) →
'습기가 있는'에서 유래

**a** 습한
- extremely **humid** Tokyo in mid-summer
  한 여름에 상당히 습한 도쿄

382 **humility**
[hju:míləti]
★☆☆☆☆

humil (low 낮은) →
'남들 앞에서 자신을 낮추는
겸손'에서 유래

**n** 겸손
- speak with a **humility** and lack of pride
  겸손하고 자만심을 갖지 않고 말하다

383 **hybrid**
[háibrid]
★★★☆☆

hybrid (half-breed 잡종)

**n** 잡종
- A mule is the **hybrid** from a donkey and a horse.
  노새는 당나귀와 말의 잡종이다.

384 **idiosyncrasy**
[idiəsíŋkrəsi]
★☆☆☆☆

idio (peculiar 독특한) →
'독특한 특징'에서 유래

**n** (개인의) **특징, 특이성**
- the **idiosyncrasy** of the poet 그 시인의 특이함

385 **idolize**
[áidəlaiz]
★★★☆☆

idol (image 초상) → '어떤 초
상을 숭배의 대상으로 하다'
에서 유래

**v** 숭배하다
- **idolize** a pop star 팝 스타를 숭배하다

386 **inkling**
[íŋkliŋ]
★☆☆☆☆

inkle (hint 암시)

**n** 암시
- have an **inkling** of the plan 그 계획을 어렴풋이 알다

387 **insular**
[ínsələr]
☆☆☆☆☆

insul (island 섬)

**a** 섬의; 섬나라 근성의, 편협한
- **insular** attitudes toward foreigners 외국인들에 대한 편협한 태도

388 **irascible**
[iræsəbl]
★★☆☆☆

irasci (angry 화난) →
'화를 쉽게 내는'에서 유래

**a** 화를 잘 내는
- one's **irascible** temper 화를 잘 내는 성질

389 **irksome**
[ə́:rksəm]
★★☆☆☆

irk 괴롭히다 →
'괴롭게 하는, 성가신'에서 유
래

**a** 진저리가 나는, 지루한
- Washing dishes all day is an **irksome** task.
  온종일 설거지하는 것은 성가신 일이다.

390 **ironic(al)**
[airánikəl]
★★★☆☆

iron (speak 말하다)
→ '(비꼬아) 말함으로써 반어
적인'에서 유래

**a** 반어(反語)적인
- make an **ironic** comment 반어적인 논평을 하다

391 **isolate**
[áisəlèit]
★★☆☆☆

isol<insul (island 섬)→
'섬같이 고립된 장소로 만들
다'에서 유래

**v** 격리하다, 고립시키다
- People with contagious diseases should be **isolated**.
  전염병에 걸린 사람은 격리되어야 한다.

**392 itinerant**
[aitínərənt]
★☆☆☆☆

itiner 여행 →
'여행하듯이 순회하는'에서
유래

**a** 순회하는
- lead an **itinerant** life 방랑하는 생활을 하다

---

**393 jeopardy**
[dʒépərdi]
★★★☆☆

jeo (game 게임) + pard<part
(divide 나누다) → '승산이 절
반인 게임[체스]에서 한 수만
잘못 두면 위험함'에서 유래

**n** 위험
- the ship in **jeopardy** of being wrecked
  난파 위험에 빠져 있는 배

---

**394 jettison**
[dʒétəsn]
★☆☆☆☆

jet (throw 던지다) →
'배 밖으로 짐을 던지다'에서
유래

**vt** (배·항공기에서 짐을) 투하하다
- **jettison** much of the cargo to sail safely
  안전하게 운항하기 위해 많은 뱃짐을 투하하다

---

**395 jocose**
[dʒoukóus]
★☆☆☆☆

jocose (joke 익살) →
'익살스러운, 익살맞은'에서
유래

**a** 익살맞은
- act in a **jocose** manner 익살맞은 태도로 행동하다

---

**396 jubilation**
[dʒù:bəléiʃən]
★☆☆☆☆

jubila<jubilare 기뻐 소리치다
→
'기뻐 소리치는 행위, 환호'
에서 유래

**n** 환호
- **jubilation** in the crowd 군중들 사이의 환호

---

**397 judicious**
[dʒu:díʃəs]
★★☆☆☆

jud (judge 판단하다) →
'현명하게 판단하는'에서 유
래

**a** 현명한
- a **judicious** choice 현명한 선택

---

**398 juncture**
[dʒʌ́ŋktʃər]
★☆☆☆☆

junct (join 연결하다) →
'두 사물의 연결'에서 유래

**n** 접합, 연결; (중대한) 시점, 시기
- reach a crucial **juncture** 중대한 위기에 처하다

---

**399 jurisdiction**
[dʒùərisdíkʃən]
★★☆☆☆

juris (law 법) + dict (say 말하
다) →
'법이라고 말할 수 있는 권리'
에서 유래

**n** 사법권; 권한
- The principal has **jurisdiction** over the teachers in a school.
  교장은 학교의 선생들을 관할한다.

---

**400 kindle**
[kíndl]
★☆☆☆☆

kindle<candle 촛불을 켜다 →
'(촛불을 켜듯) 불을 붙이다'
에서 유래

**v** 불을 붙이다; (정열 따위를)타오르게 하다
- **kindle** an interest in music 음악에 대한 관심에 불을 붙이다

# round / see / shed / show / sit / speak / talk / tell / throw / wait / walk

- **round off** / 반올림하다 round up; 마무리하다, 끝내다
- **round up** / 모으다, 체포하다 arrest, apprehend; 반올림하다
- **see to** / 주의하다, 배려하다 take care of, pay attention to
- **see to it that** / ~을 확실히 하다 make sure that ~
- **shed light on** / 설명하다 explain, account for
- **show off** / 자랑하다, 과시하다 boast of, brag, swagger
- **show up** / 나타나다, 참석하다 appear, turn up
- **sit on(upon)** / ~의 일원이 되다 be a member of
- **sit up** / 잠을 자지 않고 앉아있다 stay up; 윗몸 일으키기하다
- **speak ill of** / ~를 나쁘게 말하다, 비방하다 malign
- **speak out** / 솔직히 말하다 call a spade a spade
- **speak well of** / ~를 좋게 말하다, 칭찬하다 praise
- **talk big** / 과장하다, 허풍 치다 exaggerate, brag, swagger
- **tell A from B** / A와 B를 구별하다 distinguish[know] A from B
- **tell off** / 할당하다 allocate ; 꾸짖다 call down, call on the carpet
- **tell on** / 영향을 미치다 have an effect on ; 고자질하다, 비밀을 누설하다 tell tales, spill the beans
- **throw a fit** / 노발대발하다 become upset, be very angry
- **throw up** / 토하다 vomit, bring up
- **wait for** / 기다리다 await
- **wait on** / 시중들다 serve, attend on
- **wait up** / 잠 안자고 기다리다
- **walk out** / 파업하다 go on strike
- **walk out on** / 버리다, 떠나다 dump, forsake, desert, leave
- **see eye to eye** / 견해가 일치하다 agree
- **shed crocodile tears** / 거짓 눈물을 흘리다 pretend grief
- **sit on the fence** / 형세를 관망하다, 중립을 지키다 straddle the fence, remain neutral
- **Talk of the devil.** / 호랑이도 제 말하면 온다.
- **talk shop** / 사업 이야기를 하다 talk about things in one's work
- **You are telling me** / 맞았어, 바로 그거야. I quite agree with you.
- **throw in the sponge[towel]** / 패배를 인정하다, 항복하다 admit defeat, surrender

## 우선순위

# ex-

Date :

---

| ★ ★ ★ ★ ★ | 11. | eligible | □ □ □ |

---

| ★ ★ ★ ★ ☆ | 02. | eccentric | □ □ □ |
| | 05. | efface | □ □ □ |
| | 14. | emancipate | □ □ □ |
| | 22. | erode | □ □ □ |

2
1

---

| ★ ★ ★ ☆ ☆ | 07. | elaborate | □ □ □ |
| | 12. | elucidate | □ □ □ |
| | 13. | elude | □ □ □ |
| | 15. | emerge | □ □ □ |
| | 17. | eminent | □ □ □ |
| | 18. | emit | □ □ □ |
| | 19. | enervate | □ □ □ |
| | 21. | eradicate | □ □ □ |
| | 23. | erudite | □ □ □ |
| | 26. | evacuate | □ □ □ |
| | 27. | evade | □ □ □ |

---

| ★ ★ ☆ ☆ ☆ | 01. | allege | □ □ □ |
| | 04. | ecstasy | □ □ □ |
| | 29. | evaporate | □ □ □ |

---

| ★ ☆ ☆ ☆ ☆ | 03. | eclipse | □ □ □ |
| | 06. | effigy | □ □ □ |
| | 08. | elapse | □ □ □ |
| | 09. | elate | □ □ □ |
| | 10. | elicit | □ □ □ |
| | 16. | emigrate | □ □ □ |
| | 20. | enumerate | □ □ □ |
| | 24. | erupt | □ □ □ |
| | 28. | evaluate | □ □ □ |

---

| ☆ ☆ ☆ ☆ ☆ | 25. | escort | □ □ □ |

## 01 **allege**
[əlédʒ]
★★☆☆☆

al<ex(out) +
leg<litigare(sue) →
'자신의 생각을 입 밖으로 표출하다'에서 유래

**vt** (증거없이) **주장하다, 단언하다**

• He **alleges** that his watch has been stolen.
그는 자신의 시계를 도난당했다고 주장하고 있다.

---

## 02 **eccentric**
[ikséntrik]
★★★★☆

ec<ex(out) +
cent(center) →
'중심에서 벗어난'에서 유래

**a** 1 **괴짜의, 이상한** 2 **중심이 다른, 이심(원)의**

• People stared at the artist's **eccentric** clothes.
사람들은 그 예술가의 이상한 옷차림을 응시했다.

• not concentric but **eccentric** circles 동심이 아닌 이심원

**n** **괴짜, 기인**

• an **eccentric** who filled his house with statues of himself.
자신의 동상으로 집을 가득 채우는 괴짜

---

## 03 **eclipse**
[iklíps]
★☆☆☆☆

ec<ex(out) +
lip(leave) →
'뒤에 남겨 둠'에서 유래

**n** 1 (해 · 달의) **식(蝕)** 2 (명예 등의) **상실, 실추**

• a total[partial] **eclipse** of the sun 개기[부분] 일식

• Marxism remains in relative **eclipse**. 마르크시즘은 상대적으로 중요성이 상실된 상태이다.

**vt** 1 (천체가 다른 천체를) **가리다** 2 **능가하다**

• The moon **eclipsed** the sun. 달이 태양을 가렸다.

• In sports he **eclipsed** his elder brother. 스포츠에서 그는 그의 형을 능가했다.

---

## 04 **ecstasy**
[ékstəsi]
★★☆☆☆

ec<ex(out) +
sta(stand) →
'입을 열고 서 있는 상태'에서 유래

**n** **무아지경, 황홀**

• The little girl was in **ecstasy** over her new puppy.
그 어린 소녀는 새 강아지에 대해 황홀해 했다.

---

## 05 **efface**
[iféis]
★★★★☆

ef<ex(out) +
face 표면 →
'표면 위에 있는 것을 밖으로 빼내다'에서 유래

**vt** 1 **지우다, 말살[삭제]하다** 2 **눈에 띄지 않게 하다**

• It takes many years to **efface** the terrible memories of a war.
전쟁의 무서운 기억을 지우는 데는 여러 해가 걸린다.

• The shy boy **effaced** himself by staying in the back ground.
그 수줍음 많은 소년은 뒤쪽에 머물러 있음으로써 자신을 감추었다

---

## 06 **effigy**
[éfidʒi]
★☆☆☆☆

ef<ex(out) +
fig(form) →
'밖으로 내보이는 형상'에서 유래

**n** **상(像), 형상**

• burn an **effigy** of the enemy 원수의 형상을 불태우다

07 **elaborate**
[ilǽbərət]
★★★☆☆

e<ex(out) +
labor 노동 →
'노동이라고 생각하지 않고
일하는'에서 유래

**a** 정성들인, 정교한

- make **elaborate** preparations for the party
  정성들여 파티를 준비하다

**vt** [ilǽbəreit] **정성들여 만들다**

- **elaborate** one's plans for a new project
  새로운 프로젝트에 대한 계획을 정성들여 짜다

**vi** 상세히 설명하다

- The witness was asked to **elaborate** on the scene.
  그 목격자는 그 장면에 대해 상세히 설명하도록 요청 받았다.

08 **elapse**
[ilǽps]
★☆☆☆☆

e<ex(away) + lap(slip) →
'시간이 미끄러지듯 어느새
흘러가다'에서 유래

**vi** (때가) 경과하다

- Many hours **elapsed** while he slept.
  그가 자고 있는 동안 많은 시간이 경과했다.

09 **elate**
[iléit]
★☆☆☆☆

e<ex(out) +
lat(carry) →
'(자신의 성취를) 바깥으로
나르다'에서 유래

**vt** 의기 양양하게 하다

- His success in the contest **elated** him.
  경연 대회에서의 입상이 그를 의기 양양하게 했다.

10 **elicit**
[ilísit]
★☆☆☆☆

e<ex(out) +
lic(entice) →
'유혹해서 밖으로 빼내다'
에서 유래

**vt** (대답·웃음 따위를) 이끌어[유도해] 내다

- **elicit** laughter from the audience
  청중으로부터 웃음을 이끌어 내다

11 **eligible**
[élidʒəbl]
★★★★★

e<ex(out) +
lig<leg(select) →
'선택되어 밖으로 나온'
에서 유래

**a** 적격[적임]의, 자격이 있는

- Anyone over the age of 18 is **eligible** to vote.
  18세를 넘은 사람이라면 누구나 투표할 자격이 있다.

12 **elucidate**
[ilú:sədeit]
★★★☆☆

e<ex(out) +
lucid(light) →
'빛을 밖으로 비추다'에서 유
래

**vt** (문제 등을) 밝히다, 명료하게 설명하다

- **elucidate** one's theory by a few simple demonstrations
  몇 가지 간단한 실례들로 자신의 이론을 명료하게 설명하다

13 **elude**
[ilú:d]
★★★☆☆

e<ex(out) +
lud(play) →
'장난치듯 밖으로 빠져 나가
다'에서 유래

**vt** (벌·책임 따위에서) 교묘히 피하다, 빠져 나오다

- The sly fox **eluded** the hunter.
  교활한 여우는 사냥꾼을 교묘히 피했다

2
1

## 14 **emancipate**
[imǽnsəpeit]
★★★☆☆

e<ex(out) + man(hand) + cip(take) ·
'잡았던 손을 놓아 밖으로 풀어주다'에서 유래

**vt** (속박 · 구속에서) **해방시키다, 자유롭게 하다**

- This new machine will **emancipate** us from all the hard work. 이 새로운 기계는 모든 힘든 일로부터 우리를 해방시켜 줄 것이다.

---

## 15 **emerge**
[imə́ːrdʒ]
★★★☆☆

e<ex(out) + merg(dip) ·
'물 속에 잠겨 있다가 밖으로 나오다'에서 유래

**vi** 1 (물 · 어둠 속에서) **나오다, 나타나다** 2 (가난 · 낮은 신분으로부터) **벗어나다**

- The sun **emerged** from behind a cloud.
  태양이 구름 뒤에서 밖으로 나왔다.
- Many people have **emerged** from slums.
  많은 사람들이 빈민가에서 벗어났다.

---

## 16 **emigrate**
[émigreit]
★☆☆☆☆

e<ex(out) + migrate 이주하다 ·
'밖[외국]으로 이주하다'에서 유래

**vi** (외국으로) **이주[이민]하다**

- Her family **emigrated** to America.
  그녀의 가족은 미국으로 이주했다.

---

## 17 **eminent**
[émənənt]
★★★☆☆

e<ex(out) + min(jut) ·
'(이름이) 세상 밖으로 튀어나온'에서 유래

**a** **뛰어난, 탁월한**

- Washington was **eminent** both as general and as President.
  워싱턴은 장군과 대통령으로서 둘 다 뛰어났다.

---

## 18 **emit**
[imít]
★★★☆☆

e<ex(out) + mit(send) ·
'밖으로 내보내다'에서 유래

**vt** 1 (빛 · 열 · 소리 따위를) **내다, 방출하다** 2 (의견 따위를) **말하다**

- The sun **emits** light and heat. 태양은 빛과 열을 낸다.
- **emit** a few curses 몇 마디 저주의 말을 퍼붓다

---

## 19 **enervate**
[énərveit]
★★★☆☆

e<ex(away) + nerve 체력 ·
'체력을 떨어뜨리다'에서 유래

**vt** **기력을 빼앗다, 약화시키다**

- He was **enervated** by his long illness.
  그는 오랜 병으로 인해 기력이 약해졌다.

**a** [inə́ːrvit] **무기력한**

- A hot day makes me feel **enervate**. 더운 날은 나를 무기력하게 만든다.

---

## 20 **enumerate**
[injúːməreit]
★☆☆☆☆

e<ex(out) + numer(number) ·
'관련된 숫자를 모두 밖으로 끌어 내다'에서 유래

**vt** (일일이) **열거하다**

- **enumerate** the reasons for one's decision
  자신의 결정에 대한 이유를 열거하다

---

## 21 **eradicate**
[irǽdəkeit]
★★★☆☆

e<ex(out) + radic(root) ·
'뿌리를 밖으로 뽑아 내다'에서 유래

**vt** **뿌리째 뽑다, 근절하다**

- **eradicate** weeds from the garden
  정원에 있는 잡초들을 뿌리째 뽑다

---

## 22 **erode**

[iróud]

★★★★☆

e<ex(away) + rod(gnaw) →
'차츰 갉아 먹어 들어가다'에서 유래

**vt** (병 따위가) ~을 좀먹다, (물이 땅·암석을) **침식하다**

- The sea **erodes** the rocks.
  바닷물이 바위들을 침식해 들어가고 있다.

---

## 23 **erudite**

[érjudait]

★★★☆☆

e<ex(away) + rude 무례한 →
'(못배운) 무례함과는 멀리 떨어진'에서 유래

**a** 박식한, 학식있는

- an **erudite** teacher[book] 박식한 선생님[학문적인 책]

---

## 24 **erupt**

[irʌ́pt]

★☆☆☆☆

e<ex(out) + rupt(burst) →
'밖으로 터져 나오다'에서 유래

**v** 1 (화산 등이) **분출[폭발]하다** 2 **발진하다, 돋아나다**

- Lava **erupted** from the volcano. 화산에서 용암이 분출했다.
- Her face **erupted** in pimples. 그녀의 얼굴에 여드름이 돋아났다.

---

## 25 **escort**

[éskɔːrt]

☆☆☆☆☆

es<ex(out) + cor(correct) →
'옳은 방향으로 이끄는 사람'에서 유래

**n** 호송[호위]자

- an aircraft-carrier with an **escort** of smaller warships
  더 작은 전함들의 호위를 받는 항공 모함

**v** [iskɔ́ːrt] 호송[호위]하다

- **escort** his cousin to the movies 조카를 영화관까지 바래다 주다

---

## 26 **evacuate**

[ivǽkjueit]

★★★☆☆

e<ex(out) + vacu(empty) →
'밖으로 나가게 해 비어있게 만들다'에서 유래

**vt** (사람·군대 등을) **대피[철수]시키다**

- **evacuate** all civilians from the war zone
  전쟁이 벌어지는 지대로부터 모든 시민들을 피난시키다

---

## 27 **evade**

[ivéid]

★★★☆☆

e<ex(out) + vad(go) →
'밖으로 도망가다'에서 유래

**vt** (교묘히) **피하다, 벗어나다**

- **evade** pursuer by hiding in a cave
  동굴에 숨어서 추종자를 피하다

---

## 28 **evaluate**

[ivǽljueit]

★☆☆☆☆

e<ex(out) + value 가치 →
'가치를 평가해 밖으로 내보이다'에서 유래

**vt** 평가하다

- **evaluate** the old furniture 고가구의 가치를 평가하다

---

## 29 **evaporate**

[ivǽpəreit]

★★☆☆☆

e<ex(out) + vapor 수증기 →
'수증기로 빠져 나가다'에서 유래

**v** 1 **증발하다** 2 (사람·희망 등이) **사라지다**

- Boiling water **evaporates** rapidly.
  끓는 물은 빠르게 증발한다.
- Hopes are beginning to **evaporate**.
  희망이 사라지기 시작하고 있다.

401 **kindred**
[kíndrid]
☆☆☆☆☆

kin 친척

**n** **a** 친척[동족](의)
- **kindred** language 동족어

---

402 **kleptomaniac**
[kleptəméiniæk]
★☆☆☆☆

klep (steal 훔치다) + mania 열광 →
'병적으로 물건을 훔치는 사람' 에서 유래

**n** 병적 도벽자
- the wealthy **kleptomaniac** 부유한 병적 도벽자

---

403 **laborious**
[ləbɔ́ːriəs]
★★☆☆☆

labor (work 일) →
'일을 많이 해야 하는' 에서 유래

**a** 힘든, 공들인; 부지런한
- Hoeing a garden is **laborious**. 정원을 괭이질 하는 것은 힘이 든다.

---

404 **labyrinth**
[læbərinθ]
★☆☆☆☆

abyrinth<laberynthe(maze 미로)

**n** 미로, 미궁
- get lost in a **labyrinth** of streets 미로 같은 길에서 길을 잃다

---

405 **laconic**
[ləkánik]
★★★☆☆

lacon(brief 간결한)

**a** (말 · 문체 등이) 간결한
- **laconic** comments on news 간결한 시사 논평

---

406 **lamentable**
[læməntəbl]
★☆☆☆☆

lament 한탄 →
'한탄스러운' 에서 유래

**a** 슬픈, 유감스러운
- It was a most **lamentable** day when our dog was run over.
  우리 강아지가 차에 치였을 때가 가장 슬픈 날이었다.

---

407 **landmark**
[lændmɑːrk]
★★☆☆☆

land 토지 + mark 표시 →
'토지를 표시하는 경계표' 에서 유래

**n** 경계표; 획기적인 사건
- Televisions are **landmarks** in the history of communications.
  텔레비전은 통신의 역사에 획기적인 사건이다.

---

408 **languid**
[læŋgwid]
★★★☆☆

langui (weary 지친, 피곤한) →
'피곤해서 나른하고 활기 없는' 에서 유래

**a** 나른한, 활기 없는
- A hot, sticky day makes people feel **languid**.
  덥고 습한 날은 사람들을 나른하게 만든다.

---

409 **lassitude**
[læsətjuːd]
★☆☆☆☆

lassitude<lassitudinem (weariness 피곤함)

**n** 나른함, 권태, 피로
- Sometimes we feel **lassitude** on a hot summer day.
  뜨거운 여름날 우리는 가끔 나른함을 느낀다.

---

410 **lavish**
[lǽviʃ]
★★★★★

lav (flow 흐르는) →
'돈이나 자원이 풍부해 넘쳐 흐르는' 에서 유래

**a** 풍부한; 사치스러운
**v** 아낌없이 주다
- It is a mistake to **lavish** kindness on ungrateful people.
  배은망덕한 사람에게 친절을 아끼지 않는 것은 실수이다.

411 **legislate**
[lédʒisleit]
★★☆☆☆

legis (law 법) + lat (carry 실행하다) → '법이 실행되도록 만들다'에서 유래

**v** 법률을 제정하다
- **legislate** against racial discrimination
  인종차별을 금하는 법을 제정하다

---

412 **legitimate**
[lidʒítəmət]
★★★★★

legit(law 법) → '법을 따르는'에서 유래

**a** 합법적인
- The claim was **legitimate**.
  그 요구는 아주 합법적이었다.

---

413 **lenient**
[líːniənt]
★★★★☆

leni(soft 부드러운) → '판사의 선고가 부드러운'에서 유래

**a** 관대한
- give a **lenient** sentence 관대한 판결을 내리다

---

414 **lethal**
[líːθəl]
★★★★☆

leth (death 죽음) → '죽음에 이르게 하는'에서 유래

**a** 치사의, 치명적인
- a **lethal** dose[weapon] (약의) 치사량[살인 무기]

---

415 **lethargic**
[ləθáːrdʒik]
★★★★☆

letharg (forgetful 잘 잊어버리는) → '나른해 잘 잊어버리는'에서 유래

**a** 나른한
- a **lethargic** feeling 나른한 느낌

---

416 **lewd**
[luːd]
★☆☆☆☆

lewd (unlearned 배우지 못한) → '배우지 못한 사람처럼 외설적인'에서 유래

**a** 음탕한
- **lewd** stories 음탕한 이야기

---

417 **lexicon**
[léksəkɑn]
★★☆☆☆

lexi (word 단어) → '단어가 모여있는 사전'에서 유래

**n** 사전
- I can's find this word in any **lexicon**.
  나는 어떤 사전에서도 이 단어를 찾을 수가 없다.

---

418 **libel(l)ous**
[láibələs]
★★★☆☆

lib (book 책) → '누군가를 비방하기 위해 쓰여진'에서 유래

**a** 비방하는
- **libelous** gossip 비방하는 소문

---

419 **licentious**
[laisénʃəs]
★☆☆☆☆

lice<leik (bargain 매매하다) → '성을 매매하는 방탕한'에서 유래

**a** (성적으로) 방탕한, 음탕한
- the **licentious** monarch 방탕한 군주

---

420 **limber**
[límbər]
★★☆☆☆

limb 팔다리 → '팔다리가 유연한'에서 유래

**a** (근육이) 유연한; 융통성 있는
- A pianist should have **limber** fingers.
  피아니스트는 유연한 손가락을 가져야 한다.

2
1

# a~c

- **abide by** / ~을 지키다, 따르다 obey, stick to
- **account for** / ~을 설명하다 explain; 책임지다 answer for; ~의 비율을 차지하다
- **amount to** / 총계 ~가 되다 add up to, come up to, total to
- **answer for** / 책임을 지다, 죄 값을 받다 be responsible for
- **apply oneself to** / ~에 전념하다 give oneself to
- **avail oneself of** / ~을 이용하다 utilize, make use of, take advantage of
- **bear in mind** / ~을 기억하다, 명심하다 keep in mind, remember
- **bear on** / ~과 관계가 있다 have an bearing on; ~에 효과가 있다 affect
- **become of** / ~이 (어떻게) 되다 happen to
- **beware of** / ~을 주의하다, 조심하다 be careful about
- **black out** / 잠시 의식을 잃다 pass out; 등화 관제하다
- **blank out** / 정신이 멍해지다 be unable to think clearly
- **boil down to** / ~로 요약되다 amount to, sum up to, add up to, end up, come down to
- **brush up on** / 재검토하다, 복습하다 review, improve, go over
- **care for** / 돌보다 take care of, be concerned; look after; 좋아하다 like
- **cash in on** / 이용하다 capitalize on, exploit
- **cater to** / 영합하다, 요구에 응하다 gratify
- **check up** / 조사하다, 검토하다 work over, see into
- **bail out** / 낙하산으로 탈출하다; 금융구제하다, 도와주다
- **bark up the wrong tree** / 헛물켜다, 잘못 짚다
- **beef about** / 불평하다 complain about
- **beef up** / 강화하다 reinforce, strengthen
- **bend the law** / 불법을 저지르다 offend against the law
- **bid up** / 경매에서 값을 올리다 offer a higher price
- **bite one's tongue** / 말하지 않다, 침묵하다
- **bone up (on)** / 열심히 공부하다, 벼락공부하다 cram for
- **brace oneself for** / ~에 대비하다 be ready for
- **bustle about** / 분주히 돌아다니다 walk energetically

| ★★★☆☆ | 31. | evolve | □ □ □ |
| | 40. | exonerate | □ □ □ |
| | 41. | exorbitant | □ □ □ |
| | 47. | expire | □ □ □ |
| | 48. | explicit | □ □ □ |
| | 49. | exploit | □ □ □ |
| | 53. | exterminate | □ □ □ |
| | 54. | extinct | □ □ □ |
| | 56. | extort | □ □ □ |
| | 57. | extricate | □ □ □ |

| ★★☆☆☆ | 45. | expel | □ □ □ |
| | 59. | exuberant | □ □ □ |

| ★☆☆☆☆ | 30. | evoke | □ □ □ |
| | 32. | exalt | □ □ □ |
| | 33. | exasperate | □ □ □ |
| | 34. | excavate | □ □ □ |
| | 35. | excerpt | □ □ □ |
| | 36. | exempt | □ □ □ |
| | 38. | exhort | □ □ □ |
| | 39. | exile | □ □ □ |
| | 42. | exotic | □ □ □ |
| | 43. | expedient | □ □ □ |
| | 44. | expedite | □ □ □ |
| | 46. | expend | □ □ □ |
| | 50. | expound | □ □ □ |
| | 51. | expunge | □ □ □ |
| | 52. | extemporize | □ □ □ |
| | 55. | extol | □ □ □ |
| | 60. | exult | □ □ □ |
| | 61. | scourge | □ □ □ |

| ☆☆☆☆☆ | 37. | exhale | □ □ □ |
| | 58. | extrude | □ □ □ |

## 30 evoke
[ivóuk]
★☆☆☆☆

e<ex(out) + vok(call) → '밖으로 불러 내다'에서 유래

**vt** (기억 · 감정 등을) **불러 일으키다, 자아내다**
- **evoke** a dead man's spirit 죽은 이의 영혼을 불러내다

---

## 31 evolve
[iválv]
★★★☆☆

e<ex(out) + volv(roll) → '밖으로 굴러나오다'에서 유래

**v** 1 **발전[진화]하다** 2 (해답 · 계획 등을) **고안하다**
- Some people believe that we **evolved** from the apes.
  어떤 사람들은 우리가 원숭이들로부터 진화했다고 믿는다.
- **evolve** a plan for earning money 돈 벌 계획을 고안해 내다

---

## 32 exalt
[igzɔ́:lt]
★☆☆☆☆

ex(out) + alt(high) → '높게 하다'에서 유래

**vt** 1 (명예 · 직위 따위를) **높이다, 올리다** 2 **칭찬하다, 의기 양양케하다**
- He was **exalted** to the position of president.
  그는 사장으로 지위가 높아졌다.
- She was **exalted** by success. 그녀는 성공으로 의기 양양해졌다.

---

## 33 exasperate
[igzǽspəreit]
★☆☆☆☆

ex(not) + asper(rough) → '기분을 거칠게 만들다'에서 유래

**vt** 몹시 화나게 하다
- The little child's constant noise **exasperated** his father.
  그 어린 아이의 끊임없는 소음은 아버지를 몹시 화나게 했다.

---

## 34 excavate
[ékskəveit]
★☆☆☆☆

ex(out) + cav<cave 동굴 → '흙을 밖으로 파내다'에서 유래

**vt** ~에 구멍[굴]을 파다[뚫다]
- **excavate** a large hole before putting in foundations
  기초를 쌓기 전에 큰 구멍을 뚫다

---

## 35 excerpt
[éksə:rpt]
★☆☆☆☆

ex(out) + cerpt(pluck) → '밖으로 뽑아 냄'에서 유래

**n** 발췌, 인용 • **excerpts** from her new book 그녀의 새 책으로부터의 발췌

**v** [iksə́:rpt] 발췌[인용]하다
- This article is **excerpted** from Lincoln's speeches.
  이 기사는 링컨의 연설로부터 발췌된 것이다.

---

## 36 exempt
[igzémpt]
★☆☆☆☆

ex(out) + empt(take) → '밖으로 데리고 가다'에서 유래

**vt** (의무 따위를) 면제하다
- be **exempted** from military service 군복무로부터 면제되다

**a** 면제[면세]된
- be **exempt** from all taxes 모든 세금으로부터 면제받은 사람

---

## 37 exhale
[ekshéil]
☆☆☆☆☆

ex(out) + hale(breathe) → '숨을 내쉬다'에서 유래

**v** 1 (숨을) 내쉬다 2 내뿜다, 발산하다
- Breathe in deeply and then **exhale** slowly. 깊이 들이쉬고 천천히 내쉬세요.
- **exhale** clouds of smoke 자욱한 담배 연기를 내뿜다

38 **exhort**
[igzɔ́:rt]
★☆☆☆☆

ex(intensive) + hort(urge) →
'마구 재촉하다'에서 유래

**v** ~에게 열심히 타이르다, 권고[재촉]하다

- The general **exhorted** his men to fight bravely.
  그 장군은 병사들에게 용감히 싸우도록 재촉했다.

---

39 **exile**
[égzail]
★☆☆☆☆

ex(out) + il<sed(sit) →
'밖으로 내보내 방랑하게 함'
에서 유래

**n** 1 추방, 유배(지) 2 추방된 자, 망명자

- be sent into **exile** 추방되다
- a political **exile** 망명 정치가

**vt** 추방[유배]하다

- **exile** the traitor 반역자를 추방하다

---

40 **exonerate**
[igzánəreit]
★★★☆☆

ex(out) + oner(burden) →
'죄에 대한 괴로움 밖으로 벗
어나게 하다'에서 유래

**vt** ~의 무죄[결백]를 증명하다, 혐의를 풀어 주다

- Witnesses to the accident **exonerated** the taxi driver.
  그 사고의 목격자들이 택시 기사의 혐의를 풀어 주었다.

2
2

---

41 **exorbitant**
[igzɔ́:rbətənt]
★★★☆☆

ex(out) +
orbit 궤도 →
'정상적인 궤도를 벗어난'에
서 유래

**a** 터무니없는, 과도한

- The hotel charges **exorbitant** prices. 그 호텔은 터무니없는
  요금을 부과하고 있다.

---

42 **exotic**
[igzátik]
★☆☆☆☆

exo(outside) +
tic 형용사형 접미어 →
'바깥의'에서 유래

**a** 외래의, 이국적인

- many **exotic** plants at the flower show 꽃 전시회에서의 많
  은 외국 식물들

**n** 이국적인[색다른] 것[사람]

- many **exotics** on the display stand 진열대 위의 많은 이국적
  인 상품들

---

43 **expedient**
[ikspí:diənt]
★☆☆☆☆

ex(out) +
ped(foot) →
'(방해가 되는) 발을 밖으로
빼는'에서 유래

**a** 편리한, 편의(주의)의

- She thought it **expedient** not to tell her mother where
  she had been. 그녀는 어디에 있었는지 엄마에게 말하지 않는 것이
  편하다고 생각했다.

**n** 수단, 방편

- get into the house by simple **expedient** of climbing through
  a window 창문을 넘는 간단한 방편으로 집안에 들어가다

---

44 **expedite**
[ékspədait]
★☆☆☆☆

ex(out) +
ped(foot) →
'방해가 되는 발을 빼다'
에서 유래

**vt** 재촉[촉진]하다, 진척시키다

- **expedite** the release for the political prisoners
  정치범들의 석방을 촉구하다

---

### 45 **expel**
[ikspél]
★★☆☆☆

ex(out) +
pel(drive) →
'밖으로 밀쳐 내다'에서 유래

**vt** 1 쫓아내다, 추방[면직]시키다
2 (세차게) 방출[배출]하다

- **expel** a traitor from a country  반역자를 국외로 추방하다
- **expel** the air from lungs  폐로부터 공기를 배출하다

---

### 46 **expend**
[ikspénd]
★☆☆☆☆

ex(out) +
pend(pay) →
'(가지고 있던 것을) 밖으로
지불하다'에서 유래

**vt** (시간 · 노력 따위를) 소비하다, 쓰다

- **expend** energy on a useless job
  쓸모없는 일에 정력을 쓰다

---

### 47 **expire**
[ikspáiər]
★★★☆☆

ex(out) +
pire<spire(breathe) →
'숨을 밖으로 (다) 내쉬다'
에서 유래

**vt** 1 (기한이) 끝나다, 만료[만기]되다  2 숨을 거두다

- The trade agreement between the two countries will
  **expire** next year.  양국 사이의 무역 협정은 내년에 만료된다.
- **expire** of a heart attack from overwork
  과로에 의한 심장 발작으로 숨을 거두다

---

### 48 **explicit**
[iksplísit]
★★★☆☆

ex(out) +
plic(fold) →
'접혀 있는 것을 활짝 펼치
는'에서 유래

**a** 명백[분명]한, 숨김없는

- I gave him **explicit** instructions.
  난 그에게 명백한 지침을 주었다.

---

### 49 **exploit**
[iksplóit]
★★★☆☆

ex(out) +
ploi<pli(fold) →
'접혀있던 것을 활짝 펼치게 하
다'에서 유래

**vt** 1 개발[개척]하다  2 (이기적인 목적으로) 이용[착취]하다

- **exploit** the country's mineral resources
  국가의 광물 자원을 개발하다
- The firm **exploits** its workers.  그 회사는 근로자들을 착취했다.

**n** (큰) 공, 업적  • the **exploits** of Robin Hood against the evil
악에 대항하는 로빈훗의 업적

---

### 50 **expound**
[ikspáund]
★☆☆☆☆

ex(out) +
pound(put) →
'(감춰진 의미를 풀어) 밖으
로 놓다'에서 유래

**v** 상세히 설명[해설]하다

- **expound** (on) objections to the bill
  그 법안에 대한 반대 의견을 상세히 설명하다

---

### 51 **expunge**
[ikspÁndʒ]
★☆☆☆☆

ex(out) +
pung(prick) →
'칼로 찍어서[집어서] 밖으로
빼내다'에서 유래

**vt** 지우다, 삭제하다

- **expunge** certain remarks from the record
  문서로부터 확실한 비평들을 삭제하다

---

### 52 **extemporize**
[ikstémpəraiz]
★☆☆☆☆

ex(out) +
tempo(time) →
'준비한 시간 없이 하다'에서
유래

**v** 즉석에서[즉흥적으로] 하다

- **extemporize** instead of following the score
  악보를 보고 연주하는 것 대신에 즉석에서 하다

### 53 **exterminate**

[ikstə́:rməneit]
★★★☆☆

ex(out) +
termin(boundary) →
'정해 놓은 경계 밖으로 몰아
내다'에서 유래

**vt** (잡초 · 해충 등을) 근절[박멸]하다
- This poison will **exterminate** roaches.
  이 독약은 바퀴벌레들을 박멸할 것이다.

### 54 **extinct**

[ikstíŋkt]
★★★☆☆

ex(out) +
tinct<stinct(quench) →
'완전히 불이 꺼진'에서 유래

**a** 1 (불이) 꺼진, 활동[생명]이 없는
2 전멸[멸종]한
- an **extinct** volcano 활동을 그친 화산
- The dinosaur is an **extinct** animal. 공룡은 멸종한 동물이다.

### 55 **extol**

[ikstóul]
★☆☆☆☆

ex(up) +
tol(raise) →
'위로 올려주다'에서 유래

**vt** 칭찬[칭송]하다
- **extol** the merits of a new car 새 차의 장점을 칭찬하다

### 56 **extort**

[ikstɔ́:rt]
★★★☆☆

ex(out) + tort(twist) →
'비틀어 밖으로 빼내다'에서
유래

**vt** (돈 따위를) 강제로 빼앗다, 강탈하다
- **extort** money with menaces 온갖 협박으로 돈을 빼앗다

### 57 **extricate**

[ékstrəkeit]
★★★☆☆

ex(out) +
tric(perplexities) →
'난처한 상황에서 밖으로 빼
내다'에서 유래

**vt** (위험 · 곤경에서) 구출[탈출]시키다
- **extricate** oneself from the difficult situation
  곤란한 상황에서 탈출하다

### 58 **extrude**

[ìkstrú:d]
☆☆☆☆☆

ex(out) +
trud(thrust) →
'밖으로 밀치다'에서 유래

**vt** 밀어 내다, 내밀다
- **extrude** toothpaste from the tube
  튜브에서 치약을 밀어 내다

### 59 **exuberant**

[igzú:bərənt]
★★☆☆☆

ex(thoroughly) +
uber(fertile) →
'대단히 비옥한'에서 유래

**a** 1 풍부한, 넘치는
2 (식물이) 무성[울창]한
- receive an **exuberant** welcome 넘치는 환영을 받다
- the **exuberant** vegetation of the jungle 정글의 무성한 식물

### 60 **exult**

[igzʌ́lt]
★☆☆☆☆

ex(forth) +
ul<sal(leap) →
'(너무 기뻐서) 팔짝팔짝 뛰
다'에서 유래

**vi** 크게 기뻐하다, 의기 양양해하다
- The winners **exulted** in their victory.
  그 승자들은 승리한 것을 크게 기뻐했다.

22

61 **scourge**
[skəːrdʒ]
★☆☆☆☆

s<ex(away) +
courg<corrig(whip) …
'벌하기 위한 채찍'에서 유래

**n** 1 (벌할 때 쓰는) **회초리, 매** 2 **천벌, 재앙(의 원인)**
- use a **scourge** to punish a child 아이를 벌하기 위해 회초리를 사용하다
- the **scourge** of war 재앙의 원인이 되는 전쟁

**vt** (호되게) **벌주다, 고통을 주다**
- a country **scourged** by war and disease
전쟁과 질병으로 고통받은 나라

▶ **중요빈출어휘**

421 **limp**
[limp]
★☆☆☆☆

limp<lomb (slack 늘어진) →
'힘 없이 늘어진'에서 유래

**a** **흐느적거리는, 무기력한, 맥 빠진**
- feel **limp** and exhausted 축 늘어지고 기진맥진한 기분이다

422 **limpid**
[límpid]
★☆☆☆☆

limp (water 물) …
'물처럼 맑은'에서 유래

**a** (물 · 공기 · 마음 등이) **맑은**
- a **limpid** stream 맑은 시내

423 **lineage**
[líniidʒ]
★★☆☆☆

line 계통 …
'사람이 같은 계통으로 맺어
진 혈통'에서 유래

**n** **혈통, 계통**
- trace back one's **lineage** 자신의 혈통을 되짚어 보다

424 **liquidate**
[líkwideit]
★☆☆☆☆

liqui (melt 녹다) → '녹아 없어
지듯 부채를 청산하다'에서
유래

**v** (부채 등을) **청산하다; 숙청하다**
- **liquidate** all debts in a short period of time
짧은 기간 내에 모든 빚을 청산하다

425 **lithe**
[laið]
★☆☆☆☆

lith<lent (flexible 유연한)

**a** **유연한**
- the dancer's **lithe** body 무용수의 유연한 몸

426 **litigation**
[litəgéiʃən]
★☆☆☆☆

litig (dispute 논쟁하다) →
'논쟁이 커져 소송에까지 이
르게 됨'에서 유래

**n** **소송**
- bring a **litigation** for damages 손해 배상 청구 소송을 하다

427 **livid**
[lívid]
★☆☆☆☆

livere (bluish 푸르스름한)
'얼굴 빛이 파랗게 질릴 정도
로 화남'에서 유래

**a** **격노한 ; 검푸른**
- turn **livid** with fury 격노하여 납빛이 되다

428 **loathe**
[louð]
★★☆☆☆

loath (hateful 싫어하는)

**vt** **몹시 싫어하다**
- **loathe** snakes 뱀을 아주 싫어하다

429 **loiter**
[lɔ́itər]
☆☆☆☆☆

loit (dawdle 빈둥거리다) →
'빈둥대며 어슬렁거리다'에서
유래

**v** **어슬렁거리다**
- **loiter** around till late at night
밤늦게까지 어슬렁거리며 다니다

**430 longevity**
[lɑndʒévəti]
★★☆☆☆

long 긴 + ev(age 나이) → '오랫동안 나이를 먹는 장수' 에서 유래

**n** 장수; 수명
- Good eating habits promote **longevity**.
  좋은 식습관은 장수하게 한다.

**431 loom**
[lu:m]
★★☆☆☆

loom (move slowly 느리게 움직이다) → '느리게 움직여 나타나다' 에서 유래

**v** 어렴풋이 나타나다
- War **loomed** ahead. 전쟁의 위험이 다가왔다.

**432 loophole**
[lú:phoul]
★☆☆☆☆

loophole<loupe (opening in a wall 벽의 구멍) → '벽으로 막힌 곳에서 빠져나갈 수 있는 구멍' 에서 유래

**n** 빠져나갈 구멍, (법률의) 허점
- plug a tax **loophole**
  세금을 피할 법의 허점을 막다

**433 loquacious**
[loukwéiʃəs]
★★★★☆

log (speak 말하다) → '말하는 것을 즐겨하는' 에서 유래

**a** 수다스러운
- She is **loquacious** and speaks for hours.
  그녀는 수다스러워서 수시간 동안 이야기한다.

**434 lubricant**
[lú:brikənt]
★☆☆☆☆

lubr (slippery 미끄러운) → '미끄럽게 하는 (것)' 에서 유래

**n** 윤활유, 윤활제 **a** 미끄럽게 하는
- be coated with **lubricant** 윤활유로 덮여있다

**435 lucid**
[lú:sid]
★★☆☆☆

luc (light 빛) → '빛이 나서 분명하고 명쾌한' 에서 유래

**a** 투명한; 명쾌한
- A good explanation is **lucid**. 좋은 설명은 명쾌하다.

**436 lucrative**
[lú:krətiv]
★★★★★

lucra (gain 얻다) → '얻는 것이 많은' 에서 유래

**a** 수지 맞는
- a **lucrative** business 수지 맞는 사업

**437 ludicrous**
[lú:dəkrəs]
★★☆☆☆

lud (laugh 웃다) → '웃음을 자아내는' 에서 유래

**a** 웃기는, 우스꽝스런
- the **ludicrous** acts of a clown 광대의 우스운 행동

**438 lugubrious**
[lugjú:briəs]
★☆☆☆☆

lugubrious<lugubris (mournful 애절한) → '애처로운' 에서 유래

**a** 침울한, 애처로운
- wear a **lugubrious** expression 애처로운 표정을 짓다

**439 lukewarm**
[lú:kwɔ:rm]
★★★★☆

luke (tepid 미지근한)

**a** 미지근한; 미온적인, 무관심한
- a **lukewarm** response 미온적인 반응

**440 luminous**
[lú:mənəs]
★★★★☆

lumin (light 빛)

**a** 빛나는
- a **luminous** body 발광체

2
2

## c~f

- **cling to** / ~에 달라붙다, 고수하다 hold fast to, cleave to
- **compensate for** / 보상하다 make up for
- **comply with** / ~에 따르다, 순응하다 conform to, obey
- **concentrate on** / ~에 집중하다 focus on, zero in on
- **confer with** / ~와 협의하다 consult with
- **coincide with** / ~와 동시에 일어나다 synchronize with
- **contribute to** / ~에 공헌하다, 기여하다 minister to ; 기부하다, 기고하다 keep in mind, remember
- **cope with** / 대처하다 deal with, treat
- **cross one's mind** / 생각이 떠오르다 strike, occur to
- **delve into** / 탐구하다, 깊이 파고들다 explore
- **depend on** / 의지하다 rely on; fall back on; rest on; resort to; turn to
- **deprive A of B** / A로부터 B를 빼앗다
- **dispense with** / ~없이 지내다 do without, go without
- **dispose of** / 처분하다, 제거하다 sell, get rid of
- **drive ~ crazy** / ~을 미치게 하다, 화나게 하다
- **dwell on** / ~을 곰곰이 생각하다 / ~을 곰곰이 생각하다 ponder on; think over; brood over; contemplate, mull over
- **enter into** / 시작하다 begin, embark upon
- **feed on** / ~를 먹고 살아가다 eat on; live on
- **figure out** / 이해하다 understand
- **file a lawsuit** / 소송을 제기하다 sue
- **find fault with** / ~을 비난하다 criticize ; ~의 흠을 잡다 carp, run down
- **clear one's throat** / 말을 시작하기 전에 헛기침을 하다 give a dry cough, harrumph
- **cool one's heels** / 오랫동안 기다리다 wait long
- **crack down on** / 단속하다 enforce law; clamp down
- **dine out** / 외식하다 eat out
- **dote on** / 애지중지하다 have too much fondness for
- **earn one's salt** / 밥값을 하다 be worth one's salary
- **fade away** / (서서히) 사라지다, 감소하다 die away
- **fend for** / ~을 보살피다 look after, take care of
- **ferret out** / 흰 족제비로 사냥하다, 범인 따위를 찾아내다

# in- (부정)

Date :

| ★ ★ ★ ★ ★ | 13. | impartial | □ □ □ |
|---|---|---|---|

| ★ ★ ★ ☆ ☆ | 03. | ignominious | □ □ □ |
|---|---|---|---|
| | 06. | illicit | □ □ □ |
| | 07. | illiterate | □ □ □ |
| | 11. | immortal | □ □ □ |
| | 12. | immune | □ □ □ |
| | 16. | imperceptible | □ □ □ |
| | 19. | impotent | □ □ □ |
| | 21. | impregnable | □ □ □ |
| | 24. | improvise | □ □ □ |
| | 26. | impudent | □ □ □ |

| ★ ★ ☆ ☆ ☆ | 09. | immature | □ □ □ |
|---|---|---|---|
| | 17. | impertinent | □ □ □ |

| ★ ☆ ☆ ☆ ☆ | 01. | enmity | □ □ □ |
|---|---|---|---|
| | 02. | ignoble | □ □ □ |
| | 04. | illegible | □ □ □ |
| | 05. | illegitimate | □ □ □ |
| | 08. | immaculate | □ □ □ |
| | 14. | impassive | □ □ □ |
| | 15. | impecunious | □ □ □ |
| | 18. | impious | □ □ □ |
| | 20. | impracticable | □ □ □ |
| | 22. | improbable | □ □ □ |
| | 23. | improper | □ □ □ |
| | 25. | imprudent | □ □ □ |

| ☆ ☆ ☆ ☆ ☆ | 10. | immemorial | □ □ □ |
|---|---|---|---|

## 01 **enmity**
[énməti]
★☆☆☆☆

en<in(not) +
m<am(love) ···
'사랑하지 않음'에서 유래

**n** 증오, 적의
- have[harbor] **enmity** against enemy  적에 대하여 적의를 품다

---

## 02 **ignoble**
[ignóubl]
★☆☆☆☆

ig<in(not) +
noble 귀족의 ···
'귀족이 아닌'에서 유래

**a** 1 (성품이) **비열한**
2 (태생·신분이) **비천한**
- To betray a friend is **ignoble**.  친구를 배반하는 것은 비열하다.
- come from **ignoble** families  비천한 가문에서 태어나다

---

## 03 **ignominious**
[ignəmíniəs]
★★★☆☆

ig<in(not) +
nomin(name) ···
'자신의 이름에 전혀 득이 되
지 않는'에서 유래

**a** 수치스러운, 치욕적인
- an **ignominious** defeat  치욕적인 패배

---

## 04 **illegible**
[ilédʒəbl]
★☆☆☆☆

il<in(not) +
legible 읽기 쉬운 ···
'읽기 어려운'에서 유래

**a** 읽기[판독하기] 어려운
- His handwriting is almost **illegible**.
그의 글씨는 거의 읽기 힘들다.

---

## 05 **illegitimate**
[ilidʒítəmət]
★☆☆☆☆

il<in(not) +
legitimate 합법의 ···
'법에 어긋나는'에서 유래

**a** 1 **불법의** 2 **서출[사생]의**
- strictly prohibit an **illegitimate** behavior  불법행위를 엄격히 막다
- secretly have an **illegitimate** child  은밀히 사생아를 두다

**vt** [- meit] 불법화하다
- **illegitimate** a peddling in the subway
지하철 내에 행상을 불법화하다

**n** 사생아
- discriminate against **illegitimate**  사생아를 차별대우하다

---

## 06 **illicit**
[ilísit]
★★★☆☆

il<in(not) +
licit 합법의 ···
'법에 어긋나는'에서 유래

**a** 불법[위법]의
- become rich with an **illicit** income  불법 소득으로 부자가 되다

---

## 07 **illiterate**
[ilítərət]
★★★☆☆

il<in(not) +
literate 읽고 쓸 수 있는 ···
'읽고 쓸 수 없는'에서 유래

**a** 무식한, 문맹의
- People who have never gone to school are usually **illiterate**.
학교에 다니지 않았던 사람들은 대개 문맹이다.

**n** 무식자, 문맹자
- a boorish **illiterate**  촌스러운 무식자

## 08 **immaculate**
[imǽkjulət]
★☆☆☆☆

im<in(not) +
maculate 흠 있는 →
'흠 없는'에서 유래

**a** 1 (흠 하나 없이) **깨끗한, 순결한**
2 **틀림[오점]없는**
- wear **immaculate** gym shoes 깨끗한 운동화를 신다
- complete an **immaculate** manuscript 틀림없는 원고를 완성하다

---

## 09 **immature**
[imətʃúər]
★★☆☆☆

im<in(not) +
mature 성숙한 →
'성숙하지 못한'
에서 유래

**a** **미숙한, 미성년의**
- **Immature** apples are usually green.
  익지 않은 사과는 대개 녹색이다.

---

## 10 **immemorial**
[iməmɔ́:riəl]
☆☆☆☆☆

im<in(not) +
memorial 기억에 남는 →
'기억에 남지 않는'
에서 유래

**a** **태고의, 먼 옛날의**
- from **immemorial** times to now 먼 옛날부터 지금까지

---

## 11 **immortal**
[imɔ́:rtl]
★★★☆☆

im<in(not) +
mortal 죽음의 →
'언제까지라도 죽지 않는'에
서 유래

**a** **죽지 않는, 불후[멸]의**
- write an **immortal** literary work 불후의 문학 작품을 쓰다

**n** **불후의 명성을 가진 사람**
- Shakespeare is one of **immortals**.
  셰익스피어는 불후의 명성을 가진 사람들 중 한 명이다.

2
3

---

## 12 **immune**
[imjú:n]
★★★☆☆

im<in(not) +
mun(duty) →
'의무로 지워지지 않는'
에서 유래

**a** (병 · 비난 · 세금 따위에서) **면제[면역]된**
- make a person **immune** to an epidemic
  사람을 전염병에 면역되도록 만들어 주다

**n** **면역[면제]자**
- an **immune** from taxes 세금으로부터 면제받은 자

---

## 13 **impartial**
[impá:rʃəl]
★★★★★

im<in(not) +
part 일부분 →
'일부분에 치우치지 않는'에
서 유래

**a** **공평한, 편견없는**
- A judge should be **impartial**. 판사는 공정해야 한다.

---

## 14 **impassive**
[impǽsiv]
★☆☆☆☆

im<in(not) +
pass<pat(feel) →
'감정을 느끼지 못하는'
에서 유래

**a** **감정이 없는, 무감각한**
- endure pain with **impassive** face 무감각한 얼굴로 고통을 참다

### 15 **impecunious**
[impikjúːniəs]
★☆☆☆☆

im<in(not) +
pecuni(money) →
'돈을 갖고 있지 않은'
에서 유래

**a** 돈이 없는, 가난한
- an **impecunious** man from gambling
  도박으로 인해 돈이 없는 남자

---

### 16 **imperceptible**
[impərséptəbl]
★★★☆☆

im<in(not) +
perceptible 알 수 있는
'알 수 없는'에서 유래

**a** 알아차릴 수 없는, 극히 적은
- **imperceptible** differences between the original painting and the copy   진짜 그림과 사본과의 알아차릴 수 없는 미미한 차이

---

### 17 **impertinent**
[impɔ́ːrtənənt]
★★☆☆☆

im<in(not) +
pertinent 적절한 →
'적절하지 못한'에서 유래

**a** 1 건방진, 뻔뻔한
2 부적절한
- the suspect's **impertinent** manner 용의자의 건방진 태도
- **Impertinent** remarks wasted valuable time.
  부적절한 말들이 귀중한 시간을 낭비했다.

---

### 18 **impious**
[ímpiəs]
★☆☆☆☆

im<in(not) +
pious 신앙심이 깊은
'신앙심이 깊지 않은'
에서 유래

**a** 불경스런, 불신앙의
- commit an **impious** act in the church
  교회 안에서 불경스런 행동을 범하다

---

### 19 **impotent**
[ímpətənt]
★★★☆☆

im<in(not) +
potent 힘있는 →
'힘없는'에서 유래

**a** 1 무력한, 허약한
2 성불능의
- man **impotent** against the hurricane 허리케인의 힘에 무력한 인간
- Her husband was **impotent**. 그녀의 남편은 성불능이었다.

**n** 무력[성불능]자
- an **impotent** unable to perform the sex act 성행위 불능자

---

### 20 **impracticable**
[impræktikəbl]
★☆☆☆☆

im<in(not) +
practicable 실행 가능한 →
'실행하기 불가능한'에서 유
래

**a** 1 (방법·계획 따위가) 실행[실시] 불가능한
2 (길 따위가) 다닐[통행할] 수 없는
- an **impracticable** plan for the problem
  그 문제에 대하여 실행 불가능한 계획
- an **impracticable** road because of the accident
  사고로 인해 통행할 수 없는 도로

---

### 21 **impregnable**
[imprégnəbl]
★★★☆☆

im<in(not) +
preg<prehend(grasp) →
'쉽게 잡히지 않는'에서 유래

**a** 난공불락의, 확고부동한
- win the case with an **impregnable** argument
  견고한 주장으로 소송에서 승리하다

## 22 **improbable**

[imprábəbl]

★☆☆☆☆

im<in(not) +
probable 있음직한 →
'있음직 하지 않은'
에서 유래

**a** 일어날 것 같지 않은

- They may win, but it's **improbable**.
  그들이 이길 수는 있으나 그런 일은 일어날 것 같지 않다.

## 23 **improper**

[imprápər]

★☆☆☆☆

im<in(not) +
proper 적당한 →
'적당하지 않은'
에서 유래

**a** 1 **부적당한**
2 **점잖치 못한, 예의에 벗어난**

- bright dress **improper** for a funeral
  장례식에 부적당한 밝은 복장
- What an **improper** behavior! 그 얼마나 점잖치 못한 행동인가!

## 24 **improvise**

[ímprəvaiz]

★★★☆☆

im<in(not) +
pro(ahead) + vis(see) →
'사전에 미리 보지 않다'
에서 유래

**v** 즉석으로 하다[만들다]

- **improvise** a new stanza for the school song
  학교 응원가를 위한 새로운 절(節)을 즉석으로 만들다

## 25 **imprudent**

[imprú:dnt]

★☆☆☆☆

im<in(not) +
prudent 신중한 →
'신중하지 않은'
에서 유래

**a** 경솔한, 무분별한

- **imprudent** behavior to rush into something without thinking 생각없이 어떤 일에 달려드는 무분별한 행동

## 26 **impudent**

[ímpjudnt]

★★★☆☆

im<in(not) +
pud(shameful) →
'부끄러워하지 않는'
에서 유래

**a** 뻔뻔스러운, 염치없는

- The **impudent** boy made face at the teacher.
  그 무례한 소년은 선생님 앞에서 인상을 찌푸렸다.

2
3

441 **luscious**
[lʌ́ʃəs]
★★☆☆☆

lusc (delicious 맛있는)

**a** 맛[향]이 좋은 ; 관능적인
• a **luscious** peach[woman] 맛 좋은 복숭아[관능적인 여자]

---

442 **luster/ lustre**
[lʌ́stər]
★★★☆☆

lust (light 빛)

**n** 광택, 윤기
• give **luster** to one's hair 머리에 윤기를 더하다

---

443 **luxuriant**
[lʌgʒúəriənt]
☆☆☆☆☆

lux (abundance 풍부) → '식물 등이 무성하게 나는'에서 유래

**a** (식물·땅 등이) 무성한
• **Luxuriant** forests covered the hills.
무성한 숲이 그 언덕을 덮어 버렸다.

---

444 **maelstrom**
[méilstrəm]
★☆☆☆☆

mael (grind 갈다) + strom (stream 개울) → '맷돌을 갈듯이 계속 돌아가는 개울'에서 유래

**n** <the -> 소용돌이, 대혼란
• the **maelstrom** of war 전쟁의 대혼란

---

445 **magnanimous**
[mægnǽnəməs]
★☆☆☆☆

magn (great 큰) + anim (mind 마음) → '마음이 넓은'에서 유래

**a** 도량이 넓은
• the **magnanimous** philanthropist 도량이 넓은 박애주의자

---

446 **magnitude**
[mǽgnətjùːd]
★☆☆☆☆

magni (great 큰)

**n** 크기, 중요성
• comprehend the **magnitude** of his crime
그의 죄가 얼마나 큰가를 깨닫다

---

447 **maim**
[meim]
★☆☆☆☆

mai (cut 자르다) → '사지를 잘라 불구로 만들다'에서 유래

**vt** ~을 불구로 만들다
• be seriously **maimed** in the war 전쟁에서 심한 불구가 되다

---

448 **makeshift**
[méikʃìft]
★★☆☆☆

make 만들다 + shift 바꾸다 → '다른 것을 바꾸기 위해서 임시로 만든'에서 유래

**a** 임시(변통)의
• **makeshift** shelters made from blankets
담요로 만들어진 임시 거처

---

449 **mammoth**
[mǽməθ]
☆☆☆☆☆

mam (earth 흙) → '흙에서 파낸 것'에서 유래

**a** 거대한 **n** 매머드
• a **mammoth** corporation 거대 기업

---

450 **mandatory**
[mǽndətɔ̀ːri]
★★★★★

mand (command 명령하다) → '명령하여 강제적으로 하게 하는'에서 유래

**a** 강제[의무]적인
• **mandatory** rules of society 강제적인 사회 규칙

451 **maneuver**
[mənúːvər]
★★☆☆☆

man (hand 손) + euver 작동하다, 일하다 → '손을 써서 조종하다'에서 유래

**n** 책략, 술책

**v** 조종하다 ; 계략을 써서 ~하게 하다
- We **maneuvered** them into a compromise.
  우리는 책략을 써서 그들을 타협으로 이끌었다.

---

452 **manifest**
[mǽnəfest]
★★★★☆

man (hand 손) + fest (strike 치다) → '손으로 쳐서 보여주는 것처럼 명백한'에서 유래

**a** 명백한

**vt** 분명히 보여주다, 입증하다
- a **manifest** error of judgement   명백한 판단의 실수

---

453 **manipulate**
[mənípjuleit]
★☆☆☆☆

man (hand 손) → '손으로 조종하다'에서 유래

**vt** (사람 · 기계 등을) 조종[조작]하다
- **manipulate** the market   시장 가격을 조작하다

---

454 **manuscript**
[mǽnjuskript]
★★☆☆☆

man (hand 손) + script (write 쓰다) → '손으로 쓴 것'에서 유래

**n** 원고

**a** 손으로 쓴
- The **manuscript** is under examination.
  원고는 검토 중에 있다.

---

455 **maritime**
[mǽrətaim]
★☆☆☆☆

mari (sea 바다)

**a** 바다의
- **maritime** insurance   해상 보험

---

456 **martial**
[máːrʃəl]
☆☆☆☆☆

mar (Mars 전쟁의 신) → '전쟁을 좋아하는'에서 유래

**a** 호전적인, 전쟁의
- **martial** spirit 호전적인 정신

---

457 **maternal**
[mətə́ːrnl]
☆☆☆☆☆

mater (mother 어머니)

**a** 어머니의
- **maternal** love   모성애

---

458 **maudlin**
[mɔ́ːdlin]
★☆☆☆☆

Maudelen 여자 이름 → '성경 속에 나오는 잘 우는 여자 이름'에서 유래

**a** 감상적인
- **maudlin** thinking about one's childhood
  자신의 어린 시절에 대한 감상적인 생각

---

459 **maul**
[mɔːl]
★★☆☆☆

maul<mealle (heavy hammer 무거운 망치) → '무거운 망치를 사용해 때리다'에서 유래

**v** 때리다, 상처를 입히다
- receive a **mauling** from the critics   비평가들로부터 혹평을 받다

---

460 **mauve**
[mouv]
☆☆☆☆☆

mallow 당아욱속 → '당아욱속의 색깔'에서 유래

**n** 연한 자주빛
- the **mauve** tint in the lilac bush   라일락 숲의 연한 자줏빛 색조

2
3

# f~r

- **follow suit** / 선례를 따르다 follow in someone's footsteps
- **gear up** / 준비를 갖추다 prepare for, get ready for
- **head off** / 가로막다, 저지하다 block off, forestall, interrupt; 출발하다 start
- **hook up** / 연결하다, 중계하다 relay, translate
- **impose on[upon]** / ~을 속이다, ~을 이용하다 take advantage of, exploit
- **interfere with** / 방해하다 disturb, get in the way of, interrupt
- **kick off** / 시작하다 start, lead off
- **lag behind** / 뒤처지다 fall behind
- **meet ~ halfway** / ~와 타협하다 compromise, come to terms with
- **owe A to B** / A는 B덕분이다
- **participate in** / 참가하다 take part in
- **pave the way for** / ~의 길을 열다, ~을 가능케 하다 prepare for, make possible
- **pitch in** / 협력하다 help each other
- **place[set, put] much value on** / ~을 높이 평가하다 value highly
- **pore over** / 심사숙고 하다 think over, mull over, 자세히 살펴보다
- **prevail on(upon)** / 설득하다 persuade
- **pride oneself on** / 자랑하다 be proud of, take pride in, plume oneself on
- **provide A with B** / A에게 B를 제공하다 supply, furnish
- **refer to** / ~대해 언급하다 argue on, speak to, mention; 참고하다
- **rely on** / ~에 의지하다 depend on, hinge on, resort to
- **fly off the handle** / 자제력을 잃다, 발끈하다 lose one's temper
- **fret about[over]** / ~에 대해 우려하다, 걱정하다 worry about
- **gloat over** / (남의 불행을) 고소한 듯이 바라보다 gaze with great satisfaction
- **hinge on** / ~에 달려있다 depend on, rely on
- **jack up** / 밀어 올리다, 들어 올리다 elevate, lift up
- **jot down** / 적어두다, 메모하다 write down, memo
- **kick the bucket** / 죽다 die
- **meet the mark** / 목표에 도달하다 achieve the goal
- **rack one's brains** / 머리를 짜내다 think very hard, beat[drag] one's brains
- **read between the lines** / 행간의 숨은 뜻을 알아내다 read hidden meanings

# in- (부정)

우선순위
PRE
VIEW

Date :

| ★★★★☆ | 51. | indolent | □ □ □ |
| | 57. | infamous | □ □ □ |

| ★★★☆☆ | 27. | impunity | □ □ □ |
| | 31. | inappropriate | □ □ □ |
| | 38. | incompatible | □ □ □ |
| | 39. | incompetent | □ □ □ |
| | 42. | incongruous | □ □ □ |
| | 48. | indignant | □ □ □ |
| | 50. | indiscriminate | □ □ □ |

2
4

| ★★☆☆☆ | 29. | inadvertent | □ □ □ |
| | 30. | inanimate | □ □ □ |
| | 34. | incessant | □ □ □ |
| | 44. | incredible | □ □ □ |
| | 45. | incredulous | □ □ □ |
| | 54. | inexorable | □ □ □ |

| ★☆☆☆☆ | 28. | inaccessible | □ □ □ |
| | 33. | incalculable | □ □ □ |
| | 36. | incognito | □ □ □ |
| | 40. | incomprehensible | □ □ □ |
| | 41. | inconceivable | □ □ □ |
| | 43. | inconsistent | □ □ □ |
| | 46. | indemnify | □ □ □ |
| | 47. | indescribable | □ □ □ |
| | 49. | indiscreet | □ □ □ |
| | 52. | indomitable | □ □ □ |
| | 53. | inert | □ □ □ |
| | 55. | inextricable | □ □ □ |
| | 56. | infallible | □ □ □ |
| | 58. | infinitesimal | □ □ □ |

| ☆☆☆☆☆ | 32. | inarticulate | □ □ □ |
| | 35. | inclement | □ □ □ |
| | 37. | incomparable | □ □ □ |

### 27 **impunity**
[impjú:nəti]
★★★☆☆

im<in(not) +
pun(punish) →
'처벌되지 않음'에서 유래

**n** (처벌로부터) **무사, 안전**

- commit a crime with **impunity**
  처벌받지 않으면서 범죄를 저지르다

---

### 28 **inaccessible**
[inəksésəbl]
★☆☆☆☆

in(not) +
accessible 접근하기 쉬운 →
'접근하기 어려운'에서 유래

**a** 접근하기[도달하기] 어려운

- a library **inaccessible** to the people at large
  일반인들은 들어갈 수 없는 도서관

---

### 29 **inadvertent**
[inədvə́:rtnt]
★★☆☆☆

in(not) +
advertent 주의하는 →
'주의하지 않는'에서 유래

**a** 1 **부주의한** 2 **고의가 아닌, 우연의**

- An **inadvertent** mistake ruined the experiment.
  부주의한 실수가 실험을 망쳐 놓았다.
- His rudeness was **inadvertent** and we forgave it.
  그의 무례함은 고의가 아니었기에, 우리는 그것을 용서했다

---

### 30 **inanimate**
[inǽnəmət]
★★☆☆☆

in(not) +
animate 살아 있는 →
'살아 있지 않은'에서 유래

**a** 생명없는, 무생물의

- A stone is an **inanimate** object.  돌은 무생물이다.

---

### 31 **inappropriate**
[inəpróupriət]
★★★☆☆

in(not) +
appropriate 적당한 →
'부적당한'에서 유래

**a** 부적당한

- Jokes are **inappropriate** at a funeral.
  농담은 장례식에 부적당하다.

---

### 32 **inarticulate**
[ina:rtíkjulət]
☆☆☆☆☆

in(not) +
articulate 명료한 →
'명료하지 않은'에서 유래

**a** (발음 · 의견 등이) **불분명한**

- A baby makes **inarticulate** sounds. 아기는 모호한 발음을 한다.

---

### 33 **incalculable**
[inkǽlkjuləbl]
★☆☆☆☆

in(not) +
calculable 계산할 수 있는 →
'계산할 수 없는'에서 유래

**a** 헤아릴 수 없는, 무수한

- The sands of the sea are **incalculable** in number.
  바다의 모래는 숫자를 헤아릴 수 없다.

---

### 34 **incessant**
[insésnt]
★★☆☆☆

in(not) +
cess (stop) →
'그치지 않는'에서 유래

**a** 끊임없는

- the **incessant** noise from the factory
  공장으로부터의 끊임없는 소음

---

**35 inclement**

[inklémənt]

☆☆☆☆☆

in(not) + clement 관대한 → '관대하지 않음'에서 유래

**a** 1 (날씨가) 험악한, 혹독한 2 (성격이) 냉혹한, 무자비한

- **Inclement** weather is common in winter.
  혹독한 날씨는 겨울에 일반적이다.
- The dictator was an **inclement** ruler.
  그 독재자는 냉혹한 통치자였다.

---

**36 incognito**

[inkágnitou]

★☆☆☆☆

in(not) + co<com(intensive) + gni<gno(know) → '알지 못하는'에서 유래

**a ad** 익명의[으로], 신분을 숨긴[숨겨]

- The king traveled **incognito** to avoid crowds.
  그 왕은 군중들을 피하기 위해 신분을 숨겨 여행했다.

**n** 익명(자), 신분을 숨긴 사람

- reveal one's **incognito** 신분을 밝히다

---

**37 incomparable**

[inkámpərəbl]

☆☆☆☆☆

in(not) + comparable 비교되는 → '비교되지 않는'에서 유래

**a** 견줄[비길] 데 없는

- a man of **incomparable** genius
  비길 데 없는 천재적인 사람

---

**38 incompatible**

[inkəmpǽtəbl]

★★★☆☆

in(not) + comparable 같은 감정을 느끼는 → '같은 감정을 느끼지 않는'에서 유래

**a** 양립할 수 없는

- Bad eating habits are **incompatible** with good health.
  나쁜 식사 습관은 건강과 상반된다.

---

**39 incompetent**

[inkámpətənt]

★★★☆☆

in(not) + competent 유능한 → '유능하지 못한'에서 유래

**a** 무능(력)한, 자격이 없는

- quite **incompetent** to be the leader
  리더가 되기에는 아주 무능한

**n** 무능력[비적격]자

- **Incompetents** need someone to look after them.
  무능력자들은 그들을 돌봐줄 누군가가 필요하다

---

**40 incomprehensible**

[inkamprihénsəbl]

★☆☆☆☆

in(not) + comprehensible 이해할 수 있는 → '이해할 수 없는'에서 유래

**a** 이해할 수 없는, 불가해한

- His signature was an **incomprehensible** scrawl.
  그의 서명은 이해할 수 없이 갈겨 써져 있다.

---

**41 inconceivable**

[inkənsíːvəbl]

★☆☆☆☆

in(not) + conceivable 상상할 수 있는 → '상상할 수 없는'에서 유래

**a** 상상[생각]할 수 없는

- an event **inconceivable** to Koreans
  한국인에게는 생각할 수 없는 사건

2
4

42 **incongruous**
[inkáŋgruəs]
★★★☆☆

in(not) +
congruous 일치하는 →
'일치하지 않는'에서 유래

**ⓐ 일치[조화]하지 않는, 어울리지 않는**

- shoes **incongruous** with a party dress 파티복과 어울리지 않는 신발

---

43 **inconsistent**
[inkənsístənt]
★☆☆☆☆

in(not) +
consistent 일관된 →
'일관되지 않은'에서 유래

**ⓐ 일치[조화]되지 않은, 모순된**

- The two statements are **inconsistent**.
  그 두 진술은 일치하지 않는다

---

44 **incredible**
[inkrédəbl]
★★☆☆☆

in(not) +
credible 믿을 수 있는 →
'믿을 수 없는'에서 유래

**ⓐ 믿을[신용할] 수 없는**

- The hero fought with **incredible** bravery.
  그 영웅은 믿을 수 없을 만큼 용맹하게 싸웠다.

---

45 **incredulous**
[inkrédʒuləs]
★★☆☆☆

in(not) +
credulous 쉽사리 믿는 →
'쉽사리 믿지 않은'에서 유래

**ⓐ 쉽사리 믿지 않는, 의심하는 듯한**

- listen to the neighbor's story with an **incredulous** smile
  의심하는 듯한 웃음을 띠며 이웃의 이야기를 듣다

---

46 **indemnify**
[indémnəfai]
★☆☆☆☆

in(not) +
demn (damage) →
'손해가 가지 않게 하다'
에서 유래

**ⓥ 1 ~에게 변상[보상]하다 2 《법》 ~의 법적 책임[형벌]을 면제하다**

- **indemnify** him for his injuries 그가 입은 상처에 대하여 그에게 변상하다
- **indemnify** the police officer's act
  그 경찰관의 행동을 법적 책임에서 면제하다

---

47 **indescribable**
[indiskráibəbl]
★☆☆☆☆

in(not) +
describable 표현할 수 있는
→ '표현할 수 없는'
에서 유래

**ⓐ 형언할 수 없는**

- a scene of **indescribable** beauty 형언할 수 없이 아름다운 장면

---

48 **indignant**
[indígnənt]
★★★☆☆

in(not) +
dign(worth) →
'자신의 가치[위엄]가 없는'
에서 유래

**ⓐ 분개한, 성난**

- an **indignant** expression on his face
  그의 얼굴에 나타난 분노의 표정

---

49 **indiscreet**
[indiskrí:t]
★☆☆☆☆

in(not) +
discreet 분별있는 →
'분별없는'에서 유래

**ⓐ 무분별한, 경솔한**

- The **indiscreet** girl revealed secrets to strangers
  그 경솔한 소녀가 낯선 사람들에게 비밀을 누설했다.

---

50 **indiscriminate**
[indiskrímənət]
★★★☆☆

in(not) +
discriminate 차별하는 →
'차별하지 않는'에서 유래

**ⓐ 무차별의, 가리지 않는**

- the terrorists' **indiscriminate** violence
  테러리스트들의 무차별한 폭력

## 51 **indolent**
[índələnt]
★★★★☆

in(not) + dole(painful) → '(먹고 사는 데) 고통을 느끼지 않는'에서 유래

**a** 1 **나태한, 게으른**

2 ≪병리≫ **무통(성)의**

- a naturally **indolent** man  본래 게으른 남자
- an **indolent** tumor and ulcer  무통성 종양과 종기

---

## 52 **indomitable**
[indámətəbl]
★☆☆☆☆

in(not) + domit(tame) → '(외부의 힘에) 길들여지지 않는'에서 유래

**a** **굴하지 않은, 불굴의**

- show **indomitable** courage against enemies  적에 대항하여 불굴의 용기를 보이다

---

## 53 **inert**
[inɔ́:rt]
★☆☆☆☆

in(not) + ert<art(skill) → '(움직일 수 있는) 기술을 갖추지 않은'에서 유래

**a** 1 **활동하지 않는, 느릿느릿한**

2 ≪화학≫ **불[비]활성의**

- a fat and **inert** woman  뚱뚱하고 느릿느릿한 여자
- **inert** gases  불활성 기체

---

## 54 **inexorable**
[inéksərəbl]
★★☆☆☆

in(not) + ex(out) + ora(pray) → '아무리 빌어도 들어주지 않는'에서 유래

**a** **무정한, 냉혹한**

- The forces of nature are **inexorable**. 자연의 힘은 냉혹하다.

---

## 55 **inextricable**
[inékstrikəbl]
★☆☆☆☆

in(not) + extricable 벗어날 수 있는 → '벗어날 수 없는'에서 유래

**a** (문제에서) **벗어날 수 없는**

- **inextricable** financial troubles 벗어날 수 없는 재정 곤란

---

## 56 **infallible**
[infǽləbl]
★☆☆☆☆

in(not) + fallible 틀리기 쉬운 → '틀릴 수 없는'에서 유래

**a** (절대로) **틀림이 없는, 확실한**

- an **infallible** rule[remedy]  절대로 틀림이 없는 규칙[치료]

---

## 57 **infamous**
[ínfəməs]
★★★★☆

in(not) + fam(fame) → '나쁜 쪽으로 유명한'에서 유래

**a** **악명높은**

- an **infamous** criminal[traitor]  악명 높은 범죄자[반역자]

---

## 58 **infinitesimal**
[infinitésəməl]
★☆☆☆☆

in(not) + fin(limit) → '등급을 무한히 나눈'에서 유래

**a** **n** **극소의 (량)**

- Germs are **infinitesimal** animals.  세균은 극히 작은 동물이다.

2
4

187

461 **maxim**
[mǽksim]
★★★☆☆

max (great 큰) → '현인들의 큰 마음이 담겨 있는 격언'에서 유래

**n** 격언
- inscribe the **maxim** in one's heart
  격언을 자신의 마음에 새기다

---

462 **maze**
[meiz]
★★☆☆☆

maze<amasen 어리둥절하게 만들다 → '어리둥절하게 만드는 미로, 또는 그 혼란한 상태'에서 유래

**n** 미로; 혼란  **v** 혼란하게 하다
- He was in such a **maze** that he couldn't speak.
  그는 혼란스러워서 말을 할 수 없었다.

---

463 **meander**
[miǽndər]
☆☆☆☆☆

Maiandros 강 이름 → '구불구불하기로 유명했던 강 이름'에서 유래

**v** 구불구불 나아가다
- The brook **meanders** through fields.
  개천이 들판을 구불구불 흐르고 있다.

---

464 **meddle**
[médl]
★★☆☆☆

med (mix 섞다) → '남의 일에 자신의 의견을 껴넣어 참견하다'에서 유래

**vi** 참견하다
- **meddle** in other people's lives  남들의 생활에 간섭하다

---

465 **mediate**
[mí:dieit]
★★★☆☆

med (middle 중간의) → '중간의 입장에서 분쟁을 조정하다'에서 유래

**v** (분쟁 등을) 조정[중재]하다
- **mediate** a dispute  분쟁을 조정하다

---

466 **mediocre**
[mi:dióukər]
★★★☆☆

med (middle 중간의) → '딱 중간인'에서 유래

**a** 평범한
- a **mediocre** story  평범한 이야기

---

467 **meditation**
[medətéiʃən]
★★★☆☆

medi (consider 숙고하다)

**n** 숙고, 명상
- reach one's decision after **meditation**
  숙고 끝에 결정을 내리다

---

468 **memento**
[məméntou]
★☆☆☆☆

me<mens (mind 마음) → '마음속에 간직하는 추억'에서 유래

**n** <pl.> 기념물, 추억거리
- a **memento** of our trip abroad
  우리의 해외 여행을 기념하는 기념품

---

469 **mendacious**
[mendéiʃəs]
★☆☆☆☆

mend (flaw 결점) → '결점에 대해 거짓을 말하는'에서 유래

**a** 거짓의
- a **mendacious** account  거짓 이야기(보도)

---

470 **mendicant**
[méndikənt]
★☆☆☆☆

mendicant<mendicantem (beggar 거지) → '구걸하는 거지'에서 유래

**a** 구걸하는
**n** 탁발승, 거지
- become a **mendicant** priest  탁발승이 되다

471 **menial**
[míːniəl]
★☆☆☆☆

men<mean 천한

**a** 천한; 천한 일을 하는  **n** 하인
- do **menial** tasks like cleaning the floor
  바닥 청소 같은 천한 일을 하다

---

472 **mercenary**
[mɔ́ːrsəneri]
★☆☆☆☆

mercen (pay 보수) → '보수를 받기 위해 하는' 에서 유래

**a** 돈[보수]을 목적으로 하는
- act from **mercenary** motives  돈을바라는동기에서행동하다

---

473 **mercurial**
[mɔrkjúəriəl]
☆☆☆☆☆

Mercury 수성 → '수성처럼 빨리 변하는' 에서 유래

**a** (수은처럼) 변덕스러운
- an unpredictably **mercurial** temperament
  예측할 수 없이 변덕스러운 기질

---

474 **mesmerize**
[mézməraiz]
☆☆☆☆☆

Mesmer 의사 이름 → '오스트리아의 최면 술사 이름'에서 유래

**vt** 최면술을 걸다, 매혹하다
- be **mesmerized** by the flashing colors of the fish
  물고기의번쩍이는색에매혹당하다

---

475 **mete**
[miːt]
☆☆☆☆☆

me (measure 측정하다) → '정도를 측정하여 상이나 벌을 주다' 에서 유래

**vt** (상 · 벌 등을) 주다
- **mete** out harsh sentences for car theft
  차 절도에 대해 가혹한 형벌을 주다

---

476 **meticulous**
[mətíkjuləs]
☆☆☆☆☆

met (fear 두려움) → '두려울 정도로 꼼꼼한' 에서 유래

**a** 세심[꼼꼼]한
- be **meticulous** in checking one's accounts
  세심하게 자신의 계산서를 검토하다

---

477 **mettle**
[métl]
★☆☆☆☆

mett<metal 금속 → '금속처럼 단단한 마음" 에서 유래

**n** 용기, 기개(氣槪)
- put on one's **mettle**  용기를 돋우다

---

478 **mien**
[miːn]
☆☆☆☆☆

mien<mine (look 보이다) → '겉으로 드러나 보이는 태도' 에서 유래

**n** <문학> 태도
- the gracious **mien** of a queen  여왕의 우아한 태도

---

479 **migrant**
[máigrənt]
☆☆☆☆☆

migr (move 이동하다)

**a** 이주하는  **n** 이주자
- **migrant** birds  철새

---

480 **milestone**
[máistoun]
★★★★☆

mile 마일 : 거리단위 + stone 돌 → '남은 마일을 표시해주는 석판인 이정표' 에서 유래

**n** 이정표; 획기적인 사건
- The incident was a **milestone** in my life.
  그 사건은 내 인생의 중대사건이었다.

## r~z

- **remind A of B** / A에게 B를 상기시키다 bring back, ring a bell
- **resign oneself to** / 체념하고 받아들이다 accept without complaint, settle for
- **root out[up]** / 뿌리 뽑다, 근절하다 uproot, get rid of
- **rule out** / 배제하다, 제외하다 exclude, exempt
- **sign up for** / ~에 등록하다 register for, enroll for
- **single out** / 선발하다, 고르다 choose, pick out
- **slip one's mind** / 깜빡하다, 잊다 forget something
- **stop by** / ~에 잠시 들르다, 잠깐 들르다 drop in, drop by
- **suit oneself** / 마음대로 하다 indulge oneself
- **tamper with** / (멋대로) 고치다, 변조하다; 간섭하다 alter, meddle in, interfere with
- **tick off** / 확인하다, 점검하다 show with marking ; 꾸짖다 scold
- **tip off** / ~에게 귀띔하다, 언질을 주다 advise, tell
- **touch off** / 유발하다, 촉발하다 trigger, cause
- **use up** / 다 써버리다, 고갈시키다 exhaust, deplete
- **vouch for** / 보증하다 guarantee, warrant
- **watch over** / 감독하다 supervise, oversee
- **wear out** / 닳게 하다 rub out; wear away[down] ; 지치게 하다 exhaust, tire out
- **weed out** / 제거하다 eliminate, get rid of
- **wind up** / 끝내다 finish, stop, bring to an end, wrap up
- **work out** / 해결하다, 성취하다 achieve, accomplish ; 연습하다, 운동하다 exercise
- **wrap it up** / 끝내다, 마치다 finish
- **yearn for** / 동경하다, 갈망하다 crave for, pant for
- **zero in on** / ~에 집중하다 concentrate on
- **rub someone the wrong way** / ~를 화나게 하다 irritate, annoy
- **save one's face** / 체면을 지키다 preserve one's honor
- **spill the beans** / 비밀을 누설하다 tell tales, let the cat out of the bag
- **step on the gas** / 속력을 내다, 서두르다 speed up, accelerate, step on it
- **stick to one's guns** / 주장을 고수하다 hold one's ground
- **swallow one's words** / 한 말을 취소하다 eat one's words
- **wreak havoc on** / ~을 대파괴하다 raze, play havoc with

# in- (부정)

Date :

| | | | |
|---|---|---|---|
| ★★★★☆ | 73. | intrepid | ☐ ☐ ☐ |
| | 79. | irrelevant | ☐ ☐ ☐ |
| ★★★☆☆ | 66. | insipid | ☐ ☐ ☐ |
| | 67. | insolent | ☐ ☐ ☐ |
| | 68. | insolvent | ☐ ☐ ☐ |
| | 69. | intangible | ☐ ☐ ☐ |
| | 74. | invaluable | ☐ ☐ ☐ |
| ★★☆☆☆ | 63. | inordinate | ☐ ☐ ☐ |
| ★☆☆☆☆ | 59. | infirm | ☐ ☐ ☐ |
| | 60. | inhospitable | ☐ ☐ ☐ |
| | 61. | iniquitous | ☐ ☐ ☐ |
| | 62. | innumerable | ☐ ☐ ☐ |
| | 64. | insensible | ☐ ☐ ☐ |
| | 65. | inseparable | ☐ ☐ ☐ |
| | 70. | integral | ☐ ☐ ☐ |
| | 71. | integrate | ☐ ☐ ☐ |
| | 72. | integrity | ☐ ☐ ☐ |
| | 75. | invariable | ☐ ☐ ☐ |
| | 76. | invincible | ☐ ☐ ☐ |
| | 77. | involuntary | ☐ ☐ ☐ |
| | 78. | irrational | ☐ ☐ ☐ |
| | 80. | irreparable | ☐ ☐ ☐ |
| | 81. | irresistible | ☐ ☐ ☐ |
| | 83. | irrevocable | ☐ ☐ ☐ |
| ☆☆☆☆☆ | 82. | irresolute | ☐ ☐ ☐ |

## 59 **infirm**
[infə́:rm]
★☆☆☆☆

in(not) +
firm 튼튼한 →
**'튼튼하지 않는'**에서 유래

**a** (몸 · 의지가) **허약한**
- an old and **infirm** man  늙고 허약한 남자

---

## 60 **inhospitable**
[inháspitəbl]
★☆☆☆☆

in(not) +
hospitable 친절한 →
**'친절하지 않은'**에서 유래

**a** 1 (손님에게) **불친절한, 대접이 나쁜**
2 (살기에) **부적당한, 불모의**
- That **inhospitable** host never offers visitors any refreshments.
  대접이 나쁜 저 주인은 손님들에게 결코 어떠한 음식도 내주지 않는다.
- **inhospitable** desert areas  불모의 사막 지역

---

## 61 **iniquitous**
[iníkwətəs]
★☆☆☆☆

in(not) +
iqu<equ (just) →
**'정당하지 않은'**에서 유래

**a** **부정한, 사악한**
- an **iniquitous** suggestion[opinion]  사악한 제안[의견]

---

## 62 **innumerable**
[injú:mərəbl]
★☆☆☆☆

in(not) +
numerable 셀 수 있는 →
**'(너무나 많아) 셀 수 없는'**
에서 유래

**a** **셀 수 없는, 무수한**
- an **innumerable** swarm of beess  무수한 벌 떼

---

## 63 **inordinate**
[inɔ́:rdənət]
★★☆☆☆

in(not) +
ordin(order) →
**'질서가 없는'**에서 유래

**a** **무절제한, 터무니없는**
- **inordinate** demands for higher wages
  더 높은 임금을 지급하라는 터무니없는 요구

---

## 64 **insensible**
[insénsəbl]
★☆☆☆☆

in(not) +
sensible 느끼기 쉬운 →
**'느끼지 못하는'**에서 유래

**a** 1 (몸이) **무감각한, 의식을 잃은**
2 (느끼지 못할 정도로) **적은**
- become **insensible** from cold  추위로 무감각해지다
- grow cold by **insensible** degrees
  느끼지 못할 정도로 조금씩 추워지다

---

## 65 **inseparable**
[insépərəbl]
★☆☆☆☆

in(not) +
separable 분리할 수 있는 →
**'분리할 수 없는'**에서 유래

**a** **분리할 수 없는**
- Heat is **inseparable** from fire.  열은 불로부터 분리할 수 없다.

---

## 66 **insipid**
[insípid]
★★★☆☆

in(not) +
sipid(tasty) →
**'맛이 없는'**에서 유래

**a** 1 (음식이) **맛없는**
2 (성격이나 이야기가) **재미없는, 지루한**
- His **insipid** speech bored everyone.  그의 재미없는 연설이 모두
  를 지루하게 했다.

---

67 **insolent**
[ínsələnt]
★★★☆☆

in(not) +
sol(be accustomed) →
'(전통적인 예절에) 익숙치
않은'에서 유래

**a** 무례한, 거만한

- an **insolent** remark[behavior]  무례한 말[행동]

---

68 **insolvent**
[insάlvənt]
★★★☆☆

in(not) + solvent 지급 능력
이 있는 → '지급 능력이 없
는'에서 유래

**a** 지급불능의, 파산한

- The bank was declared **insolvent**. 그 은행은 파산 선고되었다.

---

69 **intangible**
[intǽndʒəbl]
★★★☆☆

in(not) +
tangible 만질 수 있는 →
'만질 수 없는'에서 유래

**a** 1 만질 수 없는, 무형의

2 (확실히) 알 수 없는, 모호한

- Sound and light are **intangible**. 소리와 빛은 만질 수 없다.
- feel an **intangible** sense of gloom
  알 수 없는 우울감을 느끼다

---

70 **integral**
[íntigrəl]
★☆☆☆☆

in(not) +
teg<tag(touch) →
'아무도 손대지 않은 본래 그
대로의'에서 유래

**a** 1 완전한, 빠진 것이 없는

2 (전체를 구성하는 데) 필수의

- an **integral** set of Shakespeare's plays
  셰익스피어 희곡 전집
- an **integral** part of the argument  토론에 필수적인 부분

**n** 1 전체

2 《수학》 적분

- a definite[indefinite] **integral** 정[부정]적분

2 5

---

71 **integrate**
[íntəgreit]
★☆☆☆☆

in(not) +
teg(touch) →
'아무도 손대지 않은 완전한
상태가 되게 하다'에서 유래

**vt** (각 부분을 전체에) 통합하다, 완전하게 하다

- **integrate** the different circuits of a television or computer
  텔레비전 또는 컴퓨터의 다른 회로들을 (하나로) 통합하다

---

72 **integrity**
[intégrəti]
★☆☆☆☆

in(not) +
teg<tag(touch) →
'아무도 손대지 않은 인간 본연
의 심성'에서 유래

**n** 1 성실, 정직

2 완전(한 상태)

- a man of complete **integrity**  철저히 정직을 지키는 남자
- defend the **integrity** of one's country against enemy
  적에 대항하여 자기 나라 영토의 완전한 상태를 지키다

---

73 **intrepid**
[intrépid]
★★★★☆

in(not) +
trepid(alarmed) →
'어떤 일에도 놀라지 않는'
에서 유래

**a** 용맹스러운, 대담한

- the **intrepid** mountaineers[explorers]
  대담한 등반가들[탐험가들]

## 74 **invaluable**
[invǽljuəbl]
★★★☆☆

in(not) + valuable 금전적 가치가 있는 → '금전적 가치로 따질 수 없는'에서 유래

**a** 매우 귀중한
* Good health is an **invaluable** blessing.
  건강은 값을 헤아릴 수 없는 축복이다.

---

## 75 **invariable**
[invέəriəbl]
★☆☆☆☆

in(not) + variable 변하기 쉬운 → '변하지 않는'에서 유래

**a** 변하지 않은, 불변의
* an **invariable** quantity[habit]  변하지 않는 양[습관]

**n** <수학> 상수
* an **invariable** having an unchangeable value
  변하지 않는 값을 갖는 상수

---

## 76 **invincible**
[invínsəbl]
★☆☆☆☆

in(not) + vincible 정복할 수 있는 → '정복할 수 없는'에서 유래

**a** 정복할[이길] 수 없는
* The champion wrestler seemed **invincible**.
  그 챔피언 레슬러는 무적인 것처럼 보였다.

---

## 77 **involuntary**
[inválənteri]
★☆☆☆☆

in(not) + voluntary 자발적인 → '자발적으로 한 것이 아닌'에서 유래

**a** 1 타의에 의한, 강제적인
2 고의가 아닌, 무심코 한
* sentence the criminal to five years' **involuntary** servitude
  그 범죄자에게 5년간의 강제 노동을 선고하다
* give an **involuntary** yawn 무심코 하품을 하다

---

## 78 **irrational**
[irǽʃənl]
★☆☆☆☆

ir<in(not) + rational 이성적인 → '비이성적인'에서 유래

**a** 비이성적인, 무분별한
* a completely **irrational** decision  완전히 비이성적인 결정

---

## 79 **irrelevant**
[iréləvənt]
★★★★☆

ir<in(not) + relevant 적절한 → '적절하지 않은'에서 유래

**a** 부적절한, 관계없는
* a question **irrelevant** in a music lesson  음악 수업과 관계 없는 질문

---

## 80 **irreparable**
[irépərəbl]
★☆☆☆☆

ir<in(not) + reparable 고칠 수 있는 → '고칠 수 없는'에서 유래

**a** 고칠 수 없는
* an **irreparable** loss to the firm  그 회사에 돌이킬 수 없는 손실

81 **irresistible**

[irizístəbl]

★☆☆☆☆

ir<in(not) +
resistible 저항할 수 있는 →
'저항할 수 없는'에서 유래

**a** 1 **저항할 수 없는**
2 **너무나 매력적인**

- the **irresistible** force of his logic 저항할 수 없는 그의 논리의 힘
- her **irresistible** beauty 그녀의 반할만한 아름다움

---

82 **irresolute**

[irézəluːt]

☆☆☆☆☆

ir<in(not) +
resolute 굳게 결심한 →
'(무엇이든) 굳게 결심하지
못하는'에서 유래

**a** **결단력이 없는, 우유 부단한**

- **Irresolute** persons make poor leaders.
  결단력 없는 사람들은 무능한 지도자들이 된다.

---

83 **irrevocable**

[irévəkəbl]

★☆☆☆☆

ir<in(not) +
revocable 취소할 수 있는
→ '취소할 수 없는'에서 유
래

**a** **취소할 수 없는, 돌이킬 수 없는**

- his **irrevocable** decision to leave
  떠나려고 하는 그의 취소할 수 없는 결정

2
5

481 **millennium**
[miléniəm]
★★☆☆☆

mille (thousand 천) + enni
(year 해, 년) ·천 년의 기간
에서 유래

**n 천 년간**
• The dawn of a new **millennium** is beginning.
새 천 년의 여명이 밝아온다.

482 **minuscule**
[mínəskjùːl]
★☆☆☆☆

min (small 작은) ·
'작은 글자인 소문자'에서 유래

**a 아주 작은 n 소문자**
• a **minuscule** amount of time 매우 짧은 기간

483 **miserly**
[máizərli]
★★☆☆☆

miser<mantrausis (money-raker 돈 모으는 사람) ·'돈을 모으기만 하고 쓰지 않아 인색한'에서 유래

**a 인색한**
• criticize the **miserly** behavior 인색한 행동을 비난하다

484 **mitigate**
[mítəgeit]
★★★★☆

mitig<mei (soft 부드러운) ·
'부드럽게 만들어 누그러뜨리다'에서 유래

**v 누그러뜨리다**
• The pain was **mitigated** by taking aspirin.
아스피린을 먹어서 통증이 누그러졌다.

485 **mobile**
[móubəl]
★☆☆☆☆

mob (move 움직이다)

**a 움직일 수 있는**
• **mobile** library 이동 도서관

486 **mode**
[moud]
☆☆☆☆☆

mod (manner 방법)

**n 양식, 방식**
• a **mode** of life 생활 양식

487 **moderate**
[mádərət]
★☆☆☆☆

mod (fit 적합한) →
'적합하게 만드는'에서 유래

**a 보통의, 적당한; 온건한**
**v 완화하다 n 온건주의자**
• take a **moderate** tone 온건한 입장을 취하다

488 **moist**
[mɔist]
★★☆☆☆

moist<muscidus (moldy 곰팡이 나는) → '곰팡내 날 정도로 축축한'에서 유래

**a 습기 있는, 축축한**
• It's important to keep the roots **moist** at all times.
뿌리를 항상 축축하게 유지하는 것은 중요하다.

489 **mollify**
[máləfài]
☆☆☆☆☆

moll (soft 부드러운) ·'부드럽게 만들어 누그러뜨리다'에서 유래

**vt 누그러지게 하다**
• **mollify** her anger by apologizing
사과함으로써 그녀의 화를 누그러뜨리다

490 **momentous**
[mouméntəs]
☆☆☆☆☆

mom (move 움직이다) ·
'모든 것을 움직이게 할 정도로 중요한'에서 유래

**a 중대[중요]한**
• a **momentous** decision 중대한 결정

491 **monetary**
[mánəteri]
☆ ☆ ☆ ☆ ☆

mone (money 돈)

a **화폐의**
• a **monetary** unit 화폐 단위

---

492 **monumental**
[mɑnjuméntl]
★ ☆ ☆ ☆ ☆

mon (remind 상기시키다) + ment (mind 마음, 정신) → '마음속에 기억하게 될 정도로 기념이 되는'에서 유래

a **기념비적인**
• accomplish a **monumental** work
  기념비적인 업적을 달성하다

---

493 **morbid**
[mɔ́:rbid]
☆ ☆ ☆ ☆ ☆

mor (die 죽다) → '죽음을 생각할 정도로 병적인'에서 유래

a **(정신 · 사상 등이) 병적인**
• a **morbid** interest in suicide  자살에 대한 병적인 관심

---

494 **mordant**
[mɔ́:rdənt]
☆ ☆ ☆ ☆ ☆

mord (bite 깨물다) → '깨물듯이 말이 신랄한'에서 유래

a **신랄한**
• **mordant** criticism  신랄한 비평

---

495 **moribund**
[mɔ́:rəbʌnd]
☆ ☆ ☆ ☆ ☆

mori (die 죽다)

a **소멸해[죽어]가는**
• a **moribund** political party 소멸해 가는 정당

---

496 **morose**
[məróus]
☆ ☆ ☆ ☆ ☆

moros (peevish 투정부리는)→ '투정을 부리다가 시무룩해진'에서 유래

a **시무룩한**
• get **morose** and depressed after one's failure
  실패한 후에 시무룩하고 풀이 죽다

---

497 **mortician**
[mɔːrtíʃən]
☆ ☆ ☆ ☆ ☆

mor (die 죽다) → '장례에 필요한 일을 하는 장의사'에서 유래

n **장의사**
• His job is a **mortician**. 그의 직업은 장의사이다.

---

498 **mortify**
[mɔ́:rtəfai]
★ ★ ★ ★ ☆

mor (die 죽다) → '죽고 싶을 정도로 굴욕감을 느끼게 하다'에서 유래

v **굴욕감을 느끼게 하다**
• be **mortified** by one's blunder
  자신의 큰 실수로 인해 굴욕감을 느끼다

---

499 **motif**
[moutí:f]
★ ★ ☆ ☆ ☆

mot (move 움직이다) → '작품의 전체를 움직이는 중심내용인 주제'에서 유래

n **(문학 등의) 주제**
• What is the main **motif** of this novel?
  이 소설의 주된 주제는 무엇입니까?

---

500 **muddle**
[mʌ́dl]
★ ☆ ☆ ☆ ☆

mud 진흙 → '진흙탕으로 만들다'에서 유래

v **뒤죽박죽을 만들다**
n **혼란**
• be **muddled** up all the papers on the desk
  책상 위의 모든 서류가 뒤죽박죽이 되다

- **be absorbed in** / 열중하다, 몰두하다  be lost in, be preoccupied, be engrossed in, soak oneself in, devote oneself to
- **be accustomed to** / ~에 익숙하다  be used to
- **be acquainted with** / ~을 잘 알다  be familiar｜conversant｜with
- **be at home in** / ~에 정통하다  be familiar with, be grounded in
- **be based on** / ~에 근거를 두다  be founded on, be grounded in
- **be bound for** / ~로 향하다  head for
- **be bound to do** / ~하지 않을 수 없다  cannot help ~ing
- **be comparable to** / ~에 필적하다  be a match for
- **be concerned about** / ~에 염려하다  be anxious about, be worried about
- **be concerned with** / ~과 관계가 있다, ~에 관심을 갖다  be interested in
- **be conscious of** / ~을 의식하다, 알아채다  become aware of
- **be contingent upon** / ~을 조건으로 하다, ~에 달려있다  be dependent on
- **be crazy about** / ~에 열광하다, ~에 푹 빠져있다  be mad about
- **be cut out for** / ~에 적임이다  be suitable for, be eligible for
- **be engaged in** / ~에 종사하다  be occupied with
- **be engaged to** / ~과 약혼한 사이다  be betrothed to
- **be engrossed in** / ~에 열중하다  be absorbed in, be lost in
- **be entitled to** / ~의 자격이 있다, 권리가 있다  have a right to
- **be equal to** / ~을 감당할 수 있다, ~에 합당하다  be suitable for, be suited to
- **be familiar to** / ~에게 잘 알려져 있다  be well-known to
- **be familiar with** / ~을 잘 알고 있다, ~에 정통하다  be conversant with
- **be fed up with** / ~에 질리다, 싫증나다  be (sick and) tired of
- **be good at** / ~에 능숙하다  be clever or skillful at
- **be absent from** / ~에서 결석하다  absent oneself from
- **be all ears** / 경청하다  listen with all one's attention
- **be bent on** / ~에 열중하고 있다, ~하려고 결심하다  be keen on, be intent on
- **be caught red-handed** / 현장에서 잡히다  be arrested on the spot
- **be dead set against** / 완전히 반대하다  completely oppose
- **be geared to** / ~에 맞추어져있다  be oriented to
- **be hard on** / ~에 모질게 대하다  bother, show no kindness

# in- (안)

| ★ ★ ★ ★ ★ | 07. | imminent | □ □ □ |
| | 10. | impart | □ □ □ |
| | 15. | impending | □ □ □ |

| ★ ★ ★ ★ ☆ | 08. | impact | □ □ □ |
| | 17. | impetuous | □ □ □ |
| | 19. | implement | □ □ □ |
| | 25. | impromptu | □ □ □ |
| | 26. | impute | □ □ □ |

| ★ ★ ★ ☆ ☆ | 09. | impair | □ □ □ |
| | 12. | impeach | □ □ □ |
| | 13. | impede | □ □ □ |
| | 16. | imperative | □ □ □ |
| | 23. | impose | □ □ □ |

| ★ ★ ☆ ☆ ☆ | 03. | illustrate | □ □ □ |
| | 05. | immerse | □ □ □ |
| | 22. | implore | □ □ □ |
| | 27. | inaugurate | □ □ □ |

| ★ ☆ ☆ ☆ ☆ | 01. | ambush | □ □ □ |
| | 02. | illuminate | □ □ □ |
| | 04. | imbibe | □ □ □ |
| | 06. | immigrate | □ □ □ |
| | 11. | impassioned | □ □ □ |
| | 14. | impel | □ □ □ |
| | 20. | implicate | □ □ □ |
| | 21. | implicit | □ □ □ |
| | 24. | impoverish | □ □ □ |
| | 28. | inborn | □ □ □ |
| | 29. | incandescent | □ □ □ |

| ☆ ☆ ☆ ☆ ☆ | 18. | implant | □ □ □ |
| | 30. | incarnate | □ □ □ |

## 01 **ambush**
[ǽmbuʃ]
★☆☆☆☆

am<in(in) +
bush 덤불 →
'덤불 안으로 들어가 숨다'
에서 유래

**n** 1 매복, 잠복(한 곳) 2 급습, 습격
- lie in **ambush** waiting for the signal 신호를 기다리며 매복해 있다
- trap enemies by **ambush** 갑작스런 습격으로 적을 함정에 빠뜨리다

**v** 급습하다 • **ambush** the retreating enemy 퇴각하는 적을 급습하다

## 02 **illuminate**
[ilú:məneit]
★☆☆☆☆

il<in(in) +
lumin(light) →
'~안에 불을 밝히다'
에서 유래

**vt** 1 조명하다 2 설명[해명]하다 3 계몽[계발]하다
- The room was **illuminated** by four large lamps.
  그 방은 4개의 큰 램프로 불 밝혀져 있었다.
- Our teacher could **illuminate** any subject we studied.
  우리 선생님은 우리가 공부했던 어떠한 주제라도 명확히 설명하실 수 있었다.
- **illuminate** young students 어린 학생들을 계몽하다

## 03 **illustrate**
[íləstreit]
★★☆☆☆

il<in(in) +
lust(light) →
'~안에 불을 밝히다'
에서 유래

**v** (실례 · 그림 따위로) 설명하다
- These graphs **illustrate** the results of the experiment.
  이 그래프들은 그 실험에 대한 결과를 잘 설명해 주고 있다.

## 04 **imbibe**
[imbáib]
★☆☆☆☆

im<in(in) +
bib(drink) →
'안으로 들이마시다'
에서 유래

**vt** 1 (술 등을) 마시다 2 (사상 등을) 받아 들이다
- **imbibe** moisture from the earth 땅으로부터 수분을 빨아 들이다
- A child often **imbibes** superstitions. 아이는 종종 미신을 받아 들인다.

## 05 **immerse**
[imə́:rs]
★★☆☆☆

im<in(in) +
mers(plunge) →
'물 속으로 뛰어들다'
에서 유래

**vt** 1 (물 속에) 잠기게 하다, 담그다 2 <수동태> (일 등에) 빠지게 하다, 몰두시키다
- **immerse** feet in a bucket 양동이 안에 발을 담그다
- **immersed** in thought[debts] 생각에 몰두하고 있는[빚더미에 빠진]

## 06 **immigrate**
[íməgreit]
★☆☆☆☆

im<in(in) +
migrate 이주하다 →
'안으로 이주해오다'
에서 유래

**v** (타국에서) 이주해오다[시키다]
- **immigrate** cheap labor 값싼 노동력을 이주시키다

## 07 **imminent**
[ímənənt]
★★★★★

im<in(in, over) +
min(hang) →
'~안에[위에] 매달려 있는'
에서 유래

**a** 절박[긴급]한
- be in **imminent** danger of death 절박한 죽음의 위험에 처하다

## 08 **impact**
[ímpækt]
★★★★☆

im(on) +
pac<pan(strike) →
'~에 부딪힘'에서 유래

**n** 1 충돌 2 (강한) 충격, 영향
- the **impact** of the two swords 두 검의 부딪힘
- make a great **impact** on ~에 커다란 영향을 미치다

**v** 강한 충격[영향]을 주다
- These costs will **impact** on our profitability.
  이러한 가격은 우리의 이익에 큰 영향을 줄 것이다.

## 09 **impair**
[impέər]
★★★☆☆

im<in(intensive) +
pair<pejor(worse) →
'나빠지게 하다'에서 유래

**vt** (힘·가치·건강등을) **손상시키다, 해치다**
- His illness has **impaired** his efficiency.
  그의 병이 그의 능력을 손상시켰다.

---

## 10 **impart**
[impá:rt]
★★★★★

im<in(in) +
part 나누다 →
'물건을 나누어 건네주다'
에서 유래

**vt** 1 (나누어) **주다**  2 (지식·비밀 따위를) **전해주다**
- The music **imparts** a feeling of excitement to the film.
  그 음악은 영화에 대한 흥분의 감정을 더해준다.
- **Impart** the secret to me. 저에게 그 비밀을 전해주세요.

---

## 11 **impassioned**
[impǽʃənd]
★☆☆☆☆

im<in(in) +
pass(feel) →
'마음속으로 느끼는'
에서 유래

**a** 감동적인, 열의에 찬
- make an **impassioned** speech 감동적인 연설을 하다.

---

## 12 **impeach**
[impí:tʃ]
★★★☆☆

im<in(in) +
peach<pedi(foot) →
'~의 발에 족쇄를 채우다'
에서 유래

**vt** 1 (관리를) **탄핵[고발]하다**
2 **의심하다**
- **impeach** a corrupt official 타락한 관리를 탄핵하다
- **impeach** a person's honor 어떤 사람의 명성에 의문을 제기하다

---

## 13 **impede**
[impí:d]
★★★☆☆

im<in(in) +
ped(foot) →
'누군가 걸어가는 데 발을 안
으로 넣어 걸리게 하다'
에서 유래

**vt** 방해하다
- The rescue attempt was **impeded** by bad weather.
  그 구조 시도는 나쁜 날씨 탓에 방해를 받았다.

2
6

---

## 14 **impel**
[impél]
★★☆☆☆

im<in(intensive) +
pel(push) →
'강하게 밀어 붙이다'
에서 유래

**vt** 1 **재촉하다, 강제로 ~하게 하다**
2 **움직이게[쭉쭉 나가게] 하다**
- **impel** a person to make greater efforts
  더 많은 노력을 기울이게 하다
- The wind **impelled** the boat toward the shore.
  바람이 배를 바닷가 쪽으로 움직이게 했다.

---

## 15 **impending**
[impéndiŋ]
★★★★★

im<in(in, over) +
pend(hang) →
'~안에[위에] 불안하게 매달
려 있는'에서 유래

**a** 절박[임박]한
- an **impending** war between two nations
  양국 간에 임박한 전쟁

---

## 16 **imperative**
[impérətiv]
★★★☆☆

im<in(in) +
pera(command) →
'~에게 명령하는'에서 유래

**a** 1 명령[강제]적인  2 긴급[급박]한
- an **imperative** manner[statement] 명령적인 태도[말]
- It's **imperative** that we reach the doctor.
  우리가 의사에게 연락하는 일은 긴급하다.

### 17 **impetuous**
[impétʃuəs]
★★★★☆

im<in(in) +
pet(rush) →
'~안으로 돌진하는'에서 유래

**a** 1 (바람·속도 등이) **격렬[맹렬]한**  2 **성급한, 충동적인**
- an **impetuous** torrent of water  격렬한 물살
- an **impetuous** decision which she soon regretted
  그녀가 곧 후회하게 된 성급한 결정

---

### 18 **implant**
[implǽnt]
☆☆☆☆☆

im<in(in) +
plant 심다 →
'~안에 심다'에서 유래

**vt** (몸·마음에) **심다, 주입하다**
- **implant** high ideals in children  아이들에게 높은 이상을 심어주다

**n** **끼워진[심어진] 것**

---

### 19 **implement**
[ímpləmənt]
★★★★☆

im<in(in) +
ple(fill) →
'~의 안에 쓸 것을 채워주는 것'
에서 유래

**n** **도구**
- a set of farming **implements**  한 세트의 농기구들

**vt** **실행[이행]하다**
- **implement** an order  명령을 이행하다

---

### 20 **implicate**
[ímplikeit]
★☆☆☆☆

im<in(not) +
plic(fold) →
'사람을 어떤 일 안으로 개입
시키다'에서 유래

**vt** 1 **관련[연루]시키다**  2 (의미를) **함축하다**
- a letter **implicating** him in the robbery
  강도 범행에 그가 관련되었음을 보여주는 편지
- His remark **implicates** a great deal.  그가 한 말에는 함축성이 많다

---

### 21 **implicit**
[implísit]
★☆☆☆☆

im<in(in) +
plic(fold) →
'의미가 안에 접혀 있는'
에서 유래

**a** 1 **함축[암시]적인**  2 **무조건[절대]적인**
- Their request seems to contain **implicit** threat.
  그들의 요구에는 암시적인 협박을 담고 있는 것처럼 보인다
- He has **implicit** trust in his friends.
  그는 자신의 친구들을 절대적으로 신뢰한다.

---

### 22 **implore**
[implɔ́:r]
★★☆☆☆

in(toward) +
plor(cry) →
'~를 향해 소리치다'
에서 유래

**v** **애원[간청]하다**
- The prisoner **implored** pardon.
  그 죄수는 용서해 달라고 애원했다

---

### 23 **impose**
[impóuz]
★★★☆☆

im<in(in) +
pose 놓다 →
'강제로 ~의 안에 놓다'
에서 유래

**vt** 1 (의무·세금 따위를) **지우다, 부과하다**  2 **강요하다**
3 (불량품을) **속여 팔다**
- **impose** a fine on the guilty man  범법자에게 벌금을 부과하다
- **impose** strict conditions for the repayment of the loan
  대출금의 상환에 대하여 매우 엄격한 조건들을 강요하다
- **impose** a fake upon customers  손님에게 가짜 물건을 속여 팔다

**vi** (자신의 이익을 위해) **이용하다, 속이다**
- have a tendency to **impose** on neighbors
  이웃을 속이는 성향이 있다

24 **impoverish**
[impávəriʃ]
★☆☆☆☆

im<in(in) +
pover(poor)→
'~안에 가난을 넣다'
에서 유래

**vt** 1 가난하게 하다
2 고갈시키다
- A long drought **impoverished** the farmers.
  오랜 가뭄이 농부들을 가난하게 만들었다.
- **impoverish** the useful resource  유용한 자원을 고갈시키다

---

25 **impromptu**
[imprámptju:]
★★★★☆

im<in(in) +
promptu(readiness) →
'항상 준비가 되어있는'
에서 유래

**a** 즉석[즉흥]의
- give an **impromptu** speech  즉석 연설을 하다

**ad** 즉석으로, 준비없이
- a speech made **impromptu**  즉석으로 만든 연설

---

26 **impute**
[impjú:t]
★★★★☆

im<in(not) +
put 놓다 →
'어떤 일의 책임을 남에게 놓
다'에서 유래

**vt** (잘못 따위를) ~의 탓으로 하다
- **impute** his failure to laziness
  그의 실패를 게으름의 탓으로 돌리다

---

27 **inaugurate**
[inɔ́:gjureit]
★★☆☆☆

in(on) +
augur 점치다 →
'(점을 쳐서) 시작하게 하다'
에서 유래

**vt** 1 취임시키다  2 (공식적으로) 시작하다
- A president is **inaugurated** every five years.
  대통령은 5년마다 취임하게 된다.
- **inaugurate** the new no-smoking policy
  새로운 금연 정책을 시작하다

---

28 **inborn**
[ínbɔ:rn]
★☆☆☆☆

in(in) +
born 태어난 →
'이미 안으로 지니고 태어난'
에서 유래

**a** 타고난, 선천적인
- an **inborn** sense of music  음악에 대한 타고난 감각

---

29 **incandescent**
[inkəndésnt]
★☆☆☆☆

in(intensive) +
cand(glow white) →
'백열을 내며 타는'에서 유래

**a** 백열의, 빛나는
- an **incandescent** lamp  백열등

---

30 **incarnate**
[inká:rneit]
☆☆☆☆☆

in(in) +
carn(flesh) →
'~안에다 살을 붙이다'
에서 유래

**vt** 1 육체[육신]를 갖게 하다
2 구체화하다
- the devil **incarnated** as a snake  뱀의 모습을 한 악마
- **incarnate** one's vision in a beautiful statue
  자신의 상상력을 아름다운 조각상에 구체화하다

**a** [inká:rnət] 육신을 갖춘, 화신[化身]의
- The villain was evil **incarnate**.  그 악한은 악의 화신이었다.

**501 muggy**
[mʌ́gi]
★★☆☆☆

muggy<mugen (drizzle 이슬비) → '이슬비가 내려 습하고 더운' 에서 유래

**a** (기후 등이) 찌는 듯이 더운
- The weather was hot and **muggy**. 날씨가 덥고 후텁지근했다.

**502 multiracial**
[mʌltiréiʃəl]
★★☆☆☆

multi (many 많은) + racial 인종의 → '많은 인종의' 에서 유래

**a** 다민족(인종)의
- live in a **multiracial** society 다민족 사회 속에 살다

**503 mumble**
[mʌ́mbl]
★★☆☆☆

mumble<momelen (ineffective manner 효과 없는 방식) → '의견 전달에 부족한 방식으로 중얼거리다' 에서 유래

**v** 중얼거리다
- **mumble** to oneself 혼자 중얼거리다

**504 mundane**
[mʌndéin]
★★★★★

mund (world 세상) → '세상에 물들어 세속적인' 에서 유래

**a** 세속적인
- be concerned only with **mundane** matters 세속적인 일에만 관계하다

**505 munificent**
[mju:nífəsnt]
☆☆☆☆☆

mun (gift 선물) + fic (make 만들다) → '선물을 만들어 아낌없이 주는' 에서 유래

**a** 아낌없이 주는
- a **munificent** reward 후한 보수

**506 muse**
[mju:z]
★☆☆☆☆

muse<muser (loiter 빈둥거리다) → '빈둥거리며 생각만 골똘히 하다' 에서 유래

**v** 깊이 생각하다
- **muse** on the far-distant past 먼 옛날을 골똘히 생각하다

**507 mushroom**
[mʌ́ʃru:m]
★★☆☆☆

mushroom<moss 이끼 → '이끼처럼 갑자기 자라다' 에서 유래

**n** 버섯
**v** 갑자기 성장[발전]하다
- When he opened the new store, his business **mushroomed**. 그가 새 상점을 열자, 사업은 급격히 성장했다.

**508 mutable**
[mjú:təbl]
★★☆☆☆

mut (change 변하다) → '변할 수 있는'에서 유래

**a** 변할 수 있는, 변하기 쉬운
- Political power is **mutable**. 정치권력은 변하기 쉽다.

**509 mutilate**
[mjú:təleit]
★☆☆☆☆

mutil (cut 자르다) → '사지를 잘라 불구로 만들다'에서 유래

**vt** 불구로 만들다
- threaten to **mutilate** victims 피해자들을 불구로 만들겠다고 위협하다

**510 myriad**
[míriəd]
☆☆☆☆☆

myria (countless 셀 수 없는) → '셀 수 없이 무수히 많은' 에서 유래

**a** 무수한
**n** 1만; 무수
- **myriad** bright stars 무수히 빛나는 별들

### 511 myth
[miθ]
★☆☆☆☆

myth<mythos (story 이야기)
→ '신성한 존재에 관한 이야
기인 신화'에서 유래

**n** 신화; 근거 없는 이야기

- peddle the **myth** of racial superiority
  인종 우월성에 관한 신화를 퍼뜨리다

---

### 512 nadir
[néidər]
★★☆☆☆

nazir (opposite to ~의 반대
인) → '천상 및 최고점과 반대
되는 천저, 최하점'에서 유래

**n** 천저(天底); 최하점

- reach the **nadir** of one's career
  자신의 경력의 최악의 상태에 도달하다

---

### 513 naive
[na:íːv]
★★☆☆☆

naiv<nasci (born태어난) →
'태어난 그대로 변하지 않고
순진한'에서 유래

**a** 순진한; 믿기 쉬운

- He **naively** assumed that he would be paid for the work.
  그는 순진하게도 그 일에 대해 보수를 받게 될 것이라고 생각했다.

---

### 514 narrative
[nǽrətiv]
★☆☆☆☆

narrare (story 이야기)

**n** 이야기

- use a very unusual **narrative** style 매우 독특한 서술 방식을 사용하다

---

### 515 nascent
[nǽsnt]
★★★★☆

nasc (born 태어난) → '이제 막
태어나려고 할 만큼 초기의'
에서 유래

**a** 발생하려고 하는, 초기의

- be in a very **nascent** stage 매우 초기 단계에 있다

---

2
6

### 516 nauseate
[nɔ́ːzieit]
★☆☆☆☆

nausea(navigate 항해하다) →
'항해로 인해 구역질 나다'에
서 유래

**v** 구역질나게 하다

- His flattery **nauseates** me. 그의 아부에는 구역질이 난다.

---

### 517 nebulous
[nébjuləs]
★★★☆☆

nebut(mist 안개) →
'안개가 끼어 희미한'
에서 유래

**a** (구름이 낀 것처럼) 희미한

- a **nebulous** recollection of the meeting
  그 모임에 관한 희미한 기억

---

### 518 nefarious
[niféəriəs]
★☆☆☆☆

ne (not 부정) + far (law 법) →
'법에 위배되는 행동을 할 만
큼 극악한'에서 유래

**a** 극악한

- **nefarious** activity such as drug trafficking
  마약 부정거래 같은 극악한 행동

---

### 519 negligent
[néglidʒənt]
★★☆☆☆

neg (not 부정) + lig (gather
모으다) → '모으는 것을 하지
않고 태만한'에서 유래

**a** 태만한, 부주의한

- They are **negligent** of their duties. 그들은 임무를 소홀히 한다.

---

### 520 nepotism
[népətizm]
★☆☆☆☆

nepot (nephew 조카) → '조카
와 같은 연고자를 뽑아 씀'에
서 유래

**n** 연고자[친척] 등용

- advancement based on **nepotism** 연고자 등용에 따른 승진

- **be hard up** / 돈 따위에 쪼들리다, 궁색하다 be in great need
- **be in the black** / 흑자이다 go into th black
- **be in charge of** / ~을 책임지고 있다 be responsible for
- **be in the red** / 적자를 내다 owe, run into debt
- **be inclined to do** / ~하는 경향이 있다, ~하고 싶어 하다 feel inclined to do
- **be indulged in** / ~에 빠지다, 탐닉하다 be immersed in
- **be involved in** / ~에 연루되다 be implicated in
- **be known by** / ~으로 알 수 있다 you can guess from~
- **be likely to do** / 아마~할 것 같다 It's likely that~, probably
- **be lost in** / ~에서 길을 잃다 go astray, ~에 몰두하다 be absorbed in, be immersed in, be engrossed in
- **be made up of** / 구성되다 consist of
- **be noted for** / ~로 유명하다 be known for, be famous for
- **be poor at** / ~에 서투르다 be not good at
- **be proud of** / ~을 자랑하다 take pride in, pride oneself on, show off
- **be responsible for** / ~에 책임을 지다 take the responsibility of
- **be subject to** / ~을 받기 쉽다, ~에 걸리기 쉽다 be susceptible to
- **be taken aback** / ~에 놀라다 be astonished
- **be tired of** / ~로 지겹다 be fed up with
- **be tired with** / ~로 피곤하다[지치다] be fatigued with
- **be true of** / ~에 적용되다 apply to, go for
- **be true to** / ~에 충실하다 be faithful to
- **be up to** / ~에게 있다, 달려 있다 rest with ; ~을 계획하고 있다 be planning to do
- **be willing to do** / 기꺼이 ~하다 be ready to do
- **be in labour** / 분만 중이다 be in the act of giving birth
- **be in the charge of** / ~의 책임 하에 있다 be controlled by
- **be known as** / ~로 알려져 있다
- **be known for** / ~로 유명하다
- **be known to** / ~에게 알려져 있다
- **be on pins and needles** / 매우 불안해하다 be on edge
- **be saddled with** / ~의 책임 · 부담 등을 지다 assume
- **be taken by surprise** / 기습공격을 받다
- **be tied up** / 바쁘다 be busy
- **be wrapped up in** / ~에 열중하다 be absorbed in

| | | | |
|---|---|---|---|
| ★ ★ ★ ★ ★ | 38. | indigenous | ☐ ☐ ☐ |
| ★ ★ ★ ☆ ☆ | 36. | incumbent | ☐ ☐ ☐ |
| | 39. | indigent | ☐ ☐ ☐ |
| | 40. | induce | ☐ ☐ ☐ |
| | 45. | infringe | ☐ ☐ ☐ |
| | 48. | ingenious | ☐ ☐ ☐ |
| | 52. | ingredient | ☐ ☐ ☐ |
| ★ ★ ☆ ☆ ☆ | 34. | incite | ☐ ☐ ☐ |
| | 42. | infer | ☐ ☐ ☐ |
| ★ ☆ ☆ ☆ ☆ | 31. | incense | ☐ ☐ ☐ |
| | 32. | incentive | ☐ ☐ ☐ |
| | 33. | incipient | ☐ ☐ ☐ |
| | 35. | incorporate | ☐ ☐ ☐ |
| | 41. | indulge | ☐ ☐ ☐ |
| | 43. | inflate | ☐ ☐ ☐ |
| | 44. | inflict | ☐ ☐ ☐ |
| | 46. | infuriate | ☐ ☐ ☐ |
| | 47. | infuse | ☐ ☐ ☐ |
| | 48. | ingenuous | ☐ ☐ ☐ |
| | 50. | ingrained | ☐ ☐ ☐ |
| | 51. | ingratiate | ☐ ☐ ☐ |
| ☆ ☆ ☆ ☆ ☆ | 37. | indent | ☐ ☐ ☐ |
| | 53. | inhale | ☐ ☐ ☐ |

---

**31 incense**
[ínsens]
★☆☆☆☆

in(intensive) +
cen<candere(glow) →
'불빛을 내며 타는 것'
에서 유래

**n 향(냄새)**
- a burning **incense** emitting fragrance
  향기를 내면서 타고 있는 향

**vt 격분시키다**
- He felt deeply **incensed** at her remark.
  그는 그녀의 말에 매우 격분했다.

---

**32 incentive**
[inséntiv]
★☆☆☆☆

in(in) +
cen<cant(sing) →
'~에게 노래를 들려주어 자극시
키는'에서 유래

**a 자극[고무]적인**
- an **incentive** pay raise  고무적인 임금 인상

**n 자극(제)**
- The promise of a bonus acted as an **incentive**.
  보너스의 약속이 자극제로 작용했다.

---

**33 incipient**
[insípiənt]
★☆☆☆☆

in(on) +
cip(take) →
'처음으로 일을 잡는'
에서 유래

**a 시초[초기]의**
- the children's **incipient** cough  아이들의 초기의 기침

---

**34 incite**
[insáit]
★★☆☆☆

in(in) +
cit(arouse) →
'~의 마음속에 ~을 일으키다'
에서 유래

**vt 자극[선동]하다**
- Agitators **incited** the men to strike.
  선동자들은 파업을 부추겼다.

---

**35 incorporate**
[inkɔ́ːrpəreit]
★☆☆☆☆

in(into) +
corp(body) →
'형체를 지니게 하다'
에서 유래

**vt 합동[통합]시키다**
- **incorporate** his suggestion in this new plan
  이 새로운 계획 속에 그의 제안을 반영하다

---

**36 incumbent**
[inkΛmbənt]
★★★☆☆

in(on) +
cumb(lie) →
'~위에 누워있는'에서 유래

**a** 1 ~의 의무인
  2 재직[현직]중
- It is **incumbent** on you to do so.  그렇게 하는 것이 네 의무다.
- the **incumbent** president[priest]  현직 대통령[목사]

**n 재직[현직]자**
- an **incumbent** who has a good job
  좋은 직업을 가지고 있는 사람

### 37 **indent**
[indént]
☆☆☆☆☆

in(in) +
den(tooth) →
'~안에 이빨자국을 내다'에
서 유래

**v** 톱니 모양을 내다, 움푹 들어가게 하다

• an **indented** coast  움푹 들어간 해안

**n** 1 움푹 들어감[간 곳]
2 주문(서)

• an **indent** of surface  표면의 움푹 들어간 곳
• an **indent** of raw materials  원자재의 주문

---

### 38 **indigenous**
[indídʒənəs]
★★★★★

indi<in(in) + gen (birth) →
'~안에서 태어난'에서 유래

**a** 토착[고유, 원산]의

• Lions are **indigenous** to Africa.  사자들은 아프리카가 원산이다.

---

### 39 **indigent**
[índidʒənt]
★★★☆☆

ind<in(in) + ig<eg(want) →
'~안에~이 없는'에서 유래

**a** 가난한, 궁핍한

• become a legendary hero to the **indigent**
  가난한 사람들에게 전설적인 영웅이 되다

---

### 40 **induce**
[indjúːs]
★★★☆☆

in(in) +
duc(lead) →
'~하는 것 안으로 마음을 이
끌게 하다'에서 유래

**vt** 1 유도하다, 설득하여 ~하게 하다   2 귀납하다

• Advertisements **induce** people to buy.
  광고는 사람들로 하여금 사도록 만든다.
• From results, a law is **induced**.  결과들로부터 법칙은 귀납된다

2 7

---

### 41 **indulge**
[indʌ́ldʒ]
★☆☆☆☆

in(intensive) +
dulg (endure) →
'상대의 요구대로 하도록 너
무 참다'에서 유래

**v** 1 (욕망·정열 따위를) 만족[충족]시키다
2 (제멋대로) 내버려 두다

• **indulge** all one's desires  자신의 모든 욕망들을 채우다
• spoil children by **indulging** them too much
  너무 많이 아이들을 제멋대로 내버려 둠으로써 망치다

---

### 42 **infer**
[infə́ːr]
★★☆☆☆

in(in) +
fer (carry) →
'마음속으로 생각을 옮기다'
에서 유래

**vt** 1 추리[추론]하다   2 (결론으로서) 암시하다

• **infer** his displeasure from his refusal
  그의 거절을 통해 그의 불쾌감을 추측하다
• Ragged clothing **infers** poverty.
  누덕누덕한 옷은 가난을 암시한다.

---

### 43 **inflate**
[infléit]
★☆☆☆☆

in(into) +
flat<flare(blow) →
'안으로 불어 넣다'에서 유래

**vt** 1 (공기·가스 따위로) 부풀리다, 팽창시키다
2 우쭐하게 하다

• to **inflate** a tire  타이어에 공기를 주입시키다
• After his success he was **inflated** with self-importance.
  성공 후 그는 자만심으로 우쭐해졌다.

## 44 inflict
[inflíkt]
★ ☆ ☆ ☆ ☆

in(on) +
flic (strike) →
'~를 때리다'에서 유래

**vt** (타격 · 고통 따위를) 가하다
- **inflict** the severest possible penalty
  실행가능한 가장 가혹한 형벌을 가하다

---

## 45 infringe
[infrínd3]
★ ★ ★ ☆ ☆

in(in) +
fringe(break) →
'~의 범위 안에서 그것을 깨
뜨리다'에서 유래

**vt** (법규 · 규정을) 위반하다, 어기다
- **infringe** the food and drug law  식품 의약품법을 위반하다

**vi** (타인의 권리를) 침해하다
- **infringe** on woman's rights  여성의 권리를 침해하다

---

## 46 infuriate
[infjúərieit]
★ ☆ ☆ ☆ ☆

in(into) +
furia(fury) ·
'~의 마음속에다 화를 넣다'
에서 유래

**vt** 격분시키다
- Their insults **infuriated** him.  그들의 모욕이 그를 격노케 했다.

---

## 47 infuse
[infjú:z]
★ ☆ ☆ ☆ ☆

in(in) +
fus(pour) ·
'~안에 부어 넣다'
에서 유래

**vt** (액체 · 사상 따위를) 주입하다, 불어넣다
- **infuse** a liquid into a vessel  그릇에 액체를 붓다

---

## 48 ingenious
[ind3í:njəs]
★ ★ ★ ☆ ☆

in(in) +
gen(birth) ·
'좋은 재능을 가지고 태어난'
에서 유래

**a** (발명의) 재능이 있는, 영리한
- The **ingenious** boy made a radio set for himself.
  그 영리한 소년은 혼자 힘으로 라디오 세트를 만들었다.

---

## 49 ingenuous
[ind3énjuəs]
★ ☆ ☆ ☆ ☆

in(in) +
gen(birth) ·
'태어난 모습 그대로 꾸미지
않는'에서 유래

**a** 1 솔직한
2 순진한, 천진난만한
- give an **ingenuous** account of one's acts
  자신의 행동에 대한 솔직한 설명을 하다
- an **ingenuous** smile  천진난만한 미소

---

## 50 ingrained
[ingréind]
★ ☆ ☆ ☆ ☆

in(in) +
grain<gran (seed) ·
'땅 속에 씨가 깊이 박힌'
에서 유래

**a** (사상 따위가) 깊이 배어든
- **ingrained** habits[prejudices]  몸에 밴 습관 / 뿌리 깊은 선입견

---

## 51 ingratiate
[ingréiʃieit]
★ ☆ ☆ ☆ ☆

in(into) +
grat(thankful) ·
'고마움을 집어 넣다'
에서 유래

**vt** 비위를 맞추다, 환심 사다
- **ingratiate** oneself with the teacher  선생님의 비위를 맞추다

52 **ingredient**

[ingrí:diənt]

★ ★ ★ ☆ ☆

in(in) +
gred<grad(go) →
'안으로 들어가 있는 것'
에서 유래

**n** (식품, 약의) **성분, 요소**

- Honesty is an important **ingredient** of character.

  정직은 인격의 중요한 요소이다.

---

53 **inhale**

[inhéil]

☆ ☆ ☆ ☆ ☆

in(in) +
hale(breathe) →
'숨을 안으로 들이마시다'
에서 유래

**v** (공기 따위를) **흡입하다**

- These days we can't help **inhaling** car exhaust gas.

  오늘날 우리는 자동차 배기 가스를 마시는 것을 피할 수 없다.

521 **niggardly**
[nígərdli]
★☆☆☆☆

nig (stingy 인색한)

**a** 인색한
- The landlord was **niggardly** about repairs.
  집주인은 집 수리에 대해 인색했다.

522 **nitty-gritty**
[níti-gríti]
★★☆☆☆

nitty-gritty (finely ground corn 가늘게 갈은 옥수수) → '사물의 핵심을 이루는 작은 알갱이'에서 유래

**n** 핵심
- get down to the **nitty-gritty**
  본론으로 들어가다

523 **nocturnal**
[naktə́ːrnl]
☆☆☆☆☆

noct (night 밤) → '밤에 일어나 활동하는'에서 유래

**a** (동·식물 등이) 밤에 활동하는
- **nocturnal** birds like owls 올빼미와 같은 밤에 활동하는 조류

524 **nomadic**
[noumǽdik]
★☆☆☆☆

nomad<nomas (roaming 방랑)→'이리저리 떠도는 유목민의'에서 유래

**a** 유목민의; 방랑하는
- be from a **nomadic** tribe 유목 민족 출신이다

525 **nostalgia**
[nastǽldʒə]
☆☆☆☆☆

nost (homecoming 귀향) + algia (pain 고통) → '귀향하고 싶어 고통을 겪음'에서 유래

**n** 향수(鄕愁)
- **nostalgia** for the good old days 좋았던 옛 시절에 대한 향수

526 **nosy**
[nóuzi]
★☆☆☆☆

nose 코 → '남의 일에 자꾸 코를 가져다 대고 냄새를 맡는'에서 유래

**a** 참견하기 좋아하는, 꼬치꼬치 캐묻는
- Don't be so **nosy**! 그렇게 꼬치꼬치 캐묻지 마라.

527 **notorious**
[noutɔ́ːriəs]
★☆☆☆☆

not (known 알려진) → '나쁜 것으로 널리 알려진'에서 유래

**a** (나쁜 뜻으로) 악명높은
- a **notorious** gambler 유명한 도박사

528 **novice**
[návis]
★★★★☆

nov (new 새로운) → '어떤 일을 새롭게 배우는 초심자'에서 유래

**n** 초심자
- a **novice** in history 신출내기 역사가

529 **noxious**
[nákʃəs]
★★★☆☆

nox (hurt 해) → '해를 끼치는'에서 유래

**a** 유해한
- **noxious** foods 유해 식품

530 **numerical**
[njuːmérikəl]
★★☆☆☆

numer (number 숫자) → '숫자의'에서 유래

**a** 수의; 숫자로 나타낸
- sit in **numerical** order 번호순으로 앉다

531 **nurture**
[nə́:rtʃər]
★☆☆☆☆

nurture<nutritia (feed 먹이를 주다) → '먹이를 먹이고 키우다'에서 유래

**vt 양육하다**
- be **nurtured** by loving parents
  애정 어린 부모의 양육을 받다

---

532 **odious**
[óudiəs]
★☆☆☆☆

odi (hate 싫어하다) → '싫어질 정도로 불쾌감을 주는'에서 유래

**a 불쾌감을 주는**
- What an **odious** man!  정말 혐오스러운 남자군!

---

533 **officious**
[əfíʃəs]
★★★☆☆

of<opus (work 일) + fic (make 만들다) → '일을 만들어 참견을 하는'에서 유래

**a 참견 잘 하는**
- a meddlesome and **officious** person
  남의 일에 참견 잘 하는 사람

---

534 **offspring**
[ɔ́:fspriŋ]
★★☆☆☆

off 떨어져 + spring 나오다 → '부모로부터 떨어져 나온 자식'에서 유래

**n 자식, 자손**
- produce **offspring**  아이를 낳다

---

535 **ominous**
[ámənəs]
★★★★★

omin<omen (foreboding 예감) → '예감이 불길한'에서 유래

**a (조짐이) 불길한**
- **ominous** silence  불길한 정적

---

536 **onerous**
[ánərəs]
☆☆☆☆☆

oner (burden 짐) → '짐을 지우는, 부담스러운'에서 유래

**a 부담스러운**
- take on an **onerous** duty  부담되는 임무를 떠맡다

---

537 **ooze**
[u:z]
★★☆☆☆

ooze<wos (sap 수액) → '수액처럼 스며 나오다'에서 유래

**v 빠져 나오다, 새어 나오다**
- Her courage **oozed** away as she waited.
  기다리는 동안 그녀의 용기가 점차 꺾여갔다.

---

538 **opaque**
[oupéik]
★☆☆☆☆

opag (shady 그늘진) → '그늘져 불투명해진'에서 유래

**a 불투명한**
- an **opaque** glass door  불투명 유리문

---

539 **ophthalmologist**
[afθəlmáləʤist]
★★☆☆☆

op (eye 눈) + logi (study 연구) → '눈을 연구하고 치료하는 안과의사'에서 유래

**n 안과의사**
- Get your eyes tested regularly by an **ophthalmologist**.
  안과의사에게 정기적으로 눈을 검진 받으시오.

---

540 **opt (for)**
[ɑpt]
☆☆☆☆☆

opt (choose 선택하다)

**v 선택하다**
- **opt for** a career in music  음악가의 길을 택하다

---

213

# according / across / around / as / aside / at / behind / by

- **according to + 구** / ~에 따라서 in proportion to
- **across the board** / 전면적으로, 일률적으로 overall, collectively, on every item
- **around the clock** / 24시간 내내 day and night
- **around the corner** / 임박하여 impending, at hand, very near
- **as a rule** / 대체로 generally, in general, at large, by and large, on the whole
- **as well as** / ~뿐만 아니라 in addition to, besides
- **aside from** / ~은 별도로 하고, ~을 제외하고 apart from, except for
- **at a loss** / 당황하여, 어찌할 바를 몰라서 perplexed, at one's wit's end
- **at a person's disposal** / ~의 마음대로 할 수 있는
- **at first hand** / 직접적으로 directly
- **at hand** / 가까이 near by; near in time; 언제든지 쓸 수 있게 ready for use
- **at large** / 일반적으로 in general; 상세히 in detail; 범인이 안 잡힌 on the run
- **at length** / 상세하게 in detail; 마침내, 결국은 at last
- **at odds** / 사이가 나쁜, 의견이 일치하지 않는 in disagreement, at strife
- **at random** / 무작위로, 닥치는 대로 randomly
- **at stake** / 위험에 처하여 in danger, dangerous, at risk
- **at the expense of** / ~을 희생하여 at the cost of
- **at the mercy of** / ~에 좌우되어 under the control of, subject to, in the power of
- **at the same time** / 동시에 simultaneously, at once
- **by all means** / 꼭, 반드시 at any risk, certainly
- **by and large** / 대체로, 대개 on the whole, all in all, roughly
- **as a last resort** / 최후의 수단으로서
- **as a matter of fact** / 사실은, 실은 in fact, actually
- **as fit as a fiddle** / 매우 건강한 as sound as a horse
- **as good as one's word** / 언행이 일치하는 keeping one's promise
- **as like as two peas** / 흡사한, 꼭 닮은 alike, the exact counterpart of
- **as luck would have it** / 운 좋게, 다행히도 fortunately, luckily
- **at first hand** / 직접적으로 directly
- **at the eleventh hour** / 마지막 순간에 at the very last moment
- **behind the times** / 시대에 뒤진 out of date
- **behind time** / 늦은 late

# in- (안)

| ★ ★ ★ ★ ★ | 73. | intimidate | □ □ □ |
|---|---|---|---|
| ★ ★ ★ ★ ☆ | 54. | inherent | □ □ □ |
| | 56. | inhibit | □ □ □ |
| | 76. | intrigue | □ □ □ |
| | 79. | inundate | □ □ □ |
| ★ ★ ★ ☆ ☆ | 59. | innate | □ □ □ |
| | 60. | innovate | □ □ □ |
| | 64. | insidious | □ □ □ |
| | 75. | intricate | □ □ □ |
| | 81. | irrigate | □ □ □ |
| ★ ★ ☆ ☆ ☆ | 57. | inject | □ □ □ |
| | 63. | inscribe | □ □ □ |
| | 67. | inspire | □ □ □ |
| | 69. | instigate | □ □ □ |
| | 72. | intimate | □ □ □ |
| | 78. | intuition | □ □ □ |
| ★ ☆ ☆ ☆ ☆ | 55. | inherit | □ □ □ |
| | 61. | innuendo | □ □ □ |
| | 62. | inoculate | □ □ □ |
| | 65. | insinuate | □ □ □ |
| | 66. | inspect | □ □ □ |
| | 68. | install | □ □ □ |
| | 70. | insurrection | □ □ □ |
| | 71. | intensify | □ □ □ |
| | 74. | intoxicate | □ □ □ |
| | 77. | intrude | □ □ □ |
| ☆ ☆ ☆ ☆ ☆ | 58. | inmate | □ □ □ |
| | 80. | invert | □ □ □ |

### 54 **inherent**
[inhíərənt]
★★★★☆

in(in) +
her(stick) →
'태어날 때부터 몸에 붙어 있
는'에서 유래

**a** 선천적인, 고유의
- The pretty woman kept her **inherent** modesty.
  그 아름다운 여인은 선천적인 정숙함을 지니고 있다.

### 55 **inherit**
[inhérit]
★☆☆☆☆

in(in) +
her<heir 상속인 →
'상속인으로서 재산을 상속하
다'에서 유래

**vt** (재산·권리 따위를) **상속하다, 물려받다**
- She **inherited** the land from her grandfather.
  그녀는 할아버지로부터 땅을 상속했다.

### 56 **inhibit**
[inhíbit]
★★★★☆

in(in) +
hib<habere(hold) →
'못 나가도록 안으로 붙잡아
놓다'에서 유래

**vt** 금지[방해]하다
- regulations that have **inhibited** the growth of new business
  새 사업의 성장을 억제해 온 규제들

### 57 **inject**
[indʒékt]
★★☆☆☆

in(in) +
ject(throw) →
'안으로 던져 넣다'
에서 유래

**vt** (액체를) **주사[주입]하다**
- **inject** the invalid with the new drug
  환자에게 새로운 약을 주사하다

### 58 **inmate**
[ínmeit]
☆☆☆☆☆

in(within) +
mate 동료 →
'~안에 함께 있는 동료'
에서 유래

**n** (병원·교도소 따위의) **입원자, 수감자**
- One of the **inmates** has escaped. 수감자 중 한명이 달아났다.

### 59 **innate**
[inéit]
★★★☆☆

in(in) +
nat(born) →
'태어날 때부터 안에 지니고
있는'에서 유래

**a** (성질 따위가) **타고난, 선천적인**
- an **innate** sense of humor  유머에 대한 타고난 감각

### 60 **innovate**
[ínəveit]
★★★☆☆

in(intensive) +
nov<novus(new) →
'완전히 새롭게 하다'
에서 유래

**vi** 쇄신[혁신]하다
- **innovate** in the past wrong regulation 과거의 잘못된 규제를
  혁신하다

**vt** (새로운 것을) **받아들이다, 도입하다**
- **innovate** new ways of research 새로운 연구 방법을 도입하다

### 61 **innuendo**
[injuéndou]
★☆☆☆☆

in(in) +
nue(nod) →
'고개를 끄덕여 줌'에서 유래

**n** (부정적인 내용에 대한) **암시, 풍자**
- spread his scandal by **innuendoes** 암시로 그의 스캔들을 퍼뜨리다

**v** 빗대어 말하다, 암시하다
- **innuendo** a political event  어떤 정치적 사건을 빗대어 말하다

62 **inoculate**
[inάkjuleit]
★☆☆☆☆

in(in) +
nocul(bud) ·
'~안에 다른 싹을 붙이다'
에서 유래

**vt** (예방) 접종하다, 접목하다

- **inoculate** a virus into a person
  사람에게 바이러스를 예방 접종하다

---

63 **inscribe**
[inskráib]
★★☆☆☆

in(on) + scrib (write) ·
'~위에 글씨를 쓰다'
에서 유래

**vt** 1 (비석 · 금속 · 종이 등에) 글을 새기다, 쓰다

2 (마음 속에) 깊이 새기다

- He **inscribed** his name on the sculpture.
  그는 조각상에 자신의 이름을 새겼다.
- My father's words are **inscribed** in my memory.
  아버지가 하신 말씀이 내 기억 속에 깊이 새겨져 있다.

---

64 **insidious**
[insídiəs]
★★★☆☆

in(in) +
sid(sit) →
'~안에 앉아 있는'에서 유래

**a** 1 음흉[교활]한 2 (병 · 태도 등이) 잠행성의

- **insidious** intent 악의
- the **insidious** spreading of corruption
  모르는 사이에 퍼지는 퇴폐 풍조

---

65 **insinuate**
[insínjueit]
★☆☆☆☆

in(in) +
sinu<sinus(curve) →
'간접적으로 돌려 말하다'
에서 유래

**vt** 1 (사상 등을) 은근히 심어주다 2 넌지시 비추다

- He tried to **insinuate** himself into the boss's favor.
  그는 사장의 마음에 들기 위해 은근히 자신의 존재를 심으려고 노력했다.
- He **insinuated** that the mayor had accepted bribes.
  그는 시장이 뇌물을 받았다는 것을 넌지시 비추었다.

---

66 **inspect**
[inspékt]
★☆☆☆☆

in(in) +
spec(look) →
'안을 들여다 보다'에서 유래

**vt** (세밀하게 또는 공적으로) 조사[검사]하다

- **inspect** a used car 중고차를 면밀히 검사하다

---

67 **inspire**
[inspáiər]
★★☆☆☆

in(in) +
spir(breathe) →
'~의 안으로 숨을 불어 넣다'
에서 유래

**vt** 1 고무[격려]하다 2 (사상 · 감정 등을) 불어 넣다

- I was **inspired** to work harder by her example.
  난 그녀를 본보기로 해서 더 열심히 일하도록 고무되었다.
- His sly ways **inspired** me with distrust.
  그의 교활한 태도가 나에게 불신을 불어 넣었다.

---

68 **install**
[instɔ́ːl]
★☆☆☆☆

in(in) +
stall 마굿간 →
'~에 마구간을 짓다'
에서 유래

**vt** 1 설치[장치]하다 2 (정식으로) 취임[임명]시키다

- The new owner of the house had a telephone **installed**.
  그 집의 새 주인은 전화를 설치했다.
- The new judge was **installed** without delay.
  새로운 재판관이 지체없이 임명되었다.

28

### 69 **instigate**
[ínstəgeit]
★★☆☆☆

in(in, on) + stig(prick) →
'~하도록 찔러대다'
에서 유래

**vt** 부추기다, 선동하다

* **instigate** a quarrel between two boys
  두 소년의 싸움을 부추기다

---

### 70 **insurrection**
[insərékʃən]
★☆☆☆☆

in(against) +
sur<surg(rise) →
'~에 대항하여 일어남'
에서 유래

**n** 반란, 폭동

* an **insurrection** aimed at the overthrow of the government
  정부의 전복을 목표로 한 반란

---

### 71 **intensify**
[inténsəfai]
★☆☆☆☆

in(toward) +
ten<tend(stretch) →
'~에 손을 뻗치다'에서 유래

**vt** 격렬[강렬]하게 하다

* The strong wind seemed to **intensify** the cold.
  강한 바람이 추위를 더욱 가중시키는 듯 했다.

---

### 72 **intimate**
[íntəmət]
★★☆☆☆

<intimus(in의 라틴어 최상
급)  · '가장 속에 있는 것까지
아는'에서 유래

**a** 1 매우 친한  2 사사로운, 개인적인

* be on **intimate** terms with~ ~와 친밀한 사이다
* one's **intimate** beliefs 개인적인 신조

**vt** [íntəmeit] 암시하다

* He **intimated** to me that he would quit his job.
  그는 일자리를 그만 둘 것이라고 내게 넌지시 알려 주었다.

---

### 73 **intimidate**
[intímədeit]
★★★★★

in(in) +
timid 겁먹은 →
'~안에 겁을 집어 넣다'
에서 유래

**vt** 위협[협박]하다

* **intimidate** one's opponents with threats  협박으로 자신의 적
  들을 위협하다

---

### 74 **intoxicate**
[intáksikeit]
★☆☆☆☆

in(in) +
toxic(poison) →
'~안으로 독을 넣다'에서 유
래

**vt** 1 취하게 하다  2 도취시키다, 열광케 하다

* driving while **intoxicated** 음주 운전
* The joy of victory **intoxicated** us. 우리는 승리의 기쁨에 도취되었다.

---

### 75 **intricate**
[íntrikət]
★★★☆☆

in(in) +
tric(hindrance)  →
'장애물이 안에 있는'
에서 유래

**a** 뒤얽힌, 복잡한

* an **intricate** plot of the novel 그 소설의 복잡한 줄거리

---

### 76 **intrigue**
[intríːg]
★★★★☆

in(in) +
trig<tric(hindrance)  →
'안에 방해물을 넣음'
에서 유래

**n** 음모

* The royal palace was filled with **intrigue**. 왕궁은 음모로 가
  득찼다.

**vi** 음모를 꾸미다

- **intrigue** against one's boss 자신의 사장에 반대하는 음모를 꾸미다

**vt** 흥미를 자아내다

- The book's unusual title **intrigued** me into reading it.
  그 책의 생소한 제목이 나에게 그 책을 읽고 싶은 호기심을 자아냈다.

---

77 **intrude**
[intrúːd]
★☆☆☆☆

in(in) +
trud(thrust) →
'안에다 억지로 밀어 넣다'
에서 유래

**vt** (억지로) 밀어 넣다, 강요하다

- Do not **intrude** your opinions upon others.
  다른 사람들에게 당신의 의견을 강요하지 마시오.

**vi** 간섭하다

- If you are busy, I will not **intrude**.
  바쁘시다면, 간섭하지 않겠습니다.

---

78 **intuition**
[intjuːíʃən]
★★☆☆☆

in(in) + tui(look) →
'안을 들여다 보는 능력'
에서 유래

**n** 직관[통찰]력

- By experience the doctor has developed great power of
  **intuition**. 경험에 의해 그 의사는 대단한 직관력을 갖게 되었다.

---

79 **inundate**
[ínəndeit]
★★★★☆

in(onto) +
und(flow) →
'~위로 (많은 양이) 흘러 들
어오다'에서 유래

**vt** 1 (강물 등이) 범람[침수]시키다  2 (요구 · 인파 등이) 쇄도하다

- The river overflowed and **inundated** the village.
  강물이 흘러 넘쳐 그 마을을 침수시켰다.
- Requests for free tickets **inundated** the studio.
  무료 티켓에 대한 요구가 스튜디오에 쇄도했다

---

80 **invert**
[invə́ːrt]
☆☆☆☆☆

in(in) +
vert(turn) →
'안에 있던 것을 밖으로 빼내
위치를 바꾸다'에서 유래

**vt** 거꾸로 하다, 뒤집다

- catch the insect by **inverting** the cup
  컵을 뒤집어서 곤충을 잡다

**n** [ín-] ≪의학≫ 성 도착자

- **invert**'s aberrant behavior 성욕 도착자의 비정상적인 행동

---

81 **irrigate**
[írəgeit]
★★★☆☆

ir<in(into) +
rig(water) →
'~안에 물을 대다'에서 유래

**vt** 1 (토지에) 물을 대다, 관개하다

2 ≪의학≫ (상처 등을) 소독[세척]하다

- build canals to **irrigate** the desert 사막에 물을 대서 운하를 짓다
- **irrigate** nose and throat with hot water 뜨거운 물로 코와
  목을 소독하다

541 **optimistic**
[àptəmístik]
☆☆☆☆☆

optim (best 가장 좋은) → '가
장 좋은 생각과 사고를 하는
낙천주의'에서 유래

**a** 낙천주의의
• Many cheerful people are **optimistic** and refuse to worry.
활기찬 많은 사람들은 낙천적이며 걱정하는 것을 거부한다.

542 **opulent**
[ápjulənt]
★★☆☆☆

op (rich 풍부한)

**a** 부유한, 풍부한
• **opulent** sunshine 풍부한 햇빛

543 **ordeal**
[ɔːrdíːəl]
★★☆☆☆

ordeal<ordel (judgement 재
판) → '재판에서 형을 선고
받는 가혹한 시련'에서 유래

**n** 가혹한 시련
• She underwent her **ordeal** with great fortitude.
그녀는 의연하게 시련을 견뎠다.

544 **ordinance**
[ɔːrdənəns]
★★☆☆☆

ordin (order 명령) → '법률에
서의 명령'에서 유래

**n** 법령
• a city **ordinance** 시의 법령

545 **ornate**
[ɔːrnéit]
★☆☆☆☆

orn (deck 꾸미다, 장식하다)
→ '잘 꾸며져 화려한'
에서 유래

**a** 화려한
• a mirror in an **ornate** gold frame
화려하게 장식된 금색 틀에 끼운 거울

546 **ostracize**
[ástrəsaiz]
★★☆☆☆

ostra (potsherd 질그릇 조각)
→ '질그릇 조각에 투표를 하
여 가장 이름이 많이 적힌 사람
을 추방하다'에서 유래

**vt** 추방하다
• be **ostracized** by the whole members
모든 구성원들에 의해 추방당하다

547 **ovation**
[ouvéiʃən]
★★☆☆☆

ova (triumph 승리) →
'승리한 자에게 보내는 큰 갈
채'에서 유래

**n** 대단한 갈채; (대중의) 환영
• The president received a great **ovation**.
대통령은 큰 환영을 받았다.

548 **overt**
[ouvə́ːrt]
★☆☆☆☆

over (open 공개된) → '모든
사람들에게 공개된'에서 유래

**a** 공공연한
• show **overt** hostility 공공연한 적의를 표출하다

549 **painstaking**
[péinztèikiŋ]
★★☆☆☆

pain 수고 + take 하다 → '수
고하는'에서 유래

**a** 애쓰는, 노력하는 **n** 수고, 공들임
• The baby was eventually rescued after hours of
**painstaking** effort.
수시간의 눈물겨운 노력 끝에 아기는 결국 구조되었다.

550 **palatable**
[pǽlətəbl]
☆☆☆☆☆

palat (palate 입천장) →
'맛이 입에 맞는'에서 유래

**a** 입에[기분에] 맞는
• a **palatable** wine 입에 맞는 와인

551 **palliate**
[pǽlièit]
★☆☆☆☆

pall (cloak 가리다) →
'고통을 일시적으로 가려 가볍게 하다' 에서 유래

**vt** (죄 · 병 등을) 가볍게 하다
• **palliate** the symptoms of a disease
  질병의 증상을 완화하다

---

552 **pallid**
[pǽlid]
★☆☆☆☆

pall (pale 창백한) →
'안색이 창백한' 에서 유래

**a** (안색이) 창백한
• have a **pallid** complexion  창백한 안색을 하고 있다

---

553 **palpable**
[pǽlpəbl]
★☆☆☆☆

palp (touch 만지다) → '만질 수 있을 만큼 명백한' 에서 유래

**a** 명백한
• a **palpable** blunder  명백한 실수

---

554 **paltry**
[pɔ́ːltri]
★☆☆☆☆

palt (ragged 초라한) →
'초라해 보잘것없는' 에서 유래

**a** (금액 등이) 보잘것없는
• a **paltry** 3% pay increase  보잘것없는 3%의 임금 상승

---

555 **parity**
[pǽrəti]
★★☆☆☆

par (equal 동등한) →
'동등한 상태' 에서 유래

**n** 동등, 동질
• be on a **parity** with ~과 동등하다

---

556 **parsimonious**
[pɑːrsəmóuniəs]
☆☆☆☆☆

par (spare 아끼다) →
'아끼는 태도가 지나쳐 인색한' 에서 유래

**a** 인색한
• a **parsimonious** nature  인색한 성질

---

557 **partial**
[pɑ́ːrʃəl]
★☆☆☆☆

part 부분 →
'부분적인' 에서 유래

**a** 부분적인
• a **partial** success 부분적인 성공

---

558 **pastoral**
[pǽstərəl]
☆☆☆☆☆

pastoral<pastoralis (pertaining to shepherds 양치기와 관계된) →
'양치기가 활동하는 전원의' 에서 유래

**a** 전원 생활의
• show a typical **pastoral** scene
  전형적인 목가적인 풍경을 보이다

---

559 **patent**
[pǽtnt]
★☆☆☆☆

pat (open 공개된) →
'공개되어 명백한' 에서 유래

**a** 명백한 **n** 특허
• That the earth is flat is a **patent** absurdity.
  지구가 평평하다는 것은 명백한 부조리이다.

---

560 **paterfamilias**
[peitərfəmíliəs]
★★★★☆

pater (father 아버지) →
'아버지는 집안의 가장' 에서 유래

**n** 가장
• In ancient Rome, the **paterfamilias** had great power.
  고대로마에서 가장은 막강한 힘을 가졌다.

2
8

# by / down / en / for / from / in

- **by chance** / 우연히 accidentally
- **by halves** / 불완전하게 imperfectly, incompletely
- **by means of** / ~에 의하여 by dint of
- **by no means** / 결코 아니다 anything but, far from
- **by the book** / 원칙대로, 정식으로 correctly, right
- **by the way** / 그런데 incidentally; 도중에
- **down-to-earth** / 현실적인, 실용적인 practical
- **for a song** / 헐값으로 at a very low price
- **for good** / 영원히 forever, permanently
- **for nothing** / 공짜로 free, at no cost; 까닭 없이 without any reason; 헛되이 in vain
- **for one thing** / 무엇보다도, 우선 above all, first of all, in the first place
- **for one's life** / 필사적으로 desperately
- **for the life of one** / 도저히, 아무리해도 for the world
- **for the sake of** / ~을 위하여 for the good of, in behalf of
- **for the time being** / 당분간 for the present
- **from now on** / 차후, 앞으로는 after this, in (the) future
- **from scratch** / 무에서, 처음부터 out of nothing
- **in a coma** / 혼수상태인 unconscious
- **in a row** / 연속하여 successively
- **in accordance with** / ~에 따라서 according to
- **in addition to** / ~에 더하여, ~외에도 besides
- **in advance** / 미리 beforehand, previously
- **in behalf of** / ~의 이익을 위해, ~을 대신해서 in the interest of
- **by leaps and bounds** / 급속하게 rapidly
- **by the same token** / 같은 이유로, 게다가 furthermore
- **by the skin of one's teeth** / 가까스로, 간신히 with the narrowest margin
- **down in the mouth[dumps]** / 낙담하여, 풀이 죽어 in low spirits, depressed
- **en route** / 도중에 on the way
- **for the long haul[pull]** / 오랫동안, 장기간의 시련을 겪으며
- **in a jam** / 곤경에 빠져 in a bind, in hot[deep] water
- **in a nutshell** / 아주 간결하게 very clearly and briefly

# inter-, mal(e)-, mis-

| ★★★★☆ | 03. | misgiving | □ □ □ |
|---|---|---|---|

| ★★★☆☆ | 10. | interrupt | □ □ □ |
|---|---|---|---|
| | 02. | malady | □ □ □ |
| | 06. | malice | □ □ □ |
| | 07. | malign | □ □ □ |
| | 02. | misdemeanor | □ □ □ |
| | 04. | mishap | □ □ □ |

| ★★☆☆☆ | 06. | interject | □ □ □ |
|---|---|---|---|
| | 12. | interstice | □ □ □ |

| ★☆☆☆☆ | 01. | entertain | □ □ □ |
|---|---|---|---|
| | 03. | interchange | □ □ □ |
| | 04. | interdict | □ □ □ |
| | 05. | interim | □ □ □ |
| | 07. | intermediate | □ □ □ |
| | 08. | intermission | □ □ □ |
| | 09. | interrogate | □ □ □ |
| | 01. | maladroit | □ □ □ |
| | 03. | malediction | □ □ □ |
| | 05. | malevolent | □ □ □ |
| | 08. | malinger | □ □ □ |
| | 01. | miscarry | □ □ □ |
| | 06. | misuse | □ □ □ |

| ☆☆☆☆☆ | 02. | intercept | □ □ □ |
|---|---|---|---|
| | 11. | intersect | □ □ □ |
| | 04. | malefactor | □ □ □ |
| | 05. | mislead | □ □ □ |

## 01 **entertain**
[entərtéin]
★ ☆ ☆ ☆ ☆

enter<inter(between) + tain<ten(hold) → '좋은 분위기를 유지하다'에서 유래

**vt** 1 즐겁게 해주다

2 대접하다

3 (생각을) 품다

- The circus **entertained** the children.
  서커스가 아이들을 즐겁게 했다.
- **entertain** one's neighbors at dinner
  이웃들에게 저녁 식사를 대접하다
- **entertain** a foolish idea   어리석은 생각을 품다

---

## 02 **intercept**
[intərsépt]
☆ ☆ ☆ ☆ ☆

inter(between) + cep<cap(catch) → '~사이에서 집아채다'에서 유래

**vt** 1 가로채다  2 (빛 · 물 따위를) 차단[저지]하다

- **intercept** a letter before it is delivered
  배달되기 전에 편지를 가로채다
- **intercept** the flight of the escaped criminal
  탈주범의 도주를 저지하다

**n** 가로채기, 차단

- the **intercept** of secret messages   비밀 서신의 가로채기

---

## 03 **interchange**
[intərtʃéindʒ]
★ ☆ ☆ ☆ ☆

inter(together) + change 바꾸다 → '서로 바꾸다'에서 유래

**v** 교환[교체]하다, 주고 받다

- The two girls **interchanged** hats.
  두 소녀는 모자를 주고 받았다.

**n** 1 [ín-] 상호 교환, 주고 받기  2 (고속 도로의) 입체 교차로

- the useful **interchange** of commodities   일용품의 유용한 상호 교환
- We should leave the highway at the next **interchange**.
  우리는 다음 입체 교차로에서 고속 도로를 벗어나야 한다.

---

## 04 **interdict**
[intərdíkt]
★ ☆ ☆ ☆ ☆

inter(between) + dict(speak) → '~사이에서 하지 말라고 말하다'에서 유래

**vt** 금지[제지]하다

- **interdict** one's daughter from going out at night
  자신의 딸에게 밤에 외출하는 것을 금지하다

**n** [ín-] 금지(명령)

- a papal **interdict**   교황의 금지 명령

---

## 05 **interim**
[íntərəm]
★ ☆ ☆ ☆ ☆

interim<inter(between) → '~의 사이에'에서 유래

**a** 중간[임시]의

- take **interim** measures to help the unemployed
  실직자들을 돕기 위한 임시 조치를 취하다

**n** 1 중간시기, 한동안  2 임시 가협정

- in the **interim** of ten years   10년의 세월 동안
- the **interim** between two countries   양국 사이의 임시 협정

## 06 **interject**

[intərdʒékt]
★★☆☆☆

inter(between) +
ject(throw) →
'~사이에 던져 넣다'
에서 유래

**v** (말 따위를) 불쑥 끼워 넣다, 첨가하다

- if I may **interject** a few comments for this point
  이 점에 대해서 제가 몇 마디 첨가해 본다면

## 07 **intermediate**

[intərmí:diət]
★☆☆☆☆

inter(between) +
medi(middle) →
'~의 중간에'
에서 유래

**a** 중간의

- at an **intermediate** stage of development  발전의 중간 단계에서

**n** 중개[매개]자

- an **intermediate** of electric transmission  전기 전달의 매개체

**vi** [intərmí:dieit] 중개[조정]하다

- **intermediate** between two contending parties
  분쟁 중인 양쪽 당사자들 사이에서 조정하다

## 08 **intermission**

[intərmíʃən]
★☆☆☆☆

inter(between) +
mit(send) →
'진행되는 중간에 잠시 딴 데
로 보냄'에서 유래

**n** 중지, 막간, 휴식

- study for hours without an **intermission**
  계속해서 몇 시간을 공부하다

## 09 **interrogate**

[intérəgeit]
★☆☆☆☆

inter(between) +
rog(ask) →
'~에게 물어보다'에서 유래

**v** (공식적으로) 질문하다

- **interrogate** the suspect for several hours
  몇 시간 동안 용의자를 심문하다

## 10 **interrupt**

[intərʌ́pt]
★★★☆☆

inter(between) +
rupt(break) →
'~사이에서 중단하다'
에서 유래

**v** 가로막다, 중단[저지]하다

- The building **interrupts** the view from our window.
  그 건물이 우리집 창문으로부터 바깥 전망을 가로막고 있다.

**n** 일시 정지[중단]

- continue without **interrupt** all day  중단없이 온종일 계속되다

## 11 **intersect**

[intərsékt]
☆☆☆☆☆

inter(between) +
sect(cut) →
'~사이를 자르듯 지나가다'
에서 유래

**v** 가로지르다, 교차[횡단]하다

- A path **intersects** the field.  길이 들판을 가로지르고 있다.

## 12 **interstice**

[intə́:rstis]
★★☆☆☆

inter(between) +
sti(stand) →
'~사이에 벌어진 마치 서 있
는 듯한 틈새'
에서 유래

**n** 갈라진 틈(새)

- the **interstices** in the stone wall  돌담에 갈라진 틈

## 01 **maladroit**
[mælədrɔ́it]
★☆☆☆☆

mal(bad) +
adroit 솜씨 좋은 ·
'솜씨가 나쁜'에서 유래

**a** 솜씨 없는, 서투른

- a **maladroit** movement  서투른 움직임

---

## 02 **malady**
[mǽlədi]
★★★☆☆

mal(bad) +
ad<hab(hold) ·
'나쁜 것이 몸을 붙잡고 있는
상태'에서 유래

**n** 1 (특히 만성적인) 병
2 (사회의) 병폐

- Cancer and Malaria are serious **maladies**.
  암과 말라리아는 심각한 질병들이다.
- Poverty and slums are social **maladies**.
  가난과 빈민가는 사회적인 병폐들이다.

---

## 03 **malediction**
[mælədíkʃən]
★☆☆☆☆

mal(bad) +
dict(speak) ·
'나쁜 말'에서 유래

**n** 저주, 악담

- cast a **malediction** of a person's arrogance
  남의 오만함에 대하여 악담을 퍼붓다

---

## 04 **malefactor**
[mǽləfæktər]
☆☆☆☆☆

mal(bad) +
fac(do) ·
'나쁜 짓을 하는 사람'
에서 유래

**n** 죄인, 악인

- The scoundrel is an incurable **malefactor**.
  그 건달은 치료 불능의 악인이다.

---

## 05 **malevolent**
[məlévələnt]
★☆☆☆☆

mal(bad) +
vol(will) ·
'나쁜 의지를 가진'에서 유래

**a** 악의 있는, 사악한

- **malevolent** inclinations to destroy the happiness of others
  다른 사람들의 행복을 파괴하려는 사악한 경향

---

## 06 **malice**
[mǽlis]
★★★☆☆

malice<malus(evil) ·
'사악한 마음'에서 유래

**n** 악의, 적의

- bear a person a **malice**  남에게 냉혹한 악의를 품다

---

## 07 **malign**
[məláin]
★★★☆☆

male<male(bad) +
gn<gen(birth) ·
'나쁜 형질을 가지고 태어난'
에서 유래

**a** 유해한, (병이) 악성인

- a **malign** influence  악영향

**vt** 중상[비방]하다

- She was **maligned** by the press.  그녀는 언론에 의해 비방당했다.

---

## 08 **malinger**
[məlíŋɡər]
★☆☆☆☆

mal(bad) +
inger<heimgre(sick) ·
'나쁜 마음으로[거짓으로] 아
픈척 하다'에서 유래

**vi** 꾀병을 부리다

- He says he's got flu, but he's **malingering**.
  그는 독감에 걸렸다고 말하지만, 꾀병을 부리고 있는 것이다.

## 01 **miscarry**
[miskǽri]
★☆☆☆☆

mis(wrong) +
carry 옮기다 →
'잘못 옮기다'에서 유래

**vi** 1 (일 · 계획 따위가) **실패하다**

2 (아이를) **유산하다**

- Their strike **miscarried**. 그들의 파업은 실패했다.
- **miscarry** several times before her first child was born
  그녀의 첫 아기가 태어나기 전에 몇 차례 유산하다

## 02 **misdemeanor**
[misdimí:nər]
★★★☆☆

mis(bad) +
demeanor 행동 →
'나쁜 행동'에서 유래

**n** ≪법≫ **경범죄, 비행**

- The theft of a small amount of money is a **misdemeanor**.
  적은 돈에 대한 절도는 경범죄이다.

## 03 **misgiving**
[misgívíŋ]
★★★★☆

mis(bad) +
give 주다 →
'(마음 속에) 나쁜 것을 가져
다 줌'에서 유래

**n** <pl.> **걱정, 불안**

- have **misgivings** about lending one's car
  자신의 차를 빌려준 것에 대해 불안해 하다

## 04 **mishap**
[míshæp]
★★★☆☆

mis(bad) +
hap(happen) →
'나쁜 일이 일어나다'에서 유
래

**n** **불행, 불운**

- The long journey passed without **mishap**.
  그 오랜 여행은 무사히 지나갔다.

## 05 **mislead**
[mislí:d]
☆☆☆☆☆

mis(wrong) +
lead 이끌다 →
'(틀린 방향으로) 잘못 이끌
다'에서 유래

**vt** (판단을) **현혹시키다, 속이다**

- His lies **misled** me. 그의 거짓말이 나를 속였다.

## 06 **misuse**
[misjú:s]
★☆☆☆☆

mis(wrong) +
use 사용하다 →
'(본래 목적을 벗어나) 잘못
사용하다'에서 유래

**vt** 1 **잘못 사용하다**

2 **학대하다**

- **misuse** one's knowledge[position]
  자신의 지식[지위]을 잘못 사용하다
- prevent the prisoner from being **misused**
  죄수의 학대를 금지하다

**n** **오용, 남용**

- an unforgivable **misuse** of power 용서할 수 없는 권력의 남용

| 561 | **pathetic(al)**<br>[pəθétik(əl)]<br>★★★☆☆ | path (feel 느끼다) → '감동을<br>느끼게 하는'에서 유래 | **a** 측은한, 감동적인<br>• a **pathetic** scene 감동적인 장면 |

| 562 | **patriarch**<br>[péitriɑːrk]<br>★★☆☆☆ | patr (father 아버지) → '가족<br>이나 부족의 아버지'에서 유<br>래 | **n** 족장<br>• a **patriarch** as the head of a family 가족의 우두머리로서의 족 |

| 563 | **patron**<br>[péitrən]<br>★★☆☆☆ | patr (father 아버지) → '아버<br>지 같이 든든한 보호자 또는<br>후원자'에서 유래 | **n** 보호자; 후원자; 단골손님<br>• an influential **patron** of charities<br>자선단체에 대한 영향력 있는 후원자 |

| 564 | **pecuniary**<br>[pikjúːnieri]<br>★★★☆☆ | pecun (money 돈) | **a** 금전(상)의<br>• **pecuniary** difficulties 금전상의 어려움 |

| 565 | **pedagogue**<br>[pédəgɑg]<br>★☆☆☆☆ | ped (child 아이) + ag (lead 이<br>끌다) → '아이를 이끄는 선생'<br>에서 유래 | **n** (경멸적) 선생<br>• a stuffy **pedagogue** 따딱한 선생 |

| 566 | **pedantic**<br>[pədǽntik]<br>☆☆☆☆☆ | ped (child 아이) + ant (lead<br>이끌다) → '아이를 이끄는 방<br>법이 현학적인'에서 유래 | **a** 현학적인<br>• a **pedantic** approach to marketing 마케팅의 현학적 접근 |

| 567 | **peerless**<br>[píərlis]<br>★★☆☆☆ | peer (equal 동등한) → '매우<br>뛰어나 함께 비교할 데 없는'<br>에서 유래 | **a** 비할 데 없는<br>• His **peerless** performance won him a prize.<br>그의 비할 데 없는 연기가 그에게 상을 안겼다. |

| 568 | **penal**<br>[píːnəl]<br>★★☆☆☆ | pen (punishment 형벌) →<br>'형벌이 가혹한'에서 유래 | **a** 형벌의<br>• Robbery is a **penal** offense. 강도는 형사 범죄이다. |

| 569 | **penance**<br>[pénəns]<br>★☆☆☆☆ | pen (repent 뉘우치다) → '잘<br>못을 깨닫고 뉘우치는 참회'<br>에서 유래 | **n** 참회<br>• do **penance** for one's sins 자신의 죄를 참회하다 |

| 570 | **penchant**<br>[péntʃənt]<br>★☆☆☆☆ | pench<pend (hang 매달리다)<br>→ '매달려 하고자 하는 경향'<br>에서 유래 | **n** <for> 경향<br>• show a **penchant** for jazz music<br>재즈 음악에 대한 경향을 보여주다[좋아하다] |

| 571 | **penitent**<br>[pénətənt]<br>★☆☆☆☆ | pen (repent 뉘우치다) | **a** (죄를) 뉘우치는<br>• **penitent** tears 참회의 눈물 |

572 **pension**
[pénʃən]
★★☆☆☆

pens (pay 지불하다) → '정기
적으로 주는 연금'에서 유래

**n** 연금

**v** ~에게 연금을 주다
- introduce a retirement **pension** program
  퇴직연금제도에 대해 소개하다

---

573 **pensive**
[pénsiv]
★★★☆☆

pens<pend (ponder 심사숙고
하다) → '심사숙고하며 근심
하는'에서 유래

**a** 수심에 잠긴
- a **pensive** mood  수심에 잠긴 기분

---

574 **penurious**
[pənjúəriəs]
★☆☆☆☆

penuri (want 결핍) → '살림살
이가 결핍되어 가난한'에서
유래

**a** (지독히) 가난한; 인색한, 인색한
- **penurious** tenant life  궁핍한 세입자의 삶

---

575 **pessimistic**
[pesəmístik]
★★☆☆☆

pessim (worse 나쁜) → '비관
적으로 인생의 나쁜 면만을
보는'에서 유래

**a** 비관적인
- a **pessimistic** view of the policy  그 정책에 대한 비관적 견해

---

576 **petrify**
[pétrəfai]
★★★☆☆

petri (stone 돌) →
'돌처럼 감각을 느끼지 못하
게 하다'에서 유래

**v** 돌처럼 무감각하게 하다
- His sudden appearance **petrified** her.
  그의 갑작스런 출현이 그녀를 돌처럼 굳어지게 했다.

---

577 **petulant**
[pétʃulənt]
★★☆☆☆

pet(rush 덤벼들다) →
'항상 무언가에 덤벼들려는
것처럼 화를 잘 내는'에서 유
래

**a** 화를 잘 내는
- behave like a **petulant** child  심술부리는 아이처럼 행동하다

---

578 **philanthropist**
[filǽnθrəpist]
★★☆☆☆

phil (love 사랑) + antrop
(man 사람) → '모든 사람을
사랑해야 한다고 주장하는
박애주의자'에서 유래

**n** 박애주의자
- become famous as a **philanthropist**
  박애주의자로 유명해지다

---

579 **phlegmatic(al)**
[flegmǽtik(əl)]
★☆☆☆☆

phlegm 점액 → '체액의 하나
로서 무기력을 일으키는 점
액'에서 유래

**a** 냉정한
- a very **phlegmatic** character  매우 냉정한 성격

---

580 **phon(e)y**
[fóuni]
★★☆☆☆

phony<fawney (gilt brass
ring 금을 입힌 놋쇠 반지) →
'사기꾼이 속이는 데 사용하
는 위조품'에서 유래

**n** 위조(품)
- give the police a **phony** address
  경찰에게 가짜 주소를 주다

# in / into

- **in case** / ~에 대비하여, ~한 경우에
- **in detail** / 상세히 minutely, at length, at large, item by item; detailedly
- **in favor of** / ~에 찬성하여, ~을 위하여 in support of, in behalf of
- **in full accord** / 만장일치로 unanimously, with one accord
- **in good taste** / 적합한, 점잖은 polite, decent
- **in honor of** / ~에게 경의를 표하여, ~을 기념하여 in remembrance of, in token of
- **in no time** / 바로, 즉시 at once, immediately
- **in particular** / 특히 particularly
- **in person** / 본인이, 자기 스스로
- **in proportion to** / ~에 비례하여
- **in return for** / ~에 대한 답례로
- **in spite of** / ~에도 불구하고 regardless of, despite, notwithstanding
- **in spite of oneself** / 자신도 모르게 involuntarily
- **in terms of** / ~의 견지에서, ~의 관점에서 보면 in the light of
- **in that** / ~이기 때문에, ~이므로 since
- **in the air** / 계획이 미정인 uncertain, up in the air, not settled yet
- **in the balance** / 불안정한 상태에 있다 in jeopardy
- **in the face[teeth] of** / ~의 앞에서 in front of ; 불구하고 despite, with all, for all, notwithstanding
- **in the long run** / 결국 at last, in the end, ultimately
- **in the nick of time** / 아슬아슬하게 시간에 맞게 just in time
- **in the same boat** / 같은 처지에 있는
- **in the wake of** / ~의 뒤를 이어 following ; ~의 결과로서 as a result of
- **in token of** / ~의 표시로; 기념으로 in remembrance of, in honor of
- **into the bargain** / 게다가, 덤으로 besides, moreover, in addition
- **in conjunction with** / ~와 함께, ~와 관련하여 together with
- **in earnest** / 진지하게, 진심으로 to a great extent
- **in line with** / ~과 동의하는 in agreement with
- **in retrospect** / 되돌아보면 looking back
- **in succession** / 연달아, 계속하다 one by one
- **in the same boat** / 같은 처지에 있는

# ob-

| ★ ★ ★ ★ ★ | 15. | obstinate | □ □ □ |
|---|---|---|---|

| ★ ★ ★ ★ ☆ | 05. | oblique | □ □ □ |
|---|---|---|---|
| | 14. | obsolete | □ □ □ |

| ★ ★ ★ ☆ ☆ | 04. | oblige | □ □ □ |
|---|---|---|---|
| | 06. | obliterate | □ □ □ |
| | 07. | oblivion | □ □ □ |
| | 10. | obnoxious | □ □ □ |
| | 11. | obscene | □ □ □ |
| | 13. | obsess | □ □ □ |
| | 16. | obstruct | □ □ □ |
| | 19. | obviate | □ □ □ |
| | 24. | ostensible | □ □ □ |
| | 25. | ostentatious | □ □ □ |

| ★ ★ ☆ ☆ ☆ | 17. | obtrude | □ □ □ |
|---|---|---|---|

| ★ ☆ ☆ ☆ ☆ | 01. | hostage | □ □ □ |
|---|---|---|---|
| | 03. | obese | □ □ □ |
| | 09. | obloquy | □ □ □ |
| | 12. | obsequious | □ □ □ |
| | 20. | occidental | □ □ □ |
| | 21. | occult | □ □ □ |
| | 22. | opponent | □ □ □ |
| | 23. | opportune | □ □ □ |

| ☆ ☆ ☆ ☆ ☆ | 02. | obdurate | □ □ □ |
|---|---|---|---|
| | 08. | oblong | □ □ □ |
| | 18. | obtuse | □ □ □ |

**01 hostage**
[hástidʒ]
★☆☆☆☆

ho<ob(against) + st<sid(sit) → '나쁜 목적에 이용하려고 않혀 놓은 사람'에서 유래

**n** 담보물, 인질
• keep children as **hostages** 아이들을 인질로 잡아두다

---

**02 obdurate**
[ábdjurit]
☆☆☆☆☆

ob(intensive) + dur(harden) → '너무도 완고한'에서 유래

**a** 완고한, 고집 센
• an **obdurate** refusal 완고한 거절

---

**03 obese**
[oubíːs]
★☆☆☆☆

ob(intensive) + es<ed(eat) → '지나치게 많이 먹는'에서 유래

**a** 비만인
• an **obese** child 비만아

---

**04 oblige**
[əbláidʒ]
★★★☆☆

ob(to) + lig(bind) → '~을 얽매이게 하다'에서 유래

**vt** 1 ~에게 강요하다
2 <수동형으로 쓰임> ~을 고맙게 여기게 하다
• I was **obliged** to go at once. 나는 당장 가지 않을 수 없다.
• I am very much **obliged** to you for your kindness.
당신의 친절에 깊이 감사하고 있습니다.

---

**05 oblique**
[əblíːk]
★★★★☆

ob(against) + liqu<liquus(bent) → '굽은'에서 유래

**a** 1 비스듬한, 기울어진
2 간접의, 완곡한
• an **oblique** line 사선 • **oblique** hints 간접적인 암시

---

**06 obliterate**
[əblítəreit]
★★★☆☆

ob(against) + liter (letter) → '글자를 넣는 것의 반대행위를 하다'에서 유래

**vt** (흔적을) 말소하다, (문자에서) 삭제하다
• **obliterate** landmarks
(역사상 따위의) 현저한 사건을 말소하다

---

**07 oblivion**
[əblívian]
★★★☆☆

ob(out) + liv<livisci(smooth) → '~을 빼내서 잠잠해지게 하다'에서 유래

**n** 1 (세상에서) 잊혀진 상태, 망각
2 대사(大赦), 사면
• Many ancient cities fell into **oblivion**.
많은 고대 도시들이 잊혀졌다.
• act of **oblivion** 대사령[사면령]

---

**08 oblong**
[áblɔːŋ]
☆☆☆☆☆

ob(toward) + long 긴 → '옆으로 길게 향하는'에서 유래

**a** 옆으로 긴, 타원형의
• an **oblong** loaf of bread 타원형의 빵 한 덩어리

## 09 **obloquy**

[áblɔkwi]

★☆☆☆☆

ob(against) + loquy<loqui (speak) → '반대로 나쁘게 말하는 것'에서 유래

**n** 1 오명, 불명예
2 책망

- glory and **obloquy** 명예와 불명예
- receive **obloquy** for one's negligence
  태만함에 대해 책망을 받다

## 10 **obnoxious**

[əbnákʃəs]

★★☆☆☆

ob(against) + noxious 해로운 → '(유익한 것과는) 반대로 해로운'에서 유래

**a** 1 아주 싫은, 불쾌한
2 (해를) 입기 쉬운, ~을 면할 수 없는

- **obnoxious** smell 불쾌한 냄새
- be **obnoxious** to censure 비난을 면할 수 없다

## 11 **obscene**

[əbsíːn]

★★★☆☆

ob(against) + scene 장면 → '장면이 안 좋은'에서 유래

**a** 외설한, 음란한

- an **obscene** book 음란 도서

## 12 **obsequious**

[əbsíːkwiəs]

★☆☆☆☆

ob(after) + sequ(follow) → '~의 뒤를 따라다니는'에서 유래

**a** 아부하는, 비굴한

- **obsequious** behavior 비굴한 행동

## 13 **obsess**

[əbsés]

★★★☆☆

ob(against) + sess (sit) → '방해가 되도록 들어앉다'에서 유래

**vt** (악마 · 망상이) ~에 들다, ~에 붙어 괴롭히다

- be **obsessed** by a fixed idea
  고정 관념에 사로잡히다

## 14 **obsolete**

[ɑbsəlíːt]

★★★★☆

ob(away) + solet<soletus(accustomed) → '익숙해질 대로 익숙해진'에서 유래

**a** 사라진, 구식의

- an **obsolete** word 폐어

## 15 **obstinate**

[ábstənət]

★★★★★

ob(against) + stin(stand) → '방해하며 서 있는 상태인'에서 유래

**a** 1 완고한, 고집 센
2 (병이) 난치인

- as **obstinate** as a mule 대단히 고집 센
- an **obstinate** fever 좀처럼 낫지 않는 열

## 16 **obstruct**

[əbstrʌ́kt]

★★★☆☆

ob(against) + struct(build) → '방해가 되도록 세워져 있다'에서 유래

**vt** (길 · 일 등을) 막다, 방해하다

- **obstruct** a one's plan 남의 계획을 방해하다

3 0

## 17 **obtrude**
[əbtrú:d]
★★☆☆☆

ob(toward) +
trud(thrust) →
'~를 향해 밀고 나가다'
에서 유래

**v** 1 (의견을) **강요하다**

2 <재귀용법> (~을) **주제넘게 나서도록 하다**

- **obtrude** one's opinions upon others
  자기 의견을 남에게 강요하다
- **obtrude** oneself on the notice of others
  남의 눈에 띄도록 주제넘게 나서다

---

## 18 **obtuse**
[əbtjú:s]
☆☆☆☆☆

ob(on) +
tus(strike) →
'~위를 계속 때려서 무뎌진'
에서 유래'

**a** 1 (날 · 각이) **무딘**

2 (감각이) **둔한**

- an **obtuse** weapon 둔기(鈍器)
- an **obtuse** person 감각이 둔한 사람

---

## 19 **obviate**
[ábvieit]
★★★☆☆

ob(away) +
vi(a) (way) →
'길 위에 방해되는 것을 없애
다'에서 유래

**vt** (곤란 · 위험 · 장애를) **제거하다, 미연에 방지하다**

- **obviate** danger 위험을 제거하다

---

## 20 **occidental**
[aksədéntl]
★☆☆☆☆

oc<ob(away) +
cid(fall) →
'태양이 떨어지는 곳'
에서 유래

**a** **서양의**

- **occidental** civilization 서양 문명

---

## 21 **occult**
[əkÁlt]
★☆☆☆☆

oc<ob(intensive) +
cult<cel(hide) →
'누구도 모르는 곳에 숨어있
는'에서 유래

**a** **신비로운, 불가사의한**

- **occult** powers[arts] 신비로운 힘[신비술]

**n** <the> **비학, 비술**

- There were many students of the **occult** in northern Europe. 북유럽에는 비학을 공부하는 학생들이 많았다.

---

## 22 **opponent**
[əpóunənt]
★☆☆☆☆

op<ob(against) +
pon(place) →
'반대쪽에 있는 사람'
에서 유래

**n** **상대자, 적수**

- defeat one's **opponent** in the election
  선거에서 상대자를 패배시키다

**a** **대립하는, 반대의**

- There are **opposing** opinions about it. 의견이 대립되어 있다.

---

## 23 **opportune**
[apərtjú:n]
★☆☆☆☆

op<ob(toward) +
port 항구→
'바람이 항구 쪽으로 불어주
는'에서 유래

**a** **알맞은, 시기 적절한**

- an **opportune** advice 시기 적절한 충고

24 **ostensible**

[asténsəbl]

★★★☆☆

os<ob(toward) +
tens (stretch) →
'밖을 향해 내밀고 있는 부분
의'에서 유래

**a** 1 표면상의, 겉으로만의
2 명백한, 분명한

- **ostensible** purpose   표면적인 목적
- an **ostensible** mistake   명백한 실수

25 **ostentatious**

[ɑstəntéiʃəs]

★★★☆☆

os<ob(toward) +
ten(stretch) →
'남에게 보이기 위해 내미는'
에서 유래

**a** 허세 부리는, 과시하는

- His religion was sincere, not **ostentatious**.
  그의 종교는 허세 부리는 것이 아닌 진실함이다.

---

581 **physiologist**
[fìziálədʒist]
★★☆☆☆

physio 자연 과학 + logy 학문
→ '자연의 섭리에 따른 생물 전반에 관한 학문'에서 유래

**n** 생리학자
- An optical illusion discovered by the German **physiologist**.
  착시 현상이 독일의 생리학자에 의해 발견되었다.

---

582 **pillage**
[pílidʒ]
☆☆☆☆☆

pill (plunder 약탈하다)

**v** 약탈[강탈]하다
- **pillage** the quiet village
  고요한 마을을 약탈하다

---

583 **pinnacle**
[pínəkl]
★☆☆☆☆

pinna (peak 절정) → '절정을 이루는 정상'에서 유래

**n** 정상
- reach the **pinnacle** of prosperity 번영의 절정에 달하다

---

584 **pious**
[páiəs]
★☆☆☆☆

piou (pure 깨끗한) → '깨끗한 마음으로 신앙에 충실한'에서 유래

**a** 신앙심이 깊은
- the **pious** old woman 신앙심이 깊은 노부인

---

585 **piquant**
[píːkənt]
☆☆☆☆☆

piqua (prick 찌르다) → '혀를 찌르는 듯이 매운'에서 유래

**a** 매운
- a **piquant** tomato sauce 매운 토마토 소스

---

586 **pithy**
[píθi]
☆☆☆☆☆

pith 핵심 → '핵심만 모아서 간결한'에서 유래

**a** 간결한
- give **pithy** advice 간단한 충고를 하다

---

587 **placate**
[pléikeit]
★★★☆☆

plac (please 기쁘게 하다) → '기쁘게 하여 화를 진정시키다'에서 유래

**v** (노여움 등을) 진정시키다
- try to **placate** the angry mother 화난 어머니를 진정시키다

---

588 **placid**
[plǽsid]
★☆☆☆☆

plac (please 기쁘게 하다) → '기쁘고 평온한'에서 유래

**a** 평온한
- a **placid** and well-suited nature to teaching
  가르치기에 아주 적합하고 평온한 성격

---

589 **plagiarism**
[pléidʒərizm]
★★★☆☆

plagia (kidnapping 납치) → '남의 생각을 훔치는 표절'에서 유래

**n** (사상·고안·문장 등의) 표절
- be accused of **plagiarism** in a thesis 논문 표절로 기소되다

---

590 **plaintive**
[pléintiv]
★☆☆☆☆

plaint (lament 슬퍼하다) → '처량하게 슬퍼하는'에서 유래

**a** 구슬픈
- hear a **plaintive** whimpering
  구슬프게 흐느껴 우는 소리를 듣다

---

591 **platitude**
[plǽtətjùːd]
★☆☆☆☆

plat (flat 지루한) → '지루함을 주는 진부한 문구'에서 유래

**n** 진부(한 문구)
• a speech full of **platitudes** 상투 어구로 가득한 연설

---

592 **plaudit**
[plɔ́ːdit]
★☆☆☆☆

plaud (strike 치다) → '손뼉을 치는 행위인 박수를 통한 찬사'에서 유래

**n** 찬사
• win hearty **plaudits** from the critics
비평가들로부터 열렬한 박수갈채를 받다

---

593 **plausible**
[plɔ́ːzəbl]
★★★★★

plau (applaud 박수치다) → '박수 받을 정도로 그럴듯한'에서 유래

**a** 그럴듯한; 말주변이 좋은
• His inference sounds **plausible**.
그의 추론은 그럴듯하게 들린다.

---

594 **plebeian**
[pləbíːən]
☆☆☆☆☆

plebe<ple (full 가득 찬) → '나라를 가득 채우는 평민의'에서 유래

**a** 평민의
• speeches to aim at the **plebeian** emotions
평민의 정서에 맞도록 한 연설

---

595 **plenary**
[plíːnəri]
★☆☆☆☆

ple (full 가득 찬) → '모두 출석하여 강의실이 가득 찬'에서 유래

**a** 완전한; 전원 출석의
• **plenary** power 절대적인 권력

---

596 **plethora**
[pléθərə]
★☆☆☆☆

ple (full 가득 찬) → '가득 채우고도 과하게 넘침'에서 유래

**n** 과잉, 과다
• a **plethora** of suggestions[food] 과다한 제안들[음식]

---

597 **pliant**
[pláiənt]
★★★★☆

pli (bend 휘다) → '휘어지는, 유연한'에서 유래

**a** 잘 휘는, 유연한; 유순한
• a more **pliant** successor 좀 더 순종적인 후임자

---

3 0

598 **plumb**
[plʌm]
☆☆☆☆☆

plumb (lead 납) → '수심을 재는 데 쓰였던 납으로 된 연추'에서 유래

**v** 꿰뚫어 보다
**n** 연추
• **plumb** the deepest mysteries
가장 심원한 신비를 꿰뚫어 보다

---

599 **plump**
[plʌmp]
★★☆☆☆

plump<plumpen (부풀어 오른) → '부풀어 오른 듯이 포동포동한, 살찐'에서 유래

**a** 포동포동한
• A healthy baby has **plump** cheeks.
건강한 아기는 포동포동한 볼을 갖고 있다.

---

600 **poignant**
[pɔ́injənt]
★☆☆☆☆

poig<pung (prick 찌르다) → '가슴에 사무쳐 찌르는'에서 유래

**a** 가슴에 사무치는
• **poignant** sorrow 가슴에 사무치는 슬픔

# of / off / on

- **of itself** / 저절로, 자발적으로 spontaneously, automatically
- **of moment** / 중요한 important, momentous
- **of one's own accord** / 자발적으로 voluntarily, spontaneously, willingly
- **off hand** / 즉시 at once, immediately, off the cuff
- **off the record** / 비공식적의, 발표해서는 안 될 unofficial, not known to the public
- **on a par with** / ~과 동등한 equivalent to, of the same rank
- **on account of** / ~ 때문에 because of
- **on and off** / 때때로, 불규칙하게 irregularly, intermittently, off and on
- **on and on** / 계속해서 continuously, in succession
- **on behalf of** / ~을 대신하여 in someone's shoes
- **on good[friendly] terms with** / ~와 친한 관계인
- **on hand** / 수중에, 이용 가능한 available, near
- **on leave** / 휴가 중인 away from work, on vacation
- **on purpose** / 고의로 intentionally, purposely
- **on the air** / 방송 중인 broadcasting
- **on the alert** / 경계하는 watchful, vigilant
- **on the contrary** / 그렇기는커녕, 도리어, 반대로 oppositely
- **on the go** / 바쁜, 분주한 busy
- **on the horns of a dilemma** / 진퇴양난인 in a dilemma, in a quandary
- **on the house** / 공짜로, 술집에서 서비스로 주는 free of charge, for nothing
- **on the point of ~ing** / 막 ~하려고 하는 on the verge[ brink] of ~ing
- **on the spur of the moment** / 충동적으로 on impulse
- **on the way to** / ~로 가는 도중에 en route to
- **on the whole** / 전반적으로, 대체로 generally, by and large
- **on cloud nine** / 매우 행복한 very happy, over the moon, walking on air
- **on the spur** / 전속력으로, 매우 급히 at full speed
- **on the square** / 정직한, 믿을만한 honest, on the level
- **on the wane** / 줄어가는, 하락하는 dwindling, on the decrease
- **on the wax** / 증가하는 on the increase, increasing

# over-

Date :

| | | | |
|---|---|---|---|
| ★★★☆☆ | 01. | overall | □ □ □ |
| | 20. | overwhelm | □ □ □ |
| ★★☆☆☆ | 02. | overbearing | □ □ □ |
| | 15. | override | □ □ □ |
| ★☆☆☆☆ | 05. | overdue | □ □ □ |
| | 07. | overhaul | □ □ □ |
| | 12. | overlook | □ □ □ |
| | 19. | overweight | □ □ □ |
| ☆☆☆☆☆ | 03. | overcast | □ □ □ |
| | 04. | overcrowd | □ □ □ |
| | 06. | overhang | □ □ □ |
| | 08. | overhear | □ □ □ |
| | 09. | overland | □ □ □ |
| | 10. | overlap | □ □ □ |
| | 11. | overload | □ □ □ |
| | 13. | overnight | □ □ □ |
| | 14. | overpower | □ □ □ |
| | 16. | overrun | □ □ □ |
| | 17. | oversea(s) | □ □ □ |
| | 18. | overtime | □ □ □ |

## 01 **overall**
[óuvərɔːl]
★★★☆☆

over(above) +
all 전체의 →
'(위에서부터 아래까지) 전체
의'에서 유래

**a** **전체의, 총체적인**
- the **overall** view of the economic situation
  경제 상황 전반에 대한 관찰

**ad** **어느 곳이나, 전체적으로**
- **Overall**, prices are still rising.
  전체적으로, 물가가 여전히 상승하고 있다.

**n** **<pl.> (가슴받이가 달린) 작업복**
- sweep the inside of the house in **overalls**
  가슴받이가 달린 작업복을 입고 집안을 청소하다

---

## 02 **overbearing**
[ouvərbéəriŋ]
★★☆☆☆

over(above) +
bear 행동하다 →
'남보다 위라는 생각으로 행
동하는'에서 유래

**a** **거만[오만]한**
- a very **overbearing** person  대단히 거만한 사람

---

## 03 **overcast**
[ouvərkǽst]
☆☆☆☆☆

over(above) +
cast 던지다 →
'~을 던져 위의 빛을 가리다'
에서 유래

**v** **흐리게[어둡게] 하다**
- Ominous clouds began to **overcast** the sky.
  불길한 구름들이 하늘을 뒤덮기 시작했다.

**a** [óuvərkæst] **흐린, 음침한**
- an **overcast** sky[day]  흐린 하늘[날]

---

## 04 **overcrowd**
[ouvərkráud]
☆☆☆☆☆

over(above) +
crowd 빽빽히 들어차다 →
'~에 너무 많이 들어차다'
에서 유래

**v** **(~에 사람을) 너무 많이 들이다**
- Enthusiastic listeners **overcrowded** the concert hall.
  열광적인 청중들로 그 연주회장은 초만원이되었다.

---

## 05 **overdue**
[ouvərdjúː]
★☆☆☆☆

over(above) +
due 만기된 →
'만기를 넘긴'
에서 유래

**a** **(지급) 기한이 지난, 늦은**
- an **overdue** gas bill  연체된 가스 요금 고지서

---

## 06 **overhang**
[ouvərhǽŋ]
☆☆☆☆☆

over(above) +
hang 걸다 →
'~위에 걸다'에서 유래

**v** 1 **(~위에) 걸쳐있다, (~위에) 내밀다[튀어 나오다]**
2 (위험ㆍ불행 따위가) **위협하다**
- The rock **overhung** the path.  바위가 길에 튀어 나와 있었다.
- The risk of war **overhangs** mankind.
  전쟁의 위험이 인류를 위협하고 있다.

**n** [óuvərhæŋ] **돌출, 튀어 나옴**
- The **overhang** of the roof shaded the flower.
  지붕의 튀어 나온 부분이 꽃을 그늘지게 했다.

## 07 overhaul
[ouvərhɔ́:l]
★ ☆ ☆ ☆ ☆

over(above) +
haul 잡아끌다 →
'위로 잡아 끌다'에서 유래

**vt** 1 ~을 철저히 조사[수리]하다
2 따라잡다
- **overhaul** a government department
  정부 부처를 철저히 조사하다
- An automobile can **overhaul** any horse.
  자동차는 어떤 말도 따라잡을 수 있다.

**n** [óuvərhɔːl] 철저한 조사[수리]
- give the car a complete **overhaul** 자동차를 철저히 조사하다

## 08 overhear
[ouvərhíər]
☆ ☆ ☆ ☆ ☆

over(above) +
hear 듣다 →
'위에 지나가는 소리를 무심결
에 듣다'에서 유래

**vt** 귓결에[어쩌다] 듣다
- **overhear** some cruel remarks
  어쩌다 몇몇 잔인한 말들을 듣다

## 09 overland
[óuvərlænd]
☆ ☆ ☆ ☆ ☆

over(above) +
land 땅 → '땅 위의'에서 유
래

**a** **ad** 육로[육상]의, 육로로
- travel **overland** from Seoul to Pusan
  서울에서 부산까지 육로로 가다

## 10 overlap
[ouvərlǽp]
☆ ☆ ☆ ☆ ☆

over(above) +
lap ~에 겹치다 →
'~위에 겹치다'에서 유래

**v** (부분적으로) ~위에 겹치다
- a roof made with **overlapping** tiles 타일을 겹쳐 만든 지붕

**n** [óuvərlæp] (부분적) 중복[일치]
- **Overlaps** can be touched up at any time.
  부분적으로 중복된 부분들은 언제든지 수정될 수 있다.

## 11 overload
[ouvərlóud]
☆ ☆ ☆ ☆ ☆

over(too much) +
load 짐을 싣다 →
'짐을 너무 많이 싣다'
에서 유래

**v** (~에 짐을) 짐을 너무 많이 싣다
- Don't **overload** the boat.
  그 보트에 짐을 너무 많이 싣지 마시오.

**n** [óuvərloud] 과적재, 과부하
- the **overload** of electric current 전류의 과부하

## 12 overlook

[ouvərlúk]
★☆☆☆☆

over(over) +
load 보다 →
'위에서 보다'에서 유래

**v** 1 내려다보다, 전망하다
2 무시하다, 못 보고 넘어가다
3 눈감아주다, 용서하다
4 감독[감시]하다, 돌보다

- Our room **overlooks** the sea.
  우리 방은 바다를 내려다보고 있다.
- These little details are easily **overlooked**.
  이런 작은 세부사항들은 쉽게 간과될 수 있다.
- **overlook** a person's mistake   남의 실수를 눈감아주다
- be **overlooked** by the competent foreman
  그 유능한 현장감독에 의해 감독되다

## 13 overnight

[ouvərnáit]
☆☆☆☆☆

over(above) +
night 밤 →
'하룻밤을 넘어'에서 유래

**a ad** 1 밤을 새는, 밤새도록
2 전날밤의[에]
3 하룻밤 사이의[에], 갑자기

- talk **overnight** with a friend   친구와 함께 밤새도록 이야기하다
- Preparations were made **overnight** for an early start.
  일찍 출발하기 위해 전날 밤에 준비를 갖추었다.
- become famous **overnight**   하룻밤 사이에 유명해지다

**vi** 하룻밤을 지내다

- **overnight** at a hotel   호텔에서 하룻밤을 지내다

## 14 overpower

[ouvərpáuər]
☆☆☆☆☆

over(superior) +
power 힘 →
'보다 우세한 힘으로 제압하
다'에서 유래

**vt** 1 (힘으로) 눌러 버리다, 제압하다
2 (감정 따위를) 억누르다

- **overpower** all one's enemies
  힘으로 자신의 모든 적들을 눌러 버리다
- Anger **overpowered** every other feeling.
  노여움이 모든 다른 감정을 억눌렀다.

## 15 override

[ouvəráid]
★★☆☆☆

over(above) +
ride 타다 →
'말 위에 타고 마구 짓밟아 버리
다'에서 유래

**vt** 1 짓밟다, 유린하다
2 (결정 따위를) 무효로[무시]하다

- **override** another's happiness   다른 사람의 행복을 짓밟다
- **override** all previous judgements
  모든 이전의 판결들을 무효로 하다

**16 overrun**

[òuvərÁn]

☆☆☆☆☆

over(across) + run 뛰다 →
'여기 저기를 가로지르며 뛰
어다니다'에서 유래

**vt** 1 마구 퍼지다, 만연[창궐]하다

2 (범위·제한을) 넘다, 초과하다

- the city **overrun** with rats 쥐들이 창궐한 도시
- **overrun** the limited time 제한 시간을 초과하다

**n** [óuvərʌn] 초과[잉여](량)

- the **overrun** in the capital expenditure 자금 지출상의 초과

**17 oversea(s)**

[óuvərsì:(z)]

☆☆☆☆☆

over(across) + sea 바다 →
'바다를 건너서'
에서 유래

**a** **ad** 해외의[로], 해외로부터의[에서]

- **overseas** military service[investments]s 해외 군복무[투자]

**18 overtime**

[óuvərtàim]

☆☆☆☆☆

over(above) +
time 시간 →
'규정된 시간을 초과함'
에서 유래

**n** 초과 근무 (수당)

- do two hours' **overtime** 두시간 초과 근무하다

**a** **ad** 시간외의[로]

- **overtime** work[pay] 시간외 근무[수당]

**19 overweight**

[óuvərwèit]

★☆☆☆☆

over(too much) +
weight 무게 →
'너무 많이 나가는 무게'
에서 유래

**a** 중량이 초과된, 지나치게 뚱뚱한

- be **overweight** for one's age and height
  자신의 나이와 키에 비해 중량이 초과되다

**vt** [òuvərwéit] 지나치게 짐[부담]을 싣다[지우다]

- a small child **overweight** with heavy schoolbooks
  무거운 교과서들로 지나치게 짐이 지워진 작은 아이

**20 overwhelm**

[òuvərhwélm]

★★★☆☆

over(superior) +
whelm 압도하다 →
'보다 우세한 힘으로 압도하
다'에서 유래

**vt** 1 제압[압도]하다

2 (물결이) 위에서 덮치다, 물 속에 가라앉히다

- **overwhelm** the opposing army 적군을 제압하다
- A great wave **overwhelmed** the boat.
  거대한 파도가 그 배를 덮쳤다.

**601 poisonous**
[pɔ́izənəs]
★★★☆☆

poison<potion (drink 음료) → '해로운 음료인'에서 유래

**a** 독이 있는
- The rattlesnake's bite is **poisonous**.
  방울뱀에게 물리는 것은 유독하다.

**602 polemic**
[pəlémik]
★★☆☆☆

polemic<polemikos 전쟁 같은, 호전적인 → '전쟁을 치르듯 서로 대항하여 논쟁하는'에서 유래

**n** 논쟁
**a** 논쟁의, 논쟁을 좋아하는
- This lecture includes a **polemic** against atomic weapons.
  이 강의는 핵무기에 관한 논쟁이 포함되어 있다.

**603 politic**
[pálətik]
☆☆☆☆☆

poli (city 도시) → '도시의 구성원들이 사려 깊은'에서 유래

**a** 사려 깊은
- a **politic** man[advice]  사려 깊은 남자[충고]

**604 potable**
[póutəbl]
★★★★☆

potable<potabilis (drinkable 마실 수 있는)

**a** 마실 수 있는
- This tap water is **potable**.  이 수돗물은 마셔도 된다.

**605 pragmatic**
[prægmǽtik]
★★☆☆☆

preg (act 행동하다) → '직접 행동하듯이 실제적인'에서 유래

**a** 실제[실용]적인
- a **pragmatic** approach to politics
  정치학의 실제적인 접근

**606 precarious**
[prikéəriəs]
★★★★☆

prec (pray 기도하다) → '기도가 필요할 정도로 불안정한'에서 유래

**a** 불안정한
- make a **precarious** living  불안정한 하루살이 생활을 하다

**607 prime**
[praim]
★☆☆☆☆

prim (first 첫 번째) → '처음으로 준비시키다'에서 유래

**v** 준비시키다
**a** 주요한
- be **primed** for battle  전투를 할 준비가 되어 있다

**608 pristine**
[prísti:n]
★☆☆☆☆

prim (first 첫 번째) → '발달이 첫 단계에 있는'에서 유래

**a** 원시 시대의; 본래의, 초기의
- contaminate the **pristine** environment
  자연 그대로의 환경을 오염시키다

**609 privatize**
[práivətàiz]
★☆☆☆☆

priv (individual 개인) → '개인의 소유로 만들다'에서 유래

**v** 민영화하다
- nationalizing losses and **privatizing** gains
  손실의 국영화와 이익의 민영화

**610 probity**
[próubəti]
★☆☆☆☆

prob (worthy 가치 있는) → '가치 있는 정직, 성실'에서 유래

**n** 정직, 성실
- I trust his financial **probity**.
  나는 그의 금전적 정직성을 신뢰한다.

**611 prone**
[proun]
★★☆☆☆

pro (forward 앞으로) →
'앞으로 기운'에서 유래

**a** ~하기 쉬운, ~하는 경향이 있는; 엎드린
- Young people are **prone** to neglecting their health.
  젊은이들은 자신의 건강을 등한시 여기는 경향이 있다.

**612 prowess**
[práuis]
★★★☆☆

prow<prou (brave 용감한)

**n** 용기; 훌륭한 솜씨
- demonstrate great **prowess** in battle
  전투에서 대단한 기량을 보이다

**613 proximity**
[praksíməti]
★★☆☆☆

proxim (near 가까운) →
'가까운 거리에 위치함'에서 유래

**n** 근접
- **Proximity** to a good school is important.
  좋은 학교에 근접한 것은 중요하다.

**614 proxy**
[práksi]
★☆☆☆☆

prox (procure 획득하다) →
'대리인의 권리를 획득함'
에서 유래

**n** 대리(권)
- act as one's **proxy** 대리인으로 행동하다

**615 prying**
[práiiŋ]
★☆☆☆☆

pry<prien (peep in 안을 보다) →
'일의 속사정을 캐묻기 좋아하는'에
서 유래

**a** 캐묻기 좋아하는
- live away from **prying** eyes 사람들의 시선을 피해 살다

**616 pseudonym**
[súːdənim]
★★★☆☆

pseud (false 거짓의) + onym (name
이름) → '글을 쓸 때 사용하는 거짓 이
름'에서 유래

**n** 필명
- write under the pseudonym of 'surrer Bell'
  'surrer Bell'이라는 필명 하에 작품을 쓰다

**617 psychiatrist**
[sikáiətrist]
★☆☆☆☆

psychi (spirit 정신) →
'정신과 의사'에서 유래

**n** 정신과 의사
- conference with a **psychiatrist** 정신과 의사와의 상담

**618 pugnacious**
[pʌgnéiʃəs]
★☆☆☆☆

pugna (fight 싸움) →
'싸움을 좋아하는'에서 유래

**a** 싸움을 좋아하는
- the **pugnacious** tribe 싸움을 좋아하는 부족

**619 punctilious**
[pʌŋktíliəs]
★★☆☆☆

punct (prick 찌르다) →
'작은 것도 찌르듯이 꼼꼼한'
에서 유래

**a** 꼼꼼한
- be **punctilious** about repaying any loans
  모든 대출 상환에 대해서 꼼꼼하다

**620 punctuate**
[pʌ́ŋktʃueit]
★★☆☆☆

punctu (point 점) →
'점[구두점]을 찍다'에서 유래

**v** 구두점을 찍다; 강조하다
- He **punctuated** his remarks with gestures.
  그는 몸짓으로 이야기를 강조했다.

3
1

# out / to / under / up / with / without

- **out and out** / 철저히, 완전히 completely
- **out of date** / 구식의, 시대에 뒤떨어진 old-fashioned, outmoded, behind the times
- **out of humor** / 기분이 안 좋은, 풀이 죽어 out of mood[sorts, spirits]
- **out of one's mind** / 미쳐서, 제정신을 잃고
- **out of order** / 고장 난 broken, not working properly
- **out of question** / 확실한 , 틀림없이, 물론 for certain, 틀림없이, 물론 undoubtedly, surely
- **out of the blue** / 뜻밖에, 불시에 abruptly, all of a sudden, out of a clear blue sky
- **out of the question** / 불가능한 impossible
- **out of work** / 실직 중인 unemployed, jobless
- **to a turn** / 적당히, 알맞게 moderately
- **to no end** / 헛되이 in vain, for nothing
- **to the point** / 적절한, 요령 있는 pertinent, relevant, germane
- **under one's breath** / 작은 목소리로 in an undertone, below ones breath
- **under the weather** / 아픈, 몸이 좋지 않은 sick, feeling unwell
- **under way** / 진행 중인 going on
- **up to** / ~까지; ~의 책임인; ~를 꾸미고 있는 plotting
- **with all** / ~에도 불구하고 despite, for all, in spite of
- **with regard to** / ~에 관하여 in regard to, in respect of
- **with reserve** / 마지못해, 꺼려하며 reluctantly
- **without fail** / 틀림없이, 반드시 for certain, by all means
- **without letup** / 끊임없이 without a pause, ceaselessly, in succession
- **without reserve** / 기탄없이, 솔직히 frankly, without reservation
- **out of one's wits** / 제정신을 잃고
- **out of place** / 어울리지 않는, 적당한 자리가 아닌 unsuitable
- **out of stock** / 품절되어 sold out
- **to the letter** / 충실히, 엄밀히 faithfully, exactly
- **under a cloud** / 의심을 받고 있는 suspicious
- **up-to-the-minute** / 최신의 latest, up-to-date
- **with the aim of** / ~을 목적으로 with the view of, with a view to

# out-, para-

| ★ ★ ★ ☆ ☆ | 09. | outrageous | □ □ □ |
| | 16. | outweigh | □ □ □ |
| | 04. | paralysis | □ □ □ |

| ★ ★ ☆ ☆ ☆ | 10. | outright | □ □ □ |
| | 14. | outspoken | □ □ □ |

| ★ ☆ ☆ ☆ ☆ | 01. | outburst | □ □ □ |
| | 05. | outlaw | □ □ □ |
| | 07. | outlive | □ □ □ |
| | 01. | parable | □ □ □ |
| | 03. | paradox | □ □ □ |
| | 05. | paramount | □ □ □ |

| ☆ ☆ ☆ ☆ ☆ | 02. | outcry | □ □ □ |
| | 03. | outdo | □ □ □ |
| | 04. | outgoing | □ □ □ |
| | 06. | outlay | □ □ □ |
| | 08. | out-of-date | □ □ □ |
| | 11. | outrun | □ □ □ |
| | 12. | outset | □ □ □ |
| | 13. | outskirt | □ □ □ |
| | 15. | outstretched | □ □ □ |
| | 02. | paradigm | □ □ □ |
| | 06. | paraphrase | □ □ □ |

## 01 **outburst**
[áutbə:rst]
★☆☆☆☆

out(outside) +
burst 폭발하다 · →
'밖으로 폭발하는 것'에서 유래

**n** (감정의) 폭발, 분출
- an **outburst** of laughter 폭소

## 02 **outcry**
[áutkrai]
☆☆☆☆☆

out(outside) +
cry 울다 →
'밖으로 소리내어 울부짖다'
에서 유래

**n** 부르짖기, 비명
- an **outcry** of disgust by the students  학생들의 괴비명

## 03 **outdo**
[autdú:]
☆☆☆☆☆

out(more than) +
do 하다 →
'~보다 잘하다'
에서 유래

**vt** (행위 따위가) ~을 능가하다
- **outdo** her brother at work and games
  일과 게임에서 그녀의 오빠를 능가하다

## 04 **outgoing**
[áutgouiŋ]
☆☆☆☆☆

out(outside) +
go 나가다 · →
'밖으로 나가는'에서 유래

**a** 1 (장소 · 지위를)떠나는, 출발하는
2 외향적인
- an **outgoing** ship[secretary]  출항선[사퇴하는 장관]
- a very **outgoing** person  매우 외향적인 사람

## 05 **outlaw**
[áutlɔ:]
★☆☆☆☆

out(outside) +
law 법 →
'법 밖으로 벗어난 사람'
에서 유래

**n** 법의 피박탈자, 무법자
- bands of **outlaws** who are living in the forest
  숲 속에서 살고 있는 무법자 패거리들

**vt** ~의 법적 효력을 잃게 하다, ~을 금지하다
- **outlaw** smoking in a theater
  극장 안에서의 흡연을 금지하다

## 06 **outlay**
[áutlei]
☆☆☆☆☆

out(outside) +
lay 놓다 →
'돈을 밖으로 놓는 것'
에서 유래

**n** (돈의) 지출(액)
- a large **outlay** for education  고액의 교육비

## 07 **outlive**
[autlív]
★☆☆☆☆

out(more than) +
live 살다 →
'~보다 오래 살다'에서 유래

**vt** ~보다 오래 살다
- **outlive** one's brothers  형제들보다 오래 살다

08 **out-of-date**
[áut-əv-déit]
☆ ☆ ☆ ☆ ☆

out(more than) +
date 시대 →
'지금 시대보다 훨씬 오래된'
에서 유래

**a** 시대에 뒤떨어진, 케케묵은
- A horse and buggy is an **out-of-date** means of traveling.
  말과 마차는 시대에 뒤떨어진 여행 수단이다.

---

09 **outrageous**
[autréidʒəs]
★ ★ ★ ☆ ☆

out<outre(beyond) →
'정도를 넘어서는'에서 유래

**a** 1 매우 모욕적인, 잔인 무도한
2 터무니없는, 엉뚱한
- **outrageous** treatment of prisoners
  죄수들에 대한 포악한 처우
- sell at an **outrageous** price  터무니없는 값에 팔리다

32

---

10 **outright**
[áutrait]
★ ★ ☆ ☆ ☆

out(outside) +
right 옳은 →
'옳은 상황을 밖으로
표출하려는'에서 유래

**a** 분명한, 솔직한
- an **outright** expression of opinion  기탄 없는 의견의 표명

**ad** 모두, 완전히
- He is mad **outright**.  그는 완전히 미쳤다.

---

11 **outrun**
[autrʌ́n]
☆ ☆ ☆ ☆ ☆

out(more than) +
run 달리다 →
'~보다 빨리 달리다'
에서 유래

**v** ~보다 빨리 달리다, ~을 초과하다
- He can **outrun** his older sister.
  그는 그의 누이보다 빨리 달릴 수 있다.

---

12 **outset**
[áutset]
☆ ☆ ☆ ☆ ☆

out(outside) +
set 놓다 →
'마음속에 있는 것을 밖으로
끄집어 놓는 것'에서 유래

**n** (보통 the ~) 시작, 최초
- The book fascinated the reader from the **outset**.
  그 책은 시작부터 독자를 매료했다.

---

13 **outskirt**
[áutskəːrt]
☆ ☆ ☆ ☆ ☆

out(outside) +
skirt 에워싸다 →
'밖을 에워싸고 있는 곳'
에서 유래

**n** 주변, 교외
- a sparsely populated **outskirts** 인구가 희박한 교외

---

14 **outspoken**
[áutspoukən]
★ ★ ☆ ☆ ☆

out(outside) +
spoken 말하는 →
'밖으로 끄집어내서 말하는'
에서 유래

**a** 거리낌 없는, 솔직한
- be **outspoken** in one's remarks 논평에 솔직하다

---

15 **outstretched**
[autstrétʃt]
☆ ☆ ☆ ☆ ☆

out (outward) +
stretch 뻗다 →
'밖을 향해 쭉 뻗친'에서 유
래

**a** 펼친, 뻗친
- lie **outstretched** on the ground 땅에 큰 대자로 눕다

16 **outweigh**

[autwéi]

★★★☆☆

out (more than) +
weigh ~의 무게를 달다 →
'~보다 무게가 더 나가다'
에서 유래

**vt** (가치 · 중요성이) **~보다 뛰어나다**

- The advantages of the plan **outweigh** its disadvantages. 그 계획의 이점이 불이익 보다 많다.

01 **parable**
[pǽrəbl]
★☆☆☆☆

para(beside) +
bl(throw) →
'함께 내던져 옆에 두고 비유한 것'에
서 유래

**n** 우화, 비유담

- read the **parable** of the lost sheep
  길 잃은 양의 우화를 읽다

---

02 **paradigm**
[pǽrədaim]
☆☆☆☆☆

para(beside) +
digm<deik(show) →
'옆에 놓고 보이는 것'
에서 유래

**n** 모범, 예

- a **paradigm** of the successful businesswoman
  성공적인 여자 사업가의 예

---

03 **paradox**
[pǽrədaks]
★☆☆☆☆

para(beside) +
dox(opinion) →
'정설 옆에 나란히 놓인 반대 의견'
에서 유래

**n** 역설, 모순된 일

- "The child is father to the man" is a **paradox**.
  "아이는 어른의 아버지이다"라는 말은 역설이다.

---

04 **paralysis**
[pərǽləsis]
★★★☆☆

para(beside) +
lyein(loosen) →
'힘이 느슨해진'에서 유래

**n** 《병리》 마비, 불구

- The accident left him with **paralysis** of the legs.
  그 사고가 그를 다리 불구자로 만들었다.

---

05 **paramount**
[pǽrəmaunt]
★☆☆☆☆

para(beside) +
mount(rise) →
'옆에 있는 사람들 가운데
일어서 있는'에서 유래

**a** (지위 · 권위 따위가) 남보다 위인, 최고의

- This task is **paramount** to all others.
  이 일은 다른 어느 것에도 우선한다.

---

06 **paraphrase**
[pǽrəfreiz]
☆☆☆☆☆

para(beside) +
phrase 말하다 →
'옆으로 빗대어 말하다'
에서 유래

**n** (알기 쉽게 하기위해 자세한 설명으로) 바꾸어 말하기, 의역

- a close **paraphrase** of Dixon's own original article
  딕슨의 원본 기사에 가까운 의역

**v** (알기 쉽도록) 바꾸어 말하다

- Try to **paraphrase** those involved ideas.
  이런 복잡한 생각들을 바꾸어 쓰도록 해라.

---

621 **pundit**
[pʌ́ndit]
★★☆☆☆

pundit<paundit(learned man 배운 사람) → '많이 배워 박식한 사람'에서 유래

**n** 학자, 박식한 사람
• a well-known political **pundit** 잘 알려진 정치 권위자

---

622 **pungent**
[pʌ́ndʒənt]
★☆☆☆☆

pung (prick 찌르다) → '코끝을 찌르도록 자극하는'에서 유래

**a** (미각·후각 등을) 자극하는
• the **pungent** aroma of the flower 그 꽃의 자극적인 향기

---

623 **purge**
[pəːrdʒ]
☆☆☆☆☆

purg (cleanse 깨끗이 하다)

**v** (마음·몸 등을) 깨끗이 하다 **n** 정화, 숙청
• **purge** away one's evil thoughts 나쁜 생각들을 떨쳐버리다

---

624 **putative**
[pjúːtətiv]
★☆☆☆☆

put (think 생각하다) → '~로 생각되거나 가정되는'에서 유래

**a** 추정되고 있는, 가정되는
• the **putative** father of a child 아이의 추정상의 아버지

---

625 **quack**
[kwæk]
★☆☆☆☆

quack<quakke (croakin 까악 까악 우는 소리) → '듣기 싫게 허풍을 치는 사람'에서 유래

**n** 돌팔이 의사
• a **quack** doctor 돌팔이 의사

---

626 **qualm**
[kwaːm]
★☆☆☆☆

qualm<cwealm (death 죽음) → '죽음에 관련된 마음이 불안'에서 유래

**n** 양심의 가책; 불안
• without a blink or **qualm** 아무렇지도 않게

---

627 **quandary**
[kwándəri]
★☆☆☆☆

quand (when 때) → '난처한 때'에서 유래

**n** <pl.> 난처한 처지
• be in a **quandary** 난처한 입장에 처하다

---

628 **quarterly**
[kwɔ́ːrtərli]
★☆☆☆☆

quarter<quatarius (a fourth part 4분의 1) → '한 해를 4분의 1 등분한'에서 유래

**a ad** 연4회 발행의, 한해 네 번의
• a highbrow **quarterly** magazine 식자층이 보는 계간지

---

629 **quell**
[kwel]
★☆☆☆☆

quel<kwel (pain 고통) → '고통을 주어 진압하다'에서 유래

**vt** (폭동·혼란 등을) 진압하다
• **quell** the rioters 폭도들을 진압하다

---

630 **querulous**
[kwérjuləs]
★★☆☆☆

quer (ask 묻다) → '어떤 부분이 맘에 들지 않아 계속 묻고 불평하는'에서 유래

**a** 불평하는
• be in a **querulous** mood 불만스러운 상태이다

---

631 **quintessence**
[kwintésns]
★★☆☆☆

quint (fifth 제5의) + essence (본질)

**n** 전형, 제 5원(元)
• the **quintessence** of good manners 훌륭한 예절의 전형

---

632 **quixotic**
[kwiksátik]
☆ ☆ ☆ ☆ ☆

Quixote (중세의 기사 이름) → '공상적인 기사로 유명했던 소설 속의 기사 돈키호테'에서 유래

**a** 공상적인
- a silly **quixotic** proposal  어리석고 비현실적인 제안

---

633 **ramification**
[ræməfikéiʃən]
★ ☆ ☆ ☆ ☆

ram (branch 가지) + fic (make 만들다) → '가지를 만들 듯 나누는 행위인 분파'에서 유래

**n** 가지, 분파; 결과
- widespread social **ramifications** 광범위한 사회적 파문

---

634 **rancid**
[rǽnsid]
★ ☆ ☆ ☆ ☆

rancid<rancere(rotten 썩은) → '썩은 냄새가 나고 불쾌한'에서 유래

**a** 썩은 냄새가 나는
- Butter can go **rancid**. 버터는 상하기 쉽다.

---

635 **ranco(u)r**
[rǽŋkər]
★ ☆ ☆ ☆ ☆

ranc (grudge 원한)

**n** 원한
- speak about the war without a trace of **rancor**
  원한의 흔적도 없이 전쟁을 이야기하다

---

636 **ransack**
[rǽnsæk]
★ ★ ★ ☆ ☆

ran (house 집) + sack<saka (search 수색하다) → '집을 수색하다'에서 유래

**v** 샅샅이 뒤지다
- **ransack** a drawer for jewelry
  보석을 찾으려고 서랍을 뒤지다

---

637 **rapacious**
[rəpéiʃəs]
★ ★ ☆ ☆ ☆

rap (seize 빼앗다) → '남의 것을 빼앗는'에서 유래

**a** 강탈하는, 탐욕스러운
- a **rapacious** band of robbers  강탈하는 강도단

---

638 **rational**
[rǽʃənl]
★ ☆ ☆ ☆ ☆

ratio (reason 이성) → '이성적으로 생각하는'에서 유래

**a** 합리[이성]적인
- a **rational** explanation 합리적인 설명

---

639 **raucous**
[rɔ́ːkəs]
☆ ☆ ☆ ☆ ☆

raucus (hoarse 목이 쉰) → '목이 쉰 소리가 나 귀에 거슬리는'에서 유래

**a** 귀에 거슬리는
- **raucous** shouts  귀에 거슬리는 고함소리

---

640 **ravage**
[rǽvidʒ]
★ ★ ★ ☆ ☆

rav (seize 강탈하다) → '강탈하여 파괴하다'에서 유래

**v** **n** 황폐화[파괴](하다)
- The hurricane **ravaged** the city.
  허리케인이 그 도시를 파괴했다.

3
2

- **a bone of contention** / 불화의 원인 the apple of discord
- **a chip off the old block** / 부모를 꼭 닮은 자식 a carbon copy
- **a drop in the bucket** / 아주 적은 양 a very small amount
- **a feather in one's cap** / 자랑거리 a source of pride
- **a fish out of water** / 물을 떠난 물고기, 어색한 상황에 처한 사람
- **a green thumb[fingers]** / 식물재배의 뛰어난 재능
- **a hot potato** / 다루기 어려운 문제 a very difficult problem
- **a jack-of-all-trades** / 만물박사, 팔방미인 everybody's friend
- **a man of his word** / 약속을 잘 지키는 사람
- **a piece of cake** / 누워서 떡먹기 very easy thing
- **a rule of thumb** / 손대중, 주먹구구 rough estimate
- **a skeleton in the closet** / 수치스러운 비밀 a skeleton in the cupboard
- **a stone's throw** / 가까운 거리 short distance
- **a trump card** / 으뜸 패, 비장의 수단 an ace in the hole
- **Achilles' heel** / 유일한 약점
- **better half** / 배우자, (특히) 아내
- **close call** / 위기일발, 아슬아슬한 순간 narrow escape
- **crocodile tears** / 거짓 눈물
- **far cry** / 큰 차이, 현격한 차이 a wide difference
- **fringe benefit** / (연금, 유급휴가, 보험급여 등의) 부가급부 an added favor
- **grass roots** / 풀뿌리, (사상 등의) 기초, 근본, 일반대중 the ordinary people
- **a back seat driver** / 참견 잘 하는 사람 busybody, noser
- **a baker's dozen** / 빵집의 한 다스, 13개
- **a hard nut to crack** / 어려운 문제 혹은 사람 a difficult question or person to deal with
- **a pain in the neck** / 골칫거리, 지겨운 존재 a thing that makes one angry
- **a slip of one's tongue** / 실언 a verbal mistake
- **act of God** / 천재지변, 불가항력 inevitability
- **black sheep** / 악한, (한집안의) 말썽꾼 villain
- **dry run** / 예행연습 rehearsal
- **Gordian knot** / 어려운 문제(일) very difficult matter

# per-

| ★★★★☆ | 04. | perfunctory | ☐ ☐ ☐ |
|---|---|---|---|
| ★★★☆☆ | 05. | perjury | ☐ ☐ ☐ |
| | 07. | pernicious | ☐ ☐ ☐ |
| ★★☆☆☆ | 12. | perspicacious | ☐ ☐ ☐ |
| ★☆☆☆☆ | 01. | peremptory | ☐ ☐ ☐ |
| | 02. | perennial | ☐ ☐ ☐ |
| | 03. | perfidy | ☐ ☐ ☐ |
| | 06. | permeate | ☐ ☐ ☐ |
| | 08. | perpetrate | ☐ ☐ ☐ |
| | 09. | persecute | ☐ ☐ ☐ |
| | 11. | perspective | ☐ ☐ ☐ |
| | 14. | perturb | ☐ ☐ ☐ |
| | 15. | peruse | ☐ ☐ ☐ |
| | 17. | perverse | ☐ ☐ ☐ |
| ☆☆☆☆☆ | 10. | persevere | ☐ ☐ ☐ |
| | 13. | pertain | ☐ ☐ ☐ |
| | 16. | pervade | ☐ ☐ ☐ |
| | 18. | pervert | ☐ ☐ ☐ |

## 01 **peremptory**
[pərémptəri]
★☆☆☆☆

per(intensive) +
empt(take) → ...
'철저히 자기주장을 취하는'
에서 유래

**a** 절대적인, 단호한
- a **peremptory** order　절대적인 명령

---

## 02 **perennial**
[pəréniəl]
★☆☆☆☆

per(through) +
enn<ann(year) → ...
'연중 내내 계속되는'
에서 유래

**a** 연중 계속되는, 영구히 계속하는
- the **perennial** beauty　영원한 아름다움

**n** 다년생 식물
- hardy **perennials**　내한성의 다년생 식물

---

## 03 **perfidy**
[pə́:rfədi]
★☆☆☆☆

per(wrongly) +
fid(faith) → ...
'믿음으로 나쁘게 저버림'
에서 유래

**n** 배반, 불성실
- a base act of **perfidy**　비겁한 배반의 행동

---

## 04 **perfunctory**
[pərfʌ́ŋktəri]
★★★★☆

per(intensive) +
funct(perform) → ...
'철저히 기계처럼 수행하는'
에서 유래

**a** 형식적인, 기계적인
- a **perfunctory** handshake　형식적인 악수

---

## 05 **perjury**
[pə́:rdʒəri]
★★★☆☆

per(wrongly) +
jur(swear) → ...
'나쁘게 마음 먹고 맹세함'
에서 유래

**n** 《법》 위증, 거짓
- commit **perjury**　위증죄를 범하다

---

## 06 **permeate**
[pə́:rmieit]
★☆☆☆☆

per(through) +
mea(pass) → ...
'물체를 완전히 통과하다'
에서 유래

**v** (~을) 침투하다, 스며들다
- The rain has **permeated** the sand.　비가 모래 속에 스며들었다.

---

## 07 **pernicious**
[pərníʃəs]
★★★☆☆

per(completely) +
nic<nec(kill) → ...
'완전히 죽음에 이르게 하는'
에서 유래

**a** 해로운, 치명적인
- Smoking is a **pernicious** habit.　흡연은 해로운 습관이다.

---

## 08 **perpetrate**
[pə́:rpətreit]
★☆☆☆☆

per(intensive) +
pet(cause)<pater(father) → ...
'(나쁜 짓)을 하다'에서 유래

**vt** (나쁜 짓을) 하다, 범하다
- **perpetrate** a crime　범죄를 저지르다

## 09 **persecute**
[pə́ːrsikjùːt]
★☆☆☆☆

per(through) + secu<sequ(follow) → '끝까지 따라가서 못살게 굴다'에서 유래

**vt** (종교 · 정치적으로) 박해하다, 괴롭히다

- **persecute** pagans 이교도를 박해하다

---

## 10 **persevere**
[pə̀ːrsəvíər]
☆☆☆☆☆

per(very) + sever(strict) → '(자신의 원칙을) 매우 엄격하게 지켜나가다'에서 유래

**vi** (곤란 · 장애 따위에) 굴하지 않고 꾸준히 하다, 고집하다

- **persevere** in one's studies 꾸준히 연구해 나가다

---

3
3

## 11 **perspective**
[pərspéktiv]
★☆☆☆☆

per(through) + spec(look) → '~을 통과해서 봄'에서 유래

**n** 1 원근법, 투시 도법  2 전망, 조망, 견지

- The objects in the background are out of **perspective**. 그 배경의 사물들은 원근법에 어긋난다.
- This hill commands a fine **perspective**.
  이 언덕은 조망이 좋다.

---

## 12 **perspicacious**
[pə̀ːrspəkéiʃəs]
★★☆☆☆

per(through) + spic<spec(look) → '완전히 꿰뚫어 보는'에서 유래

**a** 통찰력이 있는, 예리한

- a **perspicacious** comment 예리한 논평

---

## 13 **pertain**
[pərtéin]
★☆☆☆☆

per(intensive) + tain(hold) → '꼭 붙들어 두다'에서 유래

**vi** 속하다, 관련[상관]하다

- documents **pertaining** to the case 그 사건과 관련있는 문서들

---

## 14 **perturb**
[pərtə́ːrb]
★☆☆☆☆

per(completely) + turb(agitate) → '완전히 정신 못차리게 흔들어 대다'에서 유래

**vt** (마음을) 어지럽히다, 교란하다

- a man who is never **perturbed** 절대 흔들리지 않는 남자

---

## 15 **peruse**
[pərúːz]
★☆☆☆☆

per(comepletely) + us(use) → '완전히 다 쓰다'에서 유래

**vt** 정독하다, 통독하다

- **Peruse** the instructions before you fill out your application. 원서를 쓰기 전에 지시사항을 주의 깊게 읽어라.

---

## 16 **pervade**
[pərvéid]
☆☆☆☆☆

per(through) + vad(go) → '사방으로 퍼져 나가다'에서 유래

**vt** ~에 온통 퍼지다, 가득차다

- The odor of pines **pervades** the air.
  파인 향기가 공중에 퍼진다.

## 17 **perverse**

[pərvə́ːrs]

★☆☆☆☆

per(wrongly) +
vers(turn) →
'나쁘게 바뀐'에서 유래

**a** 성질이 비뚤어진, 외고집의

- angered by his **perverse** attitude  그의 외고집의 태도에 화가 난

## 18 **pervert**

[pərvə́ːrt]

☆☆☆☆☆

per(wrongly) +
vert(turn) →
'나쁜쪽으로 바꾸다'에서 유래

**vt** 1 타락시키다  2 왜곡하다

- **pervert** the order of nature  자연의 질서를 어지럽히다
- **pervert** one's words  남의 말을 곡해하다

641 **ravenous**
[rǽvənəs]
☆ ☆ ☆ ☆ ☆

rav (seize 빼앗다) → '남의 것을 빼앗고 탐욕스러운'에서 유래

**a** 굶주린 ; 탐욕스러운
• a **ravenous** dog 굶주린 개

---

642 **raze**
[reiz]
★ ★ ☆ ☆ ☆

raz<ras (scrape 문지르다) → '문질러 지워 없애다'에서 유래

**vt** 완전히 파괴하다
• houses that had been **razed** to the ground in the war
전쟁으로 완전히 파괴된 집들

---

643 **realm**
[relm]
☆ ☆ ☆ ☆ ☆

real<reg (rule 지배하다) → '지배하는 영역'에서 유래

**n** 영역 ; 왕국
• the **realm** of possibilities for the new invention
새로운 발명에 대한 가능성의 영역

---

644 **reckon**
[rékən]
★ ★ ☆ ☆ ☆

reckon (count 계산하다, 생각하다) → '꼼꼼히 계산하다, 생각하다'에서 유래

**v** 세다, 계산하다; ~로 간주[생각]하다
• She is **reckoned** the best speller in the class.
그녀는 반에서 철자를 가장 잘 아는 학생으로 간주된다.

---

645 **rectify**
[réktəfài]
★ ☆ ☆ ☆ ☆

rect (right 옳은) → '틀린 것을 옳게 고치다'에서 유래

**vt** 고치다
• **rectify** errors 틀린 것을 고치다

---

646 **rectitude**
[réktətjùːd]
★ ☆ ☆ ☆ ☆

rect (right 옳은) → '마음이 거짓없이 옳은 정직'에서 유래

**n** 정직
• be renowned for one's **rectitude** and integrity
정직하고 성실하기로 유명하다

---

647 **regal**
[ríːgəl]
☆ ☆ ☆ ☆ ☆

reg (rule 지배하다) → '나라를 지배하는 왕의'에서 유래

**a** 왕의
• the **regal** power 왕권

---

648 **regime**
[rəʒíːm]
★ ☆ ☆ ☆ ☆

reg (rule 지배하다) → '지배하는 정치 권력'에서 유래

**n** 제도, 정권
• the old **regime** 구(舊)제도

---

649 **relish**
[réliʃ]
☆ ☆ ☆ ☆ ☆

relis (leave behind 뒤에 남다) → '먹고 난 뒤에 남는 맛'에서 유래

**n** 맛, 풍미 　**n** 즐기다
• **relish** a good joke 악의 없는 농담을 즐기다

---

650 **rend**
[rend]
☆ ☆ ☆ ☆ ☆

rend (tear 찢다)

**v** 찢다
• **rend** one's garments 자신의 의복을 찢다

---

651 **restive**
[réstiv]
★ ★ ★ ☆ ☆

rest (remain 남아있다) → '움직이지 않고 가만히 있으려 하는'에서 유래

**a** 들떠있는 ; 반항적인, 고집 센
• be in a **restive** mood 들뜬 기분이다

**652 rife**
[raif]
★☆☆☆☆

rife<rive (abundant 풍부한)
→ '도처에 많이 존재하며 유행하고 있는'에서 유래

**a 만연한, 가득 찬**
• Litigations are **rife** in our society.
소송은 우리 사회에 만연하다.

---

**653 rigo(u)r**
[rígər]
★★☆☆☆

rig (stiff 경직된) →
'경직되게 만드는 엄격함'에서 유래

**n (생활·처벌등의) 엄격[혹독]함**
• train the new recruits with great **rigor**
신병들을 매우 엄격하게 훈련시키다

---

**654 riveting**
[rívitiŋ]
★☆☆☆☆

rivet<wriven (고정시키다) →
'시선을 고정시킬 정도로 매혹적인'에서 유래

**a 매혹적인**
• find the most **riveting** tale 가장 매혹적인 이야기를 찾다

---

**655 roam**
[roum]
★★★☆☆

roam<ramian (act of wandering about 방랑 행위)
→ '여기저기 방랑하다'에서 유래

**v 돌아다니다, 배회하다**
• **roam** the countryside 시골지역을 방랑하다

---

**656 robust**
[roubʌ́st]
★★★☆☆

rob (strong 강한)

**a 건장[건강]한**
• a **robust** physique 건장한 체격

---

**657 rudimentary**
[rùːdəméntəri]
★★★☆☆

rud (rough 다듬지 않은) →
'다듬지 않은 초보적인'에서 유래

**a 초보적인, 기본적인**
• a **rudimentary** knowledge of Japanese
기본적인 일본어 지식

---

**658 ruminate**
[rúːmənèit]
★☆☆☆☆

rumin (chew the cud 반추하다)

**v 반추하다, 심사숙고하다**
• **ruminate** upon the plan 그 계획에 대해 심사숙고하다

---

**659 rummage**
[rʌ́midʒ]
★☆☆☆☆

rum (room 방) → '모든 방을 샅샅이 뒤지다'에서 유래

**v 샅샅이 뒤지다**
• **rummage** a house 집안을 샅샅이 뒤지다

---

**660 run-down**
[rʌ́n-dáun]
★★☆☆☆

run down (넘어 뜨리다, 쇠약하게 하다)

**a (사람이) 병든; (지역이) 황폐한**
• an old **run-down** house 낡고 황폐한 집

- **green-eyed monster** / 질투심 jealousy
- **green light** / 허가, 승인
- **hot air** / 과장, 허풍 a tall tale, big talk
- **ins and outs** / 세부사항 the details; 구석구석; 여당과 야당
- **no big deal** / 중요하지 않은 일 nothing
- **odds and ends** / 나머지, 잡동사니 miscellaneous task, sundries
- **part and parcel** / 중요부분, 요점 integral part, gist
- **red tape** / 관료적 형식주의 unnecessary official rules
- **smoking gun** / 확실한 증거 concrete evidence
- **snow job** / 감언이설 flattery, sweet talk, honeyed word
- **soap opera** / 연속극, 멜로드라마
- **standing ovation** / 기립박수
- **status quo** / 현상 the state of things as they are
- **the apple of one's eye** / 아주 소중한 것 very precious thing
- **the Midas touch** / 돈 버는 재주 the ability to make money
- **the salt of the earth** / 착하고 고결한 사람들 wholesome high-profile local citizen
- **the tides and currents** / 조류; 경향, 풍조
- **the upper hand** / 유리함, 장점 advantage, merit , edge
- **ups and downs** / 오르내림, 영고성쇠 rise and fall, vicissitude
- **walks of life** / 신분, 지위, 직업 a social position, occupation
- **wet blanket** / 흥을 깨뜨리는 사람
- **white lie** / 선의의 거짓말
- **windfall profit** / 우발이익, 불로소득 an unexpected lucky gift or gain
- **nuts and bolts** / (사물의) 요점 gist, nitty-gritty
- **sweet talk** / 감언, 아첨쟁이
- **the second childhood** / 노망 senility
- **whistle blower** / 내부 고발자 deep throat
- **white elephant** / 성가신[처치 곤란한] 물건

우선순위

# pre-

Date :

★★★★☆    27.    prevail           ☐ ☐ ☐

---

★★★☆☆    02.    precipitate           ☐ ☐ ☐
             07.    predicament           ☐ ☐ ☐
             09.    predilection           ☐ ☐ ☐
             17.    premise           ☐ ☐ ☐
             20.    preposterous           ☐ ☐ ☐
             21.    prerogative           ☐ ☐ ☐
             24.    prescribe           ☐ ☐ ☐

---

★★☆☆☆    04.    precursor           ☐ ☐ ☐
             11.    predominate           ☐ ☐ ☐

---

★☆☆☆☆    01.    precept           ☐ ☐ ☐
             03.    preclude           ☐ ☐ ☐
             05.    predecessor           ☐ ☐ ☐
             08.    predicate           ☐ ☐ ☐
             10.    predispose           ☐ ☐ ☐
             12.    preeminent           ☐ ☐ ☐
             13.    pregnant           ☐ ☐ ☐
             14.    prehistoric           ☐ ☐ ☐
             16.    premature           ☐ ☐ ☐
             19.    preoccupy           ☐ ☐ ☐
             22.    presage           ☐ ☐ ☐
             23.    prescience           ☐ ☐ ☐
             25.    prestige           ☐ ☐ ☐
             26.    pretext           ☐ ☐ ☐

---

☆☆☆☆☆    06.    predetermine           ☐ ☐ ☐
             15.    prelude           ☐ ☐ ☐
             18.    premonition           ☐ ☐ ☐

## 01 **precept**
[príːsept]
★☆☆☆☆

pre(before) +
cep<cap(take) →
'선인들이 먼저 깨달은 생각'
에서 유래

**n** 1 (삶의) 교훈, 격언
2 ≪법≫ 명령서, 영장
- follow few basic **precepts** 몇 개의 근본적인 격언들을 따르다
- get a **precept** from the judge 판사로부터 영장을 받다

## 02 **precipitate**
[prisípəteit]
★★★☆☆

pre(forth) +
cip<cap(head) →
'머리를 앞으로 내밀게 하다'
에서 유래

**v** 1 촉진시키다, 재촉하다
2 (아래로) 떨어뜨리다, 빠뜨리다
3 ≪화학≫ 침전시키다
- **precipitate** the great economic crisis 큰 경제 위기를 재촉하다
- **precipitate** a rock down a cliff 바위를 절벽 아래로 떨어뜨리다
- **precipitate** chloride from solution 용액으로부터 염화물을 침전시키다

**a** [-ət] 조급한, 충동적인
- make a rather **precipitate** departure 다소 조급하게 출발하다

## 03 **preclude**
[priklúːd]
★☆☆☆☆

pre(before) +
clud(shut) →
'못 들어오도록 미리 문을
닫아버리다'에서 유래

**vt** 미리 막다, 차단하다
- **preclude** possible retaliatory attack later 나중에 일어날 수 있는 보복 공격을 미리 막다

## 04 **precursor**
[prikə́ːrsər]
★★☆☆☆

pre(before) +
cur(run) →
'(인생을) 먼저 달려간 사람'
에서 유래

**n** 선구자, 전조
- a **precursor** to recession 경기 후퇴의 전조

## 05 **predecessor**
[prédəsesər]
★☆☆☆☆

pre (before) +
de (from) + cess (go) →
'먼저 거쳐간 사람'에서 유래

**n** 전임자, 선배
- Our new doctor is much younger than his **predecessor**.
우리의 새로운 의사 선생님은 그의 전임자보다 훨씬 젊다.

## 06 **predetermine**
[priːditə́ːrmin]
☆☆☆☆☆

pre(before) +
determine(결정하다) →
'미리 결정하다'에서 유래

**vt** 미리 결정하다, 예정하다
- meet at a **predetermined** time 예정된 시간에 만나다

## 07 **predicament**
[pridíkəmənt]
★★★☆☆

pre (before) + dic (speak) →
'말하기조차 힘든 상황'
에서 유래

**n** 곤경, 궁지
- be in a dangerous **predicament** 위험한 곤경에 있다

## 08 **predicate**
[prédəkeit]
★☆☆☆☆

pre (before) +
dic (speak) →
'앞서 말하다'에서 유래

**v** 1 단언[단정]하다
2 (~를) 기초[근거]로 하다
- **predicate** the motive to be bad  그 동기가 나쁘다고 단정하다
- Their marketing strategy is **predicated** on consumer spending.
  그들의 마케팅 전략은 소비자 지출을 근거로 하고 있다.

**n** **a** [- dikit] ≪문법≫ 술부[술어](의)
- In "she is an artist", "is an artist" is **predicates**.
  "그녀는 예술가이다"에서, "예술가이다"는 술부이다.

3
4

## 09 **predilection**
[predəlékʃən]
★★★☆☆

pre(before) + di<dis (apart)
+ lect (choose) →
'좋아하는 것을 미리 선택함'
에서 유래

**n** 애호, 편애
- a **predilection** for dangerous sports  위험한 스포츠에 대한 애호

## 10 **predispose**
[pridispóuz]
★☆☆☆☆

pre(before) +
dispose ~하고 싶게 하다 →
'미리 ~하고 싶게 하다'
에서 유래

**vt** 1 (미리) ~할 마음[경향]이 생기게 하다
2 병에 걸리기 쉽게 만들다
- Her kindness **predisposed** me to like her.
  그녀의 친절함은 내가 그녀를 좋아할 마음이 생기게 했다.
- A cold **predisposes** a person to other diseases.
  추위는 사람을 다른 병에 걸리기 쉽게 만든다.

## 11 **predominate**
[pridámineit]
★★☆☆☆

pre(before) +
dominate 우세하다 →
'~보다 우세함이 앞서다'
에서 유래

**vi** 뛰어나다, 우세하다
- Sunny days **predominate** over rainy days in desert regions.
  사막 지역에서는 햇볕이 내리쬐는 날이 비오는 날보다 많다.

**vt** (~을) 지배[통제]하다
- **predominate** a vast empire  광대한 제국을 지배하다

## 12 **preeminent**
[priémənənt]
★☆☆☆☆

pre(before) +
eminent 유명한 →
'유명함에서 앞서는'
에서 유래

**a** 우수[탁월]한, 발군의
- the country **preeminent** in the field of medical research
  의학 연구 분야에서 탁월한 나라

## 13 **pregnant**
[prégnənt]
★☆☆☆☆

pre (before) +
gn<gen (birth) →
'탄생시키기 전의'에서 유래

**a** 1 임신한 2 (의미·생각 따위를) 내포한, 의미 심장한
- She was **pregnant** with her second child.
  그녀는 둘째 아이를 임신했다.
- Every phrase in this poem is **pregnant** with meaning.
  이 시의 모든 구는 의미를 내포하고 있다.

## 14 **prehistoric**

[pri:histɔ́:rik]
★ ☆ ☆ ☆ ☆

pre(before) +
historic 역사의 →
'역사가 쓰여지기 이전의'
에서 유래

**a** 유사 이전의, 선사 시대의

- Some **prehistoric** people lived in caves. 몇몇 선사 시대 사람들은 동굴에서 살았다.

---

## 15 **prelude**

[prélju:d]
☆ ☆ ☆ ☆ ☆

pre(before) +
lud(play) →
'앞서 하는 연주'에서 유래

**n** 1 <음악> 전주, 서곡 2 예고, 전조

- play the **prelude** to the music 그 음악의 전주를 연주하다
- serve as a **prelude** of one's misfortune 아무의 불행의 전조가 되다

**v** (~의) 전조가[서곡이] 되다

- The small fighting **preluded** the more serious trouble.
  그 작은 싸움은 더 심각한 불화의 전조가 되었다.

---

## 16 **premature**

[pri:mətʃúər]
★ ☆ ☆ ☆ ☆

pre(before) + mature 익은
→ '미리 익어버린'에서 유래

**a** 시기 상조의, 너무 이른

- The baby was two months **premature**. 그 아기는 두 달 일찍 태어났다.

---

## 17 **premise**

[prémis]
★ ★ ★ ☆ ☆

pre(before) +
mis<mit(send) →
'먼저 보내 놓음'에서 유래

**n** 1 <논리> 전제 2 <pl.> 건물, 구내

- the **premise** that an accused person is innocent until he's proved guilty 그의 죄가 입증될 때까지 피고인은 결백하다는 전제
- Keep off the **premises**. 구내 출입 금지.

**v** 전제[가정]하다

- Geometry **premises** certain things as a basis for its reasoning.
  기하학은 그것의 추론에 대한 근거로 확실한 것들을 전제로 한다.

---

## 18 **premonition**

[pri:məníʃən]
☆ ☆ ☆ ☆ ☆

pre(before) +
moni(admonish) →
'앞서 경고함'에서 유래

**n** (불길한) 예감, 전조

- a vague **premonition** of disaster 재난에 대한 희미한 예감

---

## 19 **preoccupy**

[pri:ákjupai]
★ ☆ ☆ ☆ ☆

pre(before) +
occupy 점유하다 →
'먼저 점유하다'에서 유래

**vt** 1 선점하다 2 열중케 하다, 몰두 시키다

- Our favorite seats had been **preoccupied**.
  우리가 좋아하는 자리들이 먼저 선점되었다.
- Something's been **preoccupying** you lately - what is it?
  최근에 넌 무엇인가에 푹 빠져 있어 - 그게 뭐니?

---

## 20 **preposterous**

[pripástərəs]
★ ★ ★ ☆ ☆

pre(before) +
post(after) →
'앞뒤가 뒤바뀐'에서 유래

**a** 앞뒤가 뒤바뀐, 터무니없는

- It would be **preposterous** to shovel snow with teaspoon.
  티스푼으로 눈을 퍼내는 것은 터무니없는 일일 것이다.

## 21 **prerogative**
[prirágətiv]
★★★☆☆

pre(before) +
rog(ask) →
'먼저 요청할 수 있도록 해주
다'에서 유래

**n** (관직 · 지위에 따르는) **특권, 특전**

• The president may use his **prerogative** to pardon a criminal.
대통령은 범죄자를 용서할 수 있는 자신의 특권을 행사할 수 있다.

## 22 **presage**
[présidʒ]
★☆☆☆☆

pre(before) +
sag(perceive) →
'(앞 일을) 먼저 감지함'
에서 유래

**n** **예감, 전조**

• have a **presage** of danger  위험에 대한 예감이 들다

**v** (~의) **전조가 되다, 예고하다**

• A circle around the moon **presages** a storm.
달 주변의 테두리는 폭풍을 예고한다.

## 23 **prescience**
[préʃəns]
★☆☆☆☆

pre(before) +
sci(know) →
'앞서 앎'에서 유래

**n** **예지, 선견**

• an instinctive **prescience** of the approach of danger
위험이 접근해 온 것에 대한 본능적인 예지

## 24 **prescribe**
[priskráib]
★★★☆☆

pre(before) +
scribe(write) →
'미리 쓰다'에서 유래

**v** 1 **규정[지시]하다**  2 (약을) **처방하다**

• do what the laws **prescribe**  법이 규정한 대로 행동하다
• **prescribe** for the pain  통증에 대하여 처방하다

## 25 **prestige**
[prestíːʒ]
★☆☆☆☆

pre(before) +
stig(bind) →
'(선입관에 의해) 미리 마음
을 묶어둠'에서 유래

**n** **위신, 명성**

• enhance the national **prestige**  국위를 선양하다

**a** **명성[위신]이 있는**

• a **prestige** school[car]  명문교[명차]

## 26 **pretext**
[príːtekst]
★☆☆☆☆

pre(before) +
text 본문 →
'미리 둘러댈 본문[말]'
에서 유래

**n** **구실, 핑계**

• a **pretext** for not going to school
학교를 가지 않은 것에 대한 핑계

## 27 **prevail**
[privéil]
★★★★☆

pre(before) +
vail(strong) →
'강함에서 앞서다'에서
유래

**vi** 1 **우세하다, 이기다**
2 **널리 보급되다, 유행하다**
3 **설득하다**

• Reason **prevailed** over emotion.  이성이 감정을 이겨냈다.
• The epidemic **prevailed** in the village.
전염병이 그 마을에 퍼졌다.
• He **prevailed** upon her to visit his parents.
그는 그녀에게 부모님을 방문해 달라고 설득했다.

661 **run-of-the-mill**
[rʌ́n-əv-ðə-míl]
☆ ☆ ☆ ☆ ☆

mill 방앗간 → '방앗간에서 대량으로 만들어져 나오는 평범한 것'에서 유래

**a** 보통의, 평범한
• write a **run-of-the-mill** story  지극히 평범한 이야기를 쓰다

---

662 **rustic**
[rʌ́stik]
★ ★ ☆ ☆ ☆

rus (country 시골) → '시골 풍의'에서 유래

**a** 시골의; 소박한  **n** 시골 사람
• a **rustic** lane in the quiet countryside
  조용한 지방의 시골길

---

663 **ruthless**
[rúːθlis]
★ ★ ☆ ☆ ☆

ruth (grieve 슬퍼하다) + less =없는 → '슬퍼하지도 않는 무자비한'에서 유래

**a** 무자비한
• a dangerous and **ruthless** murderer
  위험스럽고도 무자비한 살인자

---

664 **sacrilegious**
[sæ̀krəlídʒəs]
★ ☆ ☆ ☆ ☆

sacri (sacred 신성한) + leg (take away 제거하다) → '신성한 것을 없애 더럽히는'에서 유래

**a** 신성(神聖)을 더럽히는
• a **sacrilegious** act  신성을 더럽히는 행위

---

665 **sadistic**
[sədístik]
★ ☆ ☆ ☆ ☆

Sade 귀족 이름 → '폭력적인 행동으로 악명 높았던 프랑스의 귀족 이름'에서 유래

**a** 남을 학대하는
• the **sadistic** warden  남을 학대하는 교도소장

---

666 **sag**
[sæg]
★ ☆ ☆ ☆ ☆

sag<sacken (sink 가라앉다) → '기분이나 몸 상태가 가라앉다'에서 유래

**v** 축 늘어지다; 약해지다
• My skin starts to **sag** with age.
  나이가 들며 내 피부가 축 처지기 시작한다.

---

667 **salient**
[séiliənt]
☆ ☆ ☆ ☆ ☆

sal<sel (jump 뛰다) → '갑자기 뛰어 눈에 띄는'에서 유래

**a** 눈에 띄는
• **salient** traits  눈에 띄는 특징

---

668 **saline**
[séiliːn]
☆ ☆ ☆ ☆ ☆

salin (salt 소금) → '소금을 함유한'에서 유래

**a** **n** 소금기 (있는)
• the slightly **saline** taste of this mineral water
  이 광천수의 약간 짠 맛

---

669 **salubrious**
[səlúːbriəs]
★ ☆ ☆ ☆ ☆

sal (health 건강) → '건강에 좋은'에서 유래

**a** (기후 등이) 건강에 좋은
• live in a **salubrious** part of town
  그 도시에서 건강에 좋은 지역에 살다

---

670 **salutary**
[sǽljutèri]
★ ★ ☆ ☆ ☆

sal (health 건강) → '건강이나 사람에 좋은'에서 유래

**a** (경험 등이) 유익한
• have a **salutary** effect  유익한 영향을 미치다

**671 salvage**
[sǽlvidʒ]
★★★☆☆

salv (save 구하다)

**v 구조[구출]하다**
- **salvage** the wrecked ship  파괴된 선박을 구조하다

---

**672 sanction**
[sǽŋkʃən]
★★★★☆

sanct (holy 성스러운)→
'신의 말씀을 빌어 성스럽게
인가하다' 에서 유래

**v 인가[승인]하다**
**n 인가, 승인; (경제, 군사적인) 제재**
- require the **sanction** of the court
  법원의 허가를 필요로 하다

---

**673 sang-froid**
[sɑːŋ-frwáː]
☆☆☆☆☆

sang (blood 피) +
froid (cold 추운)→'차가운
피가 흐르듯 침착함' 에서 유
래

**n 침착**
- the captain's **sang-froid**  그 선장의 침착성

---

**674 sanguinary**
[sǽŋgwəneri]
★★★☆☆

sang (blood 피)→
'피 냄새 가득한'에서 유래

**a 피비린내 나는**
- a **sanguinary** battle 피비린내 나는 전투

---

**675 sanitary**
[sǽnəteri]
★★☆☆☆

san (healthy 건강에 좋은)→
'건강을 좋게 만드는 데 필요
한 위생의'에서 유래

**a 위생의; 청결한**
- He worked to improve the **sanitary** condition of slums.
  그는 빈민가의 위생상태를 개선시키기 위해 일을 하였다.

---

**676 sap**
[sæp]
★★☆☆☆

sap<sappe (spade 삽)→
'삽으로 적지에 참호를 파서
적을 약화시키다'에서 유래

**v 서서히 약화시키다**
- Years of failure have **sapped** him of his confidence.
  오랫동안의 실패가 그의 자신감을 서서히 약화시켰다.

---

**677 sapient**
[séipiənt]
★☆☆☆☆

sap<sav (know 알다)→
'잘 알고 있는'에서 유래

**a <종종 반어적> 현명한**
- make a **sapient** remark  현명한 말을 하다

---

**678 sardonic(al)**
[sɑːrdánik(əl)]
☆☆☆☆☆

sardonic<sardonios (scornful
laughter 경멸적인 웃음)→'경
멸적인 웃음을 짓는' 에서 유
래

**a 냉소적인**
- give a **sardonic** smile  냉소적인 미소를 짓다

---

**679 satiate**
[séiʃieit]
★★☆☆☆

sa (enough 충분한)→'충분
하여 만족시키다'에서 유래

**v (너무) 만족시키다**
- be **satiated** with food 물릴 정도로 음식을 먹다

---

**680 saturate**
[sǽtʃəreit]
★☆☆☆☆

sa (enough 충분한)→'충분히
흠뻑 적시다' 에서 유래

**vt 흠뻑 적시다**
- **saturate** a handkerchief with water
  손수건을 물에 흠뻑 적시다

3
4

- **all at once** / 갑자기 suddenly, all of a sudden, out of the blue
- **all but** / 거의 almost, nearly
- **all Greek** / 금시초문인, 이해할 수 없는 incomprehensible
- **all in all** / 대체로 in general
- **all of a sudden** / 갑자기 out of the blue, suddenly, unexpectedly, at short notice
- **all or nothing** / 전부 아니면 무의 life or death, absolute
- **all over** / 도처에, 모든 점에서 throughout
- **all the same** / 그래도, 여전히 still, yet, 그럼에도 불구하고 nonetheless
- **all thumbs** / 손재주가 없는 clumsy, awkward
- **cool as a cucumber** / 침착한 calm, unexcited
- **day in and day out** / 날이면 날마다 everyday, day and night
- **depend upon it** / 틀림없이 to be sure
- **devoid of** / ~이 결여된(부족한) lacking in
- **due to** / ~에 기인하는 caused by, ascribed to
- **far from ~ ing** / ~하기는커녕 not at all
- **few and far between** / 아주 드문 rare
- **hard and fast** / 엄격한 strict, 일정불변의 unchangeable
- **hard up (for money)** / 돈에 쪼들리는 short of money
- **head over heels** / 거꾸로 topsy-turvy; 완전히 completely, 열렬히
- **high and dry** / 배가 좌초된 stranded; (사람이) 고립된, 곤경에 빠진
- **high and low** / 도처에, 모든 곳에 everywhere, throughout
- **ill at ease** / 불편한, 불안한 an uncomfortable
- **all the time** / 항상 always, invariably, ever, continuously
- **black and blue** / 멍든
- **brand-new** / 새로운 quite new
- **dead to the world** / 깊이 잠든 sound asleep, fast asleep
- **flat broke** / 무일푼의 penniless
- **full of beans** / (사람·말 등이) 원기 왕성한
- **Greek to someone** / ~에게 도무지 이해가 안 되는
- **hand over fist** / 성큼성큼, 자꾸자꾸 very quickly

우선순위

Date :

# pro-

★ ★ ★ ★ ☆   12.   prolific         ☐ ☐ ☐

---

★ ★ ★ ☆ ☆   02.   procrastinate         ☐ ☐ ☐

                  03.   prodigal         ☐ ☐ ☐

                  14.   prominent         ☐ ☐ ☐

                  15.   promiscuous         ☐ ☐ ☐

                  19.   propensity         ☐ ☐ ☐

                  24.   proscribe         ☐ ☐ ☐

---

★ ★ ☆ ☆ ☆   05.   profane         ☐ ☐ ☐

                  12.   proficient         ☐ ☐ ☐

                  13.   prolong         ☐ ☐ ☐

                  16.   promising         ☐ ☐ ☐

                  23.   propriety         ☐ ☐ ☐

---

★ ☆ ☆ ☆ ☆   01.   proclivity         ☐ ☐ ☐

                  04.   prodigious         ☐ ☐ ☐

                  06.   profess         ☐ ☐ ☐

                  07.   proffer         ☐ ☐ ☐

                  09.   profile         ☐ ☐ ☐

                  10.   profuse         ☐ ☐ ☐

                  11.   prognosticate         ☐ ☐ ☐

                  17.   promulgate         ☐ ☐ ☐

                  18.   propel         ☐ ☐ ☐

                  20.   prophesy         ☐ ☐ ☐

                  21.   propitious         ☐ ☐ ☐

                  22.   proportional         ☐ ☐ ☐

                  25.   prosecute         ☐ ☐ ☐

## 01 **proclivity**
[prouklívəti]
★☆☆☆☆

pro (forth) +
cliv(slope) →
'(마음이) 앞으로 기울어짐'
에서 유래

**n** (특히 나쁜) 경향, 기질
- a **proclivity** of finding fault  남의 흠을 잡는 버릇

---

## 02 **procrastinate**
[proukrǽstəneit]
★★★☆☆

pro (forth) +
crastin (tomorrow) →
'(오늘 할 일을) 내일로 가게
하다'에서 유래

**vi** 질질 끌다, 지체하다
- It is not wise to **procrastinate**. 지체하는 것은 현명하지 않다.

---

## 03 **prodigal**
[prádigəl]
★★★☆☆

pro(forth) +
ig(drive) →
'모조리 앞으로'에서 유래

**a** 낭비하는, 방탕한
- his **prodigal** lifestyle  그의 낭비하는 생활방식

---

## 04 **prodigious**
[prədídʒəs]
★☆☆☆☆

pro (forth) +
igˢag (say) →
'말로 하기에는 너무 큰'
에서 유래

**a** 1 거대한, 막대한
2 놀랄만한
- a **prodigious** sum  막대한 금액
- a **prodigious** feat  놀랄만한 묘기

---

## 05 **profane**
[prəféin]
★★☆☆☆

pro (forth) +
fan (shrine) →
'성당 앞으로 뛰쳐 나온'
에서 유래

**a** 불경스런
- a **profane** act[talk]  불경스런 행동[대화]

**vt** ~의 신성을 더럽히다, 모독하다
- **profane** a national flag  국기를 모독하다

---

## 06 **profess**
[prəfés]
★☆☆☆☆

pro (forth) +
fess (say) →
'앞에다 대고 말하다'
에서 유래

**vt** 1 공언[언명]하다
2 ~인 체하다
- They **professed** themselves (to be) quite contented.
  그들은 꽤 만족스럽다고 말했다.
- Everyone **professed** to study hard.
  모두가 열심히 공부하는 체했다.

---

## 07 **proffer**
[práfər]
★☆☆☆☆

pro (forth) +
offer 제공하다 →
'~의 앞에 제공하다'
에서 유래

**vt** ~을 내놓다, 증정하다
- **proffer** a present  선물을 증정하다

**n** 제출, 제안, 증정(품)
- Her **proffer** of advice was accepted.
  그녀가 제안한 충고가 받아들여졌다.

08 **proficient**
[prəfíʃənt]
★★☆☆☆

pro (forth) + fic (make) → '무엇이든 척척 만들어 내는' 에서 유래

**a** (예술·과학 따위에) **숙달한, 능숙한**
- **proficient** in[at] surgery 외과술에 능한

09 **profile**
[próufail]
★☆☆☆☆

pro (forth) + fil (thread) → '(얼굴) 외곽의 선'에서 유래

**n** 1 (사진·조각의) **옆 얼굴상, 윤곽**
2 **프로필, 인물 소개**
- She has a beautiful **profile**. 그녀는 옆 모습이 아름답다.
- an exclusive **profile** of the new tennis champion
  새로운 테니스 챔피언에 대한 독점적인 프로필

10 **profuse**
[prəfjúːs]
★☆☆☆☆

pro (forth) + fus (pour) → '앞으로 쏟아내는'에서 유래

**a** 1 **아끼지 않는, 사치스런**
2 **풍부한**
- be **profuse** of[with] one's money 돈을 헤프게 쓰다
- a **profuse** flow of blood 많은 양의 출혈

11 **prognosticate**
[pragnástikeit]
★☆☆☆☆

pro (before) + gno (know) → '미리 알다'에서 유래

**vt** (징후를 통해) **예언하다, 예지하다**
- **prognosticate** a rebellion 반란을 예지하다

12 **prolific**
[prəlífik]
★★★★☆

pro (forth) + l<al (nourish) + fic<fac (make) → '영양분을 얻어 많이 만드는' 에서 유래

**a** **다산의, 다작의**
- a **prolific** novelist 다작 소설가

13 **prolong**
[prəlɔ́ːŋ]
★★☆☆☆

pro (forth) + long 긴 → '앞으로 길게 늘이다'에서 유래

**vt** (시간적·공간적으로) **연장하다**
- **prolong** a sick person's life 환자의 삶을 연장시키다

14 **prominent**
[prάmənənt]
★★★☆☆

pro (forth) + min (project) → '앞으로 불쑥 내밀어져 있는' 에서 유래

**a** 1 **돌출한**
2 **눈에 띄는, 탁월한**
- the **prominent** eyeballs of a frog 돌출한 개구리의 눈
- a **prominent** music critic 탁월한 음악 비평가

15 **promiscuous**
[prəmískjuəs]
★★★☆☆

pro (forth) + misc (mix) → '이것저것 섞인 상태인' 에서 유래

**a** **뒤섞인, 난잡한**
- a **promiscuous** heap of clothing 뒤섞여 있는 옷 더미

---

### 16 **promising**
[prámisiŋ]
★★☆☆☆

pro (before) +
mis<mit (send) →
'앞서 약속된 미래를 보내는'
에서 유래

**a** 장래가 촉망되는

• a **promising** young writer  장래가 촉망되는 젊은 작가

---

### 17 **promulgate**
[prámǝlgeit]
★☆☆☆☆

pro (forth) +
mulg<vulg (people) →
'사람들 앞에서 말하다'
에서 유래

**vt** ~을 공포[발표]하다

• The king **promulgated** a decree. 왕이 법령을 공포했다.

---

### 18 **propel**
[prǝpél]
★☆☆☆☆

pro (forth) +
pel (drive) →
'앞으로 밀어 부치다'
에서 유래

**vt** ~을 나아가게 하다, 추진하다

• He was **propelled** by the desire of fame.
그는 명예욕에 사로잡혀 움직였다.

---

### 19 **propensity**
[prǝpénsǝti]
★★★☆☆

pro (forth) +
pens (hang) →
'마음이 매달려 있는 상태'
에서 유래

**n** (보통 나쁜 뜻으로) 성벽, 성질

• a **propensity** for the lavish spending of money
돈을 낭비하는 버릇

---

### 20 **prophesy**
[práfǝsai]
★☆☆☆☆

pro (before) +
phe (speak) →
'앞서서 말하다'에서 유래

**v** (~을) 예언하다

• He **prophesied** that the war would come to an end before
long.
그는 머지 않아 종전이 된다고 예언했다.

---

### 21 **propitious**
[prǝpíʃǝs]
★☆☆☆☆

pro (forth) + pit (go) →
'앞으로 잘 나가는'에서 유래

**a** 1 징조가 좋은, 길조의
2 (특히 하나님이) 호의를 가진, 자비로운

• **propitious** weather for our trip  여행 가기에 안성맞춤인 날씨
• **propitious** benefits  자비로운 은혜

---

### 22 **proportional**
[prǝpɔ́ːrʃǝnl]
★☆☆☆☆

pro (for) + portion 몫 →
'각각에 대하여 적당한 몫인'
에서 유래

**a** 균형잡힌, 비례하는

• a starting salary **proportional** to her experience
그녀의 경력에 비례하는 초봉

---

### 23 **propriety**
[prǝpráiǝti]
★★☆☆☆

pro (intensive) +
pri (proper) →
'남을 대하는 적당한 태도'
에서 유래

**n** 1 예의바름, 예절
2 타당(성), 적당

• observe the **proprieties**  예의를 지키다
• doubt the **propriety** of making use of the method
그 방법을 이용하는 것이 적당한지 의문을 갖다

24 **proscribe**
[prouskráib]
★★★☆☆

pro (before) +
scrib (write) →
'미리 써서 막다'에서 유래

**vt** (습관 따위를) **금지하다, 배척하다**

• **proscribe** fat from diet 지방을 규정식에 넣지 않다

---

25 **prosecute**
[prásikjuːt]
★☆☆☆☆

pro (forth) +
secu<sequi (follow) →
'법을 따르게 하다'
에서 유래

**vt** 1 《법》 **기소하다**
2 **추진하다, 수행하다**

• Trespassers will be **prosecuted**.
  불법 침입자들은 기소될 것이다.
• **prosecute** one's duties 의무를 수행하다

681 **saunter**
[sɔ́:ntər]
★☆☆☆☆

saunt (muse 생각하다) →
'생각하며 천천히 산책하다'
에서 유래

**vi** 산책하다
- **saunter** through the park  공원을 산책하다

---

682 **savo(u)r**
[séivər]
★☆☆☆☆

savor (taste 맛)

**n** (~의) 맛
- soup with a **savor** of garlic  마늘 맛이 나는 수프

---

683 **scathing**
[skéiðiŋ]
★☆☆☆☆

scathe<skath (hurt 다치게 하
다) → '말로 상대를 다치게 할
정도로 통렬한'에서 유래

**a** 가차 없는, (비판 등이) 통렬한
- draw **scathing** public criticism  국민의 비난여론이 들끓다

---

684 **scheme**
[ski:m]
★★☆☆☆

scheme<skhematos
(appearance 출연) → '일을
실행하기 위해 어떻게 출연
할 것인지를 계획함'에서 유
래

**n** 계획, 음모
**v** 책략을 꾸미다
- a **scheme** to cheat the government with tax evasion
  탈세를 하여 정부를 속이기 위한 책략

---

685 **scintillate**
[síntəleit]
★☆☆☆☆

scintil<skı (shine 빛나다) →
'빛이 나며 번쩍이다'에서 유
래

**v** (불꽃 · 재치 등이) 번쩍이다
- **scintillate** with wit  재치로 번뜩이다

---

686 **scrupulous**
[skrú:pjuləs]
★★★★☆

scrupu (sharp stone 날카로운
돌) → '죄를 짓고 마음에 돌
이 있는 것처럼 불편함을 느
끼는 양심적인'에서 유래

**a** 꼼꼼한, 양심적인
- a **scrupulous** politician  양심적인 정치인

---

687 **scrutinize**
[skrú:tənàiz]
★★★★★

scrut (examine 검사하다) +
in 안 → '내부를 세밀히 조사
하다'에서 유래

**v** 세밀히 조사하다
- Prosecutors **scrutinized** the state-run organizations.
  검찰은 국영 기관을 세밀히 조사했다.

---

688 **secular**
[sékjulər]
★★★★☆

secul (age 시대) → '종교와
관계없이 그 시대와 관계된'
에서 유래

**a** 세속적인
- a **secular** affair  세속적인 일

---

689 **sedate**
[sidéit]
★☆☆☆☆

sed (sit 앉다) →
'차분히 가라앉은'에서 유래

**a** 차분한
- a **sedate** country town  조용한 시골 도시

---

690 **sedentary**
[sédnteri]
★★★☆☆

sed<sid (sit 앉다)

**a** 앉아 있는
- a **sedentary** occupation  앉아서 일하는 직업

**691 seethe**
[siːð]
☆☆☆☆☆

seeth (boil 끓다)

**v** (들)끓다
- **seethe** with conflicting emotions
  상충되는 감정으로 들끓다

---

**692 self-sufficient**
[sélf-səfíʃənt]
★★☆☆☆

self 스스로 + sufficient 충분한 → '스스로 충분하게 만드는'에서 유래

**a** 자급할 수 있는; 거만한
- The province will be developed to become **self-sufficient**.
  그 지방은 자족도시로 개발될 것이다.

---

**693 semblance**
[sémbləns]
☆☆☆☆☆

sem (same 같은) → '외관이 같아 유사함'에서 유래

**n** <of> (외형의) 유사
- There is not even a **semblance** of proof.
  증거 비슷한 것조차 없다.

---

**694 senility**
[siníləti]
☆☆☆☆☆

sinil (old 늙은) → '늙어서 망령을 부림'에서 유래

**n** (고령으로 인한) 노망
- symptoms of premature **senility**
  너무 일찍 노망이 들려는 징후

---

**695 sententious**
[senténʃəs]
☆☆☆☆☆

sent (opinion 의견) → '귀중한 의견이 담겨 있는 금언의'에서 유래

**a** 금언 같은
- a **sententious** speech 금언과도 같은 연설

---

**696 sentient**
[sénʃənt]
★★☆☆☆

sent (feel 감각) → '감각을 잘 느끼는'에서 유래

**a** 감각력이 있는
- define animals as **sentient** beings
  동물들을 지각력이 있는 존재로 정의하다

---

**697 sequester**
[sikwéstər]
★☆☆☆☆

sequi<sekw (follow 뒤따르다) → '뒤따를 수 없도록 격리하다'에서 유래

**v** <주로 재귀용법> 격리[은퇴]하다
- **sequester** oneself from the world 세상에서 은퇴하다

---

**698 serenity**
[sərénəti]
★☆☆☆☆

seren (calm 고요한)

**n** 평온
- the **serenity** of the sleepy city
  조는 듯한 도시의 평온함

---

**699 servile**
[sə́ːrvil]
★☆☆☆☆

serv (slave 노예) → '노예처럼 비굴한'에서 유래

**a** 노예와 같은, 비굴한
- a **servile** attitude (노예처럼) 비굴한 태도

---

**700 setback**
[sétbæk]
★★★☆☆

set 놓다 + back 뒤로 → '뒤로 놓아 앞으로 나가는 것을 방해함'에서 유래

**n** (진보 등의) 방해
- receive a **setback** 방해 받다

3
5

- **irrespective of** / ~에 관계없이 regardless of, without regard to
- **more often than not** / 흔히 as often as not, very frequently
- **next to** / 거의 almost, nearly, all but
- **next to none** / 최고인 second to none; the best
- **no more than** / 단지, 오로지 none but, only, merely, nothing but
- **not a bit** / 결코~하지 않는 never, anything but, not ~at all
- **not a few** / 많은 수의 many, no few, a number of
- **not a little** / 많은 양의 much, no little
- **once and for all** / 최종적으로 definitively, for the last time
- **once in a blue moon** / 아주 드물게 very rarely
- **once in a while** / 가끔씩 occasionally, from time to time, now and then
- **quite a few** / 꽤 많은 many; a lot of, a great number of; not a few; no few
- **run-of-the-mill** / 보통의, 평범한 ordinary, run-of-the-mine
- **second to none** / 누구에게도 뒤지지 않는, 최고의 the best, next to none
- **side by side** / 나란히 tandem
- **such as it is** / 비록 변변치 않지만 although it is not good
- **ten to one** / 십중팔구, 아마도 probably, nine out of ten
- **tooth and nail** / 전력을 다하여, 필사적으로 desperately, in desperation, frantically
- **upside down** / 거꾸로, 뒤집혀 topsy-turvy
- **well-to-do** / 유복한 wealthy, well off, rich
- **wide of the mark** / 무관한 irrelevant, off the point, beside the point
- **worth one's salt** / 밥값을 하는
- **middle-of-the-road** / 온건한, 중도의 moderate
- **not worth the candle** / 수지가 맞지 않는, 투자할 만한 가치가 없는
- **once in a blue moon** / 아주 드물게
- **prior to** / ~보다 앞선, 이전에 before
- **second-rate** / 2류의, 열등한, 평범한 second class, inferior
- **straight from the shoulder** / 솔직하게 frankly, straight out
- **stuck-up** / 거만한, 건방진 conceited
- **topsy-turvy** / (아래위) 거꾸로 upside down; 뒤죽박죽
- **wet behind the ears** / 미숙한, 풋내기의 inexperienced, immature

# pro-, re-

★ ★ ★ ★ ★    08.    reciprocal        ☐ ☐ ☐

★ ★ ★ ★ ☆    30.    prudent        ☐ ☐ ☐

★ ★ ★ ☆ ☆    28.    protract        ☐ ☐ ☐
                31.    purport        ☐ ☐ ☐
                05.    recant        ☐ ☐ ☐
                06.    recede        ☐ ☐ ☐
                12.    recoil        ☐ ☐ ☐

★ ★ ☆ ☆ ☆    27.    prosper        ☐ ☐ ☐
                09.    reclaim        ☐ ☐ ☐

★ ☆ ☆ ☆ ☆    26.    prospective        ☐ ☐ ☐
                29.    protrude        ☐ ☐ ☐
                02.    react        ☐ ☐ ☐
                03.    rebate        ☐ ☐ ☐
                04.    rebuke        ☐ ☐ ☐
                07.    recipe        ☐ ☐ ☐
                11.    recluse        ☐ ☐ ☐

☆ ☆ ☆ ☆ ☆    01.    ransom        ☐ ☐ ☐
                10.    recline        ☐ ☐ ☐
                13.    recompense        ☐ ☐ ☐

26 **prospective**
[prəspéktiv]
★☆☆☆☆

pro (forth) +
spect (look) ·
'앞을 내다보는'에서 유래

**a** 1 장래의, 미래의
2 가망이 있는, 유망한

- a **prospective** bride of mine   미래의 내 신부
- a **prospective** enterprise   장차 유망한 기업

---

27 **prosper**
[práspər]
★★☆☆☆

pro (forth) +
sper<sperus (succeed) ·
'성공적으로 앞으로 나아가
다'에서 유래

**vi** 번영하다, 성공하다

- Everything **prospers** with him. 그는 하는 일마다 성공한다.

---

28 **protract**
[proutrǽkt]
★★★☆☆

pro (forth) +
tract (draw) ·
'앞으로 길게 끌다'에서 유래

**vt** ~을 연장하다, 오래 끌게 하다

- **protract** a debate 토론을 오래 끌다

---

29 **protrude**
[proutrú:d]
★☆☆☆☆

pro (forth) +
trud (thrust) ·
'앞으로 내밀다'에서 유래

**v** (~을) 내밀다, 튀어나오다

- The child **protruded** her tongue.
  그 아이가 자신의 혀를 내밀었다.
- Her teeth **protrude** too far.   그녀의 이는 너무 튀어 나왔다.

---

30 **prudent**
[prú:dnt]
★★★★☆

pr<pro (before) +
ud<vid (see) ·
'먼저 살펴 보는'에서 유래

**a** 사려깊은, 현명한

- a **prudent** housekeeper   사려깊은 주부

---

31 **purport**
[pərpɔ́:rt]
★★★☆☆

pur<pro (forth) +
port (carry) ·
'뜻을 앞으로 전달하다'
에서 유래

**vt** 주장하다, ~의 취지이다

- a man **purporting** to be a policeman
  경관이라고 자칭하는 사람

**n** [pə́:r-] (문서·연설 따위의) 요지, 취지

- The **purport** of her letter was that she could not come.
  그녀의 편지 요지는 그녀가 올 수 없다는 것이었다.

**01 ransom**
[rǽnsəm]
☆☆☆☆☆

rans<re (again) + om<em (take) → '사람을 다시 데려가기 위해 내는 돈'에서 유래

**n** 몸값, 배상금
- hold a person to **ransom** 남을 인질로 해서 몸값을 요구하다

**02 react**
[riǽkt]
★☆☆☆☆

re (back) + act 작용하다 → '뒤로 작용하다'에서 유래

**v** (어떤 작용 · 힘에 대해) **반작용하다, 상호 작용하다**
- Cause and effect **react** upon each other.
  원인과 결과는 상호작용을 한다.

**03 rebate**
[rí:beit]
★☆☆☆☆

re(back) + bat<abat (abate) → '(값을) 내림'에서 유래

**n** 할인, 환불
- claim a **rebate** on one's tax 세금에 대한 환불을 요구하다

**vt** (지불액의 일부를) **환불하다**
- **rebate** one third of the price 가격의 ⅓을 환불하다

**04 rebuke**
[ribjú:k]
★☆☆☆☆

re (back) + buke (strike) → '(어떤 사람의 행위를) 뒤로 치다'에서 유래

**vt** (남을) **책망[비난]하다**
- **rebuke** a person for his carelessness
  그의 부주의를 책망하다

**n** 책망, 질책
- The child feared the teacher's **rebuke**.
  아이는 선생님의 책망을 두려워했다.

**05 recant**
[rikǽnt]
★★★☆☆

re (back) + cant (sing) → '(앞서 부른 노래와) 반대로 노래부르다'에서 유래

**vt** (진술 · 신념 따위를) **취소[철회]하다**
- The critics of the government publicly **recanted** their errors.
  정부의 비평가들이 공식적으로 그들의 오류를 취소하였다.

**06 recede**
[risí:d]
★★★☆☆

re (back) + cede (go) → '뒤로 가다'에서 유래

**v** 물러나다, (빛깔 · 인상 따위가) **희미해지다**
- The event **receded** into the dim past.
  그 사건은 희미한 과거 속으로 잊혀져 갔다.

**07 recipe**
[résəpi]
★☆☆☆☆

re (intensive) + cip (take) → '어떤 사물을 확실히 잡을 수 있는 방법'에서 유래

**n** 1 (요리의) 조리법, 요리법
2 **수단, 비결**
- a **recipe** for (making) chocolate cake
  초콜릿 케익을 만드는 요리법
- a **recipe** for happiness 행복의 비결

36

## 08 **reciprocal**
[risíprəkəl]
★★★★★

reci<re (back) +
proc<pro (forth) →
'서로 앞뒤로 오가는'
에서 유래

**a** 상호의, 호혜적인
* **reciprocal** help 상호 부조

---

## 09 **reclaim**
[rikléim]
★★☆☆☆

re (back) +
claim (cry) →
'되돌려 달라고 외치다'
에서 유래

**vt** 1 반환을 요구하다
2 개간하다
3 ~을 교정[선도]하다
* **reclaim** the book he borrowed a year ago
  1년 전에 그가 빌려간 책의 반환을 요구하다
* the land **reclaimed** from the sea
  바다를 매립하여 개간한 토지
* **reclaim** a person from a life of sin
  남을 죄악의 생활에서 선도하다

---

## 10 **recline**
[rikláin]
☆☆☆☆☆

re (back) +
clin (lean) →
'뒤로 기대다'에서 유래

**vi** 기대다, 눕다
* **recline** against a wall 벽에 기대다

---

## 11 **recluse**
[réklu:s]
★☆☆☆☆

re (back) +
clus (shut) →
'뒤로 숨어 세상과 문닫은 사
람'에서 유래

**n** 은둔자, 속세를 버린 사람
* live the life of a **recluse** 은둔자의 삶을 살다

---

## 12 **recoil**
[rikɔ́il]
★★★☆☆

re (back) +
coil<cul (rump) →
'엉덩이를 뒤로 하고 물러나
다'에서 유래

**vi** 1 주춤[움찔]하다
2 (용수철 따위가) 되튀다, 되돌아오다
* He **recoiled** at the sight. 그는 그 광경을 보고 움찔했다.
* Our acts **recoil** on ourselves.
  우리 행동은 결국 우리 자신에게 되돌아 온다.

---

## 13 **recompense**
[rékəmpens]
☆☆☆☆☆

re (back) +
com (together) +
pense (weigh) →
'함께 평가해서 부족을
메꾸다'에서 유래

**vt** 보상하다, 답례하다
* **recompense** a person or his efforts
  남의 노력에 대하여 보답하다

**n** 보상, 보수
* in **recompense** for ~의 보수[보상]로서

701 **sham**
[ʃæm]
★★☆☆☆

sham<shame (부끄러운 일)
→ '부끄러운 일과 같은 속임
수, 모조품'에서 유래

**n** 가짜, 속임수   **a** 가짜의, 허위의
**v** ~인 체하다
- He **shammed** sickness so he didn't go to school.
  그는 아픈 체하여 학교에 가지 않았다.

702 **shambles**
[ʃǽmblz]
☆☆☆☆☆

sham<skabh (support 지지하
다) → '지지하던 것이 무너져
생긴 난장판'에서 유래

**n** (도살장과 같은) 수라장
- turn cities into **shambles** 도시들을 수라장으로 만들다

703 **sheer**
[ʃiər]
★★★★☆

sheer<scir (clear 깨끗한) →
'깨끗하여 불순물이 없고 순
수한'에서 유래

**a** 순수한, 섞인 것이 없는; 얇은
- pass the exam by **sheer** luck
  순전히 운이 좋아서 시험에 합격하다

704 **shoddy**
[ʃádi]
☆☆☆☆☆

shod (wool 양모, 모직물) →
'오래된 누더기 등으로 만든
모직물'에서 유래

**a** 조잡한, 가짜의
- sell **shoddy** merchandise 조잡한 제품을 팔다

705 **shudder**
[ʃʌ́dər]
★☆☆☆☆

shudder<schuderen
(shudder 떨다)

**v** 떨다
- **shudder** with cold and fear 추위와 공포로 몸을 떨다

706 **sift**
[sift]
★★☆☆☆

sift<sife (체) → '체를 통과시
켜 가루나 재 등을 걸러내다'
에서 유래

**v** 체질하다, 거르다; 엄밀히 조사하다
- **sift** fact from fiction 허구와 사실을 가려내다

707 **simulate**
[símjuleit]
★★☆☆☆

sim<sem (same 같은) →
'같은 모습이 되게 가장하다'
에서 유래

**v** ~인 체하다; 흉내 내다
- **simulate** insanity to avoid punishment
  처벌을 피하기 위해 정신이상을 가장하다

708 **sinister**
[sínəstər]
☆☆☆☆☆

sinist<sen (left-hand 왼손) →
'느리고 악한 왼손을 사용하
는 것이 불길한'에서 유래

**a** 불길한
- a **sinister** beginning 불길한 시초

709 **sip**
[sip]
★★★☆☆

sip<sippen (sip 조금씩 마시다)
→ '조금씩 마시다'에서 유래

**v** 조금씩 마시다
- She sat **sipping** at her tea.
  그녀는 앉아서 차를 홀짝거리고 있었다.

710 **skeptical**
[sképtikəl]
★★★★☆

skep (examine 검사하다) →
'꼼꼼히 따져 조사해 봐야하
는 성미를 가지고 있는'에서
유래

**a** 의심 많은, 회의적인
- be **skeptical** to the proposal 그 제안을 회의적으로 보다

711 **slake**
[sleik]
☆☆☆☆☆

slak<(s)leg (slack 늘어진) → '고인 물(slack water)로 갈증을 풀다'에서 유래

**v** (갈증·욕망 등을) 풀다
• **slake** one's thirst 갈증을 풀다

---

712 **slander**
[slǽndər]
★★★☆☆

sland<skand (snare 덫) '덫에 걸려 들도록 비방하다'에서 유래

**n** **v** 비방[훼손](하다)
• bring a **slander** action against a person
남을 명예훼손죄로 고소하다

---

713 **sloppy**
[slápi]
★☆☆☆☆

slop (slip 미끄러지다) → '미끄러져 흙탕물에 지저분해진'에서 유래

**a** 엉성한; 질척질척한; 감상적인
• a **sloppy** piece of work 엉성한 작품

---

714 **sloth**
[slɔːθ]
★☆☆☆☆

slo (slow 느린) → '게을러 행동이 느림'에서 유래

**n** 게으름 ; 나무늘보
• Such **sloth** in a young person is deplorable.
젊은 사람의 그런 태만은 통탄할 일이다.

---

715 **slovenly**
[slʌ́vənli]
★★★☆☆

slov (dirty 더러운) → '더럽고 단정치 못한'에서 유래

**a** 단정하지 못한
• be **slovenly** in dress 옷차림이 단정하지 못하다

---

716 **sluggish**
[slʌ́giʃ]
★★★★★

slug (slow 느린) → '동작이 느리고 게으른'에서 유래

**a** 게으른, 동작이 느린
• feel **sluggish** after the meal 식사 후에 나른하게 느끼다

---

717 **sly**
[slai]
★★☆☆☆

sly<slogis (able to hit 칠 수 있는) → '언제든 뒷통수를 칠 정도로 교활한'에서 유래

**a** 음흉한, 몰래 하는
• The **sly** cat stole the meat while the cook's back was turned.
음흉한 고양이는 요리사가 뒤돈 사이 고기를 훔쳤다.

---

718 **smack**
[smæk]
★☆☆☆☆

smack<smacken (strike 치다)

**v** 세게 때리다
• She **smacked** the boy on the leg. 그녀는 그 소년의 다리를 때렸다.

---

719 **smother**
[smʌ́ðər]
★☆☆☆☆

smo<smel (smoke 연기) → '짙은 연기에 숨막히게 하다'에서 유래

**v** 숨이 막히게 하다, 질식시키다; (감정을) 억누르다
• The gas almost **smothered** the coal miners.
탄부들은 가스로 거의 숨을 쉴 수 없었다.

---

720 **smug**
[smʌg]
★★☆☆☆

smug<smuk (neat 단정한) → '항상 단정하고 자부심이 강한'에서 유래

**a** 잘난 체하는, 자기 만족하는; 단정한
• I felt **smug** at the fact that Yuna Kim is Korean.
김연아가 한국인이라는 사실에 우쭐함을 느꼈다.

---

284

※ 복합어(compound words)는 숙어들이 한 단어로 결합된 형태가 많기 때문에 중요 빈출 숙어 파트를 모두 학습하고
 나서 보는 것이 좋습니다.

## ① ~+ **up** 형 복합어

- **addup** / 결론, 요점 conclusion, gist
- **all-up** / 총중량; 전체의, 총계의 total
- **backup** / 후원자; 막힘; 예비 reserve
- **beat-up** / 낡은, 닳은 worn out
- **beefup** / 증강, 보강 enhancement
- **boozeup** / 술잔치 carousal
- **breakup** / (조직의) 해체 disorganization; (친구 · 부부 간 등의) 이별, 불화
- **builtup** / 짜 맞춘 조립한 set; 건물이 빽빽이 들어선
- **bust-up** / (소란스런) 언쟁; 이혼, 파경 divorce
- **checkup** / 대조, 검사; 건강 진단 medical examination
- **chinup** / 턱걸이; 용감한, 불굴의 gallant
- **coverup** / 은폐 concealment
- **crossup** / 혼란, 분규 disorder, tangle
- **cutup** / 익살 떠는 사람, 장난꾸러기
- **dressup** / 정장을 요하는
- **followup** / 추적, 속행 pursuit; 사후점검 feedback
- **frame-up** / 날조 fabrication; 조작한 경기
- **grownup** / 어른이 된; 어른, 성인
- **hard-up** / 결핍한, 쪼들리는 penurious
- **hookup** / 접속, (방송국 간의) 중계 relay; (정부 · 정당 사이의) 동맹
- **lashup** / 임시변통의 makeshift
- **let-up** / (강도 · 어려움 등의) 완화, 정지 slackening
- **liftup** / 황홀감 rapture
- **lineup** / (사람 · 물건의)정렬; (프로그램 · 행사 등의)예정표 schedule
- **mock-up** / (실물 크기의) 모형 life-size model
- **mopup** / 소탕, 마무리 cleanup, sweeping
- **pickup** / (우편물 등의) 집배; (사람을) 태우러 감; 개선 improvement
- **pinup** / 핀업(핀으로 벽에 붙이는 미인 사진); 미인

※ 복합어(compound words)는 숙어들이 한 단어로 결합된 형태가 많기 때문에 중요 빈출 숙어 파트를 모두 학습하고 나서 보는 것이 좋습니다.

## ① ~+ **up** 형 복합어

- **pop-up** / 펑하고 튀어 오르는
- **pullup** / 정지 halt ; 휴게소; 턱걸이 chin-up
- **pushup** / 엎드려 팔굽혀펴기 press-up
- **putup** / 미리 꾸며놓은, 야바위의 fraudulent
- **raveup** / 소란한 파티 revelry
- **roundup** / 가축 몰아들이기; (범인의) 검거; (정보·뉴스 등의) 요약
- **runner-up** / 차점자
- **runup** / (중요 행사의) 준비(기간), 도움닫기; 급상승 jump
- **send-up** / 흉내 내어 놀림 parody
- **shakeup** / 격동 disturbance ; 대개편 reshuffle ; 급조한 물건
- **sit-up** / 윗몸 일으키기, 복근 운동
- **sizeup** / 평가, 판단 measurement
- **slapup** / 일류의, 훌륭한 classic
- **slip-up** / 사소한 실수 error
- **slowup** / 지체, 지연 delay
- **startup** / (새로운) 착수; 신생 기업
- **steamed-up** / 매우 흥분한, 화난 indignant
- **straightup** / 정직한, 성실한 honest
- **stuckup** / 거드름피우는, 거만한 arrogant
- **tieup** / 정체 suspension ; 유대, 제휴 bonds
- **top-up** / 보충, 충전; 추가량 supplement

# re-

Date :

| | | | |
|---|---|---|---|
| ★★★★☆ | 24. | redundant | □ □ □ |
| | 26. | refute | □ □ □ |
| | 37. | relinquish | □ □ □ |
| ★★★☆☆ | 19. | recur | □ □ □ |
| | 25. | refine | □ □ □ |
| | 28. | rehabilitate | □ □ □ |
| | 30. | reimburse | □ □ □ |
| | 32. | reiterate | □ □ □ |
| | 36. | relevant | □ □ □ |
| | 38. | reluctant | □ □ □ |
| ★★☆☆☆ | 14. | reconcile | □ □ □ |
| | 39. | reminiscent | □ □ □ |
| ★☆☆☆☆ | 15. | recondite | □ □ □ |
| | 16. | recourse | □ □ □ |
| | 18. | recuperate | □ □ □ |
| | 20. | redeem | □ □ □ |
| | 21. | redolent | □ □ □ |
| | 22. | redoubtable | □ □ □ |
| | 23. | redress | □ □ □ |
| | 27. | regenerate | □ □ □ |
| | 31. | reinforce | □ □ □ |
| | 33. | rejuvenate | □ □ □ |
| | 34. | relegate | □ □ □ |
| | 35. | relent | □ □ □ |
| | 40. | remiss | □ □ □ |
| | 41. | remit | □ □ □ |
| | 42. | remnant | □ □ □ |
| ☆☆☆☆☆ | 17. | recruit | □ □ □ |
| | 29. | rehearse | □ □ □ |

## 14 reconcile
[rékənsail]
★★☆☆☆

re (again) + concil (conciliate) → '다시 조정하다'에서 유래

**vt** 1 ~을 조정하다, 조화[일치]시키다
2 ~을 화해시키다, 중재하다
- **reconcile** a statement with a fact 언행을 일치시키다
- **reconcile** him with Mr. Kim 그를 김씨와 화해시키다

## 15 recondite
[rékəndait]
★☆☆☆☆

re (back) + cond (hide) → '뒤로 깊숙이 숨은'에서 유래

**a** 1 심오한, 난해한
2 (거의) 알려지지 않은
- the **recondite** principles of philosophy 철학의 심오한 원리
- a **recondite** writer 알려지지 않은 작가

## 16 recourse
[rí:kɔ:rs]
★☆☆☆☆

re(back) + cour<cur (run) → '(힘들 때마다) 뒤로 달려가게 되는 것'에서 유래

**n** 의지(가 되는 것[사람])
- by **recourse** to violence 폭력에 호소하여

## 17 recruit
[rikrú:t]
☆☆☆☆☆

re (again) + cru<cresce (grow) → '(새로운 곳에 들어가) 다시 성장하는 사람'에서 유래

**n** 신병, 신참자
- a raw **recruit** 풋내기

**vt** (신병 · 신입 회원을) 보충[충원]하다
- **recruit** young new executives 참신한 젊은 임원들을 충원하다

## 18 recuperate
[rikjú:pəreit]
★☆☆☆☆

re (again) + cup<cap (take) → '(잃었던 것을) 다시 잡다'에서 유래

**v** (병 · 피로에서) 회복하다[시키다], 경제적 손실을 만회하다
- **recuperate** after illness 병후 건강을 회복하다

## 19 recur
[rikə́:r]
★★★☆☆

re (again) + cur (run) → '(똑같은 길을) 다시 달리다'에서 유래

**vi** 1 (사건이) 다시 일어나다, 되풀이되다
2 (본래의 화제 · 생각 따위로) 되돌아가다
- A leap year **recurs** every four years. 윤년은 4년마다 돌아온다.
- **recur** to the matter of cost 다시 비용 문제로 돌아가다

## 20 redeem
[ridí:m]
★☆☆☆☆

red<re (again) + em (buy) → '(잃었던 것을) 다시 사다'에서 유래

**vt** 1 구하다, ~을 되찾다
2 (잘못 · 결점 등을) 메우다, 보상하다
3 (채무를) 상환하다, 변제하다
- **redeem** mortgaged land 저당 잡혔던 토지를 다시 찾다
- The beautiful eyes **redeem** the face from ugliness.
  아름다운 눈이 못생긴 얼굴을 그나마 메우고 있다.
- **redeem** a loan[mortgage] 융자금[담보 대출금]을 상환하다

**21 redolent**
[rédələnt]
★☆☆☆☆

re (again) +
ol (smell) →
'냄새가 나는'에서 유래

**ⓐ** 1 향기로운, ~의 냄새가 나는
2 ~을 생각나게 하는, 연상시키는
- The kitchen was **redolent** of onions.
  부엌에서 양파 냄새가 났다.
- an old house **redolent** of mystery
  신비스러움을 연상시키는 오래된 집

---

**22 redoubtable**
[ridáutəbl]
★☆☆☆☆

re (again) +
doubt 의심하다 →
'다시금 의심하게 만드는'
에서 유래

**ⓐ** 가공할[존경할] 만한
- a **redoubtable** enemy  가공할 만한 적

---

**23 redress**
[ridrés]
★☆☆☆☆

re (again) +
dress (arrange) →
'(잘못된 것을) 다시 배열하
다'에서 유래

**ⓥⓣ** (잘못 따위를) 고치다, 교정하다
- **redress** social evils  사회악을 시정하다

**ⓝ** 1 교정, 시정  2 배상
- Anyone who has been injured unfairly deserves **redress**.
  불공평하게 상처받은 사람은 시정을 요구할 만하다.
- There is no **redress** for loss of honor.
  명예를 잃으면 벌충할 길이 없다.

3
7

---

**24 redundant**
[ridʌ́ndənt]
★★★★☆

re (again) +
dund<und (wave) →
'(너무 많아) 출렁거리는'
에서 유래

**ⓐ** 과잉의
- **redundant** population  과잉 인구

---

**25 refine**
[rifáin]
★★★☆☆

re (again) +
fine 정제하다 →
'다시 정제하다'에서 유래

**ⓥⓣ** ~을 순화[정제]하다
- continue to **refine** the liquid till all the impurities are gone
  불순물이 없어질 때까지 액체를 계속 정제하다

---

**26 refute**
[rifjúːt]
★★★★☆

re (again) +
fut (beat) →
'(상대방을) 자꾸 때리다'
에서 유래

**ⓥⓣ** ~을 논박[반박]하다
- **refute** his allegation  그의 주장에 반박하다

---

**27 regenerate**
[ridʒénəreit]
★☆☆☆☆

re (again) +
gen (birth) →
'다시 태어나게 하다'
에서 유래

**ⓥ** 재생[갱생]시키다
- lizards that **regenerate** lost tails
  없어진 꼬리를 재생시키는 도마뱀

---

28 **rehabilitate**
[riːhəbíləteit]
★★★☆☆

re (again) +
hab (dwell) ··
'다시 하다'에서 유래

**vt** 1 원상태로 돌리다, 사회에 복귀시키다
2 ~을 재건[부흥]하다, 명예를 회복시키다

- **rehabilitate** patients 환자를 다시 건강해지게 하다
- **rehabilitate** a disgraced former leader
  실추된 前지도자의 명예를 회복시키다

---

29 **rehearse**
[rihə́ːrs]
☆☆☆☆☆

re (again) +
hercer (harrow) →
'되풀이 해서 써레질을 하다'
에서 유래

**vt** (음악 · 연극 따위의) 예행 연습을 하다

- **rehearse** a play 연극의 리허설을 하다

---

30 **reimburse**
[riːimbə́ːrs]
★★★☆☆

re (again) +
in (in) + burs (purse) →
'다시 지갑 안에 돈을 넣어
주다'에서 유래

**vt** ~에게 변상하다, 갚다

- **reimburse** the loss 그 손실을 변상하다

---

31 **reinforce**
[riːinfɔ́ːrs]
★☆☆☆☆

re (again) +
in (in) + force 힘 →
'다시 힘을 넣어주다'
에서 유래

**vt** ~을 보강[강화]하다

- **reinforce** a wall with mud 진흙으로 벽을 보강하다

---

32 **reiterate**
[riːítəreit]
★★★☆☆

re (again) +
iter (repeat) →
'자꾸자꾸 반복하다'
에서 유래

**vt** (행위 · 발언 따위를) 반복하다

- The policeman **reiterated** his command. 그 경찰관은 명령을
  반복했다.

---

33 **rejuvenate**
[ridʒúːvəneit]
★☆☆☆☆

re (again) +
juven (young) →
'다시 젊어지게 하다'
에서 유래

**vt** 다시 젊어지게[활기띠게] 하다

- The long rest and new clothes have **rejuvenated** her.
  긴 휴식과 새 옷이 그녀를 젊어지게 하였다.

---

34 **relegate**
[réləgeit]
★☆☆☆☆

re (back) +
leg (send) →
'뒤쪽의 낮은 지위로 보내다'
에서 유래

**vt** 1 (낮은 지위 · 상태로) ~을 내쫓다, 좌천시키다
2 (일 따위를) 위탁하다

- **relegate** a person to an inferior post 남을 좌천시키다
- He **relegated** the task to his assistant.
  그는 그 일을 조수에게 위탁했다.

---

35 **relent**
[rilént]
★☆☆☆☆

re (again) +
lent (slow) →
'마음 상태가 느려지고
완화되다'에서 유래

**vi** (마음이) 누그러지다

- **relent** at the sight of misery 비참한 광경을 보고 가여워하다

---

**36 relevant**
[réləvənt]
★★★☆☆

re (again) +
leva (raise) →
'적당한 높이까지 끌어
올리는'에서 유래

**a** (당면한 문제에) **관련된, 적절한**

- matters **relevant** to the subject  문제와 관련이 있는 사항

---

**37 relinquish**
[rilíŋkwiʃ]
★★★★☆

re (back) +
linqu (leave) →
'(자기 것을) 뒤로 하고 떠나
다'에서 유래

**vt** (소유물 따위를) **포기[양도]하다, 단념하다**

- **relinquish** the throne to a person  왕위를 남에게 양도하다

---

**38 reluctant**
[rilʌ́ktənt]
★★★☆☆

re (back) +
luc (struggle) →
'뒤로 떨쳐 버리려고 노력하
는'에서 유래

**a** **싫어하는, 꺼리는**

- I am **reluctant** to go out in very cold weather.  나는 추운
  날 밖에 나가는 것을 꺼려한다.

---

**39 reminiscent**
[remənísnt]
★★☆☆☆

re (again) +
min<men (mind) →
'다시 마음속에 떠오르게 하
는'에서 유래

**a** (과거·다른 것을) **생각나게 하는, 연상시키는**

- a cloud **reminiscent** of a ship  배를 연상시키는 구름

---

**40 remiss**
[rimís]
★☆☆☆☆

re (back) +
mis<mit (send) →
'일을 뒤로 보내는'에서 유래

**a** **태만한, 무책임한**

- be **remiss** in one's duties  직무에 태만하다

---

**41 remit**
[rimít]
★☆☆☆☆

re (back) +
mit (send) →
'뒤로 보내다'에서 유래

**v** 1 (돈·화물을) **보내다, 송금하다**
2 (세금 따위를) **면제하다, (죄 따위를) 용서하다**

- **Remit** me the money at once.  즉시 내게 송금하여 주십시오.
- **Remit** by check.  수표로 송금해 주십시오.
- **remit** taxes to half the amount  세금을 반감하다

---

**42 remnant**
[rémnənt]
★☆☆☆☆

re (back) +
mn<man (stay) →
'뒤에 남겨져 있는 것'
에서 유래

**n** **나머지, 잔여, 자취**

- **remnants** of a banquet  연회 후에 남은 음식들

**721 smuggle**
[smʌ́gl]
★★☆☆☆

smuggle<smokkelen (sneak 몰래 움직이다) → '몰래 들여오다[내가다]'에서 유래

**v** 밀수입[수출]하다
- a **smuggling** ring  밀수단

---

**722 sober**
[sóubər]
★★★☆

so<se (without ~이 없는) + ber<ebri (drunk 술취한) → '술 취하지 않고 진지한'에서 유래

**a** 술취하지 않은; 진지한
- make a **sober** estimate of what is possible
  무엇이 가능한가에 대해 진지한 평가를 하다

---

**723 solicitous**
[səlísətəs]
★★★☆☆

sol (whole 전체의) + cit (aroused 흥분한) → '전체가 흥분해 걱정하는'에서 유래

**a** 애쓰는, 걱정하는
- be **solicitous** about one's son's health
  자기 아들의 건강을 걱정하다

---

**724 soliloquy**
[səlíləkwi]
★☆☆☆☆

sol (sole 혼자의) + log (speak 말하다) → '혼자 말하는 행위'에서 유래

**n** 혼잣말; <pl.> (연극 속의) 독백
- the character's **soliloquy**  그 등장 인물의 독백

---

**725 solvent**
[sálvənt]
★☆☆☆☆

slove (dissolve 녹이다) → '빚을 없앨 수 있는, 고체를 녹일 수 있는'에서 유래

**a** 지불 능력이 있는; 용해력이 있는
- keep the company **solvent**  회사가 지불 능력을 갖게 하다

---

**726 somnolent**
[sámnələnt]
★☆☆☆☆

somn (sleep 잠) → '잠이 오는'에서 유래

**a** 졸리는
- a **somnolent** summer's afternoon  졸리는 여름 오후

---

**727 sonorous**
[sənɔ́ːrəs]
☆☆☆☆☆

son (sound 소리) → '소리가 잘 울리는'에서 유래

**a** 잘 울리는, 우렁찬
- have a deep and **sonorous** voice  깊고 낭랑한 목소리를 가지고 있다

---

**728 sophisticated**
[səfístəkèitid]
★★☆☆☆

soph (wise 현명한) → '현명하게 잘 만들어진'에서 유래

**a** 세련된, 세상에 밝은; 정교한
- use **sophisticated** plastic surgery techniques
  정교한 성형 수술 기술을 이용하다

---

**729 spasmodic(al)**
[spæzmádik(əl)]
☆☆☆☆☆

spasm<spe (stretch 뻗다) → '팔 다리를 갑자기 뻗는 발작'에서 유래

**a** 발작적인
- the **spasmodic** coughing  발작적인 기침

---

**730 spatial**
[spéiʃəl]
★★☆☆☆

spat (space 공간) → '공간의'에서 유래

**a** 공간의; 공간에 존재하는
- the problems relating to **spatial** distribution of cities
  도시의 공간분배에 관한 문제

---

731 **specimen**
[spésəmən]
★★☆☆☆

spec (look 보다) →
'눈으로 볼 수 있는 표본'
에서 유래

**n** 견본; 표본
- collect **specimens** of all kinds of rocks and minerals
  돌과 광물의 온갖 종류의 표본을 모으다

---

732 **specious**
[spíːʃəs]
★★★☆☆

spec (look 보다) →
'그럴듯해 보이는'에서 유래

**a** 그럴듯한
- a **specious** hypocrite  겉만 그럴듯한 위선자

---

733 **spectrum**
[spéktrəm]
★★☆☆☆

spec (look 보다) →
'빛을 분해했을 때 보이는 스
펙트럼'에서 유래

**n** 스펙트럼, 분광; (일시적인) 범위
- a broad **spectrum** of electronic knowledge
  전자 지식의 광대한 범위

---

734 **speculative**
[spékjuleitiv]
★★☆☆☆

spec (look 보다) →
'관찰하고 숙고하다'에서 유래

**a** 사색적인; 투기적인, 불확실한
- **speculative** ventures in real estate  부동산 투기 사업

---

735 **spin-off**
[spín-ɔ̀(ː)f]
★☆☆☆☆

spin<spen (stretch 뻗다) +
off 떨어져 → '어떤 일에서
떨어져 나온 부산물'에서 유래

**n** 부산물, 파급효과, 부작용
- Water pollution is the most undesirable **spin-offs** of heavy industrialization.
  수질오염은 중공업화의 가장 바람직하지 못한 부작용이다.

---

736 **split**
[split]
★★☆☆☆

split<splitten (쪼개다) →
'한 덩어리였던 것이 쪼개지
다'에서 유래

**v** 쪼개다; 분열하다 **n** 쪼개짐, 균열
- She **split** the cake and filled it with chocolate.
  그녀는 케이크를 갈라서 초콜릿으로 채웠다.

---

737 **sporadic**
[spərædik]
★★★★☆

spor<sper (sow 씨 뿌리다) →
'씨를 뿌릴 때처럼 간격을 두
고 일어났다 쉬었다 하는'에
서 유래

**a** 간헐적인
- **sporadic** fighting in the west of the city
  그 도시 서쪽에서 때때로 일어나는 싸움

---

738 **spur**
[spəːr]
☆☆☆☆☆

spur<spura (kick 차다) → '(말
따위에) 박차를 가하는 것과
같은 자극, 격려'에서 유래

**n** 박차; 자극, 격려
**v** ~에 박차를 가하다, 자극하다
- Pride **spurred** the boy to fight.  자존심이 소년을 싸우게 자극했다.

---

739 **spurious**
[spjúəriəs]
★★★☆☆

spuri (false 거짓의)

**a** 가짜의
- a **spurious** painting[document]  가짜 그림[문서]

---

740 **squalid**
[skwálid]
★★★☆☆

squal (dirty 더러운)

**a** 불결한
- a tiny **squalid** apartment  작고 불결한 아파트

※ 복합어(compound words)는 숙어들이 한 단어로 결합된 형태가 많기 때문에 중요 빈출 숙어 파트를 모두 학습하고
  나서 보는 것이 좋습니다.

## ② ~+ **up** 형 복합어

- **tuneup** / 예행연습 rehearsal
- **warmup** / 준비운동 sweating
- **workup** / (인쇄의) 오점, 얼룩 blot, spot
- **wrapup** / 간추린 뉴스, 결말 termination
- **writeup** / 호의적인 기사, 과대평가 overestimation

## **up** + ~ 형 복합어

- **up-and-coming** / 유망한 promising
- **up-and-down** / 오르내리는; 완전한
- **upbeat** / 낙관적인 optimistic
- **upbringing** / 양육, 훈육 raising
- **up-coming** / 다가오는 forthcoming
- **upend** / (위아래를) 거꾸로 뒤집다 turn over ;
  패배시키다 beat
- **uphill** / 올라가는 acclivitous ; 힘든 hard
- **upkeep** / 유지(유지비), 부양비 maintenance
- **upland** / 고지 highland
- **up-market** / 고급이고 값비싼, 고소득자를 겨냥한 upscale
- **upscale** / 수입이나 교육이 평균이상인
- **upshot** / (최종) 결과, 결말 result
- **upstart** / 갑자기 출세한 사람 parvenu ; 건방진 놈
- **uptake** / 빨아올림; 이해 understanding
- **uptight** / 긴장한, 초조해하는; (재정적으로) 곤란한
- **up-to-date** / 최신의 up-to-the-minute, up-to-the-second
- **uptown** / 주택지구의; 부촌인
- **upwind** / 바람이 불어오는 쪽으로 향한 against the wind

## **down** +~ 형 복합어

- **down payment** / 계약금 deposit; 첫 할부금
- **down-and-out** / 가난한 destitute, 빈털터리, 노숙자
- **down-at-heel** / 뒤축이 닳은 신을 신은
- **downbeat** / 비관적인 pessimistic
- **downcast** / 의기소침한 dejected
- **downfall** / 하락, 파멸 collapse
- **downhill** / 내리막의 downward-sloping; 수월한, 쉬운 easy
- **down-home** / 남부의, 시골풍의, 소박한
- **down-market** / 저소득층을 겨냥한, 싸구려의 low-end
- **downplay** / 경시하다 belittle
- **downpour** / 폭우 deluge
- **downsize** / 소형화하다, 축소하다 reduce
- **down-the-line** / 완전한, 전면적인 full-scale, all-out
- **down-to-earth** / 실용적인 practical
- **downtown** / 도심의; 도심지에서
- **downturn** / 침체, 하락 recession

# re-

| ★ ★ ★ ★ ☆ | 51. | repeal | ☐ ☐ ☐ |

| ★ ★ ★ ☆ ☆ | 44. | remorse | ☐ ☐ ☐ |
| | 45. | remunerate | ☐ ☐ ☐ |
| | 57. | reprimand | ☐ ☐ ☐ |
| | 61. | repute | ☐ ☐ ☐ |
| | 62. | resentment | ☐ ☐ ☐ |
| | 65. | restraint | ☐ ☐ ☐ |
| | 68. | retaliate | ☐ ☐ ☐ |
| | 73. | retrieve | ☐ ☐ ☐ |
| | 74. | reverence | ☐ ☐ ☐ |

| ★ ★ ☆ ☆ ☆ | 54. | replica | ☐ ☐ ☐ |
| | 55. | reprehend | ☐ ☐ ☐ |
| | 59. | reprove | ☐ ☐ ☐ |
| | 63. | resolute | ☐ ☐ ☐ |
| | 70. | retort | ☐ ☐ ☐ |
| | 72. | retribution | ☐ ☐ ☐ |
| | 77. | revise | ☐ ☐ ☐ |
| | 78. | revoke | ☐ ☐ ☐ |

| ★ ☆ ☆ ☆ ☆ | 43. | remonstrate | ☐ ☐ ☐ |
| | 46. | renegade | ☐ ☐ ☐ |
| | 47. | renovate | ☐ ☐ ☐ |
| | 48. | renounce | ☐ ☐ ☐ |
| | 49. | renowned | ☐ ☐ ☐ |
| | 50. | reparation | ☐ ☐ ☐ |
| | 52. | repel | ☐ ☐ ☐ |
| | 53. | replete | ☐ ☐ ☐ |
| | 56. | repress | ☐ ☐ ☐ |
| | 58. | reprisal | ☐ ☐ ☐ |
| | 60. | repudiate | ☐ ☐ ☐ |
| | 64. | respire | ☐ ☐ ☐ |
| | 66. | restrict | ☐ ☐ ☐ |
| | 67. | retail | ☐ ☐ ☐ |
| | 69. | reticent | ☐ ☐ ☐ |
| | 71. | retrench | ☐ ☐ ☐ |
| | 75. | revert | ☐ ☐ ☐ |
| | 76. | revile | ☐ ☐ ☐ |

43 **remonstrate**
[rimánstreit]
★☆☆☆☆

re (intensive) +
monstra (show) →
'자신의 입장을 확실히
보여주다'에서 유래

**vi** 반대[불평]하다

- **remonstrate** with a boy about[against] his rude behavior
  소년의 무례한 행동에 불쾌감을 표하다

---

44 **remorse**
[rimɔ́:rs]
★★★☆☆

re (again) +
mors<mord (bite) →
'자꾸만 콕콕 쏘는 생각'
에서 유래

**n** 후회, 양심의 가책

- feel **remorse** for one's fault 과오를 후회하다

---

45 **remunerate**
[rimjú:nəreit]
★★★☆☆

re (again) +
muner(give) →
'(받은 만큼) 다시 주다'
에서 유래

**vt** ~을 보답[보상]하다

- **remunerate** a person for his labor 남의 노고에 보답하다

---

46 **renegade**
[rénigeid]
★☆☆☆☆

re (again) + neg (deny) →
'믿음을 다시 부정하는 사람'
에서 유래

**n** 탈당자, 변절자, 배신자

- He is not a **renegade** Catholic. 그는 카톨릭 변절자가 아니다.

---

47 **renovate**
[rénəveit]
★☆☆☆☆

re (again) + nov (new) →
'다시 새롭게 하다'에서 유래

**vt** ~을 새 것으로 만들다

- **renovate** old house 낡은 집을 수리하다
- **renovate** the discipline in bureaucracy 공직 사회의 기강을 쇄신하다

---

48 **renounce**
[rináuns]
★☆☆☆☆

re (back) +
nounc<nuntia (announce)
→ '뒤로 물러 나겠다고 발
표하다'에서 유래

**vt** 1 ~을 포기하다, 버리다 2 ~과 관계를 끊다, 인연을 끊다

- **renounce** a demand[right] 요구[권리]를 포기하다
- **renounce** one's friend 벗과 절교하다

---

49 **renowned**
[rináund]
★☆☆☆☆

re (again) +
no<nomen (name) →
'자꾸자꾸 불리워지는 이름
인'에서 유래

**a** 유명한, 명성있는

- Edison is **renowned** as an inventor.
  에디슨은 발명가로서 유명하다.

---

50 **reparation**
[repəréiʃən]
★☆☆☆☆

re (again) +
par (prepare) →
'(무엇을 할 수 있도록) 다시
준비해 주는 것'에서 유래

**n** 보상, 배상[금]

- Japanese **reparations** for the war 전쟁에 대한 일본의 배상

---

51 **repeal**
[ripí:l]
★★★★☆

re (back) +
peal (drive) →
'뒤로 밀어 부치다'에서 유래

**vt** ~을 취소하다, 폐지하다

- **repeal** a license 면허를 취소하다

## 52 repel
[ripél]
★☆☆☆☆

re (back) +
pel (drive) →
'뒤로 몰아내다'에서 유래

**vt** 1 ~을 쫓아버리다, 퇴짜놓다 2 ~에게 혐오감[불쾌감]을 주다

- **repel** an enemy　적을 격퇴하다
- His untidy appearance **repelled** her.
  그녀는 그의 단정치 못한 몰골에 혐오감을 느꼈다.

## 53 replete
[riplí:t]
★☆☆☆☆

re (again) +
ple (fill) →
'자꾸자꾸 채우는'에서 유래

**a** ~으로 가득한, 충만한

- be **replete** with every comfort and luxury
  모든 편의 시설과 사치품으로 가득하다

## 54 replica
[réplikə]
★★☆☆☆

re (again) + plic (fold) →
'다시 접어도 똑같은 모양'
에서 유래

**n** 사본, 복제

- The young artist made a **replica** of the famous painting.
  젊은 예술가는 자신의 유명한 그림의 사본을 만들었다.

## 55 reprehend
[reprihénd]
★★☆☆☆

re (back) +
prehen (seize) →
'뒤를 붙잡다'에서 유래

**vt** ~을 비난하다, 꾸짖다

- His conduct deserves to be **reprehended**.
  그의 행동은 비난받아 마땅하다.

## 56 repress
[riprés]
★☆☆☆☆

re (again) +
press 누르다 →
'누르고 또 누르다'에서
유래

**vt** ~을 억제[진압]하다

- **repress** a rebellion　반란을 진압하다

## 57 reprimand
[réprəmænd]
★★★☆☆

re (back) +
prima<press (press) →
'뒤로 누르다'에서 유래

**n** (특히 공식적인) 질책　**vt** ~을 질책하다

- **reprimand** the sentry for deserting post
  보초가 정위치를 이탈한 것을 질책하다

## 58 reprisal
[ripráizəl]
★☆☆☆☆

re (back) +
pris<prehen (seize) →
'뒤에서 잡아 당김'
에서 유래

**n** 보복, 앙갚음

- They bombed the enemy village as a **reprisal**.
  그들은 보복으로서 적의 마을을 폭파하였다.

## 59 reprove
[riprú:v]
★★☆☆☆

re (back) +
prove 증명하다 →
'이전으로 돌아가서 잘못된
점을 증명하다'에서 유래

**vt** ~을 야단치다, 비난하다

- The mother **reproved** her child for disobedience.
  말을 안 듣는다고 어머니가 자식을 야단쳤다.

## 60 repudiate
[ripjú:dieit]
★☆☆☆☆

re (back) +
pud<ped (foot) →
'뒤로 차버리다'에서 유래

**vt** 부인[거부]하다

- **repudiate** a charge as untrue　비난을 사실이 아니라고 부인하다

## 61 **repute**

[ripjúːt]
★★★☆☆

re (again) +
put (think) → '어떤 사람을 다시 생각해보다'에서 유래

**vt** <보통 수동형>(사람을) 평하다, 생각하다

* He is **reputed** (to be) the richest man in the city.
  그는 그 도시에서 가장 부자로 여겨진다.

**n** 평판, 소문 * a man of good **repute** 평판이 좋은 사람

---

## 62 **resentment**

[rizéntmənt]
★★★☆☆

re (back) + sent (feel) · '뒤로 끌어 내야겠다고 절실히 느낌'에서 유래

**n** 분개, 분노

* **Resentment** is never an asset.
  분노는 결코 가치 있는 것이 아니다.

---

## 63 **resolute**

[rézəluːt]
★★☆☆☆

re (back) + solu (loosen) → '느슨하게 푸는 것의 반대되는'에서 유래

**a** 결심이 굳은, 단호한

* He is **resolute** to fight. 그는 싸울 결심을 하고 있다.

---

## 64 **respire**

[rispáiər]
★☆☆☆☆

re (again) +
spire (breathe) · '반복해서 숨을 쉬다'에서 유래

**v** 호흡하다, 숨쉬다

* **respire** irregularly 불규칙하게 호흡하다

---

## 65 **restraint**

[ristréint]
★★★☆☆

re (back) +
strain<string (draw tight) → '(못 가도록) 단단하게 끌어 당김'에서 유래

**n** 억제, 제지

* lay **restraint** on one's emotion 감정을 억누르다

---

## 66 **restrict**

[ristríkt]
★★☆☆☆

re (back) +
stric<string (draw tight) → '(못 가도록) 단단히 끌어 당기다'에서 유래

**vt** ~을 제한하다, 금지하다

* Our membership is **restricted** to twenty.
  우리 회원은 20명으로 한정되어 있다.

---

## 67 **retail**

[ríːteil]
★☆☆☆☆

re (back) +
tail (cut) · '커다란 것의 뒤를 잘라 판매함'에서 유래

**n** 소매 * a **retail** dealer 소매 상인

**v** ~을 소매하다, 소매되다

* It **retails** at 500 won. 그것은 소매로 500원이다.

---

## 68 **retaliate**

[ritǽlieit]
★★★☆☆

re (back) +
talia (punishment) · '뒤에서 벌을 주다'에서 유래

**vi** 복수하다, 보복하다

* **retaliate** for an injury 상해를 입고 같은 방법으로 보복하다

---

## 69 **reticent**

[rétəsənt]
★☆☆☆☆

re (back) +
tic (silent) → '뒤로 물러나 침묵하는'에서 유래

**a** 말이 없는, 조심하는

* be **reticent** about the matter 그 일에 대해서는 입을 다물고 있다

| re- | ▶ 뒤·다시 |
|---|---|

**70 retort**
[ritɔ́:rt]
★★☆☆☆

re (back) +
tort (twist) →
'뒤에서 비틀다'에서 유래

**vt** (상대방의 말에) **응수하다, 말대꾸하다**
- **retort** a sarcasm (야유에) 야유로 응수하다

---

**71 retrench**
[ritréntʃ]
★☆☆☆☆

re (back) +
trench (cut) →
'뒤를 잘라서 부피를 줄이다'
에서 유래

**vt** (비용·경비를) **절약하다, 긴축하다**
- **retrench** school expenses 학비를 줄이다

---

**72 retribution**
[retrəbjúːʃən]
★★☆☆☆

re (back) +
tribu (bestow) →
'다시 갚아 주는 것'에서
유래

**n** (나쁜 짓의) **보복**
- **retribution** for one's sin 죄에 대한 벌

---

**73 retrieve**
[ritríːv]
★★★☆☆

re (again) +
triv<trouver (find) →
'잃어버린 것을 다시 찾다'
에서 유래

**vt** 1 ~을 되찾다, 복구하다 2 (불행 따위에서) **구해내다**
- **retrieve** freedom 자유를 되찾다
- **retrieve** a person from ruin 남을 파멸로부터 구하다

3 8

---

**74 reverence**
[révərəns]
★★★☆☆

re (back) +
ver (fear) →
'상대방을 두려워하는 마음'
에서 유래

**n** **외경, 공경**
- pray with **reverence** 경건한 마음으로 기도하다

---

**75 revert**
[rivɔ́:rt]
★☆☆☆☆

re (back) +
vert (turn) →
'뒤로 돌다'에서 유래

**vi** (원래의 습관·상태 따위로) **되돌아가다, 복귀하다**
- **revert** to the old system 구제도로 되돌아가다

---

**76 revile**
[riváil]
★☆☆☆☆

re (again) +
vil (vile) →
'나쁜 점을 자꾸 말하다'에서
유래

**vt** ~의 욕을 하다, 비방하다
- He **reviled** me with a stream of abuse.
  그는 나를 마구 비방했다.

---

**77 revise**
[riváiz]
★★☆☆☆

re (again) +
vis<vid (see) →
'다시 들여다 보다'에서 유래

**vt** 1 (마음·의견 따위를) **바꾸다** 2 ~을 개정[교정]하다
- **revise** one's opinion 자신의 견해를 고치다
- **revise** a book 책을 교정하다

---

**78 revoke**
[rivóuk]
★★☆☆☆

re (back) +
voke (call) →
'(앞서 한 말에) 반대로 외치
다'에서 유래

**vt** ~을 취소하다, 무효로 하다
- **revoke** a license 면허를 취소하다

---

---

741 **squander**
[skwándər]
★☆☆☆☆

squand (scatter 흩뿌리다) →
'여기저기 흩뿌리며 소비하
다' 에서 유래

**vt** (돈 · 시간 등을) 낭비하다
• **squander** the family estate  가족의 재산을 낭비하다

---

742 **squeeze**
[skwi:z]
★☆☆☆☆

squeeze<quetschen
(squeeze 짜내다) →
'짜내다' 에서 유래

**v** 짜내다, 압착하다; 꼭 껴안다
• **squeeze** toothpaste onto the toothbrush  칫솔에 치약을 짜다

---

743 **staggering**
[stǽgəriŋ]
★★★☆☆

stag (push 밀다) → '밀어서
걸음걸이를 비틀거리게 만드
는' 에서 유래

**a** 어마어마한, 경이적인
• accumulate a **staggering** amount of money
어마어마한 거액을 모으다

---

744 **stagnant**
[stǽgnənt]
★☆☆☆☆

sta (stand 서다) → '움직이지
않고 제자리에 정지해 있는'
에서 유래

**a** 고인, 정체된
• water lying **stagnant** in ponds and ditches
못과 도랑에 고인 물

---

745 **standstill**
[stǽndstil]
★★☆☆☆

stand 서있다 +
still 가만히 있는 →
'가만히 서있는 정지' 에서 유
래

**n** 정지, 멈춤; 답보(상태)
• Negotiations were at a near **standstill**.
협상이 거의 정체상태에 있다.

---

746 **stark**
[sta:rk]
★★☆☆☆

stark<stearc (strong 강한) →
'완전히 강하고 엄격한' 에서
유래

**a** 완전한; (장소 등이) 황량한; 가혹한, 엄격한
• talk **stark** nonsense  완전히 말도 안 되는 소리를 하다

---

747 **statute**
[stǽtʃu:t]
★☆☆☆☆

sta (stand 서다) →
'제정되어 세워진 것' 에서 유
래

**n** 《법》 법령
• a public **statute**  공법

---

748 **stereotype**
[stériətàip]
★★☆☆☆

stereo 인쇄용 연판 + type 형
식 → '연판으로 계속 찍어 낸
것, 판에 박은 투'에서 유래

**n** 정형; 고정관념; 연판
**v** 정형[유형]화하다
• **stereotyped** images of gentleman in children's books
아동 도서에 나오는 정형화된 신사의 이미지

---

749 **stifling**
[stáifliŋ]
★☆☆☆☆

stifle<estouffer (stifle 숨막히
게 하다) → '숨막히게 하듯이
답답한' 에서 유래

**a** (공기가) 숨막힐 듯한, 답답한
• get away from the **stifling** heat of the desert
사막의 숨 막힐 듯한 열기로부터 빠져 나오다

---

750 **stigmatize**
[stígmətàiz]
★☆☆☆☆

stig (prick 찌르다) → '말로 상
대를 찌르듯이 비난하다'에서
유래

**vt** 비난하다
• **stigmatize** a person as a liar  남을 거짓말쟁이로 낙인 찍다

**751 stingy**
[stíndʒi]
★★★★☆

sting (sharp 날카로운) → '돈에 대해 너그럽지 않고 날카로운' 에서 유래

**a** 인색한
- **stingy** in sharing skills 기술을 나누는 데 인색한

---

**752 stolid**
[stálid]
★☆☆☆☆

stol (foolish 어리석은) → '어리석고 감각이 둔한'에서 유래

**a** 둔감한
- a **stolid** face 둔감한 얼굴

---

**753 streamline**
[strí:mlain]
★☆☆☆☆

stream 물의 흐름 + line 작업라인 → '작업라인이 물 흐르듯 매끄럽게 돌아가 능률적으로 하다'에서 유래

**v** 능률적으로 하다, 합리화하다
**n** 유선형
- **streamline** the manufacturing process
제조 과정을 능률화하다

---

**754 strident**
[stráidnt]
★☆☆☆☆

strid (inarticulate sound 분명치 않은 소리) → '발음이 정확하지 않아 귀에 거슬리는'에서 유래

**a** 귀에 거슬리는
- the **strident** voice 귀에 거슬리는 목소리

---

**755 stringent**
[stríndʒənt]
★★★★★

string (draw tight 팽팽히 당기다) → '규율이나 명령이 팽팽한'에서 유래

**a** 엄격한
- **stringent** safety codes 엄격한 안전 규정

---

**756 stumble**
[stámbl]
★★★★★

stump 그루터기 → '그루터기에 걸려 비틀거리다'에서 유래

**v** 발에 걸리다 ; 비틀거리며 걷다; 실수하다, 말 더듬다
- **stumble** along the way 비틀거리며 걸어가다

---

**757 sturdy**
[stó:rdi]
★★☆☆☆

sturdy (stout 튼튼한) → '(사람, 팔다리, 몸 등이) 튼튼한'에서 유래

**a** (몸이나 물건이) 튼튼한; 완강한
- This car has **sturdy** wheels. 이 차는 튼튼한 바퀴를 가지고 있다.

---

**758 succulent**
[sákjulənt]
★★★☆☆

suc (suck 빨다) → '빨아 먹을 수 있게 수분이 많은'에서 유래

**a** 수분이 많은, 맛있는; 흥미진진한
- a **succulent** steak[story] 맛 좋은 스테이크[흥미진진한 이야기]

---

**759 sullen**
[sálən]
★★☆☆☆

sul<soul (single 혼자의) → '혼자여서 기분이 언짢고 음울한'에서 유래

**a** 시무룩한, 기분이 언짢아 말을 하지 않는; 음침한, 음울한
- The **sullen** skies threatened rain.
음울한 하늘이 비를 퍼부을 듯했다.

---

**760 sultry**
[sáltri]
★☆☆☆☆

sult (swelter 무더위로 고생하다) → '너무 더워서 고생하는'에서 유래

**a** 무더운
- the **sultry** climate of the tropics 열대 지방의 무더운 기후

3
8

※ 복합어(compound words)는 숙어들이 한 단어로 결합된 형태가 많기 때문에 중요 빈출 숙어 파트를 모두 학습하고 나서 보는 것이 좋습니다.

## ~+ **down** 형 복합어

- **backdown** / 퇴각, 단념 retreat, withdrawal
- **blastdown** / (로켓의) 착륙
- **breakdown** / 고장 failure; 붕괴, 쇠약 collapse;

  분석 analysis
- **bringdown** / 실망; 신랄한 비꼼 sarcasm
- **buttondown** / 단추로 잠그는; 보수적인 conservative
- **crack-down** / 엄격한 단속 control
- **cutdown** / 축소, 삭감 reduction
- **dressing-down** / 질책, 꾸지람
- **hand-me-down** / 물림 옷, 기성복
- **knockdown** / 때려눕히기; 할인, 삭감; 조립식으로 된 것
- **low-down** / 비열한, 야비한;

  (무엇에 대해 가장 중요한) 실정(내막)
- **pulldown** / 펴고 접는 식의 fold-down, collapsible
- **putdown** / 착륙; 말대꾸, 혹평 stricture
- **run-down** / 황폐한 devastated; 건강을 망친
- **scaledown** / 계획적 축소, 규모 축소 reduction
- **showdown** / 최후의 결판 final, play-off
- **shutdown** / 임시휴업, 조업중단
- **sit-down** / 연좌 파업 sit-in; 앉아서 하는
- **standdown** / 중지, 철수 resignation
- **stepdown** / 단계적으로 감소하는; 감소
- **sundown** / 일몰 sunset
- **thumbsdown** / 불찬성, 거절 refusal
- **topdown** / 말단까지 잘 조직된 systematic
- **touchdown** / (비행기 · 우주선의) 착륙 landing;

  (럭비 · 미식축구에서) 터치다운; 득점
- **turndown** / (옷깃을) 접어 젖힌; 거절; 하강
- **upsidedown** / 거꾸로의 topsy-turvy
- **watered-down** / 물 탄 diluted

## ~+ **in** 형 복합어

- **add-in** / 증설용의 increased
- **all-in** / 모든 것을 포함함 inclusive; 녹초가 된 exhausted
- **built-in** / 붙박이의 fixed
- **call-in** / (라디오 · TV의) 시청자 전화 참가 프로
- **cave-in** / (광산의) 붕괴, 함몰 collapse; 실패
- **check-in** / (호텔) 체크인, 숙박절차; (항공기) 탑승 수속
- **cut-in** / (영화 · 방송의) 삽입 장면, 삽입 광고
- **drive-in** / 드라이브인 식의; 차를 몰고 들어가는 영화관, 식당
- **fade-in** / (영화 · 방송 등의) 페이드인

  (음향 · 영상이 점점 분명해지는 것)
- **lead-in** / (주제 · 행사 · 방송 등의) 도입부 introduction
- **sign-in** / 서명운동
- **pay-in** / 계좌 입금
- **stick-in-the-mud**

  / 인습적인, 보수적인 conservative, buttoned-up
- **stand-in** / 대역 understudy
- **stock-in-trade** / 상투적인 수단; 재고품
- **tie-in** / 끼워 파는 bundling
- **trade-in** / 신품 구입의 일부 금액용으로 내놓는 중고품
- **walk-in** / 예약 없이 들어가는, 뜨내기의; 서서 들어갈수있는
- **write-in** / 기명의 signed, 기명 투표

# se- ,sub-

★ ★ ★ ★ ☆   04.   segregate      □ □ □

01.   sojourn      □ □ □

11.   substantiate      □ □ □

---

★ ★ ★ ☆ ☆   07.   subsequent      □ □ □

13.   subvert      □ □ □

15.   suffocate      □ □ □

17.   supple      □ □ □

18.   supplement      □ □ □

21.   surreptitious      □ □ □

23.   susceptible      □ □ □

---

★ ☆ ☆ ☆ ☆   01.   seclude      □ □ □

02.   sedition      □ □ □

03.   seduce      □ □ □

05.   sever      □ □ □

02.   somber      □ □ □

03.   subjugate      □ □ □

04.   submerge      □ □ □

05.   subordinate      □ □ □

06.   subscribe      □ □ □

08.   subside      □ □ □

09.   subsidiary      □ □ □

10.   subsist      □ □ □

12.   subtract      □ □ □

14.   succumb      □ □ □

16.   suffrage      □ □ □

19.   supplicate      □ □ □

21.   surge      □ □ □

22.   surrogate      □ □ □

## 01 **seclude**
[siklú:d]
★☆☆☆☆

se (apart) +
clud (shut) →
'세상으로부터 떨어뜨려 문
을 닫다'에서 유래

**vt** 격리하다, 은둔시키다
- **seclude** oneself from society  사회로부터 은둔하다

## 02 **sedition**
[sidíʃən]
★☆☆☆☆

se (apart) +
dit<it (go) →
'질서로부터 떨어져 나가게
함'에서 유래

**n** (반란, 폭동 등의) 선동, 교사
- **sedition** against the government  정부에 반대하는 폭동 교사

## 03 **seduce**
[sidjú:s]
★☆☆☆☆

se (away) +
duc (lead) →
'남을 바른 길에서 이탈하도
록 이끌다'에서 유래

**vt** (나쁜 일을 하도록) 부추기다, 유혹하다
- **seduce** a person into committing a crime
  범죄를 저지르도록 남을 유혹하다

## 04 **segregate**
[ségrigeit]
★★★★☆

se (apart) +
greg (flock) →
'모여있는 상태에서 따로 떨
어뜨리다'에서 유래

**vt** 1 분리[격리]하다
2 인종 차별하다
- Boys and girls are **segregated** in this school.
  이 학교에서 남학생들과 여학생들은 분리된다.
- **segregate** the colored  유색 인종을 차별하다

## 05 **sever**
[sévər]
★☆☆☆☆

se (apart) +
ver<per (divide) →
'나누어 떨어뜨리다'
에서 유래

**v** 1 끊(기)다, 절단하다
2 (관계를) 끊다, 중단하다
- **sever** the rope with a knife  칼로 밧줄을 끊다
- **sever** all diplomatic relations with the country
  그 나라와의 모든 외교 관계를 끊다

## 01 **sojourn**
[sóudʒə:rn]
★★★★☆

so<sub (under) +
journ (day) →
'~아래서 며칠을 보내다'
에서 유래

**vi** 묵다, 체류하다
- **sojourn** many days in the desert  많은 날들을 사막에서 체류하다

**n** 체류, 체재
- enjoy a **sojourn** in Europe  유럽에서의 체류를 즐겁게 보내다

## 02 **somber**
[sámbər]
★☆☆☆☆

s<sub (under) +
omber<umbra (shadow) →
'어둠 속에 있는'에서 유래

**a** 1 어두운 2 우울한
- a **somber** room with dark furniture  어두운 색의 가구로 음침한 방
- A funeral is a **somber** occasion.  장례식은 우울한 일이다.

**03 subjugate**
[sʌ́bdʒugeit]
★☆☆☆☆

sub (under) +
jug (yoke) →
'부자유스럽게 속박을 씌워
아래에 두다'에서 유래

**vt** 정복하다, 복종[예속]시키다
- Ancient Rome **subjugated** most of Europe.
  고대 로마는 유럽 전역을 정복했다.

---

**04 submerge**
[səbmə́ːrdʒ]
★☆☆☆☆

sub (under) +
(merge 점차 ~로 바뀌다) →
'점차 (물) 아래로 내려가다'
에서 유래

**v** 물 속에 잠기다, 가라앉(히)다
- A big wave **submerged** us. 큰 파도가 우리를 물 속에 잠기게 만들었다.

---

**05 subordinate**
[səbɔ́ːrdənət]
★☆☆☆☆

sub (under) +
ordin (order) →
'명령권 하에 있는'에서 유래

**a** 예하[하위]의, 종속[부차]적인
- All other considerations are **subordinate** to our aim.
  다른 모든 고려 사항들은 우리의 목표에 종속된다.

**n** 하위에 있는 사람[것]
- treat one's **subordinates** very badly 부하들을 몹시 나쁘게 다루다

**vt** [-neit] 하위에 두다, 종속시키다
- **subordinate** one's wishes to general good
  자신의 바람을 전체 이익의 하위에 두다

---

**06 subscribe**
[səbskráib]
★☆☆☆☆

sub (under) +
scribe (write) →
'문서의 아래에 쓰다'에서 유래

**vt** 1 (돈을) 기부하다
2 (문서의 끝에) 쓰다, 서명하다
- **subscribe** $10,000 to the hospital
  병원에 10,000 달러를 기부하다
- **subscribe** one's name at the end of the will
  유언장의 끝에 자신의 이름을 서명하다

**vi** 1 동의[승낙]하다
2 (신문 · 잡지 등을) 정기 구독하다
- **subscribe** to a person's opinion 남의 의견에 동의하다
- **subscribe** to a few magazines 몇 권의 잡지를 정기구독하다

---

**07 subsequent**
[sʌ́bsikwənt]
☆☆☆☆☆

sub (under) +
sequent 잇따라 일어나는 →
'뒤에 잇따라 일어나는'
에서 유래

**a** 뒤[차후]의, 잇따른
- **Subsequent** events proved that he was right.
  잇따른 사건들이 그가 옳다는 것을 증명해 주었다.

---

**08 subside**
[səbsáid]
★☆☆☆☆

sub (under) + sid (sit) →
'~아래에 가라 앉다'에서 유래

**vi** 1 가라앉다, 침전하다 2 (비바람 · 소동 따위가) 진정되다
- The submarine **subsided** to escape enemy attack.
  그 잠수함은 적의 공격을 피하기 위해 가라앉았다.
- The waves **subsided** when the wind stopped.
  바람이 멈추자 파도가 잠잠해졌다.

## 09 **subsidiary**

[səbsídieri]
★☆☆☆☆

sub (under) +
sid (sit) ·
'아래에 앉아 있는'에서 유래

**a** 보조의, 부차[부가]적인

* ask a **subsidiary** question 부가 질문을 하다

**n** 부가[부속]물, 자회사

* The **subsidiary** is in France but the parent company is in America. 자회사는 프랑스에 있지만 모회사는 미국에 있다.

---

## 10 **subsist**

[səbsíst]
☆☆☆☆☆

sub (up to) +
sist (stand) →
'존속해 갈 수 있는 능력을 지니다'에서 유래

**vi** 1 살아가다 2 존재[존속]하다

* **subsist** chiefly on fish and meat
  주로 어류와 육류를 먹고 살아가다
* A club cannot **subsist** without members.
  클럽은 회원들 없이는 존속할 수 없다.

---

## 11 **substantiate**

[səbstǽnʃièit]
★★★★☆

sub (under) +
stant (stand) ·
'실제의 것으로 서게 하다'
에서 유래

**vt** 1 증명[입증]하다 2 구체[실체]화하다

* **substantiate** one's claim in a court
  법정에서 자신의 주장을 입증하다
* **substantiate** one's principles in one's behavior
  자신의 원칙들을 행동으로 구체화하다

---

## 12 **subtract**

[səbtrǽkt]
★☆☆☆☆

sub (under) +
tract (draw) →
'아래로 끌어 내리다'
에서 유래

**v** 빼다, 감하다

* **subtract** 50 from 100 100에서 50을 빼다

---

## 13 **subvert**

[səbvə́:rt]
★★★☆☆

sub (under) +
vert (change) →
'서 있는 것을 아래로 방향을
바꾸게 하다'에서 유래

**vt** 뒤엎다, 파괴하다

* Dictators **subvert** democracy. 독재자들은 민주주의를 파괴시킨다.

---

## 14 **succumb**

[səkʌ́m]
★☆☆☆☆

suc<sub (up) +
cumb (lie) ·
'아래로 눕다'에서 유래

**vi** 1 지다, 굴복하다 2 죽다

* **succumb** to the temptation 유혹에 굴복하다
* **succumb** of old age 고령으로 죽다

---

## 15 **suffocate**

[sʌ́fəkeit]
★★★☆☆

suf<sub (up) +
foc (throat) ·
'목졸라 숨을 못 쉬게 하다'
에서 유래

**v** (~의) 숨을 막다, 질식시키다

* be **suffocated** by heavy smoke 심한 연기로 인해 숨을 쉴 수 없다

---

## 16 **suffrage**

[sʌ́fridʒ]
★☆☆☆☆

suf<sub (nearby) +
frag (crash) ·
'권리를 외치는 군중들의 함
성'에서 유래

**n** 투표(권), 선거[참정]권

* grant **suffrage** to women 여성에게 투표권을 부여하다

### 17 supple
[sʌ́pl]
★★★☆☆

sup<sub (under) +
ple<plic (bend) ·
'몸을 아래로 자유롭게 굽히
는'에서 유래

**a** 1 (몸·물체 등이) **유연한** 2 (성격이) **온순한**

* exercise to keep oneself **supple**
  몸을 유연한 상태로 유지하기 위해 운동하다

---

### 18 supplement
[sʌ́pləmənt]
★★★☆☆

sup<sub (under) +
ple (fill) ·
'(완전하게 만들기 위해) 아
래에 채우는 것'에서 유래

**n** 보충물, 부록

* a travel **supplement** in the newspaper  신문의 여행 기사 부록

**vt** [- ment] 보안[보완]하다

* **supplement** one's diet with vitamin pills
  비타민 알약을 먹어서 자신의 규정식을 보충하다

---

### 19 supplicate
[sʌ́pləkeit]
★☆☆☆☆

sup<sub (under) +
plic (bend) ·
'몸을 아래쪽으로 굽히다'
에서 유래

**v** 애원하다, 간절히 부탁하다

* **supplicate** the judge to pardon him
  판사에게 그의 용서를 애원하다

---

### 20 surge
[səːrdʒ]
★☆☆☆☆

su<sub (up from under) +
rg (reach) →
'아래서부터 위까지 도달하
는 것'에서 유래

**n** 1 큰 파도 2 (감정의) 격동

* The sea was rolling in immense **surges**.
  그 바다에는 거대한 파도가 굽이치고 있었다.

* a **surge** of public opinion  여론의 격동

**vi** 1 (파도가) 요동치다 2 (군중·물가 따위가) 쇄도[급등]하다

* A great wave **surged** over us.  우리 위로 거대한 파도가 일었다.

* The angry mob **surged** through the streets.
  성난 폭도들이 거리에 밀어 닥쳤다.

---

### 21 surreptitious
[səːrəptíʃəs]
★★★☆☆

sur<sub (under) +
rept<rap (snatch) →
'(남 모르게) 밑에서 잡아채
는'에서 유래

**a** (주로 부정한 이유로) 비밀의, 은밀한

* a **surreptitious** peep  은밀한 엿보기

---

### 22 surrogate
[sʌ́rəgət]
★☆☆☆☆

sur<sub (under) +
rog (ask for) →
'윗사람 아래에 있도록 요청
된 사람'에서 유래

**n** 대리인

* the **surrogate** of an ecclesiastical judge
  교회 재판관의 대리인

---

### 23 susceptible
[səséptəbl]
★★★☆☆

sus<sub (under) +
cept<cap (take) →
'~의 영향력 하에 있는'
에서 유래

**a** 1 느끼기 쉬운, 영향받기[걸리기] 쉬운 2 ~할 수 있는

* She is very **susceptible** to persuasion.
  그녀는 설득에 매우 약하다.

* a sentence **susceptible** to various interpretations
  여러 가지의 해석이 가능한 문장

761 **sumptuous**
[sʌ́mptʃuəs]
★☆☆☆☆

sum (spend 쓰다) →
'비싼 값을 치러야 하는' 에서
유래

**a** 고가의, 사치스러운
• **sumptuous** clothes 고가의 의상

---

762 **sundry**
[sʌ́ndri]
☆☆☆☆☆

sund (separate 분리된) →
'분리된 여러 가지가 모여 잡
다한' 에서 유래

**a** 잡다한
• **sundry** suggestions 잡다한 제안들

---

763 **surly**
[sə́ːrli]
★☆☆☆☆

sur (imperious 오만한) →
'오만하여 말투가 통명스런'
에서 유래

**a** 무뚝뚝한, 통명스런
• a **surly** look[refusal] 통명스런 표정[거절]

---

764 **swallow**
[swɑ́lou]
★★☆☆☆

swal<swel (destroy 파괴하다)
→ '먹어 삼켜 모두 없애다'
에서 유래

**v** 꿀꺽 삼키다; 곧이곧대로 듣다; 견디다
• I had to **swallow** the insult. 나는 모욕을 견뎌야 했다.

---

765 **swamp**
[swɑmp]
★★☆☆☆

swamp<swampuz (sink 가라
앉다) → '바닥이 낮은 물 구덩
이' 에서 유래

**n** 늪, 습지
**v** 궁지에 빠뜨리다; (일 등이) 밀어닥치다
• be **swamped** by debts 빚더미에 앉다

---

766 **sway**
[swei]
★★☆☆☆

sway<swingan (swing 흔들다)
→ '흔들어 동요하다' 에서 유
래

**v** 흔들다, 흔들리다; 동요시키다[하다]
**n** 동요; 영향
• Nothing could **sway** her after she had made up her mind.
그녀가 결심한 후에는 어떤 것도 그녀를 동요시킬 수 없었다.

---

767 **swindle**
[swíndl]
★★☆☆☆

swind (cheat 속이다) →
'남의 것을 거짓으로 속여 빼
앗다' 에서 유래

**v** (돈 등을) 사취하다
• be **swindled** out of all the savings 모은 돈을 사기 당하다

---

768 **tacit**
[tǽsit]
★★★★☆

tac (silent 조용한) →
'입으로 말하지 않고 조용한'
에서 유래

**a** 무언의, 암묵[묵시]적인
• reach a **tacit** agreement 암묵적인 합의에 도달하다

---

769 **taciturn**
[tǽsətəːrn]
★★☆☆☆

tac (silent 조용한) →
'조용해 말이 없는' 에서 유래

**a** 말수가 적은
• a **taciturn** little girl 말수가 적은 여자 아이

---

770 **tackle**
[tǽkl]
★★☆☆☆

tack<take (잡다) →
'손으로 잡는 도구' 에서 유래

**n** 연장, 도구 ; <운동> 태클
**v** (힘든 문제에) 부딪히다, 다루다; 태클하다
• Everyone has his own problems to **tackle**.
모든 사람은 자신만의 해결해야 할 문제가 있다.

771 **tactful**
[tæktfəl]
★★☆☆☆

tact 사교상의 재치 +
ful (full 가득찬)

**a** 재치 있는, 빈틈없는
- A **tactful** reply does not hurt a person's feelings.
  요령 있는 답변은 사람의 감정을 다치게 하지 않는다.

772 **tactile**
[tæktil]
★☆☆☆☆

tact (touch 만지다) →
'만져서 느껴질 수 있는'에서
유래

**a** 촉각의
- a **tactile** organ 촉각 기관

773 **tainted**
[téintid]
★☆☆☆☆

taint<tact (touch 만지다) →
'사람의 손이 많이 닿아 오염
된'에서 유래

**a** 부패[오염]된
- **tainted** milk 부패된 우유

774 **tamper**
[tæmpər]
★★★☆☆

tamper<temper
(stretch 손을 뻗다) →
'여기 저기 손을 뻗듯이 간섭
하다'에서 유래

**v** 간섭하다; 함부로 변경하다
- be accused of **tampering** with evidence
  증거 조작 혐의로 고소되다

775 **tantalize**
[tæntəlaiz]
★☆☆☆☆

Tantalus 신화 속 인물 →
'음식이 닿을 듯 말 듯 한채로
물 속에 있는 처벌을 받았던
탄탈로스의 신화'에서 유래

**vt** 애태우게 하여 괴롭히다
- **tantalize** one's younger brother
  자기의 남동생을 애타게 하여 괴롭히다

776 **tantamount**
[tæntəmàunt]
★★☆☆☆

tant (as much 동일하게 ~만
큼) +
amount (amount to ~와 같
다) · '동등하게 거의 같은'
에서 유래

**a** 동등한, 같은
- The withdrawal of his statement is **tantamount** to an apology.
  그의 발언 취소는 사과를 표한 것과 마찬가지이다.

777 **tarnish**
[tá:rniʃ]
★★★☆☆

tarn (darken 어둡게 하다) →
'색과 명예를 어둡게 해 더럽
히다'에서 유래

**v** (광택을) 흐리게 하다 ; (명예를) 더럽히다
- **tarnish** its corporate image 기업의 이미지를 더럽히다

778 **tarry**
[tæri]
★★☆☆☆

tarry<tardare (delay 늦추다)

**v** 체제하다, 늦어지다
**a** [tá:ri] 타르(질)의, 타르를 칠한
- Time and tide **tarry** for no man. 세월은 사람을 기다리지 않는다.

779 **tease**
[ti:z]
★★☆☆☆

tease<tesen (pull 당기다) →
'잡아당기며 괴롭히다'에서
유래

**v** 괴롭히다, 졸라대다 ; 빗다
- That boy **teases** for everything he sees.
  저 소년은 보이는 모든 것을 사달라고 졸라댄다.

780 **tedium**
[tí:diəm]
☆☆☆☆☆

ted (disgust 싫음) →
'싫고 지루함'에서 유래

**n** 지루함
- conceal one's **tedium** 자신의 지루함을 숨기다

※ 복합어(compound words)는 숙어들이 한 단어로 결합된 형태가 많기 때문에 중요 빈출 숙어 파트를 모두 학습하고 나서 보는 것이 좋습니다.

## in + ~형 복합어

- **in-crowd** / 배타적인 집단, 소수 핵심 그룹 ingroup
- **in-depth** / 면밀한, 상세한 detailed; 심층의 profound
- **in-flight** / 비행중의
- **in-house** / 조직 내부의(에서), 사내의(에서) intra-office
- **in-kind** / 현물 지급의, 같은 종류의 물건에 의한
- **inland** / 내륙의 interior; 국내의 domestic
- **in-laws** / 결혼으로 인한 친척(시부모, 장인, 장모 등)

- **inlay** / 박아 넣다, 끼워 넣다 inset, implant
- **inlet** / 입구 entry, ingress
- **in-service** / 근무 중의, 재직 중에 진행되는
- **inside job** / 내부 범죄
- **intake** / 받아들이는 곳; 흡입 inhalation, suction
- **ingroup** / 배타적인 소집단 clique
- **injoke** / 특정 집단 내에서만 통용되는 조크 inside joke

## ~ + out 형 복합어

- **all-out** / 철저한, 전면적인 whole, overall
- **beatout** / 녹초가 된 worn out, exhausted
- **blackout** / 정전 power failure; 일시적 기억 상실; 보도 금지
- **checkout** / (호텔) 체크아웃, 계산; 점검 examination
- **close-out** / 정리세일; 완료, 성취 completion
- **comb-out** / 일제 정리; 철저 수색 thorough investigation
- **comingout** / 사교계 정식데뷔
- **dropout** / 중도 포기자[낙오자] straggler
- **far-out** / 파격적인, 과격한 offbeat, unusual
- **full-out** / 전면적인, 총력을 기울인 overall
- **handout** / 유인물; 동냥 alms
- **iceout** / 해빙 thawing
- **knockout** / 녹아웃; 매력적인 사람
- **let-out** / (곤란·의무로부터) 빠져나갈 길
- **living-out** / 통근하는; 통근 commute

- **rollout** / 첫 공개 commute; 착륙 후 활주
- **sellout** / 매진; 배신자, 밀고자 betrayer
- **shakeout** / (경기의) 진정화; 폭락; 재조직, 개편
- **shootout** / 총격전; 언쟁; 승부차기
- **sleepout** / 통근하는 commuting
- **standout** / 뛰어난; 뛰어난 사람
- **straight-out** / 철저한, 단도직입의 outright
- **stressed-out** / 스트레스가 쌓인 under pressure
- **turnout** / 모인 사람, 참석자 수; 생산액 output, yield
- **walkout** / 동맹파업 strike
- **washout** / (비로 인한) 행사의 실패; (홍수로 인한) 도로 유실
- **wayout** / 진보적인 final; 이국적인 exotic
- **wipeout** / 완패, 전멸; 극도의 피로
- **workout** / 운동, 연습 exercise; 기업가치 회생작업
- **worn-out** / 완전히 지친 exhausted; 닳은, 낡아빠진

# super- ,sur-, trans-

| ★ ★ ★ ★ ☆ | 02. | superfluous | ☐ ☐ ☐ |
| | 11. | surpass | ☐ ☐ ☐ |

| ★ ★ ★ ☆ ☆ | 02. | tranquil | ☐ ☐ ☐ |
| | 05. | transcribe | ☐ ☐ ☐ |
| | 07. | transient | ☐ ☐ ☐ |
| | 08. | transition | ☐ ☐ ☐ |
| | 15. | trespass | ☐ ☐ ☐ |

| ★ ★ ☆ ☆ ☆ | 03. | superintend | ☐ ☐ ☐ |
| | 06. | supersede | ☐ ☐ ☐ |
| | 04. | transcend | ☐ ☐ ☐ |

| ★ ☆ ☆ ☆ ☆ | 01. | superb | ☐ ☐ ☐ |
| | 05. | supernatural | ☐ ☐ ☐ |
| | 07. | supervise | ☐ ☐ ☐ |
| | 08. | surfeit | ☐ ☐ ☐ |
| | 09. | surmise | ☐ ☐ ☐ |
| | 10. | surmount | ☐ ☐ ☐ |
| | 12. | surplus | ☐ ☐ ☐ |
| | 03. | transaction | ☐ ☐ ☐ |
| | 06. | transgress | ☐ ☐ ☐ |
| | 09. | transmit | ☐ ☐ ☐ |
| | 10. | transparent | ☐ ☐ ☐ |
| | 11. | transpire | ☐ ☐ ☐ |
| | 12. | transplant | ☐ ☐ ☐ |
| | 13. | traverse | ☐ ☐ ☐ |
| | 14. | travesty | ☐ ☐ ☐ |

| ☆ ☆ ☆ ☆ ☆ | 04. | superlative | ☐ ☐ ☐ |
| | 01. | traduce | ☐ ☐ ☐ |

## 01 **superb**
[supə́:rb]
★ ☆ ☆ ☆ ☆

superb<super (over) ·
'(보통보다 훨씬) 위에 있는'
에서 유래

**a** 1 장엄[당당]한, 화려한
2 훌륭한, 뛰어난

- the **superb** prospect of the Grand Canyon
  그랜드 캐년의 장엄한 경관
- give a **superb** performance  뛰어난 연기를 하다

---

## 02 **superfluous**
[supə́:rfluəs]
★ ★ ★ ★ ☆

super (over) +
flu (flow) →
'~위에 흘러 넘친'에서 유래

**a** 불필요한, 여분의

- In writing telegrams it pays to omit **superfluous** words.
  전보를 쓸 때 불필요한 말들을 빼야 수지가 맞는다.

---

## 03 **superintend**
[su:pərinténd]
★ ★ ☆ ☆ ☆

super (over) +
intend 의도하다 →
'위에서 자기 의도대로 하다'
에서 유래

**v** 지휘[감독]하다

- **superintend** all interior decoration  모든 실내 장식을 감독하다

---

## 04 **superlative**
[səpə́:rlətiv]
☆ ☆ ☆ ☆ ☆

super (beyond) +
lat (carry) ·
'보통을 훨씬 뛰어 넘어 옮긴'
에서 유래

**a** 최상[최고]의

- a **superlative** performance[goods]  최고의 공연[상품]

**n** 최고의 사람[본보기]

- He is the **superlative** of honesty.  그는 정직한 점에서 최고의 본보기

---

## 05 **supernatural**
[su:pərnǽtʃrəl]
★ ☆ ☆ ☆ ☆

super (beyond) +
natural 자연의 →
'자연적인 것을 뛰어 넘은'
에서 유래

**a** 초자연적인, 불가사의한

- Angels and devils are **supernatural** beings.
  천사들과 악마들은 초자연적인 존재들이다.

**n** 초자연적인 현상[존재]

- belief in the **supernatural**  초자연적 현상에 대한 믿음

---

## 06 **supersede**
[su:pərsí:d]
★ ★ ☆ ☆ ☆

super (over) +
sed (sit) →
'기존에 있던 것을 밀어내고
그 위에 앉다'에서 유래

**vt** (사람 · 사물이) ~에 대신[대체]하다

- The cinema has been **superseded** by television.
  영화는 텔레비전으로 대체되어 왔다.

---

## 07 **supervise**
[sú:pərvaiz]
★ ☆ ☆ ☆ ☆

super (over) +
vis (see) →
'위에서 내려다 보다'
에서 유래

**vt** 관리[감독]하다

- Study halls are **supervised** by the teachers.
  자습실은 선생님들에 의해 관리된다.

08 **surfeit**
[sə́ːrfit]
★☆☆☆☆

sur<super(over) +
feit<fac(do) →
'너무 많은 식사를 함'
에서 유래

**n** 과식, 과다
- A **surfeit** of food makes one sick. 과식은 사람을 병들게 한다.

**v** 과식[과음]하다, 물리게 하다
- He is weary and **surfeited** of the business.
  그는 지쳐 있고 일에 신물이 났다.

09 **surmise**
[sərmáiz]
★☆☆☆☆

sur(upon) +
mis<mit(send) →
'어떤 점에 대해서 생각을
보냄'에서 유래

**n** 추측
- His remarks were pure **surmise**. 그의 말은 순전히 추측이었다.

**v** 추측[짐작]하다
- I **surmised** that he was unhappy. 나는 그가 불행하다고 짐작했다.

10 **surmount**
[sərmáunt]
★☆☆☆☆

sur(over) + mount 산 →
'산 위를 오르다'에서 유래

**vt** 1 (산·언덕에) 오르다, 넘다
2 ~위에 놓다[올라 있다]
3 (어려움을) 이겨내다, 극복하다
- **surmount** a hill 언덕을 넘다
- a steeple **surmounting** a church 교회 위에 놓여 있는 뾰족 탑
- I think most of these obstacles can be **surmounted**.
  난 대부분의 이런 장애들은 극복될 수 있다고 생각한다.

11 **surpass**
[sərpǽs]
★★★★☆

sur(beyond) +
pass 지나가다 →
'다른 사람의 능력 범위를
넘어 지나가다'에서 유래

**vt** ~보다 낫다, 초월하다
- The results **surpassed** all our expectations.
  그 결과들은 우리의 모든 예상을 초월했다.

12 **surplus**
[sə́ːrplʌs]
★☆☆☆☆

sur(over) + plus 더함 →
'너무 많이 더해짐'에서 유래

**n** 과잉, 잉여물
- Mexico has a large oil **surplus**.
  멕시코는 많은 양의 원유 잉여량을 가지고 있다

40

## 01 **traduce**
[trədjúːs]
☆☆☆☆☆

tra<trans (across) +
duc (lead) ·
'(상대방의 모든 나쁜 점들을) 이끌어내다'에서 유래

**vt** (남을) 비방하다, 중상하다

* a vain attempt to **traduce** one's political opponent
  정치적 적수를 비방하려는 헛된 시도

---

## 02 **tranquil**
[trǽŋkwil]
★★★☆☆

tran<trans (intensive) +
qui (quiet) ·
'완전히 조용한'에서 유래

**a** 조용한, 평온한

* the **tranquil** waters of the lake  잔잔한 호수

---

## 03 **transaction**
[trænsǽkʃən]
★☆☆☆☆

trans (through) +
act 행하다 · ·
'(일을) 처음부터 끝까지 실행함'에서 유래

**n** 1 (업무의) 처리, 취급
2 <종종~s> 거래

* attend to the **transaction** of important matters
  중요한 일의 처리에 신경을 쓰다
* cash **transactions**  현금 거래

---

## 04 **transcend**
[trænsénd]
★★☆☆☆

tran<trans (beyond) +
scend (climb) ·
'(어떤 것을) 뛰어 넘어 오르다'에서 유래

**v** (경험·지능 따위의 범위를) 넘다, 초월하다

* ideas that **transcend** our comprehension  우리가 이해할 수 없는 생z

---

## 05 **transcribe**
[trænskráib]
★★★☆☆

trans (over) +
scrib (write) ·
'(얇은 종이들) 위에 대고 똑같이 적다'에서 유래

**vt** 베끼다, 필기하다

* **transcribe** her shorthand notes  그녀의 속기 노트를 베끼다

---

## 06 **transgress**
[trænsgrés]
★☆☆☆☆

trans (across) +
gress (go) ·
'(정해진 구역을) 건너서 가다'에서 유래

**vt** 1 (제한·범위 따위를) 넘다, 벗어나다
2 (법률·명령 따위를) 위반하다, 어기다

* **transgress** the bounds of common sense  상식에서 벗어나다
* **transgress** the law  법률을 위반하다

---

## 07 **transient**
[trǽnʃənt]
★★★☆☆

trans (across) +
i<it (go) ·
'(매우 빠르게) 건너서 휙 지나가는'에서 유래

**a** 일시의, 덧없는

* a **transient** gleam of hope  순간적인 희망
* a **transient** lodger  단기 숙박자

**n** 단기 투숙객, 부랑자

* **transients** sleeping in the park  공원에서 잠을 자는 부랑자들

---

## 08 **transition**
[trænzíʃən]
★★★☆☆

trans (across) +
it (go) ·
'(한쪽에서 다른 쪽으로) 가로질러 건너감'에서 유래

**n** (위치·지위·상태의) 변천, 전이, 과도기

* She made the **transition** to married life with ease.
  그녀는 손쉽게 결혼생활로 전환했다.

## 09 transmit
[trænsmít]
★☆☆☆☆

trans(across) + mit(send) → '가로질러 보내다'에서 유래

**v** 1 ~을 보내다, 발송하다 2 (병을) 옮기다

- **transmit** a parcel by rail 소포를 철도편으로 보내다
- **transmit** a disease to others 다른 사람들에게 병을 옮기다

---

## 10 transparent
[trænspéərənt]
★☆☆☆☆

trans(through) + par(appear) → '투과시켜 볼 수 있는'에서 유래

**a** 1 투명한, 비쳐보이는 2 솔직한, 있는 그대로의
3 (문체 따위가) 명쾌한, 이해하기 쉬운

- **transparent** glass 투명 유리
- **transparent** earnestness 솔직한 열의
- a **transparent** discourse 명쾌한 논문

---

## 11 transpire
[trænspáiər]
★☆☆☆☆

trans(through) + spir(breathe) → '숨을 죽이고 몰래 말하다'에서 유래

**vi** 1 (비밀 따위가) 새다, 누설되다 2 일어나다, 생기다
3 (노폐물 따위를) 배출하다, 발산하다

- It later **transpired** that he hadn't been telling the truth.
  그가 진실을 말하지 않았다는 사실이 나중에 알려졌다.
- I heard later what **transpired** at the meeting.
  나는 그 회의에서 일어난 일을 나중에 들었다.
- Moisture **transpires** through the skin.
  수분은 피부를 통해 배출된다.

---

## 12 transplant
[trænsplænt]
★☆☆☆☆

trans(across) + plant 심다 → '옆으로 옮겨 심다'에서 유래

**vt** 1 (식물을) 옮겨 심다 2 (조직이나 심장 따위를 다른 몸에) 이식하다

- **transplant** flowers to a garden 뜰에 꽃을 옮겨 심다
- **transplant** a kidney 콩팥을 이식하다

---

## 13 traverse
[trǽvəːrs]
★☆☆☆☆

tra<trans(across) + vers(turn) → '가로질러 횡단하다'에서 유래

**vt** 1 ~을 가로지르다, 통과하다 2 (계획·의견 따위에) 반대하다, 부인하다

- a district **traversed** by canals 운하가 가로지르는 지방
- I must **traverse** several points.
  나는 몇 가지 점에 대하여 반대하지 않을 수 없다.

---

## 14 travesty
[trǽvəsti]
★☆☆☆☆

tra<trans(over) + vest(dress) → '~와 똑같이 옷을 입힘'에서 유래

**n** 익살스럽게 고친 것, 모방

- a **travesty** of justice 익살스럽게 고친 모의 재판

**vt** ~을 웃기게 만들다, 흉내내다

- **travesty** his mode of speech 그의 연설 방식을 우스꽝스럽게 흉내내다

---

## 15 trespass
[tréspəs]
★★★☆☆

tres<trans(across) + pass 통과하다 → '(서슴없이) 가로질러 통과하다'에서 유래

**vi** 《법》 (재산·권리 따위의) 불법 침해하다

- **trespass** on a person's land 남의 토지에 불법 침입하다

**n** 불법 침해 행위

- the laws relating to **trespass** 불법 침해 행위와 관련한 법률

40

781 **temerity**
[təmérəti]
★★★☆☆

temer (blind 눈 먼) →
'현실을 직시하지 못하고 눈
먼 상태'에서 유래

**n 무모함**
- have the **temerity** to answer back
  무모하게도 말대꾸를 하다

---

782 **temporal**
[témpərəl]
★☆☆☆☆

temper (time 시간) →
'짧은 시간 동안의'에서 유래

**a 세속의; 일시적인**
- **temporal** affairs  세속의 일

---

783 **tenable**
[ténəbl]
★★☆☆☆

ten (hold 유지하다) →
'이론을 유지하고 비난이나
비평에 견딜 수 있는'에서 유
래

**a 공격에 견딜 수 있는, 유지할 수 있는; 이치에 맞는**
- Your explanation is not **tenable** if you had witnessed it yourself.
  만약 당신 혼자 목격한 것이라면, 당신의 설명은 옹호될 수 없다.

---

784 **tenacious**
[tənéiʃəs]
★★★☆☆

ten (hold 유지하다) →
'꽉 쥐고 유지하려는'에서 유
래

**a 완강한**
- a very **tenacious** resistance  매우 완강한 저항

---

785 **tenet**
[ténit]
★★☆☆☆

ten (hold 유지하다) →
'유지하고자 하는 생각이나
사상'에서 유래

**n (특정 집단의) 주의(主義), 신조, 교리**
- a central **tenet** of the educational philosophy
  교육 철학의 중심 신조

---

786 **tenor**
[ténər]
★☆☆☆☆

ten (hold 갖고 있다) →
'어떤 것이 갖고 있는 고유의
성질'에서 유래

**n 취지, 성질; 방침, 방향; ≪음악≫ 테너**
- apprehend the general **tenor** of a speech
  연설의 전반적 취지를 이해하다

---

787 **tentative**
[téntətiv]
★★★☆☆

tent (try 시도하다) →
'시험 삼아 해 보는'에서 유래

**a 시험[일시]적인**
- draw up a **tentative** plan  시안(試案)을 짜다

---

788 **tenuous**
[ténjuəs]
★★★★☆

tenu (thin 얇은)

**a 얇은, 가는; 빈약한**
- the **tenuous** thread of a spider's web
  거미줄의 가는 실

---

789 **tenure**
[ténjər]
★☆☆☆☆

ten (hold 갖고 있다) →
'어떤 것을 갖고 있는 것'
에서 유래

**n 보유(권, 기간)**
- the **tenure** of the office of president  의장직의 재임 기간

---

790 **tepid**
[tépid]
★★★☆☆

tep(warm 따뜻한)

**a 미지근한**
- take a **tepid** bath  미지근한 물에 목욕하다

**791 terse**
[təːrs]
★☆☆☆☆

ter (clean 깨끗한) →
'지저분한 문장을 깨끗이 해
간결한'에서 유래

**a** (문체 등이) 간결한
• **terse** style of writing  간결한 문체

---

**792 tether**
[téðər]
★☆☆☆☆

teth (fasten 묶다) →
'밧줄로 묶다'에서 유래

**n** **vt** 밧줄(로 매다)
• **tether** the horses  말들을 밧줄로 매다

---

**793 therapeutic(al)**
[θèrəpjúːtik]
☆☆☆☆☆

therapeutic<therapeuticus
(curing 치료)

**a** 치료의
• Laughter is always of **therapeutic** benefit.
  웃음은 언제나 치료에 도움을 준다.

---

**794 thermal**
[θə́ːrməl]
★☆☆☆☆

therm (heat 열)

**a** 열의
• the **thermal** barrier  열의 장벽

---

**795 thorough**
[θə́ːrou]
★★★☆☆

thorough<thurkh
(through 내내) →
'동안 내내 철저한'에서 유래

**a** 철저한
• make a **thorough** search for the lost money
  잃어버린 돈을 철저히 조사하다

---

**796 thoroughfare**
[θə́ːroufèər]
★★★☆☆

through<thurkh (through 직
통의) + fare<faru (journey
여행) → '직통으로 여행할 수
있는 큰 도로'에서 유래

**n** 주요도로, 큰길
• congested traffic of a main **thoroughfare**
  간선도로의 혼잡한 교통

---

**797 throe**
[θrou]
★★☆☆☆

throe<throwe (pain 고통)→
'심한 고통'에서 유래

**n** <pl.> 심한 고통
• be in the **throes** of creating a book
  책을 쓰기 위해 창작의 고통을 겪다

---

**798 throng**
[θrɔːŋ]
★★☆☆☆

throng<drang (crowd 군중)
→ '군중'에서 유래

**n** 군중, 다수
**v** 떼를 지어 모이다
• People **thronged** the theater to see the famous
  actress.
  사람들은 유명한 여배우를 보기 위해 극장으로 모여들었다.

---

**799 thwart**
[θwɔːrt]
★★★★★

thwar (twist 비틀다) →
'일이 잘못되도록 비틀다'
에서 유래

**vt** 방해하다
• be **thwarted** in one's aims  자신의 목표가 방해 받다

---

**800 timid**
[tímid]
★☆☆☆☆

tim (fear 두려움) →
'두려움이 많은'에서 유래

**a** 겁 많은
• as **timid** as a hare  토끼처럼 겁이 많은

※ 복합어(compound words)는 숙어들이 한 단어로 결합된 형태가 많기 때문에 중요 빈출 숙어 파트를 모두 학습하고 나서 보는 것이 좋습니다.

## out + ~ 형 복합어

- **outback** / (호주의) 오지 remote area
- **outcome** / 결과 consequence
- **out-country** / 외국의; 전원의, 오지, 벽지 outback
- **outfront** / 진보적인; 솔직한 straightforward
- **outgo** / 지출 expenditure
- **outlay** / 지출한 돈 expenditure, disbursement
- **outlet** / 출구 exit, hole ; 가게, 점포 store

- **out-of-stock** / 품절된 sold out
- **out-of-the-way** / 먼, 외딴 remote
- **out-of-work** / 실직 중인 unemployed
- **out-party** / 야당 opposition party
- **outpost** / 전초부대 outstation
- **out-relief** / 시설 외에서의 빈민 구제, 원외 구제 outdoor relief

## over + ~ 형 복합어

- **overboard** / 배 밖으로, 물속으로
- **overcoat** / 외투, 오버코트; (페인트 등의) 보호막
- **overhead** / 총 경비 all-around cost
- **overland** / 육로로 by land
- **overlay** / 씌우다, 붙이다 cover, coat
- **overplay** / 과장해서 하다 exaggerate
- **overstaffed** / 필요 이상의 직원을 둔 overmanned
- **overstay** / 너무 오래 머무르다 outstay

- **overstep** / 지나치게 가다, 한도를 넘다 violate, contravene
- **overtime** / 초과 근무(수당) extra duties
- **over-the-counter** / 장외거래의; 처방전 없이 살 수 있는 OTC
- **over-the-top** / 정도를 지나친, 상식을 벗어난 excessive
- **over-the-hill** / 인생의 전성기를 지난 past one's speak
- **overtheroad** / 장거리 도로 수송의

## ~ + over 형 복합어

- **callover** / 점호 roll call
- **carry-over** / 이월, 이월품
- **going-over** / 철저한 조사; 엄한 꾸짖음
- **hand-over** / (경영권 · 재산 등의) 양도, 이양 transfer
- **hangover** / 잔존물, 숙취 morning after
- **made-over** / 다시 고쳐 만든, 개조한 reformed
- **pullover** / 풀오버(머리부터 입는 스웨터)
- **quickover** / 얼른 훑어보기 scanning
- **rollover** / 공중제비; 전복; 롤오버(금융기관이 만기부채의 상환을 연장해주는 조치)

- **run-over** / (인쇄) 지면을 초과한; (구두의 뒤축이) 한쪽만 닳은
- **sleepover** / 외박
- **stopover** / 잠시 들르기, 도중하차 layover
- **takeover** / 기업인수; (정권 등의) 탈취
- **turnover** / 전복 overthrow ; 거래액, 총 매상고 gross proceeds
- **walk-over** / 낙승, 일방적 승리 pushover
- **warmed-over** / (요리를) 다시 데운; (작품 등을) 재탕한 rehashed

# un-

Date :

| | | | |
|---|---|---|---|
| ★★★☆☆ | 23. | unprecedented | ☐ ☐ ☐ |
| | 24. | unquenchable | ☐ ☐ ☐ |
| | | | |
| ★★☆☆☆ | 04. | unbiased | ☐ ☐ ☐ |
| | 16. | uninterested | ☐ ☐ ☐ |
| | 28. | unscrupulous | ☐ ☐ ☐ |
| | | | |
| ★☆☆☆☆ | 02. | unattended | ☐ ☐ ☐ |
| | 07. | undaunted | ☐ ☐ ☐ |
| | 10. | undue | ☐ ☐ ☐ |
| | 14. | unfavorable | ☐ ☐ ☐ |
| | 15. | unfold | ☐ ☐ ☐ |
| | 17. | unkempt | ☐ ☐ ☐ |
| | 18. | unlikely | ☐ ☐ ☐ |
| | 19. | unload | ☐ ☐ ☐ |
| | 21. | unoccupied | ☐ ☐ ☐ |
| | 25. | unreliable | ☐ ☐ ☐ |
| | 26. | unremitting | ☐ ☐ ☐ |
| | 27. | unrest | ☐ ☐ ☐ |
| | | | |
| ☆☆☆☆☆ | 01. | unarmed | ☐ ☐ ☐ |
| | 03. | unbecoming | ☐ ☐ ☐ |
| | 05. | unbroken | ☐ ☐ ☐ |
| | 06. | unconditional | ☐ ☐ ☐ |
| | 08. | undo | ☐ ☐ ☐ |
| | 09. | undress | ☐ ☐ ☐ |
| | 11. | uneven | ☐ ☐ ☐ |
| | 12. | unfair | ☐ ☐ ☐ |
| | 13. | unfamiliar | ☐ ☐ ☐ |
| | 20. | unlock | ☐ ☐ ☐ |
| | 22. | unofficial | ☐ ☐ ☐ |

## 01 **unarmed**
[ʌnɑ́:rmd]
☆ ☆ ☆ ☆ ☆

un (not) +
armed 무장한 →
'무장하지 않은'에서 유래

**a** 비무장의

- The army became used to **unarmed** combat. 그 군대는 비무장 전투에 익숙해졌다.

## 02 **unattended**
[ʌnəténdid]
★ ☆ ☆ ☆ ☆

un (not) +
attend 수행하다 →
'수행하는 사람이 없는'
에서 유래

**a** 1 수행원이 없는, 단독의
2 방치된, 돌보지[치료 받지] 않는

- an **unattended** summit conference 단독 정상 회담
- **unattended** luggage[wounds] 방치된 수하물[치료받지 못한 상처]

## 03 **unbecoming**
[ʌnbikʌ́miŋ]
☆ ☆ ☆ ☆ ☆

un (not) +
becoming 어울리는 →
'어울리지 않는'에서 유래

**a** 어울리지 않는, 부적당한

- **unbecoming** clothes[behavior] 어울리지 않는 옷[행동]

## 04 **unbiased**
[ʌnbáiəst]
★ ★ ☆ ☆ ☆

un (not) +
biased 편견이 있는 →
'편견이 없는'에서 유래

**a** 편견이 없는, 공정한

- an **unbiased** opinion 공정한 의견

## 05 **unbroken**
[ʌnbróukən]
☆ ☆ ☆ ☆ ☆

un (not) +
broken 파손된 →
'파손되지 않은'에서 유래

**a** 1 파손되지 않은, 완전한
2 길들여지지 않은

- an **unbroken** dish 파손되지 않은 접시
- an **unbroken** colt 길들여지지 않은 망아지

## 06 **unconditional**
[ʌnkəndíʃənl]
☆ ☆ ☆ ☆ ☆

un (not) +
conditional 조건부의 →
'조건부가 아닌'에서 유래

**a** 무조건적인, 절대적인

- an **unconditional** refusal 무조건적인 거절

## 07 **undaunted**
[ʌndɔ́:ntid]
★ ☆ ☆ ☆ ☆

un (not) +
daunt 기를 꺾다 →
'조금도 기가 꺾이지 않는'
에서 유래

**a** (자신의 뜻을) 굽히지 않는, 용감한

- an **undaunted** leader 용감한 지도자

## 08 **undo**
[ʌndú:]
☆ ☆ ☆ ☆ ☆

un (reverse) +
do 하다 →
'~한 것을 원래대로 되돌리
다'에서 유래

**vt** 1 (묶인 것 등을) 풀다, 열다
2 (노력 · 결과 등을) 망치다

- **undo** the parcel 소포를 풀다
- The fire **undid** months of hard work.
  그 화재가 수개월간의 고된 작업을 헛수고로 만들었다.

## 09 **undress**
[ʌndrés]
☆ ☆ ☆ ☆ ☆

un (reverse) +
dress 옷을 입히다 →
'옷을 벗기다'에서 유래

**v** 옷을 벗(기)다

- **undress** oneself to go into the swimming pool
  수영장 안으로 들어가기 위해 옷을 벗다

**n** 1 [ʌn-] 평상복
2 옷을 안 입은 상태

- go to work in wearing the **undress** 평상복을 입고 출근하다
- **undress** uniform 평상 군복
- run out in a state of **undress** 옷을 안 입은 채로 뛰쳐나가다

## 10 **undue**
[ʌndjúː]
★ ☆ ☆ ☆ ☆

un (not) +
due 적당한 →
'적당하지 않은'에서 유래

**a** 1 부적당한
2 과도한, 지나친
3 (지불) 기한이 되지 않은

- make rude and **undue** remarks 무례하고 부적당한 말을 하다
- leave with **undue** haste 지나치게 서둘러 떠나다
- discount an **undue** bill 지불 기한이 되지 않은 어음을 할인하다

## 11 **uneven**
[ʌníːvn]
☆ ☆ ☆ ☆ ☆

un (not) +
even 평평한 →
'평평하지 않은'에서 유래

**a** 1 평평하지 않은
2 불규칙한
3 (양측의) 균형이 맞지 않는, 대등하지 않은
4 홀수의

- The road surface is very **uneven** here.
  이곳의 도로 표면은 매우 울퉁불퉁하다.
- His heart beat at an **uneven** rate.
  그의 심장은 불규칙하게 뛰었다.
- an **uneven** contest 대등하지 않은 경쟁
- 1, 3, 5, 7, and 9 are **uneven** numbers.
  1, 3, 5, 7, 9는 홀수이다.

## 12 **unfair**
[ʌnféər]
☆ ☆ ☆ ☆ ☆

un (not) +
fair 공평한 →
'공평하지 않은'에서 유래

**a** 1 불공평한, 부당한
2 부정직한

- an **unfair** decision by an umpire 심판에 의한 불공정한 판정
- **unfair** business practices 부정직한 사업 관행

## 13 **unfamiliar**
[ʌnfəmíliə(r)]
☆ ☆ ☆ ☆ ☆

un (not) +
familiar 잘 아는 →
'잘 모르는'에서 유래

**a** 생소한, 익숙하지 않은

- the **unfamiliar** face[subject] 생소한 얼굴[주제]

4
1

14 **unfavorable**
[ʌnféivərəbl]
★☆☆☆☆

un (not) +
favorable 유리한
'유리하지 않은'에서 유래

**a** 1 (~하기에) **나쁜, 불리한**
2 **비호의적인, 비판적인**

- an **unfavorable** situation for starting a new business
  새로운 사업을 시작하기에 불리한 상황
- an **unfavorable** attitude  비호의적인 태도

---

15 **unfold**
[ʌnfóuld]
★☆☆☆☆

un (reverse) +
fold 접다
'접은 것을 펴다'에서 유래

**v** 1 **펴다, 펼치다**
2 (~의 생각을) **나타내다, (이야기가) 전개되다[하다]**

- **unfold** a map[newspaper]  지도[신문]를 펼치다
- **unfold** the plot of a story  이야기의 줄거리를 전개하다

---

16 **uninterested**
[ʌníntrəstid]
★★☆☆☆

un (not) +
interested 흥미를 갖고 있는
'흥미를 갖고 있지 않은'
에서 유래

**a** **무관심한, 냉담한**

- be **uninterested** in politics  정치에 무관심하다

---

17 **unkempt**
[ʌnkémpt]
★☆☆☆☆

un (not) +
kempt 머리를 빗질한
'머리를 빗질하지 않은'
에서 유래

**a** (머리·복장이) **단정치 못한, 흐트러진**

- the **unkempt** hair and clothes of a tramp
  방랑자의 흐트러진 머리와 옷

---

18 **unlikely**
[ʌnláikli]
★☆☆☆☆

un (not) +
likely 있을 것 같은
'있을 것 같지 않은'에서 유래

**a** **있을[일어날] 것 같지 않은**

- The horse is **unlikely** to win the race.  그 말이 경주에서 승리하는 일은 일어날 것 같지 않다.

---

19 **unload**
[ʌnlóud]
★☆☆☆☆

un (reverse) +
load 짐을 싣다
'실은 짐을 내리다'에서 유래

**vt** 1 (배·차 등에서) **짐을 내리다**
2 **마음의 짐을) 덜다, 없애다**

- **unload** the parcels from the car  차에서 짐 꾸러미를 내리다
- **unload** one's trouble onto one's mother  엄마에게 털어 놓아서 자신의 고민을 덜다

---

20 **unlock**
[ʌnlɑ́:k]
☆☆☆☆☆

un (reverse) +
lock 자물쇠를 잠그다
'잠겨 있는 자물쇠를 열다'
에서 유래

**vt** 1 **자물쇠를 열다**
2 (마음을) **털어놓다, 드러내다**

- **unlock** the door and then open it  자물쇠를 풀고 문을 열다
- **unlock** one's inmost thought  자신의 마음속 깊은 생각을 털어놓다

21 **unoccupied**
[ʌnáːkjupaid]
★☆☆☆☆

un (not) +
occupied 점유된 →
'점유되지 않는'에서 유래

**a** 1 점유되지 않는, 비어있는
2 할 일이 없는, 한가한
- an **unoccupied** house[parking space]
  비어 있는 집[주차 공간]
- **unoccupied** hours of a holiday  휴일의 한가한 시간

22 **unofficial**
[ʌnəfíʃl]
☆☆☆☆☆

un (not) +
official 공식적인 →
'공식적인 아닌'에서 유래

**a** 비공식의
- an **unofficial** meeting[visit]  비공식 모임[방문]

23 **unprecedented**
[ʌnprésədentid]
★★★☆☆

un (not) +
precedented 선례가 있는 →
'선례가 없는'에서 유래

**a** 선례[전례]없는
- **unprecedented** rainfall[price increases]
  전례 없는 강우량[물가 상승]

24 **unquenchable**
[ʌnkwéntʃəbl]
★★★☆☆

un (not) +
quenchable 억누를 수 있는
→ '억누를 수 없는'에서 유
래

**a** 억누를 수 없는
- an **unquenchable** thirst  억누를 수 없는 갈증

25 **unreliable**
[ʌnriláiəbl]
★☆☆☆☆

un (not) +
reliable 믿을 만한 → '믿을만
하지 않은'에서 유래

**a** 믿을[신뢰할] 수 없는
- an **unreliable** person[source]  믿을 수 없는 사람[소식통]

26 **unremitting**
[ʌnrimítɪŋ]
★☆☆☆☆

un (not) +
remit 늦추다 →
'늦추지 않는'에서 유래

**a** 끊임 없는, 꾸준한
- an **unremitting** struggle  꾸준한 노력

27 **unrest**
[ʌnrést]
★☆☆☆☆

un (not) +
rest 안정 →
'안정되지 않은 상태'
에서 유래

**n** (특히 대중적인) 불안
- a period of industrial **unrest** with continual strikes
  계속적인 파업으로 인한 산업계의 불안의 시기

28 **unscrupulous**
[ʌnskrúːpjələs]
★★☆☆☆

un (not) +
scrupulous 양심적인 →
'양심적인 아닌'에서 유래

**a** 비양심[비도덕]적인
- an **unscrupulous** salesman  비양심적인 세일즈맨

801 **timorous**
[tímərəs]
★★☆☆☆

tim (fear 두려움) →
'두려움을 가지고 겁이 많은'
에서 유래

**a** 겁이 많은
- The **timorous** rabbit ran away. 겁 많은 토끼가 달아났다.

---

802 **tirade**
[táireid]
★★☆☆☆

tir (volley 일제 사격) →
'말로서 일제 사격하듯이 하
는 긴 연설'에서 유래

**n** 긴 비난 연설
- a **tirade** against the church 교회에 대한 긴 비난 연설

---

803 **titular**
[títʃulər]
★☆☆☆☆

titul (title 이름) →
'이름만 있는'에서 유래

**a** 이름뿐인
- the **titular** ruler 이름뿐인 통치자

---

804 **toil**
[tɔil]
★★☆☆☆

toil<toiler(stir up 휘젓다) →
'여기저기 휘젓고 다니며 힘
써 일하다'에서 유래

**n** (뼈 빠지는) 일, 노역
**v** 힘써 일하다, 고생하다
- a life of hardship and **toil** 역경과 노역의 삶

---

805 **topple**
[tápl]
★★★☆☆

top 정상 →'전복하여 정상을
차지하다'에서 유래

**v** (정권을) 전복시키다, 타도하다
- plot to **topple** the government 정부타도를 음모하다

---

806 **torpid**
[tɔ́ːrpid]
★★★☆☆

torp (numb 둔한) →
'둔하여 활발하지 못한'에서
유래

**a** 둔한, 활발하지 못한
- The heat and humidity made us **torpid**.
  열과 습기는 우리를 활발하지 못하게 했다.

---

807 **tortuous**
[tɔ́ːrtʃuəs]
☆☆☆☆☆

tort (twist 뒤틀다) →
'뒤틀려서 꾸불꾸불한'에서
유래

**a** 꾸불꾸불한
- hike along a **tortuous** trail 꾸불꾸불한 오솔길을 따라 걷다

---

808 **touchy**
[tʌ́tʃi]
★★☆☆☆

touch 만지다 →
'만지는 손길에 민감한'에서
유래

**a** (사람·문제 등이) 까다로운; 과민한
- a **touchy** subject in scientific communities
  과학계 내의 민감한 사안

---

809 **toxic**
[táksik]
★★★☆☆

tox (poison 독) →
'독이 있는'에서 유래

**a** 유독한
- **toxic** fumes[waste] 유독한 연기[폐기물]

---

810 **tractable**
[trǽktəbl]
★★☆☆☆

tract (draw 끌다) →
'원하는 대로 잘 끌려와 다루
기 쉬운'에서 유래

**a** 다루기 쉬운
- the **tractable** children 다루기 쉬운 아이들

811 **trample**
[trǽmpl]
★☆☆☆☆

tramp<trampen (stamp 밟다) → `짓밟다`에서 유래

**v 짓밟다, 뭉개다**
- **trample** grass down 잔디를 밟아 뭉개다

---

812 **traumatic**
[trəmǽtik]
★☆☆☆☆

traumatic<traumaticus (pertaining to a wound 부상과 관련된) → `정신적인 부상을 입을 정도로 충격적인`에서 유래

**a 외상성의; (매우) 충격적인**
- a painful and **traumatic** experience
  고통스럽고 충격적인 경험

---

813 **travail**
[trəvéil]
★☆☆☆☆

travailler<travail (toil 노역)

**n 노고**
- require a lot of efforts and **travail**
  많은 노력과 고생을 필요로 하다

---

814 **treaty**
[tríːti]
★☆☆☆☆

(treat 다루다) → `국가간의 문제를 다룸`에서 유래

**n 조약, 협정**
- a commercial **treaty** 통상 조약

---

815 **tremendous**
[triméndəs]
★★☆☆☆

trem (shudder 떨다) → `떨 정도로 너무나 크고 대단한`에서 유래

**a 무서운; 거대한; 굉장한**
- a wrestler of **tremendous** strength
  엄청난 힘의 레슬링 선수

---

816 **trenchant**
[trént∫ənt]
★☆☆☆☆

trench (cut 자르다) → `자르듯이 날카로운`에서 유래

**a 날카로운**
- **trenchant** wit 날카로운 기지

---

817 **trepidation**
[trepədéi∫ən]
★★☆☆☆

trep (tremble 떨다) → `몸을 떨게 만드는 두려움`에서 유래

**n 두려움**
- face the enemy without **trepidation**
  두려움 없이 적에 대항하다

---

818 **tribunal**
[traibjúːnl]
★★★☆☆

tribun (head of a tribe 족장) → `족장을 정하는 법정`에서 유래

**n 법정, 법원**
- the decision of the **tribunal** 법원의 판결

---

819 **tribute**
[tríbjuːt]
★☆☆☆☆

trib (pay 주다) → `나라에 바치는 공물`에서 유래

**n 찬사, 공물**
- pay **tribute** to dead soldiers
  사망한 병사들에게 찬사를 보내다

---

820 **trite**
[trait]
★☆☆☆☆

trit (wear out 닳다) → `많이 사용해 닳고 진부한`에서 유래

**a 진부한**
- The plot of this play is **trite**. 이 희곡의 줄거리는 진부하다.

※ 복합어(compound words)는 숙어들이 한 단어로 결합된 형태가 많기 때문에 중요 빈출 숙어 파트를 모두 학습하고 나서 보는 것이 좋습니다.

## on + ~ 형 복합어

- **on-dit** / 소문, 평판 reputation
- **on-limits** / 출입이 허가된
- **on-line** / 온라인으로, 인터넷으로
- **onramp** / 진입로 ramp, driveway
- **on-scene** / 현지의, 현장의 on-site
- **onset** / 습격, 공격 assault ; 개시, 시작 beginning
- **on-target** / 정확한, 적중한
- **on-the-record** / 보도를 전제로 한
- **onward** / 전방으로, 앞으로 forward

### ~ + on 형 복합어

- **bang-on** / 딱 들어맞는, 굉장한
- **carry-on** / 기내 휴대 수화물 hand baggage
- **come-on** / 유혹하는 것; 경품, 싸구려 상품
- **dead-on** / 아주 정확한
- **goings-on** / (비난받을 만한) 행위
- **hanger-on** / 식객 parasite, sponger
- **head-on** / 정면으로 부딪히는
- **knock-on** / 도미노효과 domino effect
- **odds-on** / 승산이 있는
- **puton** / 겉치레(의) pretentious
- **right-on** / 완전히 옳은, 시대정신에 맞는, 진보적인
- **switched-on** / 유행의 첨단을 걷는, 유행 등에 민감한
- **tryon** / 시도, 입어보기
- **walk-on** / 단역의, (대사 없이 아주 잠깐 등장하는) 단역

## off + ~ 형 복합어

- **off-and-on** / 불규칙한, 간헐적인 irregular
- **offbeat** / 기묘한, 별난 far-out
- **offduty** / 비번의 off-guard
- **off-balance** / 균형을 잃은 unbalanced ;

  쩔쩔매는 at a loss
- **off-guard** / 방심한, 부주의한
- **off-hand** / 즉석의 unrehearsed
- **offhour** / 휴식 시간 rest, break
- **off-key** / 음정이 안 맞는; 비정상적인, 부적절한
- **off-limits** / 출입금지의 out of bounds
- **offline** / 오프라인의; 정기노선 외의
- **offroad** / 일반[포장] 도로 외에서도 행해지는
- **offset** / 상쇄하다, 벌충하다 compensate, redeem
- **off-the-cuff** / 즉석의 off-hand
- **off-the-rack** / 기성품인 ready-made
- **off-the-record** / 보도되지 않는, 비공식의 informal
- **off-the-road** / 차가 고장난 broken, out of order

# un-, under-, up

Date :

| | | | |
|---|---|---|---|
| ★★★☆☆ | 32. | unstable | ☐ ☐ ☐ |
| | 04. | undermine | ☐ ☐ ☐ |
| ★★☆☆☆ | 35. | unwholesome | ☐ ☐ ☐ |
| | 05. | undertake | ☐ ☐ ☐ |
| ★☆☆☆☆ | 29. | unseemly | ☐ ☐ ☐ |
| | 31. | unsophisticated | ☐ ☐ ☐ |
| | 01. | underestimate | ☐ ☐ ☐ |
| | 03. | underlying | ☐ ☐ ☐ |
| | 01. | upbraid | ☐ ☐ ☐ |
| | 02. | upgrade | ☐ ☐ ☐ |
| | 03. | upheaval | ☐ ☐ ☐ |
| | 07. | uproar | ☐ ☐ ☐ |
| ☆☆☆☆☆ | 30. | unsettled | ☐ ☐ ☐ |
| | 33. | unsuitable | ☐ ☐ ☐ |
| | 34. | untold | ☐ ☐ ☐ |
| | 02. | underhand | ☐ ☐ ☐ |
| | 04. | uplift | ☐ ☐ ☐ |
| | 05. | uppermost | ☐ ☐ ☐ |
| | 06. | uprising | ☐ ☐ ☐ |
| | 08. | uproot | ☐ ☐ ☐ |

## 29 **unseemly**

[ʌnsíːmli]

★☆☆☆☆

un (not) +
seemly 어울리는 →
'어울리지 않는'에서 유래

**a** 어울리지 않는, 부적당한

- leave with **unseemly** haste   부적절하게 서둘러 떠나다

## 30 **unsettled**

[ʌnsétld]

☆☆☆☆☆

un (not) +
settled 정해진 →
'정해지지 않은'에서 유래

**a** 1 결정되지 않은, 미해결의
2 변하기 쉬운, 불안정한
3 (사람이) 거주[정착]하지 않은

- The dispute remains **unsettled**.
  그 분쟁은 여전히 미해결인 상태다.
- an **unsettled** mind[government]   불안정한 마음[정부]
- Some parts of the world are still **unsettled**.
  세계의 몇몇 지역에는 여전히 사람이 거주하지 않는다.

## 31 **unsophisticated**

[ʌnsəfístikeitid]

★☆☆☆☆

un (not) +
sophisticated 세련된 →
'꾸밈없이 순진한'에서 유래

**a** 1 (사람이) 순진한
2 (기계 등의) 복잡하지 않은, 단순한

- an **unsophisticated** young woman   순진한 젊은 여자
- **unsophisticated** machinery   복잡하지 않은 기계

## 32 **unstable**

[ʌnstéibl]

★★★☆☆

un (not) + stable 안정된 →
'안정되지 않은'에서 유래

**a** 불안정한, 흔들(거)리는

- an **unstable** bookcase[mind]   흔들거리는 책장[마음]

## 33 **unsuitable**

[ʌnsúːtəbl]

☆☆☆☆☆

un (not) +
suitable 적당한 →
'적당하지 않은'에서 유래

**a** 부적당한, 적임이 아닌

- Milk is **unsuitable** for freezing.   우유는 얼리기에 부적당하다.

## 34 **untold**

[ʌntóuld]

☆☆☆☆☆

un (not) + told 말하여진 →
'말해지지 않은'에서 유래

**a** 1 밝혀지지 않은
2 헤아릴 수 없는, 막대한

- an **untold** secret[doubt]   밝혀지지 않은 비밀[의혹]
- spend **untold** money   막대한 자금을 지출하다

## 35 **unwholesome**

[ʌnhóulsəm]

★★☆☆☆

un (not) +
wholesome 건강에 좋은 →
'건강에 좋지 않은'에서 유래

**a** 1 (정신적 혹은 육체적) 건강에 해로운, 유해한
2 건강하지 못한

- an **unwholesome** diet   건강에 해로운 음식
- an **unwholesome** child   건강하지 못한 아이

## 01 **underestimate**
[ʌndəréstɪmeit]
★ ☆ ☆ ☆ ☆

under (below) +
estimate 평가하다 →
'(실제보다) 낮게 평가하다'
에서 유래

**v** 낮게[과소] 평가하다

- **underestimate** the cost of materials
  원료의 가격을 낮게 평가하다

---

## 02 **underhand**
[ʌndərhænd]
☆ ☆ ☆ ☆ ☆

under (below) +
hand 손 →
'손을 아래로 한'에서 유래

**a ad** 1 비밀의[로], 음흉한[하게]
2 밑으로 던지는[던져]

- acquire the money in a most **underhand** manner
  가장 비밀스런 방법으로 돈을 얻다
- an **underhand** pitch (어깨 아래에서 위로) 던지는 투구

---

## 03 **underlying**
[ʌndərlaiiŋ]
★ ☆ ☆ ☆ ☆

under (below) +
lying 누워 있는 →
'아래에 누워 있는'에서 유래

**a** 기초[근본]적인

- The **underlying** message of the report was quite optimistic.
  그 보고서의 근본적인 메시지는 상당히 낙관적이었다.

---

## 04 **undermine**
[ʌndərmáin]
★ ★ ★ ☆ ☆

under (below) +
mine 파다 →
'~의 아래를 파다'에서 유래

**vt** 1 (~의) 밑을 파다, (~의) 토대를 침식하다
2 (명성 따위를) 훼손[손상]시키다

- The wave had **undermined** the cliff.
  파도가 절벽의 토대를 침식시켰다.
- **undermine** the chairman's influence by spreading lies about him
  그에 대한 거짓말을 퍼뜨림으로써 회장의 영향력을 약화시키다

4
2

---

## 05 **undertake**
[ʌndərtéik]
★ ★ ☆ ☆ ☆

under (below) +
take 떠맡다 →
'(일·책임 따위를) 떠맡다'
에서 유래

**vt** 1 떠맡다, (~의) 책임을 지다
2 약속[보증]하다
3 시작[착수]하다

- **undertake** responsibility for the failure
  실패에 대한 책임을 지다
- **undertake** to pay the money back within six months
  6개월 안에 돈을 갚기로 약속하다
- **undertake** a journey[an enterprise]
  여행[사업]을 시작하다

## 01 **upbraid**
[ʌpbréid]
★☆☆☆☆

up (up) +
braid 머리를 땋다 →
'머리카락이 위로 바짝 서게
하다'에서 유래

**vt** (신랄하게) **비난하다, 야단치다**

* **upbraid** a person for his errors
  잘못에 대해 남을 심하게 야단치다

## 02 **upgrade**
[ʌ́pgreid]
★☆☆☆☆

up (up) +
grade 등급 ·
'등급을 위로 끌어 올리다'
에서 유래

**vt** 1 (직원 등을) **승진시키다**
2 (제품의) **질을 높이다, 향상시키다**

* He's hoping to be **upgraded**. 그는 승진될 희망에 부풀어 있다.
* **upgrade** a computer by adding expansion chip
  확장칩을 추가함으로써 컴퓨터의 성능을 향상시키다

## 03 **upheaval**
[ʌphíːvl]
★☆☆☆☆

up (up) +
heav<heb (seize) · ·
'갑자기 위로 확 들어올림'
에서 유래

**n** (사회의) **대격변, 대혼란**

* post-war political and social **upheaval** 전후 정치 · 사회적 대격변

## 04 **uplift**
[ʌplíft]
☆☆☆☆☆

up (up) +
lift 올리다 ·
'위로 올리다'에서 유래

**vt** 1 **올리다, 높이다**
2 (사기를) **고양[고취]시키다**

* Let your voices be **uplifted** in song.
  노래 부를 때 너의 목소리를 높여라.
* **uplift** the mind and soul by prayer
  기도로 마음과 영혼을 고취시키다

## 05 **uppermost**
[ʌ́pərmoust]
☆☆☆☆☆

up에 최상급 ·
'가장 위에 있는'에서 유래

**a ad** **최고[최상]의[으로]**

* the **uppermost** reaches of the Amazon 아마존의 최상류 지역

## 06 **uprising**
[ʌ́praiziŋ]
☆☆☆☆☆

up (up) + rise 일어나다 ·
'(분노에 차) 위로 들고 일어
남'에서 유래

**n** **반란, 폭동**

* a popular **uprising** against tyranny 폭정에 반대하는 민중의 반란

## 07 **uproar**
[ʌ́prɔ:(r)]
★☆☆☆☆

up (up) +
roar 고함소리 ·
'사람들이 마구 고함을 지르
는 모습'에서 유래

**n** **소란, 소동**

* The whole place was in an **uproar**. 그 곳은 소란에 휩싸여 있었다.

08 **uproot**

[ʌprúːt]

☆ ☆ ☆ ☆ ☆

up (up) + root 뿌리 →
'뿌리를 위로 뽑아버리다'에
서 유래

**vt** 1 (나무를) **뿌리째 뽑다,** (악습을) **근절하다**

2 (정든 집 · 가족을) **떠나다, 몰아내다**

- The storm **uprooted** many trees.

  폭풍이 많은 나무들을 뿌리째 뽑아버렸다.

- To look for the new job, she had to **uproot** her family.

  새로운 직업을 찾기 위해 그녀는 가족을 떠나야 했다.

4
2

821 **truce**
[truːs]
★★☆☆☆

truce<trewe (covenant 약속, 계약) → '전쟁을 잠시 멈추거나 끝내자는 약속'에서 유래

**n** 휴전(협정), 정전; (고통의) 중지, 경감
**v** 휴전하다
- The hot weather gave the old man a **truce** from rheumatism.
  더운 날씨는 노인에게 류마티즘의 고통을 없애주었다.

---

822 **truculent**
[trʌ́kjulənt]
★★☆☆☆

truculent<truculentus (fierce 포악한)

**a** 호전적인, 잔혹한
- fall into a **truculent** mood 살기를 띠다

---

823 **tumble**
[tʌ́mbl]
★☆☆☆☆

tumble<tummelen (turn 좌충우돌다) → '춤을 추다가 넘어지다'에서 유래

**v** 넘어지다; <to> ~을 깨닫다
- **tumble** down the stairs 계단에서 굴러 떨어지다

---

824 **turbid**
[tə́ːrbid]
★☆☆☆☆

turb (stir up 휘젓다) → '더러운 것을 넣고 휘저어 탁한'에서 유래

**a** 탁한
- the **turbid** waters of the river 그 강의 탁한 물

---

825 **turbulent**
[tə́ːrbjulənt]
★★☆☆☆

turb (stir up 휘젓다) → '국민들이 동요하는'에서 유래

**a** (풍파 · 사회 등이) 동요하는
- a **turbulent** mob 폭도

---

826 **turgid**
[tə́ːrdʒid]
★☆☆☆☆

turg (swell 부풀다)

**a** 부풀은; 과장된
- the **turgid** and pedantic harangue 과장되고 현학적인 연설

---

827 **turmoil**
[tə́ːrmɔil]
★★★★☆

tur<turb (agitate 뒤흔들다) → '마음을 뒤흔들게 만드는 혼란'에서 유래

**n** 소동, 혼란
- Six robberies put our village in **turmoil**.
  여섯 명의 강도는 우리 마을을 혼란에 빠뜨렸다.

---

828 **tutelage**
[tjúːtəlidʒ]
★☆☆☆☆

tut (protect 보호하다) → '(아동을) 보호하거나 후견하는 것'에서 유래

**n** 지도, 후견(後見)
- grow up under the **tutelage** of one's aunt
  이모의 후견아래 성장하다

---

829 **typify**
[típəfài]
★★☆☆☆

type (form 형상, 전형) → '형상을 만들다'에서 유래

**v** 표본[전형]이 되다, 특징을 나타내다;
예시하다, 상징하다
- The Statue of Liberty **typifies** the American tradition of freedom.
  자유의 여신상은 자유에 관한 미국전통을 상징한다.

---

830 **tyranny**
[tírəni]
★★★☆☆

tyrannus (master 주인) → '자신이 주인이라는 태도'에서 유래

**n** 독재[전제] 정치
- groan under **tyranny** 압제에 시달리다

**831 tyro**
[táiərou]
★☆☆☆☆

tyro<tiro (beginner 초보자)

**n** <pl.> 초심자
• produce a marvelous result as a mere **tyro**
단순한 초보자로서 경이적인 결과를 내다

---

**832 ubiquitous**
[juːbíkwətəs]
★★★☆☆

ubiqui (anywhere 어디든지)
·'어느 곳에서나 볼 수 있는'에서 유래

**a** (동시에) 도처에 존재하는
• the **ubiquitous** mosquito 도처에 존재하는 모기

---

**833 ulterior**
[ʌltíəriər]
☆☆☆☆☆

ulter (beyond 저편의) →
'저편 넘어 숨겨진, 이면의'에서 유래

**a** (의도·동기 등이) 이면의
• have an **ulterior** motive 이면의 동기가 있다

---

**834 ultimate**
[ʌ́ltəmət]
★☆☆☆☆

ultim (end 끝)

**a** 최종의 ; 근본적인
• **ultimate** goal[principles] 최종 목적[근본 원리]

---

**835 umbrage**
[ʌ́mbridʒ]
☆☆☆☆☆

umbra (shadow 그림자) →
'마음에 그림자가 드리워짐'에서 유래

**n** 분개
• take **umbrage** at a person's remarks 남의 말에 분개하다

---

**836 undulate**
[ʌ́ndʒuleit]
☆☆☆☆☆

und (wave 물결치다)

**v** 물결[파동]치다
• The waters **undulated** in the breeze.
그 호수는 산들바람에 물결이 일었다.

---

**837 urbane**
[əːrbéin]
★★☆☆☆

urb (city 도시) →
'도시 풍의'에서 유래

**a** 우아한
• her **urbane** charm 그녀의 우아한 매력

---

**838 usher**
[ʌ́ʃər]
★★★☆☆

usher<usser (door keeper 문지기) → '문을 지키고 집안으로 안내하는 사람 또는 안내하다'에서 유래

**v** 안내하다
**n** 안내인
• **usher** the callers into the living room
응접실로 방문자들을 안내하다

---

**839 uxorious**
[ʌksɔ́ːriəs]
☆☆☆☆☆

uxor (wife 아내) →
'아내를 너무 위하는'에서 유래

**a** 아내를 너무 사랑하는
• an **uxorious** husband 아내를 너무 사랑하는 남편

---

**840 vacillate**
[væsəleit]
★★☆☆☆

vacil (sway 흔들리다)

**vi** 동요하다, 흔들리다
• **vacillate** between two opinions 두 의견 사이에서 흔들리다

42

333

※ 복합어(compound words)는 숙어들이 한 단어로 결합된 형태가 많기 때문에 중요 빈출 숙어 파트를 모두 학습하고 나서 보는 것이 좋습니다.

## ~ + **off** 형 복합어

- **brush-off** / (매정한) 거절, 해고 rejection
- **cut-off line** / 커트라인
- **drop off** / 감소, 하락 decline;

  렌터카를 이용 후 현장에서 인계하는
- **face off** / 대결 contest, confrontation
- **goof-off** / 게으름뱅이 lazybones
- **kickoff** / 시작, 개시 beginning
- **kiss off** / 해고, 파면 dismissal
- **pay-off** / 봉급 지급; 이익, 보수 reward;

  보복 revenge; 결정적인
- **playoff** / 우승 결정전 시리즈 showdown
- **ripoff** / 강탈, 사기(꾼), 갈취, 바가지 overcharge
- **run-off** / (동점자의) 결승전
- **show-off** / 과시, 자랑; 과시적인 사람
- **takeoff** / 이륙 departure; 흉내; 제거
- **tipoff** / 비밀정보, 조언 advice
- **tradeoff** / 거래, 교환협정 swap, exchange
- **sending off** / (반칙을 한 선수에 대한) 퇴장 leaving
- **sendoff** / 전송, 송별 farewell
- **selloff** / (대량) 매각 disposal
- **signoff** / 방송 종료 end, wrap-up
- **spinoff** / 계열사 branch; 파생효과, 부산물 by-product
- **writeoff** / 삭제, 탕감; 결손처분, 미수계정

## **by** 결합 복합어

- **by-and-by** / (the ~) 미래, 장래
- **by-blow** / 우연한 일격; 사생아 bastard
- **by-corner** / 외진 곳 out-of-the-way place
- **by-effect** / 부수적 효과, 예상 밖의 효과
- **by-election** / 보궐선거 special election
- **by-end** / 2차적 목적; 이기적인 동기, 사심
- **bygone** / 과거의 past
- **by-job** / 부업 by-work
- **by-pass** / 우회로 circuitous way by road; 우회하다 detour
- **by-liner** / (신문·잡지의) 집필자 이름을 밝힌 기사
- **by-product** / 부산물 outgrowth, offshoot
- **by-law** / 조례, 내규 regulations
- **by-stander** / 구경꾼 on-looker
- **by-talk** / 여담, 잡담 idle talk
- **by-time** / 여가 spare time
- **byword** / 속담; 전형, 본보기 model; 별명 nickname
- **byway** / 샛길 shortcut; 별로 알려지지 않은 분야
- **close-by** / 바로 옆의, 인접한 nearby
- **fly-by-night** / 불안정한, 눈앞의 이익만 노리는
- **passer-by** / 행인 walker, stroller
- **sell-by date** / 유통기한 expiration date

# PART ❷

**기타** 접두어편

**OTHER** PREFIXES

우선순위
크로 보는
PRE
view

# 기타접두어

Date :

| ★ ★ ★ ★ ★ | 26. | catastrophe | ☐ ☐ ☐ |
|---|---|---|---|
| ★ ★ ★ ★ ☆ | 01. | ambiguous | ☐ ☐ ☐ |
| | 02. | anachronism | ☐ ☐ ☐ |
| ★ ★ ★ ☆ ☆ | 03. | analogy | ☐ ☐ ☐ |
| | 05. | antecedent | ☐ ☐ ☐ |
| | 07. | anticipate | ☐ ☐ ☐ |
| | 12. | archaic | ☐ ☐ ☐ |
| | 17. | autonomy | ☐ ☐ ☐ |
| | 19. | biennial | ☐ ☐ ☐ |
| | 31. | diagnosis | ☐ ☐ ☐ |
| ★ ★ ☆ ☆ ☆ | 08. | antique | ☐ ☐ ☐ |
| ★ ☆ ☆ ☆ ☆ | 04. | anathema | ☐ ☐ ☐ |
| | 11. | archaeology | ☐ ☐ ☐ |
| | 13. | archive | ☐ ☐ ☐ |
| | 14. | autobiography | ☐ ☐ ☐ |
| | 15. | autocracy | ☐ ☐ ☐ |
| | 16. | autograph | ☐ ☐ ☐ |
| | 18. | autopsy | ☐ ☐ ☐ |
| | 20. | bilateral | ☐ ☐ ☐ |
| | 22. | bygone | ☐ ☐ ☐ |
| | 23. | by-pass | ☐ ☐ ☐ |
| | 27. | catholic | ☐ ☐ ☐ |
| | 28. | dilemma | ☐ ☐ ☐ |
| | 29. | duel | ☐ ☐ ☐ |
| | 30. | duplicate | ☐ ☐ ☐ |
| | 33. | dialect | ☐ ☐ ☐ |
| ☆ ☆ ☆ ☆ ☆ | 06. | anterior | ☐ ☐ ☐ |
| | 09. | apostle | ☐ ☐ ☐ |
| | 10. | apotheosis | ☐ ☐ ☐ |
| | 21. | binary | ☐ ☐ ☐ |
| | 24. | by-product | ☐ ☐ ☐ |
| | 25. | bystander | ☐ ☐ ☐ |
| | 32. | diagonal | ☐ ☐ ☐ |
| | 34. | dialectic | ☐ ☐ ☐ |

4
3

## ambi ·  ▶ 양 · 둘

**01 ambiguous**
[æmbígjuəs]
★★★★☆

ambi (both) +
g<ag (drive) →
'두 가지 의미를 함께 밀어부
치는'에서 유래

**a** 불확실한, 모호한
- an **ambiguous** reply[attitude]  모호한 대답[태도]

## ana ·  ▶ 위 · 뒤

**02 anachronism**
[ənǽkrənizm]
★★★★☆

ana (back) +
chron (time) →
'시간상으로 뒤져 있는 것'
에서 유래

**n** 시대착오
- The sword is an **anachronism** in modern warfare.
  칼은 현대의 전쟁에서 시대착오이다.

**03 analogy**
[ənǽlədʒi]
★★★☆☆

ana (up) +
log (speech) →
'두 개를 비슷하게 말함'
에서 유래

**n** 1 유사함
2 비교, 비유
- the **analogy** between the eye and the camera
  눈과 카메라의 유사함
- explain the movement of light by **analogy** with that of water
  물의 흐름과 비교하여 빛의 움직임을 설명하다

**04 anathema**
[ənǽθəmə]
★☆☆☆☆

ana (up) +
tithenai (set) →
'제물을 올려 놓으며 하는
말'에서 유래

**n** 저주, 혐오(스러운 것)
- pronounce an **anathema** against a person
  남을 공공연히 저주하다

## ante ·  ▶ 앞 · 전

**05 antecedent**
[æntəsí:dnt]
★★★☆☆

ante (before) +
ced (go) →
'먼저 간'에서 유래

**a** 앞서는, 이전의
- a period of history **antecedent** to written records
  기록되기 이전의 역사 시대

**n** 선례, 선행자
- an **antecedent** to this one  이번 일에 앞선 사건

**06 anterior**
[æntíəriər]
☆☆☆☆☆

ante (before) +
nor 비교급 접미어 →
'~보다 이전의'에서 유래

**a** (시간적으로) 앞의, 이전의
- events **anterior** to the war  전쟁 이전의 사건들

## 07 anticipate
[æntísəpèit]
★★★☆☆

anti<ante (before) +
cip (take) →
'미래의 일을 미리 생각해보
다'에서 유래

**v** 1 ~을 예상[예측]하다
2 ~을 앞당기다, 앞지르다

- **anticipate** a good time at the party
  파티에서의 좋은 시간을 예상하다
- **anticipate** one's dismissal by stealing money
  돈을 훔침으로써 자신의 해고를 앞당기다

---

## 08 antique
[æntíːk]
★★☆☆☆

anti<ante (before) +
que 형용사 형성 접미어 →
'이전[옛날]의'에서 유래

**a** 고풍스러운

- wear an **antique** gown to the party
  파티에서 고풍스러운 가운을 입다

**n** 골동품

- The palace is full of priceless **antiques**.
  그 궁전은 귀중한 골동품들로 가득하다.

---

# apo-    ▶ 분리 · 이탈

## 09 apostle
[əpásl]
☆☆☆☆☆

apo (off) +
stl<send →
'복음을 멀리 보내는 사람'
에서 유래

**n** 1 <A-> 그리스도의 12제자, 사도    2 (새로운 사상의) 주창자

- the **Apostles** of Jesus Christ   예수 그리스도의 12제자
- the **apostle** of non-violent doctrine   비폭력주의의 주창자

---

## 10 apotheosis
[əpaθíóusis]
☆☆☆☆☆

apo (away) +
theos (god) →
'속세로부터 떨어뜨려 신의
경지로 여김'에서 유래

**n** 1 (사람 · 사물의) 신격화, 신성시    2 이상형, 전형

- the **apotheosis** of the emperor   황제의 신격화
- the very **apotheosis** of a lady   숙녀의 바로 그 이상형

4
3

---

# arch-    ▶ 주요한 · 고대의

## 11 archaeology
[ɑːrkiálədʒi]
★☆☆☆☆

archaeo<arch (ancient) +
logy (study) →
'예전 것을 연구하는 것'에서
유래

**n** 고고학

- **Archaeology** is the study of the buried remains of
  ancient times.   고고학은 고대의 매장된 유물에 대한 연구이다.

---

## 12 archaic
[ɑːrkéiik]
★★★☆☆

arch (ancient)+
aic 형용사형 접미사 →
'고대의'에서 유래

**a** 고대의, 고풍의

- an **archaic** word   고어

---

## 13 archive
[áːrkaiv]
★☆☆☆☆

arch (ancient) +
ive 명사형 접미사 →
'과거의 것'에서 유래

**n** 공문서 (보관소)

- an interesting old newsreel from the KBS **archives**
  KBS 공문서 보관소의 흥미로운 옛날 뉴스 영화

339

### 14 **autobiography**
[ɔ̀ːtəbaiágrəfi]
★ ☆ ☆ ☆ ☆

auto (self) + bio (life) +
graph (write)  ·
'자신의 삶을 쓴 것'에서 유래

**n** 자서전

* the **autobiography** by Benjamin Franklin  벤자민 플랭클린의 자서전

---

### 15 **autocracy**
[ɔːtákrəsi]
★ ☆ ☆ ☆ ☆

auto (self) +
cracy (govern)  ·
'모든 것을 자기 혼자서 통치하는 것'에서 유래

**n** 전제 정치, 독재 정부

* The opposite of democracy is **autocracy**.  민주 정치의 반대는 전제 정치이다.

---

### 16 **autograph**
[ɔ́ːtəgræf]
★ ☆ ☆ ☆ ☆

auto (self) +
graph (write)  ·
'자신이 직접 쓴 것'에서 유래

**n** 자필 서명, 사인

* **autograph** seekers  사인을 해 달라고 조르는 사람들

**vt** (자필) 서명(사인)하다

* The author **autographed** my book.  그 작가가 나의 책에 사인해 주었다.

---

### 17 **autonomy**
[ɔːtánəmi]
★ ★ ★ ☆ ☆

auto (self) +
nom (rule)  ·
'스스로 통치함'에서 유래

**n** 자치권

* Algeria achieved **autonomy** from France in 1962.
알제리는 1962년에 프랑스로부터 자치권을 얻어냈다.

---

### 18 **autopsy**
[ɔ́ːtɑpsi]
★ ☆ ☆ ☆ ☆

auto (self) +
op (eye)  ·
'자기 자신이 직접 보는 것'에서 유래

**n** (시체의 사인 규명을 위한) 부검, 시체 해부

* the **autopsy** of a murder victim  살해된 자에 대한 시체 부검

---

### 19 **biennial**
[baiénial]
★ ★ ★ ☆ ☆

bi (two) +
enn<ann (year)  ·
'2년의'에서 유래

**a** 1 2년마다의

2 (식물이) 2년 생인

* a **biennial** election  2년마다 있는 선거
* Daisy is **biennial**.  데이지는 2년생 식물이다.

---

### 20 **bilateral**
[bailǽtərəl]
★ ☆ ☆ ☆ ☆

bi (two) +
later (side)  ·
'면이 두 개인'에서 유래

**a** 양쪽의, 상호간의

* a **bilateral** contract  상호 협정

---

### 21 **binary**
[báinəri]
☆ ☆ ☆ ☆ ☆

bi (two) +
ary 형용사형 접미사  ·
'둘의'에서 유래

**a** 둘로 이루어진

* The **binary** system is used in computers.
2진법은 컴퓨터에 사용된다.

## 22 bygone
[báigɔːn]
★☆☆☆☆

by (aside) +
gone 지나간 →
'이미 지나가 버린'
에서 유래

**a** 과거의, 지나간
- relics of a **bygone** era  지나간 시대의 유물

**n** 과거(사)
- Let bygones be **bygones**.  과거(사)는 용서하고 잊어버려라.

---

## 23 by-pass
[bái-pæs]
★☆☆☆☆

by (side) + pass 길 →
'옆으로 돌아가는 길'
에서 유래

**n** 우회로
- take a **by-pass** to avoid the traffic jam
  교통 체증을 피하기 위해 우회로로 가다

**vt** ~를 우회하다
- The new highway **by-passes** the entire city.
  그 새로운 간선 도로는 도시 전체를 우회한다.

---

## 24 by-product
[bái-prɑdəkt]
☆☆☆☆☆ ,

by (secondary) +
product 산물 →
'부차적인 산물'에서 유래

**n** 부산물
- Kerosene is a **by-product** of petroleum refining.
  등유는 석유 정제에서 생기는 부산물이다.

---

## 24 bystander
[báistændə(r)]
☆☆☆☆☆

by (near by) +
stander 서있는 사람 →
'옆에 서 있는 사람'
에서 유래

**n** 방관자, 구경꾼
- the **bystanders** of the accident
  그 사고의 구경꾼들

4
3

## 26 catastrophe
[kətǽstrəfi]
★★★★★

cata (down) +
stroph (turn) →
'(안전하게 서 있던 것이) 아
래로 확 뒤바뀜'에서 유래

**n** 큰 재해, 대변동
- A modern war produces a **catastrophe**.
  현대 전쟁은 큰 재해를 낳는다.

---

## 27 catholic
[kǽθəlik]
★☆☆☆☆

cat<cata (in respect to) +
hol (whole) →
'전체와 관련된'에서 유래

**a** 전반[보편]적인
- a **catholic** feeling[principle]  보편적인 정서[원리]

**n a** <C-> 가톨릭(의), 가톨릭 교도
- become a **Catholic**  가톨릭 신자가 되다

## di-, duo- ▶ 둘

28 **dilemma**
[dilémə]
★☆☆☆☆

di (two) +
lemma (proposition) →
'두 가지 명제 사이에 있음'
에서 유래

**n** 딜레마, 진퇴양난
- be in an awkward **dilemma** 진퇴양난이다

---

29 **duel**
[djúːəl]
★☆☆☆☆

du<duo (two) +
el<bell (fight) →
'둘이서 하는 싸움'에서 유래

**n** (특히 두 사람 간의) 결투
- He was killed in a **duel**. 그는 결투를 하다 죽었다.

---

30 **duplicate**
[djúːplikət]
★☆☆☆☆

du<duo (two) +
plicare (fold) →
'두 개로 접혀진'에서 유래

**n a** 복사[사본](의)
- **duplicate** bridge 똑같은 다리
- a **duplicate** of letter 편지의 사본

**v** [- keit] ~을 복사[모방]하다
- **duplicate** a key 열쇠를 복사하다

---

## dia- ▶ 횡단, 통해서

31 **diagnosis**
[daiəgnóusis]
★★★☆☆

dia (across) + gno (know) →
'전반적으로 상황을 파악하
는 것'에서 유래

**n** ≪의학≫ 진단(법)
- an erroneous **diagnosis** 오진

---

32 **diagonal**
[daiǽgənl]
☆☆☆☆☆

dia (across) + gon (angle) →
'가로질러 각이 있는'
에서 유래

**n a** ≪수학≫ 대각선(의)
- a **diagonal** plane 대각면

---

33 **dialect**
[dáiəlekt]
★☆☆☆☆

dia (across) +
lect (choose) →
'한 지방에서 선택한 말'
에서 유래

**n** 방언, 사투리
- the cockney[the London] **dialect** 런던 사투리

---

34 **dialectic**
[daiəléktik]
☆☆☆☆☆

dia (through) +
lect (choose) →
'여러 분석을 통해 얻어지는
것'에서 유래

**n** ≪철학≫ 변증법, 논리적 논증
- materialistic **dialectic** 유물론적 변증법

841 **vacuous**
[vǽkjuəs]
★☆☆☆☆

vac (empty 빈) → '공간이나 마음이 비어있는'에서 유래

**a** 공허한 ; 얼빠진
- be obsessed with a **vacuous** mind
  얼빠진 생각에 사로잡혀있다

---

842 **vagary**
[vəgéəri]
★★☆☆☆

vag (wander 방황하다) → '마음이 갈피를 못잡고 방황하는 변덕'에서 유래

**n** 변덕
- the **vagaries** of shipping schedules
  운송계획의 갑작스러운 변동

---

843 **vainglorious**
[vèinglɔ́:riəs]
★☆☆☆☆

vain 헛 된 + glory 영광 → '헛 된 영광에 취해 자부심만 강한'에서 유래

**a** 자부심이 강한
- be criticized as a **vainglorious** snob
  허영심이 강한 속물로 비판 받다

---

844 **valiant**
[vǽljənt]
★☆☆☆☆

val (strong 강한) → '마음이 강건한'에서 유래

**a** 용맹한; 단호한
- **valiant** warriors  용맹한 전사들

---

845 **validity**
[vəlídəti]
★★☆☆☆

val (strong 강한) → '권위에 의해 강력히 지지되는 효력'에서 유래

**n** (법적인) 효력
- the term of **validity**  유효 기간

4
3

---

846 **vanguard**
[vǽngɑ:rd]
☆☆☆☆☆

van (in front 앞서서) + guard 호위자 → '다른 사람보다 앞선 사람'에서 유래

**n** 선구자
- the **vanguard** of scientific progress  과학 발달의 선구자

---

847 **vanquish**
[vǽŋkwiʃ]
★☆☆☆☆

van<vin (conquer 정복하다) → '정복하다'에서 유래

**v** 정복하다
- **vanquish** enemy in battle  전투에서 적을 정복하다

---

848 **vapid**
[vǽpid]
★☆☆☆☆

vap (steam 김, 증기) → '김빠지거나 그로 인해 맛이 없는'에서 유래

**a** 맛없는, 김빠진 ; 지루한
- drink **vapid** champagne  김빠진 샴페인을 마시다

---

849 **vegetarian**
[vèdʒətéəriən]
☆☆☆☆☆

vegetable 채소 → '채소를 주식으로 하는 사람'에서 유래

**n** 채식주의(자)
- request a **vegetarian** meal  채식주의 식사를 요청하다

**a** 채식주의(자)의

---

850 **vegetate**
[védʒətèit]
★☆☆☆☆

vegetable 식물 → '식물처럼 하는 일 없이 지내다'에서 유래

**v** (식물처럼) 단조로운 생활을 하다
- **vegetate** in the quiet village
  조용한 마을에서 단조롭게 생활하다

851 **vehement**
[víːəmənt]
★★☆☆☆

vehem (eager 열망하는)

**a** 열렬[맹렬]한
- **vehement** opposition 맹렬한 반대

---

852 **venal**
[víːnl]
★☆☆☆☆

ven (sale 판매) · '관직을 사고 팔 수 있을 정도로 부패한'에서 유래

**a** 매수할 수 있는, 부패한
- a greedy and **venal** official 탐욕적이고 부패한 관리

---

853 **venerable**
[vénərəbl]
★★☆☆☆

vener (worship 숭배)

**a** (연령·품성·지위 등으로 보아) 존경할 만한
- a **venerable** statesman 존경할 만한 정치가

---

854 **vent**
[vent]
★★☆☆☆

vent (come 오다) · '공기를 들어오거나 나가게 하는 배출구'에서 유래

**n** 배출구
**vt** 발산하다, 표현하다
- **vent** anger through the internet
  인터넷을 통해 분노를 표출하다

---

855 **veracious**
[vəréiʃəs]
☆☆☆☆☆

ver (true 진실) · '진실만을 말하는'에서 유래

**a** 정직[진실]한
- a **veracious** witness 정직한 증인

---

856 **verbatim**
[vərbéitim]
★☆☆☆☆

verb (word 말) · '말을 그대로 옮긴'에서 유래

**ad** 말 그대로, 축어적으로
- The speaker repeated her remarks **verbatim**.
  그 연사는 그녀가 한 말을 똑같이 반복했다.

---

857 **verbiage**
[və́ːrbiidʒ]
☆☆☆☆☆

verb (word 말) · '쓸데없이 말이 김'에서 유래

**n** (문장·말 등의) 장황
- lose oneself in **verbiage** 장황설을 늘어놓다

---

858 **verbose**
[vərbóus]
★★☆☆☆

verb (word 말) · '말을 많이 하는'에서 유래

**a** 말이 많은
- a **verbose** sermon 장황한 설교

---

859 **verdant**
[və́ːrdnt]
★☆☆☆☆

verd (green 녹색의) · '초목으로 뒤덮여 녹색 빛이 나는'에서 유래

**a** (초목으로) 푸릇푸릇한
- a **verdant** valley 푸른 초목으로 뒤덮인 골짜기

---

860 **vernal**
[və́ːrnl]
☆☆☆☆☆

vern (spring 봄)

**a** 봄의, 봄다운
- **vernal** weather 봄다운 날씨

---

344

※ 복합어(compound words)는 숙어들이 한 단어로 결합된 형태가 많기 때문에 중요 빈출 숙어 파트를 모두 학습하고 나서 보는 것이 좋습니다.

# back + ~ 형 복합어

- **back-biting** / 험담, 뒷 담화 slander
- **backbone** / 등골, 척추; 중추, 주력; 의연함, 기개 spirit
- **backbreaking** / 매우 힘든 very difficult
- **back-burner** / 2차적인; (계획 등을) 뒤로 미루다 delay
- **backdate** / 소급하다 retroact
- **back-dated** / (날짜를) 소급하여,

  소급 적용된 applied retroactively
- **backdrop** / 배경(막) background
- **back-fence** / (대화 등이) 담 너머로의, 이웃끼리의
- **backfire** / 맞불을 놓다; 역효과를 낳다, 실패하다
- **back-formation** / 《언어학》 역성어
- **backhanded** / 백핸드의; 간접적인, 빈정대는 sarcastic
- **backlash** / 역회전; 반발 resistance
- **back-order** / 이월 주문하다

- **backpack** / 배낭을 지고 걷다
- **back-pat** / 등을 가볍게 두드리다; 격려하다 encourage
- **back pay** / 체불 임금
- **back-pedal** / 입장을 바꾸다,

  (의견 등을)철회하다 withdraw
- **backslide** / 퇴보하다 regress
- **back-stabbing** / (겉으론 친한 척 하면서)

  교묘하게 험담하기
- **backstage** / 무대 뒤에서; 몰래 furtively
- **backstreet** / 불법적인 illegal
- **backup** / 지원, 예비품; 반주자
- **backwater** / (강의 잔잔한) 후미; 침체,

  낙후된 지역 backwoods

# ~ + back 형 복합어

- **back-to-back** / 등을 서로 맞댄; 연속적인 continuous
- **bowback** / 곱사등의 humpbacked
- **carry-back** / (소득세의) 환불(액) refund
- **comeback** / 회복 recovery ; 재치 있는 말대꾸 quip
- **cutback** / 감축, 삭감 reduction
- **drawback** / 흠, 결함 defect
- **feedback** / 반응, 의견 reaction, opinion
- **hatchback** / 뒷부분에 문이 위로 열리게 되어있는 차
- **kickback** / 반동, 반발 recoil;

  (불법적인) 리베이트, 뇌물 bribe
- **laid-back** / 느긋한 relaxed; 냉담한 insensitive
- **mellow-back** / 맵시 나게 입은, 멋있게 잘 차린
- **money-back** / 환불이 가능한 refundable
- **outback** / (호주의) 오지 remote area

- **pullback** / 되돌림, 장애; 철수, 감소 withdrawal
- **setback** / 방해 hindrance ; 좌절, 후퇴
- **swept-back** / 머리카락을 얼굴 뒤로 넘긴,

  (머리가) 올백의
- **talk-back** / (방송) 스튜디오와 조정실 간의 인터폰;

  (시청자 등의) 반응, 응답
- **turnback** / 반환 return

※ 복합어(compound words)는 숙어들이 한 단어로 결합된 형태가 많기 때문에 중요 빈출 숙어 파트를 모두 학습하고
 나서 보는 것이 좋습니다.

## ~+**around** 형 복합어

- **all-around** / 전반에 걸친, 다재다능한 all-round
- **goaround** / 한차례의 격론; 우회로 detour
- **roll-around** / 이동 가능한 mobile
- **runaround** / 핑계, 발뺌, 속임 cover-up, shuffling
- **turnaround** / 전환; U턴 지점; 흑자전환
- **workaround** / 예비수단, 차선책 backup plan

# 기타접두어

Date :

| ★ ★ ★ ★ ★ | 04. | extraneous | □ □ □ |

| ★ ★ ★ ☆ ☆ | 03. | euthanasia | □ □ □ |
| | 05. | extravagant | □ □ □ |
| | 19. | hyperbole | □ □ □ |
| | 22. | intrinsic | □ □ □ |
| | 27. | metamorphosis | □ □ □ |

| ★ ★ ☆ ☆ ☆ | 01. | eulogy | □ □ □ |
| | 09. | forsake | □ □ □ |
| | 11. | foreboding | □ □ □ |
| | 12. | forerunner | □ □ □ |

| ★ ☆ ☆ ☆ ☆ | 02. | euphoria | □ □ □ |
| | 06. | forfeit | □ □ □ |
| | 07. | forgo | □ □ □ |
| | 08. | forlorn | □ □ □ |
| | 14. | forestall | □ □ □ |
| | 16. | heterodox | □ □ □ |
| | 17. | heterogeneous | □ □ □ |
| | 18. | holocaust | □ □ □ |
| | 20. | hypercritical | □ □ □ |
| | 24. | microcosm | □ □ □ |
| | 28. | metaphor | □ □ □ |
| | 30. | misanthrope | □ □ □ |
| | 35. | monotony | □ □ □ |

| ☆ ☆ ☆ ☆ ☆ | 10. | forswear | □ □ □ |
| | 13. | foresight | □ □ □ |
| | 15. | foretell | □ □ □ |
| | 21. | infra(structure) | □ □ □ |
| | 23. | macroeconomics | □ □ □ |
| | 25. | microeconomics | □ □ □ |
| | 26. | microscopic | □ □ □ |
| | 29. | metaphysical | □ □ □ |
| | 31. | monarchy | □ □ □ |
| | 32. | monocracy | □ □ □ |
| | 33. | monologue | □ □ □ |
| | 34. | monopolize | □ □ □ |

## 01 **eulogy**
[júːlədʒi]
★★☆☆☆

eu (good) +
log (speak) →
'좋은 말'에서 유래

**n** 찬사, 칭송

- an **eulogy** to the royal family  그 왕가에 대한 찬사

## 02 **euphoria**
[juːfɔ́ːriə]
★☆☆☆☆

eu (good) +
phori (bear)  →
'좋은 느낌을 날라다 줌'
에서 유래

**n** 행복감, 쾌감

- She was full of **euphoria** after the birth.  그녀는 출산 후 행복
  감으로 가득찼다.

## 03 **euthanasia**
[juːθənéiʒə]
★★★☆☆

eu (good) +
thanasa (death)  →
'(아픔 없는) 좋은 죽음'
에서 유래

**n** 안락사

- **Euthanasia** is illegal in most countries.  안락사는 대부분의 국
  가에서 불법이다.

## 04 **extraneous**
[ikstréiniəs]
★★★★★

extra (outside) →
'밖의'에서 유래

**a** 1 외부로부터의, 밖의  2 관계[관련]없는

- **Extraneous** noises hindered my sleep.
  밖에서 들려오는 소음이 내 수면을 방해했다.
- make a lot of **extraneous** remarks
  주제와 관련 없는 말들을 많이 하다

## 05 **extravagant**
[ikstrǽvəgənt]
★★★☆☆

extra (outside) +
vag (wander) →
'밖으로 돌아다니며 돈을
마구 쓰는'에서 유래

**a** 1 돈을 낭비하는  2 과도한, 터무니 없는

- have **extravagant** tastes and habits
  돈을 낭비하는 기호와 습성을 지니다
- make an **extravagant** claim  터무니없는 요구를 하다

## 06 **forfeit**
[fɔ́ːrfit]
★ ☆ ☆ ☆ ☆

for (away) + feit<fac (do) → '~의 소유권에서 분리시키다'에서 유래

**vt** (죄 · 과실로 인해 재산 · 권리를) **몰수당하다, 잃다**

- **forfeit** one's life by careless driving
  부주의한 운전으로 목숨을 잃다

**n** **벌금, 몰수물**

- pay the **forfeit** for violating traffic rules
  교통 법규를 위반해서 벌금을 물다

---

## 07 **forgo**
[fɔːrgóu]
★ ☆ ☆ ☆ ☆

for (away) + go 가다 → '~없이 (생활해) 나가다' 에서 유래

**v** **포기하다, 그만두다**

- decide to **forgo** the movies
  영화보는 것을 그만두기로 결정하다

---

## 08 **forlorn**
[fərlɔ́ːrn]
★ ☆ ☆ ☆ ☆

for (away) + lorn 버려진 → '(세상으로부터) 멀리 버려진' 에서 유래

**a** 1 **버려진, 버림받은**
2 **고독한, 쓸쓸한**

- a row of **forlorn** old buildings down by the port
  항구를 따라 늘어서 있는 버려진 오래된 건물들
- She had a **forlorn** look.  그녀는 쓸쓸한 표정을 지었다.

---

## 09 **forsake**
[fərséik]
★ ★ ☆ ☆ ☆

for (away) + sake 위함 → '~를 위하는 마음을 떼어내다'에서 유래

**v** (벗 · 가족을) **버리다, 떠나다**

- **forsake** one's home and friends
  자신의 집과 친구들을 버리다

---

## 10 **forswear**
[fɔːrswéər]
☆ ☆ ☆ ☆ ☆

for (away) + swear 맹세하다 → '나쁜 일에서 손을 떼겠다고 맹세하다'에서 유래

**v** (나쁜 습관 등을) **맹세코 그만두다**

- order the team to **forswear** smoking
  흡연을 맹세코 그만두라고 그 팀원들에게 명령하다

4
4

### 11 **foreboding**

[fɔːrbóudiŋ]

★★☆☆☆

fore (before) +
boding 예감 →
'미리 느껴지는 예감'
에서 유래

**n** (불길한) 예감, 조짐

- She had a **foreboding** that she would never see him again.  그녀는 그를 다시 볼 수 없을 것 같은 예감이 들었다.

**a** 불길한, 전조가 되는

- **foreboding** signs  불길한 조짐들

---

### 12 **forerunner**

[fɔ́ːrʌnər]

★★☆☆☆

fore (before) +
runner 달리는 사람 →
'먼저 달려간 사람'
에서 유래

**n** 1 선구자  2 전조, 조짐

- a **forerunner** of the modern women's movement
  근대 여성 운동의 선구자
- a **forerunner** of misfortune  불행의 조짐

---

### 13 **foresight**

[fɔ́ːrsait]

☆☆☆☆☆

fore (before) +
sight 봄 →
'(미래를) 미리 내다 봄'
에서 유래

**n** 예견, 선견지명

- a man of **foresight**  선견지명이 있는 사람

---

### 14 **forestall**

[fɔːrstɔ́ːl]

★☆☆☆☆

fore (before) +
stall 칸막이 →
'칸막이로 앞을 막다'
에서 유래

**vt** ~을 미리 막다, 선수를 치다

- The mayor **forestalled** a strike by starting to negotiate early with the union.  그 시장은 일찍이 노동 조합과 협상을 시작함으로써 파업을 미리 막았다.

---

### 15 **foretell**

[fɔːrtél]

☆☆☆☆☆

fore (before) +
tell 말하다 →
'앞서 말하다'에서 유래

**vt** 예언하다

- The fortune-teller **foretold** the man's death.
  그 점쟁이는 그 남자의 죽음을 예언했다.

---

### 16 **heterodox**

[hétərədaks]

★☆☆☆☆

hetero (other) +
dox (opinion) →
'다른 견해를 갖는'에서 유래

**a** (교양, 학설 등이) 이단의, 비정통적인

- **heterodox** sermons  이단의 설교

---

### 17 **heterogeneous**

[hetərədʒíːniəs]

★☆☆☆☆

hetero (other) +
gen (birth) →
'출생이 다른'에서 유래

**a** 이종의, 다른 성분으로 이루어지는

- a **heterogeneous** team  이질적인 팀

## holo - ▶ 전체

18 **holocaust**
[háləkɔ:st]
★☆☆☆☆

holo (whole) +
caust (burn) →
'완전히 불태워 없애버림'
에서 유래

**n** (특히 화재에 의한) 전멸, (특히 유태인) 대학살
- the **holocaust** of millions during the war
  전쟁 중 수백만명의 대학살

## hyper-, hypo- ▶ 위/아래

19 **hyperbole**
[haipə́:rbəli]
★★★☆☆

hyper (beyond) +
bol (throw) →
'정도를 넘어서 지나친 말을
던짐' 에서 유래

**n** 과장(법)
- To say "wave high as mountain"is an example of
  **hyperbole**.
  "산처럼 높은 파도"라고 말하는 것은 과장법의 한 예이다.

20 **hypercritical**
[haipərkrítikəl]
★☆☆☆☆

hyper (over) +
critical 비판적인 →
'강도 높게 비판하는'
에서 유래

**a** 혹평적인
- a **hypercritical** column of the government's policy
  정부 정책에 대한 혹평적인 컬럼

## infra - ▶ 아래

21 **infra(structure)**
[ínfrə(strʌ́ktʃər)]
☆☆☆☆☆

infra (below) +
structure 구조(물) →
'저변에 깔린 구조물들'
에서 유래

**n** 하부 구조, 기반 (시설)
- a country's economic **infrastructure** 국가 경제의 기반

## intra-, intro - ▶ 안

21 **intrinsic**
[intrínsik]
★★★☆☆

intri<intra (within) +
si<sequ (follow) →
'(본래부터) 내부에 딸려 있
는' 에서 유래

**a** 본질적인, 고유의
- the beauty **intrinsic** to the work of art
  그 예술 작품 고유의 아름다움

## macro-, micro -    ▶ 큰/작은

**23 macroeconomics**
[mӕkrouekənámiks]
☆☆☆☆☆

macro (large) +
economics 경제학 →
'큰 의미의 경제학'에서 유래

**n** 거시 경제학
- **Macroeconomics** means the study of the determinants of national income, employment, prices, and economic growth.
  거시 경제학은 국가의 수입, 고용, 물가, 그리고 경제 성장의 결정 요인에 관한 연구를 의미한다.

---

**24 microcosm**
[máikrəkɑzm]
★☆☆☆☆

micro (small) +
cosm (universe) →
'작은 우주'에서 유래

**n** 소우주, 축소판
- a **microcosm** of human society   인간 사회의 축소판

---

**25 microeconomics**
[maikrouekənámiks]
☆☆☆☆☆

micro (small) +
economics 경제학 →
'작은 의미의 경제학'
에서 유래

**n** 미시 경제학
- **Microeconomics** means the study of the operations of the components of national economy.   미시 경제학은 국가 경제 구성요소들의 활동에 대한 연구를 의미한다.

---

**26 microscopic**
[maikrəskápik]
☆☆☆☆☆

micro (small) +
scop (look) →
'작게 보이는'에서 유래

**a** 현미경으로만 보이는, 극미의
- a **microscopic** organism   미생물

---

## meta -    ▶ 위

**27 metamorphosis**
[metəmɔ́:rfəsis]
★★★☆☆

meta (over) +
morph (form) →
'이전의 형태를 벗어나 다른
형태로 변함'에서 유래

**n** 변형, 변태
- A butterfly is produced by **metamorphosis** from a caterpillar.
  나비는 유충으로부터 변태 과정을 통해 태어난다.

---

**28 metaphor**
[métəfɔ:r]
★☆☆☆☆

meta (over) +
phor (carry) →
'(어떤 것에) 다른 뜻을 옮겨
놓음'에서 유래

**n** 은유, 비유
- "Life is a journey"is an example of a **metaphor**.
  "인생은 긴 여행이다"는 은유적 예이다.

---

**29 metaphysical**
[metəfízikəl]
☆☆☆☆☆

meta (over) +
physical 물리학의 →
'물리학 위에 있는 학문의'
에서 유래

**a** 형이상학의
- **Metaphysical** philosophy includes epistemology, ontology, and cosmology.
  형이상학은 인식론, 존재론, 우주론을 포함한다.

## 21 **misanthrope**

[mísənθroup]

★ ☆ ☆ ☆ ☆

mis<miso (hate) +
anthrope<anthropos (man)
→ '다른 사람을 싫어하는 사
람'에서 유래

**n** 인간 혐오론자

- He is a **misanthrope** who mistrusts humankind.
  그는 인간을 불신하는 인간 혐오론자이다.

## 31 **monarchy**

[mánərki]

☆ ☆ ☆ ☆ ☆

mon<mono (one) +
arch (govern) →
'혼자서 지배하다'에서 유래

**n** 군주제, 군주국

- Britain is a constitutional **monarchy**.
  영국은 입헌 군주국이다.

## 32 **monocracy**

[mounákrəsi]

☆ ☆ ☆ ☆ ☆

mono (alone) +
crat (rule) →
'혼자서 지배하는 정치'
에서 유래

**n** 독재 정치

- proletarian **monocracy** 무산 계급의 독재 정치

## 33 **monologue**

[mánəlɔːg]

☆ ☆ ☆ ☆ ☆

mono (one) +
log (speech) →
'혼자서 말하는 것'
에서 유래

**n** (극의) 독백

- Shakespeare used many **monologues** in his play.
  셰익스피어는 그의 극에서 많은 독백을 사용하였다.

## 34 **monopolize**

[mənápəlaiz]

☆ ☆ ☆ ☆ ☆

mono (one) +
poli (many) →
'혼자서 많은 것을 가지다'
에서 유래

**v** 독점하다

- **monopolize** the entire cigarette industry
  담배 산업을 독점하다

## 35 **monotony**

[mənátəni]

★ ☆ ☆ ☆ ☆

mono (one) +
ton (tone) →
'하나의 음'에서 유래

**n** 단조로움, 지루함

- The **monotony** of his job finally got to him.
  그의 일의 지루함이 마침내 그에게 영향을 끼쳤다.

4
4

861 **versatile**
[və́:rsətl]
★★★★☆

vers (turn 변하다) →
'여러 분야에 능숙한 사람으로
잘 변하는'에서 유래

**a 다재다능한**
- a **versatile** actor 다재다능한 배우

---

862 **vertex**
[və́:rteks]
☆☆☆☆☆

vers (turn 변하다) → '방향이
바뀌는 꼭대기 점'에서 유래

**n <pl.-es or tices> 최고점**
- the **vertex** of a hill 언덕 꼭대기

---

863 **vertigo**
[və́:rtigou]
☆☆☆☆☆

vert (turn 돌다) →
'빙빙 돌아 생기는 현기증'
에서 유래

**n 《병리》 현기증**
- height **vertigo** 고소 현기증

---

864 **vestige**
[véstidʒ]
★★★☆☆

vestig (footprint 발자국) →
'발자국이 남듯이 무언가 남
은 것'
에서 유래

**n 흔적**
- **vestiges** of remains of ancient civilization
  고대 문명의 유적의 자취

---

865 **vex**
[veks]
★★☆☆☆

vex<vexare (harass 괴롭히다)
→ '괴롭히고 짜증나게 하다'
에서 유래

**v 짜증나게 하다**
- The child's rude remarks **vexed** his father.
  아이의 무례한 말이 아버지를 짜증나게 했다.

---

866 **viable**
[váiəbl]
★★★☆☆

vi<vit (life 삶) →
'살아갈 수 있는'에서 유래

**a 생존할 수 있는; 실행 가능한**
- There is no **viable** alternative. 실행 가능한 대안이 없다.

---

867 **vicarious**
[vaikɛ́əriəs]
★☆☆☆☆

vicar (substitute 대신하다) →
'남을 대신하는'에서 유래

**a 남을 대신하여 하는**
- **vicarious** punishment 남 대신 받는 형벌

---

868 **vicinity**
[visínəti]
★★★☆☆

vicin (neighbor 이웃하다) →
'이웃에 있을 정도로 가까운
부근'에서 유래

**n 근처, 부근; 근접**
- gather in the **vicinity** of a school 학교 근처로 모이다

---

869 **vicious**
[víʃəs]
★★★☆☆

vic<vice (악) →
'악이 있고 사악한'에서 유래

**a 사악한, 악의 있는**
- a bully with a **vicious** temper 포악한 성질을 가진 불량배

---

870 **vicissitude**
[visísətjùːd]
★☆☆☆☆

vic (turn 바뀌다) →
'변하는 것'에서 유래

**n 변화**
- No one is immune to the **vicissitudes** of change.
  누구도 변화의 우여곡절을 피할 수 없다.

871 **vie**
[vai]
★☆☆☆☆

vie<envie (challenge 도전하다) → '목표를 위해 도전하다'에서 유래

**v** 우열을 다투다
- **vie** with another for power  권력을 잡으려고 남과 다투다

---

872 **vigilance**
[vídʒələns]
★★☆☆☆

vigil (watch 보다) → '주변을 살펴보며 지킴'에서 유래

**n** 경계
- be guarded with special **vigilance**  특별한 경계로 보호되다

---

873 **vigorous**
[vígərəs]
★★☆☆☆

vigor 원기 → '원기가 왕성한'에서 유래

**a** 활발한, 활기찬; 강건한
- She keeps herself **vigorous** by taking exercise.
  그녀는 운동을 하여 원기를 유지했다.

---

874 **vilify**
[víləfai]
★★☆☆☆

vil (base 천한) → '타인을 천하다고 비방하다'에서 유래

**vt** 중상[비방]하다
- **vilify** a person's reputation  남의 명성을 훼손하다

---

875 **vindicate**
[víndəkeit]
★★☆☆☆

vin (force 힘) + dict (say 말하다) → '힘주어 자신의 결백을 말하다'에서 유래

**vt** 정당성[결백]을 입증하다
- have **vindicated** his judgement  그의 판단의 정당성을 입증했다

---

876 **vindictive**
[vindíktiv]
★★☆☆☆

vin (force 힘) + dict (say 말하다) → '힘을 실어 상대에게 받은 상처를 다시 말하는, 보복하는'에서 유래

**a** 보복적인
- feel **vindictive** toward immediate superior
  직속상관에게 앙심을 품다

---

877 **virtuoso**
[vəːrtʃuóusou]
★★☆☆☆

virtue 장점, 미덕 → '뛰어난 장점을 가진 사람'에서 유래

**n** <pl. -sos, -si>(예술 등의) 대가
- a violin **virtuoso**  바이올린의 대가

---

878 **virulent**
[vírjulənt]
★☆☆☆☆

vir (poison 독) → '독이 들어있는'에서 유래

**a** 독기 있는
- beat **virulent** computer viruses  악성 컴퓨터 바이러스들을 없애다

---

879 **visage**
[vízidʒ]
★☆☆☆☆

vis (see 보다) → '마주할 때 보게 되는 얼굴'에서 유래

**n** 얼굴
- the stern **visage** of the judge  그 판사의 엄격한 얼굴

---

880 **vitiate**
[víʃieit]
★☆☆☆☆

viti (vice 결함) → '결함을 유발시켜 질을 나쁘게 하다'에서 유래

**vt** ~의 질을 나쁘게 하다
- Carbonic acid gas **vitiates** the air.  탄산 가스는 공기를 나쁘게 한다.

4
4

※ 복합어(compound words)는 숙어들이 한 단어로 결합된 형태가 많기 때문에 중요 빈출 숙어 파트를 모두 학습하고 나서 보는 것이 좋습니다.

# round + ~ 형 복합어

- **roundabout** / 로터리; 회전목마 merry-go-round; 우회적인 circuitous
- **round-eyed** / (놀람·공포 등으로) 눈이 휘둥그레진, 눈을 크게 뜬
- **roundsman** / 순회감시인
- **roundtable** / 원탁의, 원탁에 둘러앉은

- **round-trip** / 일주여행의; 왕복여행의 of a double journey
- **round-tripper** / 홈런, 왕복 여행자
- **roundup** / 몰아 모으기 gathering; 검거 arrest
- **full-round** / 철저한, 미치지 않는 곳이 없는
- **year-round** / 연중 계속되는 throughout the year

# well + ~ 형 복합어

- **well-advised** / 신중한, 분별력 있는 judicious
- **well-bred** / 가정교육을 잘 받은, 교양 있는 cultivated
- **well-built** / 몸이 좋은 stalwart
- **well-connected** / 연줄이 좋은 having a pull
- **well-done** / 고기가 잘 익은 well baked
- **well-found** / (특히 배가) 장비를 잘 갖춘 well-equipped
- **well-founded** / 근거가 있는 well-grounded
- **well-groomed** / 잘 정돈된 tidy
- **well-grounded** / 기초교육을 잘 받은; 정당한 이유가 있는 valid
- **well-heeled** / 유복한 wealthy
- **well-informed** / 박식한 erudite

- **well-knit** / 튼튼한, 건장한; (주장이) 논리 정연한 coherent
- **well-known** / 잘 알려진, 유명한 eminent
- **well-meant** / 선의로 한 good-willed
- **well-principled** / 신조가 뚜렷한
- **well-read** / 박식한 scholarly
- **well-rounded** / 포동포동한 plump; 다재다능한 all-round; 균형잡힌, 원만한 well-balanced
- **well-timed** / 시기적절한 opportune, timely
- **well-upholstered** / (사람이) 뚱뚱한, 살찐
- **well-wisher** / 호의를 보이는 사람, 지지자
- **well-worn** / 낡은 outworn; 진부한 banal

# ill + ~ 형 복합어

- **ill-advised** / 현명치 못한 impolitic
- **ill-assorted** / 어울리지 않는 inharmonious
- **ill-boding** / 불길한 ominous
- **ill-bred** / 버릇없는, 막 자라난 ill-mannered
- **ill-conditioned** / 심술궂은; 건강이 좋이 않은, (병이) 악성인
- **ill-favored** / 못생긴 homely, plain
- **ill-founded** / 근거 없는, 정당한 이유가 없는 groundless
- **ill-gotten** / 부정한 수단으로 얻은 dirty

- **ill-judged** / 무분별한, 잘못 판단한 misjudged
- **ill-mannered** / 무례한, 정중치 못한 rude
- **ill-natured** / 품성이 나쁜 ill-tempered
- **ill-omened** / 불길한 ominous
- **ill-spent** / 낭비된, 잘못 쓴 wasted
- **ill-timed** / 시기적절치 못한 unseemly
- **ill-starred** / 팔자가 사나운; 불운한, 불행한 unfortunate
- **ill-treat** / 학대하다 maltreat

# 기타접두어

Date :

| | | | |
|---|---|---|---|
| ★ ★ ★ ★ ★ | 33. | withdraw | ☐ ☐ ☐ |
| ★ ★ ★ ★ ☆ | 22. | symptom | ☐ ☐ ☐ |
| | 28. | unanimous | ☐ ☐ ☐ |
| ★ ★ ★ ☆ ☆ | 12. | periphery | ☐ ☐ ☐ |
| | 15. | posthumous | ☐ ☐ ☐ |
| ★ ★ ☆ ☆ ☆ | 05. | nonchalant | ☐ ☐ ☐ |
| ★ ☆ ☆ ☆ ☆ | 02. | multiply | ☐ ☐ ☐ |
| | 07. | omnipotent | ☐ ☐ ☐ |
| | 08. | omnivorous | ☐ ☐ ☐ |
| | 10. | panegyric | ☐ ☐ ☐ |
| | 09. | panacea | ☐ ☐ ☐ |
| | 13. | polygamy | ☐ ☐ ☐ |
| | 20. | prototype | ☐ ☐ ☐ |
| | 16. | postmortem | ☐ ☐ ☐ |
| | 21. | symmetric(al) | ☐ ☐ ☐ |
| | 23. | synchronize | ☐ ☐ ☐ |
| | 25. | synthesis | ☐ ☐ ☐ |
| | 34. | withhold | ☐ ☐ ☐ |
| | 35. | withstand | ☐ ☐ ☐ |
| ☆ ☆ ☆ ☆ ☆ | 01. | multiloquent | ☐ ☐ ☐ |
| | 03. | neologism | ☐ ☐ ☐ |
| | 04. | neophyte | ☐ ☐ ☐ |
| | 06. | omnibus | ☐ ☐ ☐ |
| | 10. | panegyric | ☐ ☐ ☐ |
| | 11. | pantomime | ☐ ☐ ☐ |
| | 14. | posterior | ☐ ☐ ☐ |
| | 17. | postscript | ☐ ☐ ☐ |
| | 18. | protagonist | ☐ ☐ ☐ |
| | 19. | protocol | ☐ ☐ ☐ |
| | 24. | syndicate | ☐ ☐ ☐ |
| | 26. | telegraph | ☐ ☐ ☐ |
| | 27. | telepathy | ☐ ☐ ☐ |
| | 29. | unification | ☐ ☐ ☐ |
| | 30. | unison | ☐ ☐ ☐ |
| | 31. | unity | ☐ ☐ ☐ |
| | 32. | vice-president | ☐ ☐ ☐ |

## multi - ▶ 많은

### 01 **multiloquent**
[mʌltíləkwənt]
☆☆☆☆☆

multi (many) +
loqu (speak) →
'많은 말을 하는'에서 유래

**ⓐ** 수다스러운
* a **multiloquent** guide  수다스러운 안내원

---

### 02 **multiply**
[mʌ́ltəplai]
★☆☆☆☆

multi (many) +
ply (fold) →
'몇 겹으로 하다'에서 유래

**ⓥ** 1 배가시키다, 증가시키다   2 《수학》 ~을 곱하다
* Spending on military equipment has **multiplied**.
  군장비 지출이 증가되었다.
* 4 **multiplied** by 2 is 8.  4곱하기 2는 8이다.

---

## neo - ▶ 새로운

### 03 **neologism**
[ni:álədʒizm]
☆☆☆☆☆

neo (new) +
log (speak) →
'새로 만들어진 말'에서 유래

**ⓝ** (기존의 말을 이용한) 신조어(구)
* The term" user-friendly"is a **neologism** of the computer industry.
  "사용자가 친숙하게"라는 말은 컴퓨터 산업계의 신조어이다.

---

### 04 **neophyte**
[níːəfait]
☆☆☆☆☆

neo (new) + phy (plant) →
'새로운 것에 몸과 마음을
심다'에서 유래

**ⓝ** 1 신개종자   2 초보[신참]자
* a **neophyte** swimmer  수영 초보자

---

## non - ▶ 부정

### 05 **nonchalant**
[nɑnʃəlɑ́ːnt]
★★☆☆☆

non (not) +
chal (concern) →
'관심을 갖지 않는'에서 유래

**ⓐ** 무관심[냉담]한, 태연한
* a **nonchalant** attitude to one's debts
  자신의 빚에 무관심한 태도

## 06 **omnibus**
[ámnibʌs]
☆ ☆ ☆ ☆ ☆

omni (all) + bus 버스 →
'전부 실은 버스'에서 유래

**n** (한 작가의 출간된 작품 또는 동종의 작품을 한 권에 모은) **염가판 작품집, 옴니버스**
- the **omnibus** of the soap opera  멜로 드라마의 작품집

**a** 총괄적인
- an **omnibus** training program for teachers, translators, and guides  교사, 번역가, 안내원 등을 위한 총괄적인 훈련 과정

## 07 **omnipotent**
[amnípətənt]
★ ☆ ☆ ☆ ☆

omni (all) +
pot (powerful) →
'모든 것을 할 수 있는 힘이
있는'에서 유래

**a** 전능한
- The monarch regarded himself as **omnipotent**.
  그 군주는 자신을 전능하다고 생각했다.

## 08 **omnivorous**
[amnívərəs]
★ ☆ ☆ ☆ ☆

omni (all) + vor (eat) →
'모든 것을 먹는'에서 유래

**a** 무엇이나 먹는, 잡식의
- **Omnivorous** animals eat both meat and vegetables.
  잡식성의 동물들은 고기와 채소를 둘 다 먹는다.

## 09 **panacea**
[pænəsíːə]
★ ☆ ☆ ☆ ☆

pan (all) + acea (cure) →
'모든 것을 치료하는 약'
에서 유래

**n** 만병 통치약
- It is not easy to find a **panacea** for all our social problems.
  우리의 모든 사회문제에 대한 만병 통치약을 찾는 것은 쉽지 않다.

## 10 **panegyric**
[pænidʒírik]
☆ ☆ ☆ ☆ ☆

pan (all) +
egyr (bring together) →
'모든 사람 앞에서 하는 말'
에서 유래

**n** 칭찬하는 연설(문), 찬사
- listen to the **panegyrics** about his valorous act
  그의 용기있는 행동에 대한 찬사에 귀를 기울이다

## 11 **pantomime**
[pǽntəmaim]
☆ ☆ ☆ ☆ ☆

panto<pan (all) +
mim (mimic) →
'모든 것을 흉내냄'에서 유래

**n** 무언극, (무언의) 몸짓, 손짓
- express oneself in **pantomime**  몸짓으로 자신의 뜻을 나타내다

## peri - ▶ 주변

### 12 **periphery**
[pərífəri]
★★★☆☆

peri (around) +
phery (carry) →
'~의 주위를 돎'에서 유래

**n** (원형 따위의) **주위, 원주**

- a factory built on the **periphery** of the town
  마을 주위에 지어진 공장

---

## poly - ▶ 많은

### 13 **polygamy**
[pəlígəmi]
★☆☆☆☆

poly (many) +
gam (marriage) →
'여러번 결혼하는'에서 유래

**n** 일부 다처[일처 다부]제

- The **polygamy** is illegal in many countries.
  일부 다처제는 여러 나라에서 불법이다.

---

## post - ▶ 후

### 14 **posterior**
[pɑstíəriər]
☆☆☆☆☆

post (after) +
rior 비교급 접미어 →
'~보다 이후의'에서 유래

**a** 1 (공간적으로) **뒤의**
2 (시간적으로) **이후의**

- the **posterior** part of a car  자동차의 뒷부분
- events **posterior** to the war  전쟁 이후의 사건들

---

### 15 **posthumous**
[pástʃuməs]
★★★☆☆

post (after) +
hum (earth) →
'땅 속으로 들어간 후에'
에서 유래

**a** 1 **사후의, 사후에 출판된**
2 **유복자로 태어난**

- a **posthumous** book  사후에 출판된 책
- a **posthumous** child  유복자로 태어난 아이

---

### 16 **postmortem**
[poustmɔ́:rtəm]
★☆☆☆☆

post (after) +
mort (death) →
'죽은 후의'에서 유래

**n** 1 시체 해부[검시]
2 사후(事後) 검토[분석]

- a **post-mortem** on the dead body  사체에 대한 시체 검시
- a **post-mortem** on the company's poor sales results
  그 회사의 빈약한 판매 실적에 대한 사후 분석

---

### 17 **postscript**
[póustskript]
☆☆☆☆☆

post (afte) +
scrip=scribe (write) →
'맨 뒤에 쓰는 글'에서 유래

**n** (편지의) 추신, (책의) 후기

- add a brief **postscript** to one's letter  자신의 편지에 간단한 추신을 첨가하다

## 18 **protagonist**
[proutǽgənist]
☆ ☆ ☆ ☆ ☆

prot<proto (first) +
agon (struggle) → 
'처음으로 투쟁하는 사람'
에서 유래

**n** 1 (연극의) **주연**, (소설·이야기의) **주인공**
2 (주의(主義) 따위의) **주창자, 지도자**

- The opposite of **protagonist** is deuteragonist.
  주연의 반대는 조연이다.
- a leading **protagonist** of the women's movement
  여성 운동의 주도적인 주창자

## 19 **protocol**
[próutəkɔːl]
☆ ☆ ☆ ☆ ☆

proto (first) +
col<coll (glue) →
'문서에 붙여진 최초의 풀'
에서 유래

**n** 1 **외교 의례[의정서]**
2 (정보 전송을 위한) **통신 규약, 프로토콜**

- **Protocol** demands that the queen meet him at the
  airport. 외교 의례에 의하면 여왕이 공항에서 그를 만나야 한다.
- use a different **protocol** with the new modem
  새 모뎀에 다른 프로토콜을 사용하다

## 20 **prototype**
[próutətaip]
★ ☆ ☆ ☆ ☆

proto (first) +
type 형태 → 
'최초의 형태'에서 유래

**n** **원형, 본보기**

- the **prototype** of a new car  새로운 차의 원형

## 21 **symmetric(al)**

[simétrikəl]

★ ☆ ☆ ☆ ☆

sym<syn (together) +
metr (measure) →
'서로 치수가 같은'에서 유래

**a** 균형이 잡힌, 대칭적인

- The leaves of most trees are **symmetric**.
  대부분의 나뭇잎은 대칭적이다.

---

## 22 **symptom**

[símptəm]

★ ★ ★ ★ ☆

sym<syn (together) +
pt<piptein (fall) →
'여러 가지가 함께 떨어짐'
에서 유래

**n** 1 증상, 조짐  2 ≪병리≫ 징후

- a **symptom** of widespread dissatisfaction among the work force
  전직원 사이에 퍼진 불만의 조짐
- a **symptom** of illness  병의 증상

---

## 23 **synchronize**

[síŋkrənaiz]

★ ☆ ☆ ☆ ☆

syn (together) +
chron (time) →
'같은 시간에 일어나다'
에서 유래

**vi** (두 사건이) 동시에 일어나다

- one event **synchronizes** with another  한 사건이 다른 사건과
  동시에 일어나다

**vt** 1 동일 시간으로 맞추다  2 ≪영화≫ 동시 녹음하다

- **synchronize** all the clocks in a building
  건물의 모든 시계들을 같은 시간으로 맞추다
- **synchronize** the soundtrack with the film
  그 영화와 사운드 트랙을 동시 녹음하다

---

## 24 **syndicate**

[síndikət]

☆ ☆ ☆ ☆ ☆

syn (together) +
dic (judgement) →
'함께 재판 받는 단체'
에서 유래

**n** 기업[개인] 연합, 신디케이트

- form a **syndicate** to bid for the big new contract
  대규모의 새로운 계약에 입찰하기 위해 기업 연합을 조직하다

**v** 1 [síndikeit] ~을 신디케이트로 조직하다
  2 (기사 등을) 동시에 각종 신문사에 배급하다

- **syndicate** a number of newspapers
  많은 신문사들을 신디케이트로 조직하다
- His column is **syndicated** through America.
  그의 칼럼은 미국 전역의 각종 신문사에 동시에 배급된다.

---

## 25 **synthesis**

[sínθəsis]

★ ☆ ☆ ☆ ☆

syn (together) +
thes (put) →
'함께 놓음'에서 유래

**n** 1 종합, 통합  2 ≪화학≫ 합성, 인조

- a **synthesis** of Eastern and Western religions
  동서양 종교들의 통합
- the **synthesis** of rubber from petroleum
  석유로부터 고무의 합성

## 26 **telegraph**
[téligræf]
☆ ☆ ☆ ☆ ☆

tele (distant) +
graph (write) ···
'글을 써서 멀리 보냄'
에서 유래

**n** 1 전신, 전보　2 전신기
- by **telegraph**　전신으로
- invent the **telegraph**　전신기를 발명하다

**v** 전신을 보내다
- **telegraph** somebody the result　~에게 결과를 전보로 알리다

## 27 **telepathy**
[təlépəθi]
☆ ☆ ☆ ☆ ☆

tele (distant) +
path (feel) ···
'멀리 떨어진 상태에서 느낌'
에서 유래

**n** 정신 감응, 이심전심
- understand each other by a sort of **telepathy**
　이심전심으로 서로의 기분을 알다

## 28 **unanimous**
[juːnǽnəməs]
★ ★ ★ ★ ☆

un<uni (one) +
anim (mind) ···
'하나의 마음'에서 유래

**a** 만장일치의, 동의하는
- a **unanimous** vote　만장일치의 표결

## 29 **unification**
[juːnəfikéiʃən]
☆ ☆ ☆ ☆ ☆

uni (one) +
fic (make) ···
'하나로 만드는 것'에서 유래

**n** 통일, 단일화
- The **unification** of Italy resulted in a single country instead of several kingdoms.　이탈리아의 통일은 여러 왕국들 대신에 단일 국가를 낳았다.

## 30 **unison**
[júːnəsn]
☆ ☆ ☆ ☆ ☆

uni (one) +
son (sound) ···
'하나의 소리'에서 유래

**n** (소리 · 목소리 따위의) 일치, 조화
- They responded in **unison** to her question.
　그들은 그녀의 질문에 똑같이 대답하였다.

## 31 **unity**
[júːnəti]
☆ ☆ ☆ ☆ ☆

un<uni (one) ···
'하나임'에서 유래

**n** 1 단일, 통일체　2 일치, 화합
- find **unity** in variety　다양성 가운데 통일을 찾아내다
- live in **unity** with all　누구와도 사이좋게 살아가다

4
5

## vice -    ▶ 대신에

**32 vice-president**
[váis-prézidənt]
☆☆☆☆☆

vice (deputy) +
president 대통령 →
'대통령을 대신하는 사람'에
서 유래

**n** 부통령, 부회장, 부사장

- our executive **vice-president** for marketing
  마케팅에 관해 실세인 우리의 부사장

## with -    ▶ 뒤 · 저항

**33 withdraw**
[wiðdrɔ́ː]
★★★★★

with (back) +
draw 끌다 →
'뒤로 끌다'에서 유래

**vt** 1 (돈을) 인출하다, 회수하다   2 물러나(게 하)다, 철회하다

- **withdraw** $500 from one's bank account
  자신의 은행 계좌에서 500 달러를 인출하다
- The general **withdrew** his army.
  그 장군은 자신의 군대를 철수시켰다.

**34 withhold**
[wiðhóuld]
★☆☆☆☆

with (back) +
hold 잡다 →
'(앞으로 나가려는 것을) 뒤
로 붙잡다'에서 유래

**v** 보류하다, 억제하다

- **withhold** one's payment   지불을 보류하다

**35 withstand**
[wiðstǽnd]
★☆☆☆☆

with (against) +
stand 서다 →
'반대 입장에서 맞서다'
에서 유래

**vt** (사람 · 힘 · 곤란에) 항거하다, 견디어 내다

- They **withstood** the enemy's attack.
  그들은 적의 공격에 항거했다.

| | | |
|---|---|---|
| 881 | **vivacious**<br>[vivéiʃəs]<br>☆ ☆ ☆ ☆ ☆ | viv (lively 생기에 넘친) →<br>'생기 넘치고 활발한'<br>에서 유래 |

**a** 활발한
- a **vivacious** girl  활발한 소녀

| | | |
|---|---|---|
| 882 | **vociferous**<br>[vousífərəs]<br>★ ☆ ☆ ☆ ☆ | voc (voice 목소리) + fer (carry<br>운반하다) → '목소리가 커 크<br>게 외치는'에서 유래 |

**a** 큰소리로 외치는
- a **vociferous** crowd  큰소리로 외치는 군중

| | | |
|---|---|---|
| 883 | **vogue**<br>[voug]<br>★ ☆ ☆ ☆ ☆ | vog (fluctuate 변동하다) → '매번<br>변하는 유행'에서 유래 |

**n** 유행
- the **vogue** of miniskirts  미니 스커트의 유행

| | | |
|---|---|---|
| 884 | **volatile**<br>[válətil]<br>★ ★ ★ ☆ ☆ | vola (fly 날다) →<br>'쉽게 날아가 버리는 휘발성<br>의'에서 유래 |

**a** 휘발성의 ; 변덕스러운
- **volatile** liquid  휘발성 액체
- **volatile** character  변덕스러운 성격

| | | |
|---|---|---|
| 885 | **volition**<br>[voulíʃən]<br>★ ☆ ☆ ☆ ☆ | vol (will 의지) |

**n** 의지(력)
- select the dress of one's own **volition**<br>  자신의 의지대로 의상을 고르다

| | | |
|---|---|---|
| 886 | **voluble**<br>[váljubl]<br>★ ★ ★ ★ ☆ | vol (roll 굴리다) →<br>'혀를 잘 굴리며 유창한'에서<br>유래 |

**a** 다[달]변의
- a **voluble** speaker  달변가

| | | |
|---|---|---|
| 887 | **voluptuous**<br>[vəlʌ́ptʃuəs]<br>★ ☆ ☆ ☆ ☆ | volupt (pleasure 기쁨) →<br>'성적으로 기쁨을 주는, 육감<br>적인'에서 유래 |

**a** 육감[관능]적인
- the dancer's **voluptuous** movements  그 댄서의 육감적인 움직임

| | | |
|---|---|---|
| 888 | **voracious**<br>[vɔːréiʃəs]<br>★ ☆ ☆ ☆ ☆ | vor (eat 먹다) →<br>'마구 먹어대 게걸스러운'<br>에서 유래 |

**a** 게걸스러운
- a **voracious** shark  게걸스레 먹는 상어

| | | |
|---|---|---|
| 889 | **vouch**<br>[vautʃ]<br>★ ☆ ☆ ☆ ☆ | vouc<voc (call 외치다) →<br>'크게 옳다고 외쳐 단언하다'<br>에서 유래 |

**v** 보증하다, 단언하다
- I can **vouch** for his character.  그의 인격을 보증할 수 있다.

| | | |
|---|---|---|
| 890 | **vulnerable**<br>[vʌ́lnərəbl]<br>★ ★ ★ ★ ★ | vulner (wound 상처) |

**a** 상처 입기 쉬운
- a **vulnerable** young child  상처 입기 쉬운 어린 아이

| | | |
|---|---|---|
| 891 | **waive**<br>[weiv]<br>★ ☆ ☆ ☆ ☆ | waive<weyver (abandon 포기<br>하다) → '가지고 있는 권리를<br>포기하다'에서 유래 |

**vt** (권리 등을) 포기하다
- **waive** one's claim for something  ~에 대한 자신의 요구를 포기하다

4
5

892 **wane**
[wein]
★★★☆☆

wane<wanian
growless 더 작아지다
→ '점점 더 작아지다'
에서 유래

**vi** 작아지다, 이지러지다
**n** <on> 감소; (달의) 이지러짐

- Her popularity was beginning to **wane**.
  그녀의 인기는 시들기 시작했다.

---

893 **wanton**
[wántən]
★☆☆☆☆

wan (want 원하다 ) + ton
(train 훈련하다) → 훈련을
필요로 할 만큼 방종한 에서
유래

**a** 무자비한; 방종한, 방탕한

- an act of **wanton** aggression  무자비한 공격 행위

---

894 **wary**
[wéəri]
★★★☆☆

war (attentive 주의 깊은)

**a** 조심성 있는

- be **wary** of strangers  낯선 사람들을 조심하다

---

895 **wheedle**
[hwíːdl]
★★★☆☆

wheedle<wedeln (wag the
tail 꼬리를 흔들다) → '꼬리
를 흔들 듯 상대에게 아첨하
여 설득하다' 에서 유래

**vt** <into> 감언으로 꾀다

- She **wheedled** me into lending her my money.
  그녀가 나를 구슬려 내 돈을 자기에게 빌려 주게 했다.

---

896 **whimsical**
[hwímzikəl]
★☆☆☆☆

whim<whimwham (fancy 공
상 ) → '공상으로 인해 생각
이 갑자기 떠오르는' 에서 유
래

**a** 변덕스러운

- **whimsical** weather  변덕스러운 날씨

---

897 **whitewash**
[hwáitwaʃ]
★★★☆☆

white 흰 + wash 씻다 →
'하얗게 발라 깨끗이 함으로
써 결점이나 진실을 덮는 것'
에서 유래

**n** 백색 도료; 속임수
**v** 회칠하다; 속이다

- try to **whitewash** the incident  사건을 은폐하려 하다

---

898 **worldly**
[wə́ːrldli]
★★★★☆

world 세상 →
'세상에 속한' 에서 유래

**a** 세속의

- **worldly** ambitions  세속적인 야심

---

899 **zealot**
[zélət]
★☆☆☆☆

zeal 열정 →
'열정적으로 날뛰는 사람'
에서 유래

**n** 열광자

- religious **zealot**  종교적 열광자

---

900 **zenith**
[zíːnəθ]
★★★☆☆

zenith<semita (path 길) →
'태양이 지나가는 머리 위의
길' 에서 유래

**n** 정점

- reach the **zenith** of one's power  권력의 정점에 도달하다

※ 복합어(compound words)는 숙어들이 한 단어로 결합된 형태가 많기 때문에 중요 빈출 숙어 파트를 모두 학습하고 나서 보는 것이 좋습니다.

- **about-face** / 180도의 입장변화 volte-face, about-turn
- **aide-de-camp** / (장성 전속의) 부관
- **belly-land** / (비행기 고장으로) 동체 착륙하다 crash-land
- **brass-collar** / 자기 정당의 의견을 항상 지지하는
- **cat-and-dog** / 사이가 나쁜
- **clockwise** / 시계방향으로 sunwise
- **cross-examine** / (증인에게) 반대 심문하다
- **cross-purposes** / (두 사람이 서로) 동문서답을 하는
- **custom-built** / 주문 제작한 custom-made
- **devil-may-care** / 태평한 happy-go-lucky, carefree; 부주의한, 무모한 headlong
- **double-cross** / (공범이) 속이다
- **double-dealer** / 표리부동한 사람 hypocrite
- **double-decker** / 이층 버스; (빵 세 조각의) 이중 샌드위치
- **double-dutch** / 알아들을 수 없는 말
- **double-edged** / 양날의; 두 가지로 해석되는 ambiguous
- **edgewise** / 옆으로 edgeways
- **eye-opener** / 놀라운 사건
- **far-reaching** / 멀리까지 영향을 미치는 extensive
- **foot-and-mouth disease** / 구제역
- **four-letter word** / 욕설 abusive language
- **forthcoming** / 임박한 upcoming; 기꺼이 말하는 extroverted
- **forthright** / 직설적인, 솔직한 straightforward
- **free-for-all** / 자유 토론; 난투극 free fight
- **full-bodied** / 힘이 센, 뚱뚱한; (술이) 감칠맛이 있는
- **henceforth** / 지금부터 from now on
- **hitherto** / 지금까지 until now
- **hindleg** / 뒷다리
- **hindsight** / (총의) 가늠자; 뒤늦은 지혜
- **hindmost** / 맨 뒤쪽의 rearmost
- **lese-majesty** / 대역죄 treason; (중요 인물에 대한) 모독

4
5

※ 복합어(compound words)는 숙어들이 한 단어로 결합된 형태가 많기 때문에 중요 빈출 숙어 파트를 모두 학습하고
나서 보는 것이 좋습니다.

- **level-headed** / 침착한, 분별 있는 judicious
- **light-fingered** / 도벽이 있는; 손재주가 있는
- **light-headed** / 경솔한 flippant, rash
- **like-minded** / 유사한, 같은 생각의 similar, unanimous
- **likewise** / 마찬가지로 as well
- **lop-sided** / 한쪽으로 기운, 균형을 잃은 askew, tilted
- **mind-blowing** / 매우 신나는, 환각 상태로 만드는
- **mouth-watering** / 군침이 도는, 맛있어 보이는 savory
- **parti-colored** / 여러 가지 색의, 다채로운 multicolored
- **point-blank** / 단도직입적인 straightforward
- **red-letter day** / 기억할 만한 날, 기념일 anniversary
- **scissors-and-paste** / 가위와 풀로 편집한, 독창성이 없는 cut-and-dried, mere patchwork
- **second-guess** / 결과를 안 다음에 비판하다, 예측하다
- **short-list** / 최종 선발 후보자 명단 final list
- **sought-after** / 인기 있는, 수요가 많은 popular
- **tight-lipped** / 입을 굳게 다문, 과묵한 reserved
- **touch-and-go** / 위험한, 불안정한 perilous
- **tug-of-war** / 줄다리기, 쟁탈전 scramble, contest
- **two-edged** / 양날의, 두 가지 뜻이 가진 ambiguous
- **two-time** / (애인·배우자)를 배신하다, 바람피우다 cheat on
- **volte-face** / (의견 등의) 180도 방향 전환 about-face
- **weather-beaten** / 비바람에 시달린 weatherworn; 햇볕에 그을린
- **weather-bound** / 악천후로 움직이지 못하는
- **wheeler-dealer** / 수완이 좋은 사업가 go-getter